나말여초 신숭겸 연구

羅末麗初

나말여초 신숭겸 연구

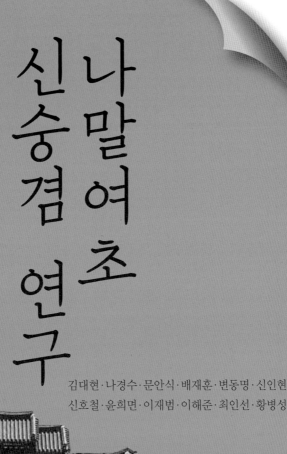

김대현·나경수·문안식·배재훈·변동명·신인현
신호철·윤희면·이재범·이해준·최인선·황병성

경인문화사

책머리에

　신숭겸(?~927)은 시호 '장절壯節'에 나타나는 것처럼 충렬과 순절을 상징하는 한국의 대표적인 인물이다. 그는 태조 왕건과 함께 후삼국통합전쟁을 주도하고, 918년에 홍유 등과 고려를 개국한 공신이자 927년(태조 10) 후백제와의 공산(대구)전투에서 태조를 구하고자 '대사代死' 순절한 무장이었다. 이처럼 그는 후삼국에서 고려로 통합되는 시대 전환기의 역사적 위상을 지닌 인물이었으나 그동안 그에 대한 연구는 호족豪族 등의 출신 기반과 관련하여 부분적으로 언급되어온 연구사적 한계를 지니고 있었다.

　이러한 형편에서 2012년 12월 강원대학교 중앙박물관과 인문과학연구소가 주관한 학술대회가 개최되고, 이듬해 2월에는 춘천과 대구 소재의 『장절공 신숭겸장군 유적지 자료집』 2권이 발간되었다. 이를 통해 그가 지금까지 1천년이 넘도록 문중을 벗어나 국가적 차원에서 추승되고, 한국역사에서 충절을 상징하는 인물이었음이 새삼 재조명되기에 이르렀다. 특히 춘천 묘소와 대구 표충사에 대한 집중 연구를 통해 1인人 3분묘墳의 묘제墓制 양식이고, 원당도 분암墳庵의 첫 사례이며, 대구 지묘사는 원당·원찰의 시원으로 평가되는 한국의 대표적인 충신 유적지임이 재인식될 수 있었다.

　이를 계기로 2015년 2월에 출생지인 곡성을 중심으로 신숭겸의 단독연구를 더욱 진전시켜야 한다는 연구의 필요성이 제기되었다. 이에 그동안의 학문적 성과를 토대로 고고·역사·국문학 등 각 분야를 통한 연구를 추진하게 되었다. 이 과정을 거쳐 11월 27일에 순천대학교박물관이 주최하고, 곡성군과 평산신씨 대종중이 주관한 '고려 개국공신 장절공 신숭겸 장군 재조명 학술대회'를 개최하였다. 또한 학술대회를 통해 제기된 연구성과 중에는 학회지에 발표한 논고도 있으나 강원대의 학술대회에서 개진된 일부 논문도 포함하여 단독 연구서로 출간하자는데 뜻을 모으게 되었다.

이러한 학술연구를 통해 그의 절의관에는 유학의 춘추대의春秋大義와 천명관天命觀이 자리 잡고 있었으며, 그것은 곧 대의를 실천할 수 있는 철저한 사생관死生觀에 입각한 것임을 알게 되었다. 그는 흔히 '장군'으로 호칭되고 있으나 단순한 무장이 아닌 문무 겸전의 선비적 행동양식의 단초로 새롭게 인식할 필요성도 제기되었다. 더구나 그의 유적지는 그 자신의 생애와 활동 지역에 따라 전국에 소재한다. 곡성은 출생·성장지로서 용산재와 덕양서원·장군단이 있고, 춘천에는 장지 묘소와 도포서원 터가 있다. 대구 순절지에는 표충재와 순절단의 '신숭겸유적'이 있고, 관향貫鄕 평산에는 태사사와 동양서원이 있다. 또한 그의 충절을 추숭하는 서천의 율리사와 사천의 경백사가 있으며, 연천에는 태조 왕건에 배향된 숭의전이 있다.

이렇게 신숭겸은 한국역사에서 용모가 국왕과 흡사한 사례도 유일하고, 죽음에 직면한 태조로 가장假裝하여 순절한 매우 극적이고도 역사적인 인물이었다. 또한 전국에 널리 유적을 남기고, 다양한 설화를 남긴 인물도 매우 드물어 그 역사적 의미가 매우 깊다. 더구나 어느 특정 지역과 시대에 관계없이 오랜 기간에 걸쳐 국가 수호신이나 지역 성황신, 음사陰祀의 대상으로 신격화되어 추숭된 인물도 거의 드물다. 따라서 대구와 춘천은 순절지와 장지로서의 성격이 뚜렷하게 드러나는 곳이지만 곡성의 용산재는 생가로서의 의미가 있고, 덕양서원은 건립과 사액賜額 시기가 빨라 그 역사적 가치가 크며, 장군단은 그의 머리를 장례하고 지금까지 태안사에서 추숭해 온 매우 유서 깊은 유적에 속한다.

이러한 신숭겸의 삶은 이기·물질에 치우친 현대사회에 비추어 사표師

表로서의 가치가 재인식되고, 그에 대한 학문연구도 더욱 진전시킬 필요가 있다고 보아진다. 따라서 이들 전국 소재의 유적은 각 지역별로 일부 문화재로 지정되어 있으나 신숭겸을 주체로 일체성을 갖고 있는 것이므로 이를 통일적으로 연계 일괄하여 재인식하는 것도 매우 의미있는 일이라고 판단된다. 더구나 '신숭겸유적'은 평산을 중심으로 개성을 비롯한 황해도 지역에 산재하고 있으므로 이에 대한 관심과 연구도 분단시대의 현실에 비추어 매우 시사하는 바 크다고 할 수 있다.

대체로 본서는 이같은 시각에서 이루어진 것으로 그동안 신숭겸 연구와 학술대회를 지원 주최한 순천대 박물관과 곡성군청, 평산신씨 대종중의 신길순 도유사와 조선대 신인현 교수 등에 감사의 말씀을 전한다. 아울러 출판과 편집에 수고를 아끼지 않은 경인문화사의 한정희 사장과 편집진에게도 고마움을 전해 드린다.

2016년 8월 30일에
저자 일동

차 례

申崇謙의 族的 기반과 정치적 성장

신 호 철(충북대 명예교수)

Ⅰ. 머리말

신숭겸은 널리 알려진 인물이다. 그는 왕건을 추대하여 고려를 건국하는데 공을 세웠고, 건국 후에는 후백제 견훤왕과의 전투에서 궁지에 몰린 태조를 구하고 代死한 것으로 유명하다. 그로 인해 그는 고려시대뿐 아니라 조선시대에 걸쳐 오랫동안 충절의 인물로 추앙되어 왔다.

그러나 그의 역할이나 한국사에서 차지하는 비중에 비해, 그에 대한 전문적인 연구는 그리 많지 않은 편이다.[1] 더구나 그의 출신이나 세력기

---

[1] 후삼국시대 및 고려의 건국과정을 연구하는 과정에서 그에 대해 부분적으로 언급한 경우는 적지 않으나, 그를 專論으로 다룬 논고는 다음 몇 편의 연구가 있을 뿐이다.

閔丙河, 「신숭겸과 공산동수전투」『軍史』29, 1994.

이인재, 「나말여초 신숭겸의 생애와 사후평가」『강원문화사연구』6, 2001.

반, 정치적 성장 등에 대해서는 여러 異說들이 존재하는 실정이다. 그러한 이유는 무엇보다도 그와 관련된 사료가 매우 소략하기 때문이기도 하겠지만, 학계에 관심이 그만큼 소홀했다고 할 수 있다.

지금까지 알려진 바에 의하면, 신숭겸과 관련하여 쉽게 이해되지 않는 사실이 몇 가지 있다. 첫째, 신숭겸은 생존 당시에 이미 개국 1등 공신에 추대되었을 뿐만 아니라 사후에도 특별한 예우를 받았고, 그 후손들 또한 고려 전시기에 걸쳐 여러 차례 관직 서용이 이루어지는 등,[2] 고려 조정에서의 대우가 매우 특별했음에도 불구하고 그의 가문은 중앙의 문벌귀족으로 성장하지 못하였다. 그의 후손 또한 고려 전시기 동안 이렇다 할 기록이 보이지 않는다.

둘째, 조선시대에 들어와서는 그에 대한 추숭사업이 여러 지역으로 확대되어 전라도 곡성을 비롯하여 황해도 평산, 강원도 춘천, 경상도 대

한정훈, 「유랑민 출신의 개국공신 신숭겸」『10세기 인물열전』푸른역사, 2002.
변동명, 「신숭겸의 곡성 성황신 추앙과 德陽祠 配享」『한국사연구』126, 2004.
이재범, 「신숭겸의 생애와 死後 追崇」『사림』44, 수선사학회, 2013. 2.
최근에 강원대박물관, 『춘천소재 장절공 신숭겸장군 유적지 자료집』(도서출판 산책, 2013. 2) 및 평산신씨대종중, 『대구소재 장절공 신숭겸장군 유적지 자료집』(도서출판 산책, 2013. 2)이 발간되었다. 이밖에 신숭겸설화를 다룬, 이학주, 「신숭겸설화의 영웅적 형상화 연구」『강원민속학』20, 2006;「신숭겸 관련 콘텐츠가 가지는 관광문화축제의 속성 및 계승」『동방학』32, 2015가 있다.

2 이에 대해서는 이인재, 앞의 글, 37-39쪽 및 이재범, 앞의 글, 29-31쪽을 참조하라. 신숭겸이 태조 즉위 후 개국 1등 공신으로 추대된 이래, 성종 13년에 태조묘에 배향되었고,(『고려사』권3, 성종 13년 4월조) 이어 현종 18년(『고려사』권5, 현종 18년 4월) 예종 15년(『고려사』14, 예종 15년 10월조)에 추숭되었다.
또 여러 차례 그의 후손들에 대한 관직 수여가 이루어졌다. 이에 대해서는 『고려사』75, 지 29, 선거 3, 銓注에 자세하게 나와 있다. 즉 현종 5년 12월(1014), 문종 6년(1052) 10월, 문종 36년(1082) 윤6월, 숙종 즉위년(1095), 예종 3년(1108) 2월, 동왕 6년(1111), 인종 8년(1130) 12월, 의종 21년(1167) 9월, 동왕 23년(1169) 4월, 신종 즉위년(1197), 충렬왕 8년(1282) 5월, 충선왕 즉위년(1298), 충선왕 복위년(1308)에 공신자손의 관직 서용 기록이 보인다.

구, 경기도 연천(마전), 충남 서천(栗里祠), 경남 사천(景白祠) 등지에 그
와 관련된 書院과 祠宇 등이 건설되고 그에 얽힌 전설·설화들이 전국에
걸쳐 광범위하게 존재한다는 점 또한 매우 이례적인 경우라고 할 수 있다.

셋째, 그의 출신이나 세력기반, 정치적 성장 등에 대해서는 그 구체적
인 사실이 전해지지 않으며, 여러 異說들이 존재한다. 특히 그의 출신지
와 신분, 그리고 궁예 및 왕건과의 관계 등은 아직도 정설로 굳어진 것
이 없다.

이번 발표에서는 이러한 문제의식을 가지고 다음과 같은 몇 가지 사
실에 유의하고자 한다. 하나는 사료의 문제이다. 그와 관련된 사료들이
편찬 시기나 편찬자에 따라 다양한 종류가 전해지고 있으며, 그 성격에
서도 차이가 있을 뿐 아니라 서로 상충되기도 한다. 따라서 관련 사료들
을 편찬시기·편찬자 등에 따라 몇 가지로 분류하고 그 성격을 이해하는
일이 중요하다.

다음으로 관련 異說들은 새로운 관점에서 재해석하는 일이 필요하다.
기존의 연구 성과를 바탕으로 당시의 역사적 사실과 함께 관련 자료의
성격 등을 파악하여 새로운 관점에서 이를 재검토해 보고자 한다.

그리하여 신숭겸의 族的 기반이 어디에 있었는지, 그리고 그의 출신
지와 본관지, 그리고 묘소를 모신 곳이 왜 다른지 등을 탐구해 보고자
한다. 자연히 그의 신분 등을 이해하는데 도움을 줄 수 있을 것이다. 다
음은 그가 정치적으로 성장하게 된 과정을 검토해 보고자 한다. 그가 언
제 자신의 출신지를 떠나게 되었는지, 후삼국 건국세력들과 인연을 맺게
된 계기와 그 시기는 언제인지 등에 대해서도 관심을 기울여 보고자 한
다. 자연히 궁예정권에 참여하게 된 배경은 물론 왕건을 추대하게 된 이
유 등에 대해서도 새로운 이해가 가능해 질 수 있을 것이다.

II. 관련 史料 및 異說에 대한 검토

1. 관련 史料의 검토

신숭겸에 관한 가장 기본적이고 종합적인 사료는 『고려사』 신숭겸 열전이라고 할 수 있다. 전문은 다음과 같다.

> 申崇謙은 처음 이름이 能山이며, 光海州(춘천) 사람이다. 체격이 크고, 무예에 뛰어나며 용맹스러웠다. 태조 10년에 태조가 公山桐藪에서 견훤과 전투를 벌였는데, 전세가 불리하였다. 견훤의 군사가 태조를 포위하여 매우 위급한 상황이 되자 대장 신숭겸은 元甫 金樂과 함께 힘껏 싸우다가 전사하였다. 태조가 그의 죽음을 매우 슬퍼하여 시호를 壯節이라 하고, 그의 아우 能吉과 아들 甫, 김락의 아우 鐵을 모두 元尹으로 임명하였으며, 智妙寺를 창건하여 명복을 빌게 하였다.[3]
>
> (『고려사』 권92, 열전5, 제신, 洪儒 附 申崇謙)

위 열전의 내용은 지금까지 알려진 신숭겸 관련 사실에 비해 매우 소략함을 알 수 있다. 그 이유는 그의 열전이 洪儒傳에 附傳되어 있기 때문이다. 즉 『고려사』 찬자가 홍유·배현경·신숭겸·복지겸 등 4인의 1등 공신을 하나의 傳에 수록하면서도, 형식적으로는 각각 독립된 열전으로 기술하였기 때문이다. 따라서 서로 중복된 내용은 앞에 실린 인물의 傳에만 기록하였다. 예를 들면, 이들이 918년 6월 궁예를 몰아내고 왕건을 추대한 것은 4인이 함께 한 일이지만, 그 내용은 앞에 실린 홍유전에만 기재하고 뒤의 3명의 열전에서는 생략하였다. 이러한 기재 방식으로 인해, 두 번째에 실린 배현경 열전에 보이는 '淸州人 玄律의 순군낭중 임

---

3 崇謙, 初名能山, 光海州人. 長大, 有武勇. 十年, 太祖與甄萱, 戰於公山桐藪, 不利. 萱兵圍, 太祖甚急, 崇謙時爲大將, 與元甫金樂, 力戰死之. 太祖, 甚哀之, 諡壯節, 以其弟能吉·子甫, 樂弟鐵, 並爲元尹, 創智妙寺, 以資冥福.

명에 반대한 일' 또한 당연히 신숭겸 열전에도 실려야 하지만 생략한 것이라고 할 수 있다.

이러한 점을 감안하여 신숭겸 열전을 재구성해 보면 다음과 같은 내용이 될 것이다. 1) 初名(능산), 2) 출신지(光海州), 3) 인물평(長大 有武勇), 4) 관직(大將), 5) 6월 정변(왕건의 추대), 6) 功臣 및 포상(금·은·포백 등의 수여), 7) 건국 후 정치참여(청주인 玄律의 순군낭중 임명에 반대), 8) 927년 공산동수 전투에서 전사 9) 사후 추봉(諡號 壯節) 10) 유족의 보상(동생 能吉, 아들 甫의 元尹) 11) 원찰건립(智妙寺) 등으로 구성될 수 있어, 본래의 열전 내용보다 훨씬 다양해졌음을 알 수 있다.

결국 위의 11) 가지의 내용들이 대체로『고려사』가 편찬되던 조선 초기까지 남아있던 신숭겸 관련 자료의 전부였을 것이다.

『고려사』 열전을 분석한 연구에 의하면, 편찬자들이 '가장 관심을 가지고 의욕적으로 집필한 것이 바로 열전'이라고 한다. 열전 편찬자들은 고려 이래의 史類는 물론, 가문에 전해지던 世譜나 墓誌銘 등을 참고로 열전을 만들었을 것이라고 한다.[4] 하지만 신숭겸 열전은 꼭 그렇지만도 않았음을 알 수 있다. 당시까지 남아있던 그의 기록이 많지 않았던 것으로 보이며, 그와 관련된 世譜나 묘지명 등의 자료도 없었던 것으로 여겨진다. 그 때문에 신숭겸뿐만 아니라 대부분의 고려 초기 인물들의 열전 내용이 매우 소략하다. 예를 들면 1등 공신 4명의 열전에는 그들의 先代나 자손에 대한 내용이 기재되어 있지 않고 심지어 복지겸의 경우 그의 출신지조차 기록되어 있지 않다.[5] 이는『고려사』 신숭겸열전의 성격을 짐작하게 해준다.

그렇다면 신숭겸 열전의 근거가 된 자료는 구체적으로 무엇이었을까.

---

4 변태섭,『『고려사』의 연구』삼영사, 1982, 117-119쪽.
5 반면『신증동국여지승람』권19, 충청도 면천군 인물 조에는 그의 출신지는 물론 先代에 대한 기록이 보인다.

우선『삼국사기』궁예전과 견훤전을 들 수 있다. 즉 신숭겸이 918년 왕
건을 추대하여 고려를 건국한 사실은 궁예전에, 그리고 927년 공산전투
에서 전사한 사실은 견훤전에 실려 있다. 그렇다면 신숭겸 열전의 내용
중에서 가장 기본이 되는 그의 활동과 관련된 사실은『삼국사기』궁예·
견훤전을 기초로 하였음을 알 수 있다. 나머지 내용은 모두『고려사』태
조세가에서도 찾아볼 수 있다. 결국 열전의 11)가지 중에서 2)의 출신지
(光海州人)와 3)의 인물평(長大 有武勇)만 열전에 보이는 내용인데, 이것
은 열전의 찬자가 삽입한 것으로 보인다.

　다음『고려사』신숭겸열전 이후, 각 지방의 자료를 바탕으로 편찬된
여러 종류의 지리지에 그와 관련된 새로운 사실들이 실려 있다. 이 중
가장 이른 시기인 1432년(세종 14)에 나온 것이『세종실록지리지』이다.
이 책 황해도 평산도호부 人物條에 '太師 開國 壯節公 申崇謙'이라는 내
용이 실려 있고, 土姓條에 申氏가 나와 있다.[6] 신숭겸과 平山과의 관계
가 사료에 처음으로 보이는 것이 바로『세종실록지리지』이다.

　이어『신증동국여지승람』[7]에는 신숭겸 관련하여 매우 흥미로운 여러
가지 새로운 사실이 보이는데 정리하면 다음과 같다. 1) 황해도 평산도
호부 인물조에 "신숭겸은 원래 전라도 곡성현 사람이다."라고 하고, 또
'三灘의 弓術 설화'와 함께 平山을 賜貫하고 田 300結을 하사하였다는
기록이 처음 보인다. 성씨 조에 申氏가 수록되어 있다.[8] 2) 전라도 곡성
현 인물 조에도 신숭겸이 기록되어 있다. 즉 "세간에 전하기를 신숭겸은
죽어서 縣의 성황신이 되었다고 한다."고 하였고, 성씨 조에 申氏가 보

---

6 『세종실록지리지』권152, 지리지 황해도 평산도호부.
7 이 책은 세 차례의 수교 과정을 거쳐 완성되었다. 원래『동국여지승람』은 1481년
　(성종 12) 50권으로 편찬되었다. 그 후 여러 차례 증보를 거쳐 1530년(중종23)에
　속편 5권을 합쳐 전 55권으로『신증동국여지승람』이 간행되었다. 신숭겸관련 자
　료는 이미 성종 대에 편찬된『동국여지승람』에도 실렸을 것이다.
8 『신증동국여지승람』권41, 황해도 평산도호부, 인물조와 성씨조.

인다.9 3) 강원도 춘천도호부 寓居 조에는 신숭겸이 태조를 추대한 사실과 공산전투에서 전사한 내용이 실려 있다. 塚墓 조에 그의 묘에 관한 내용을 수록하였다.10 4) 경상도 대구도호부 고적 조에는 공산전투의 내용이, 祠院 조에는 表忠祠 건립과 賜額 사실을 수록하였다.11 5) 경기도 麻田郡 祠廟 조에는 신숭겸을 숭의전에 배향하였다는 사실을 수록하였다.12

이처럼 『신증동국여지승람』에는 『고려사』 신숭겸열전에서는 찾아 볼 수 없는 새로운 내용이 많이 있다. 특히 황해도 평산, 전라도 곡성, 강원도 춘천, 경상도 대구, 경기도 마전 등 5곳에 걸쳐 그와 관련된 내용이 실려 있는데, 각 지방에 전해지던 자료와 설화·민담 등 다양한 자료를 바탕으로 했기 때문이다. 그의 출신지·신분 등과 관련하여 여러 異說이 나타나게 된 것도 바로 이로부터 시작되었다고 생각한다.

다음 18세기 후반에 편찬된 『여지도서』에는 신숭겸이 나서 자란 곳이 곡성 飛來山이고 지금도 돌우물과 말을 타고 달리던 馳馬臺, 활을 쏘던 射臺가 남아 있다고 하여 매우 구체적인 사실들이 새롭게 추가되었다.13 19세기 후반에 편찬된 『大東地志』나, 20세기 초에 편찬된 『增補文獻備考』에도 신숭겸과 관련된 설화나 민담 등이 수록되어 있지만, 주목할 만한 새로운 내용은 보이지 않는다.

끝으로 주목해야 할 자료가 후손들이 기록한 「行狀」, 「遺事」, 「別傳」, 「忠烈碑銘」 등이다.14

---

9 같은 책, 권39, 전라도 곡성현 인물조와 성씨조.
10 같은 책, 권46, 강원도 춘천도호부 우거조와 총묘조.
11 같은 책, 권26, 경상도 대구도호부 고적조와 사원조.
12 같은 책, 권13, 경기 마전군 사묘조.
13 『여지도서』 곡성군 산천조. 이 책은 1757년~1765년 사이에 각 읍에서 편찬한 읍지들을 모아 편찬한 전국 邑誌이다.
14 이 자료들은 최근 편찬된 平山申氏大宗中, 『平山申氏千年史 (1)』2011에 실려 있다. 이 자료들의 原 題名이 무엇이었는지는 좀 더 확인할 필요가 있을 듯하다. 다

우선 신숭겸의 「行狀」을 들 수 있다. 「行狀」 뒤에 3편의 '跋文'이 부록되어 있는데, 하나는 1565년(명종 20) 좌의정 沈通源이, 둘은 1603년(선조 36) 전라관찰사 韓浚謙이, 셋은 1605년(선조 38) 홍문관부제학 申欽이 지은 것이다. 심통원과 한준겸은 그의 외손이고 신흠은 19세손이다. 이 「行狀」을 언제, 누가 지은 것인지 확인할 수 없지만, 심통원이 지은 발문에 "내가 늦게서야 이것을 얻었는데, 누가 지은 것인지 알 수 없다. 이 행장은 오직 나만이 가졌으니 이에 내외손이 함께 가질 것을 생각하여 南平 현감 申默에게 부탁하여 간행하였다."고 한 것을 보면, 문중에 전해지던 것을 심통원이 1565년에 처음 간행하였음을 알 수 있다. 다만 그 내용 중에 '本傳'이라 하여 『고려사』 신숭겸열전을 인용하고 있는 것을 볼 때, 『고려사』가 편찬된 이후에 지은 것은 분명하다. 결국 이 「行狀」은 1450년-1565년 사이에 지은 것이라고 할 수 있다.

「行狀」의 내용은 심통원이 "本傳에 비하면 더욱 상세하고 또한 본전에 미비한 것을 기록하였다"고 발문에서 지적했듯이, 신숭겸열전에 보이지 않는 새로운 내용이 많이 실려 있다. 특히 이 행장에는 신숭겸 사후 태조가 木頭를 만들게 한 사실과 춘천 묘소의 位土 및 대구 智妙寺의 位土에 대한 구체적인 내용이 실려 있으며, 이와 함께 예종이 '悼二將歌'를 짓게 된 배경과 함께 그 원문도 실려 있어 국문학사 상 매우 중요한 자료로 평가할 수 있다.[15] 또 신숭겸은 본래 전라도 곡성사람인데 "本傳에는 廣海州人이라고 하니 뒷날 이곳으로 옮겨 살았는지 혹은 本

만 이 글에서는 위 책에 실려 있는 것을 그대로 따랐다.

15 '悼二將歌'는 1120년(예종 15) 예종이 지은 것으로 鄕札로 표기한 가요다. 이 「行狀」에 처음으로 그 원문과 함께 예종이 도이장가를 짓게 된 경위가 자세하게 나와 있다. 그런데 지금까지 『국어국문학자료사전』이나 『한국민족문화대백과사전』, 『두산백과사전』 등에는 '행장'이 아니라 '유사'에 悼二將歌가 실려 있는 것으로 알려져 있는데, 이는 수정되어야 하지 않을까 한다. '도이장가'의 창작경위에 관해서는 『고려사』 권14, 『名臣行蹟』, 『大東韻府群玉』 등에도 간략하게나마 보인다.

貫이었는지는 알 수 없다."고 하여 신숭겸열전에 '광해주인'이라고 한 것에 대해 의문을 표하였다.[16]

현재 전하는 문중 기록 중에 연대를 알 수 있는 것으로, 시대가 가장 앞선 것은 1479(성종 10)에 孫舜孝가 쓴 「遺事」이다.[17] 손순효는 그의 어머니가 평산 신씨로 신숭겸의 外孫이다. 「遺事」의 내용은 그가 강원도 관찰사로 춘천에 내려왔다가, 『고려사』 신숭겸열전 등을 참조하여 지은 것으로 보인다. 새로운 내용은 뒷부분에 신숭겸의 高孫인 申勁으로부터 그 후손에 대한 系譜가 자세하게 수록되어 있다. 또 그는 『고려사』 열전에 신숭겸을 '광해주인'이라 한 것에 대해 "뒷날 춘천으로 옮겨가 살았는지 잘 알 수 없다"고 하여 「行狀」에서 제기된 의문을 다시 지적하고 있다.[18]

다음 1607년(선조 40)에 예조판서 申欽(1566~1628)이 찬한 「忠烈碑銘」이 있다. 이 碑銘은 대구 智妙寺의 옛터에 表忠祠를 건립하고 이와 함께 忠烈碑를 세웠는데, 이때 그의 후손인 신흠이 지은 것이다. 그의 시문집인 『象村集』에 실려 있다. 그 내용 또한 『고려사』 열전을 바탕으로 한 것으로 앞의 「행장」이나 「유사」에 비해 눈에 띄는 새로운 사실은 별로 없다.[19]

이보다 약간 후인 1642년(인조 20) 申翊聖(1588-1644)이 쓴 「與平山士林諸位單子」가 있다.[20] 흥미로운 것은 그가 덕양서원에 소장된 '古蹟文字'를 인용하면서 신숭겸의 성장과정에 대해 기술하였다는 점이다. 그

---

16 평산신씨대종중, 앞의 책, 12~20쪽.
17 평산신씨대종중, 앞의 책, 21~27쪽.
18 「行狀」과 「遺事」의 저술시기의 先後 및 두 자료가 어떤 연관이 있는지에 대해서는 아직 구체적인 검토는 하지 못하였다. 좀 더 심층적인 연구가 필요하다고 생각한다.
19 평산신씨대종중, 앞의 책, 71~74쪽.
20 이 單子는 곡성의 덕양서원을 중건하면서 有司인 신익성이 宗人들에게 보낸 통문이다. 평산신씨대종중, 앞의 책, 129~130쪽에 실려 있다.

가 인용한 '고적문자'가 무엇을 의미하는지는 현재로선 확인할 수 없지만, 신숭겸의 성장과정을 기술한 유일무이한 기록이다. 그러나 그 내용에 있어서 "13세에 문장을 이루고, 15세에 儒科에 장원하고, 18세에 大將이 되었다."라고 한 것 등으로 보아 신빙성은 크게 의심스럽다.

문중 기록 중에 주목되는 자료는 1686년(숙종 12) 朴世采가 지은 「別傳」이다.[21] 그는 『고려사』 신숭겸열전과 태조세가, 『신증동국여지승람』 및 위의 「行狀」·「遺事」·「忠烈碑」·「祠宇重修記」 등의 자료들을 폭넓게 인용하고 있는데, 인용한 자료 하나하나 그 출전을 명기하면서 비교·고증하였다. 위의 「行狀」과 「遺事」와 함께 가장 신빙성이 높은 자료라고 생각한다.

이밖에 1708년 춘천부사로 부임한 申漢章이 쓴 「도포서원중수기」[22] 및 1805년(순조 5) 외손인 大提學 金祖淳이 지은 「神道碑銘」[23] 등을 비롯한 여러 종류의 자료가 있으나, 신숭겸에 대한 내용은 대부분 위에서 살펴본 기록들을 바탕으로 한 것으로써 주목할 만한 새로운 사실은 찾아볼 수 없다.

이상 신숭겸관련 사료들을 살펴본 결과 그 내용, 편찬시기, 편찬자 등을 고려하여 크게 네 가지로 분류할 수 있겠다. 하나는 『삼국사기』 궁예전과 견훤전으로 신숭겸의 활동을 기록한 최초의 기록이다. 아울러 고려시대의 사료로는 유일한 것이다. 둘째, 『고려사』 태조세가와 신숭겸열전이다. 특히 신숭겸열전은 그의 독립된 최초의 기록인 셈인데, 여기에 그를 '광해주인'이라고 하였다. 셋째, 『세종실록지리지』와 『신증동국여지승람』 등 지리지 類이다. 이는 『삼국사기』·『고려사』와는 달리 지방의

---

21 박세채(1631~1695)의 어머니는 申欽의 딸로 신숭겸의 외손이다. 평산신씨대종중, 앞의 책, 27~32쪽에 실려 있다. 또 이 글은 『남계박세채문집』 권3, 민족문화사, 1983, 1694쪽에도 실려 있다.

22 평산신씨대종중, 앞의 책, 175~176쪽.

23 평산신씨대종중, 앞의 책, 97~104쪽.

官衙에서 수집한 자료들을 바탕으로 한 것이기 때문에 앞의 두 사서에
서는 찾아 볼 수 없는 새로운 사실들이 수록되어 있다. 특히 그의 출신
지가 곡성이고, 평산은 본관지, 춘천은 묘소 소재지(寓居地)라는 사실을
처음으로 확인해 주었다. 넷째, 후손들이 기록한 門中의 자료이다. 이 중
에 고려시대 쓰인 世譜나 金石文 등의 자료는 없었던 것으로 추측되며,
다만 신숭겸열전 이후에 나온 「行狀」과 「遺事」 등이 가장 이른 것으로
15세기 중엽에 지은 것으로 보인다. 이후에 나온 여러 종류의 자료들이
전해지지만, 그 내용은 기본적으로 신숭겸열전을 바탕으로 한 것이다.
그러나 「行狀」, 「遺事」, 「別傳」 등은 그 신빙성도 높고 일반 관찬사서에
서는 찾아볼 수 없는 새롭고 구체적인 사실 또한 많이 전해준다. 특히
후손들이 기록한 자료에는 예외 없이 신숭겸의 출신지를 곡성이라고 한
점 또한 주목할 필요가 있다.

2. 관련 異說의 검토

신숭겸 관련 이설들은 크게 세 가지로 정리해 볼 수 있다. 첫째는 그
의 출신지가 어디인가 하는 문제이고, 둘째는 그의 신분에 대한 문제,
셋째는 그가 정치적으로 성장하게 된 배경과 관련된 문제이다. 이를 하
나하나 검토해 보기로 하자.

우선 신숭겸의 출신지에 대해 검토해 보자. 그의 출신지를 춘천으로
보는 견해와, 곡성으로 보는 견해가 있다.[24] 앞의 사료검토에서도 보았
듯이, 전자는 『고려사』 열전을, 후자는 『신증동국여지승람』 및 「行狀」
과 「遺事」 등 문중 기록을 근거로 한 것이다.

오늘날 대부분의 연구자들은 곡성출신을 인정하면서도, 다른 한편으
로는 『고려사』 열전의 '광해주인'이라 한 것 또한 받아들여, 그가 곡성

---

24 이에 대해서는 이미 이인재, 변동명, 이재범 등이 언급한 바 있다.

에서 춘천으로 이주하였을 것이라고 하였다. 흔히 정설처럼 받아들여지고 있는 소위 '조합설'이라는 것인데, 이 조합설에는 문제가 있다고 생각한다. 그 용어의 不適合함은 차치하고서라도, 두 개의 상반된 사료를 모두 받아들인다는 것은 그 자체가 모순되는 것이다. 이미 이재범도 지적했듯이,[25] 『삼국사기』나 『고려사』 열전에서 '어디어디 人'이라고 했을 때에는 오랫동안 先代부터 일정한 기반을 갖고 世居해온 근거지이자 出自地 혹은 本貫地를 의미하는 것이다. 단순히 출생지나 성장한 곳을 말하는 것은 아니며, 더구나 잠시 옮겨 산 곳을 의미하는 것은 더욱 아니다.[26] 따라서 『고려사』 신숭겸열전의 찬자는 그의 출신지(혹은 본관지)를 '光海州', 곧 춘천으로 인식하고 있었음은 의심의 여지가 없다.

그렇다면 신숭겸열전 찬자는 무엇을 근거로 그를 '광해주인'이라고 한 것일까? 이미 지적한 바와 같이 『고려사』 열전을 편찬할 당시에는 그의 출신지에 대해서 알려지지 않았던 것으로 여겨진다.[27] 이에 찬자는 열전내용의 기본요소인 출신지를 기술해야하는 상황에서, 신숭겸의 묘소와 지묘사 등 그와 관련된 유물·유적들이 춘천에 집중되어 있는 것을 보고 그의 출신지를 춘천으로 잘못 판단했을 가능성이 있다. 결국 신숭겸을 '光海州人'라고 한 것은 전적으로 『고려사』 신숭겸열전 찬자의 오류에서 비롯된 것이라고 본다. 이에 대해서는 이미 『신증동국여지승람』 및 모든 문중 기록을 통해서 그의 출신지가 곡성이었음을 확인할 수 있으며, 특히 손순효와 박세채가 정확하게 지적한 바가 있다.[28] 필자 또한

---

25 이재범, 앞의 글, 15쪽.

26 예를 들면 『삼국사기』 김유신 열전의 경우, 그는 지금의 충북 진천에서 출생하여 성장하였음에도 불구하고 그를 '진천인'이라고 하지 않고 '경주인'이라고 기록하였음을 주목할 필요가 있다.

27 문중 자료 중 가장 앞선 것으로 여겨지는 '行狀'이나 '遺事'는 『고려사』 열전이 간행된 후에 쓴 것이다. 따라서 신숭겸열전 편찬 당시에는 그에 대한 독립된 기록이 없었던 것으로 여겨지며, 그의 출신지에 대한 기록 또한 전해지지 않았을 것으로 생각한다.

신숭겸의 출신지와 춘천은 아무런 관련이 없다고 생각한다. 아울러『고려사』열전의 기록을 근거로 하여 곡성에서 춘천으로 이주했을 것이라는 소위 조합설 또한 너무 성급한 판단이라고 생각한다. 이에 대해서는 뒤에서 다시 검토하기로 한다.

신숭겸이 곡성에서 춘천으로 이주했을 것이라는 조합설도 그 시기와 관련해서는 상반된 견해가 있다. 즉 그의 先代에 이미 춘천으로 옮겼을 것이라는 견해와, 신숭겸이 처음에는 곡성에서 거주하다가 춘천으로 옮겨 갔을 것이라는 주장이 그것이다. 오늘날 대부분의 연구자들은 후자의 견해를 따르고 있다. 이 문제는 신숭겸의 정치적 성장 과정과 연관을 갖는 것이므로, 이 또한 章을 달리해서 구체적으로 살펴보기로 한다.

다음 신숭겸의 신분과 관련된 異說이다. 그의 신분에 대해서도 크게 두 가지 다른 견해가 있다. 하나는 농민 출신으로 보는 견해와 다른 하나는 호족 출신으로 보는 견해가 그것이다. 지금까지 대부분의 연구자들이 그를 일반 농민출신으로 보고 있다. 예를 들면, 하현강은 1등 공신이 모두 토착적 기반이 없이 '武才를 바탕으로 行伍에서 騎將까지 출세한 인물들'이라고 하였다.[29] 이수건도 '토착적 기반보다는 武藝를 업으로 하여 출세한 인물들'이라고 하였고,[30] 조인성은 '신체적 조건과 武勇을 바탕으로 騎將(대장)에 이르렀던 전문적인 군인'으로,[31] 정청주는 '조세와 貢賦, 力役 등의 과중한 부담을 피하기 위하여' 곡성을 떠난 '몰락 농민'이었을 것이라고 하였다.[32] 한정훈 또한 그를 '떠돌이 유랑민'으로 보

---

28 박세채는 그가 지은 別傳에서 "史書가 그릇되게 寓居를 本貫으로 삼은 듯하다." 고 하여『고려사』열전 찬자의 잘못을 지적하였다.

29 하현강,『한국중세사연구』일조각 1988, 32쪽.

30 이수건,『한국중세사회사연구』일조각, 1984, 125쪽.

31 조인성,『태봉의 궁예정권』푸른역사, 2007, 145쪽.

32 정청주,『신라말고려초 호족연구』일조각, 1996, 125쪽. 반면 그는 복지겸만은『동국여지승람』면천조에 보이는 사료를 근거로 호족출신이라 하였다(정청주, 앞의 책, 150쪽).

았고,[33] 김갑동도 그의 이름이 漢式이 아니라는 점에서 일반 농민출신이라고 하였다.[34] 김정현은 '한미한 출신'으로,[35] 변동명은 토지로부터 이탈하여 곡성을 떠나 유민화한 '몰락한 농민출신'이라 하였다.[36]

이처럼 비록 약간씩 표현상의 차이는 있지만, 신숭겸의 출신을 일정한 토착적 기반이 없던 농민출신이라고 한 점에서는 공통점이 있다고 할 수 있다.

한편 신숭겸을 호족출신으로 본 견해도 있다. 이인재는 그를 '개인의 武勇만을 무기로 하여 성장한 (중략) 遊俠人으로 보는 것이 훨씬 자연스럽다'고 하면서도 다른 한편으로는 '호족 출신이 아니었는가 하는 점을 지울 수 없다'고 하였다.[37] 신호철은 그의 출신을 호족으로 보았다. 즉 '곡성에 先代부터 族的 기반을 가지고 있던 토착세력'이라고 하였다.[38] 이재범 또한 신숭겸을 호족출신으로 보았다.[39]

끝으로 신숭겸이 궁예정권에 참여한 시기나 배경에 대한 견해들을 검토하기로 하자. 이에 대해서도 서로 상반되는 두 가지 견해가 있다. 하

---

33 한정훈, 앞의 글, 187~198쪽.
34 김갑동, 『나말여초의 호족과 사회변동』 일지사, 1990, 200~210쪽.
35 김정현, 「고려 개국공신의 정치적 성격」 『고려태조의 국가경영』 서울대출판부, 1996, 58쪽.
36 변동명, 앞의 글, 90쪽.
37 이인재, 앞의 글, 28~29쪽. 그는 그 근거로 『고려사』에 보이는 당시의 인물들 이름 중에 '能'자를 사용한 사람들이 대부분 중요한 역할을 한 인물로 묘사되고 있다는 점을 들었다. 그러나 이러한 그의 견해에 동의하기 어렵다. 당시 중요한 역할을 하지 않은 인물이 과연 『고려사』에 기록될 수 있었는가 하는 점이 하나이고, 당시 '能' 자 외에 '達' '權' 자를 이름에 사용한 경우가 많이 보이는데 같은 이유로 이들 모두 호족이라고 보아야 하는가 하는 점이 다른 하나이다.
38 신호철 「고려초 후백제계 인물들의 활동」 『한국중세사연구』 22, 2007, 85~86쪽. 신호철, 「고려건국 기 서남해 지방세력의 동향」 『역사와 담론』 2011, 11~12쪽.
39 그는 처음에는 신숭겸을 토착적 기반이 없는 인물로 보았으나(이재범, 『후삼국시대 궁예정권연구』 혜안, 2007, 100쪽) 후에 호족출신으로 자신의 견해를 수정하였다(이재범, 앞의 글(2013), 22쪽).

나는 신숭겸이 춘천에 거주하다가 궁예가 강능·철원·춘천 등 강원도 일대로 진출하자, 이때 궁예를 만나 그의 측근이 되었다는 주장이다. 즉 신숭겸이 처음부터 궁예의 측근 인물이었다는 것이다. 대부분의 학자들이 이러한 견해를 가지고 있는데, 앞의 하현강, 김주성, 조인성, 변동명, 김정현, 이인재 등이다.

한편 이와는 달리 신숭겸이 곡성에서 일찍이 왕건과 결합하여 그를 통해 궁예정권에 참여했을 것이라는 견해이다. 이러한 견해는 신호철과 이재범이 있다. 이에 대해서는 장을 달리해서 좀 더 구체적으로 살펴보기로 하자.

Ⅲ. 신숭겸의 族的 기반

이제 신숭겸의 토착적 세력기반이 어디에 있었는가 하는 문제를 검토해 보자. 이는 그의 출신지와도 밀접하게 관련이 있는 문제이다. 신숭겸이 과연 토지를 잃고 춘천으로 이주한 유랑민 혹은 몰락한 농민 출신이었을까. 단순히 자신의 武勇만을 바탕으로 騎將이 되었을까.

신숭겸의 출신을 '몰락한 농민'이라든가 '유랑민'으로 추론한 중요한 근거는 아마도 그가 곡성으로부터 별다른 연고도 없는 춘천으로 옮겨 寓居했다는 사실을 바탕으로 한 것으로 생각한다. 그러나 필자는 이러한 주장에 동의하지 않는다. 몰락한 농민 혹은 유랑민 출신이 과연 궁예정권의 핵심부대라고 할 수 있는 기병부대의 지휘관인 騎將이 되었다는 것은 아무래도 합리적인 추론이라고 할 수 없다. 오히려 유력한 호족출신이었기에 가능했을 것이라고 생각한다. 즉 신숭겸은 일찍부터 곡성에 族的 기반을 가지고 있던 호족으로 보고자 한다. 후삼국시대 전국의 각 지방에서 농민봉기군을 이끈 인물들은 대부분 호족이었다.[40] 신숭겸이

궁예정권에서 騎將으로 성장할 수 있었던 것도 그가 곡성의 호족출신이
었기에 가능한 일이었다고 생각한다. 그 근거는 다음과 같다.

첫째, 그가 죽어서 곡성의 城隍神이 되었다는 사실이다. 곡성에서 신
숭겸을 성황신으로 모시기 시작한 것이 언제인지 알 수 없지만, 아마도
그의 사후 얼마 지나지 않아서 일 것으로 여겨진다. 그가 太祖廟에 배향
되던 성종 대이거나, 적어도 '悼二將歌'를 지은 예종 대가 아닐까 한
다.[41] 이때에 이르면 개국공신에 대한 추숭사업이 전국적으로 전파되던
시기이고, 이러한 분위기가 곡성에도 전해져 그곳의 토착세력인 고성 申
氏 族團에 의해 성황신으로 받들게 된 것이라고 생각한다.

고려 초기 지방의 토착세력으로 중앙에 진출한 인물들 중에 자신의
출신지역에서 성황신이 된 경우는 다른 지역에서도 찾아 볼 수 있다. 대
표적인 예로, 의성의 金洪術이나 양산의 金忍訓, 밀양의 孫兢訓, 그리고
순천의 朴英規 및 金聰 등이 그들이다. 이들 모두 고려 초기 지방의 강
력한 토착 호족출신으로서 중앙에 진출한 인물이다. 특히 순천(昇州)의
박영규와 김총은 후백제 견훤의 측근이었으나, 후일 견훤을 따라 왕건에
게 귀부한 인물이다. 이들은 각각 순천의 海龍山과 進禮山의 城隍神이
되었다.[42] 그런데 해룡산은 순천만을, 그리고 진례산은 광양만과 접하고
있어, 박영규와 김총은 각각 순천만과 광양만을 장악했던 유력한 해상세
력이었다고 한다.[43]

---

40 대표적인 예로, 왕건과 견훤도 호족출신이었고, 궁예 역시 호족을 배경으로 하여
    후삼국을 건국할 수 있었다. 그런데 처음에는 대부분의 학자들이 견훤을 가난한
    농민출신으로 보았으나 지금은 호족출신으로 받아들이고 있다(신호철, 「견훤 출신
    에 대한 논쟁」 『후삼국사』 개신, 2008, 43~45쪽).
41 변동명은 그 시기를 곡성에 감무가 파견된 명종대일 것으로 보았다(변동명, 앞의
    글, 100~101쪽).
42 『신증동국여지승람』 40, 順天都護府, 祠廟·人物條.
43 鄭淸柱, 「新羅末 高麗初 順天地域의 豪族」 『全南史學』 18, 2002 및 姜鳳龍, 「후
    백제 견훤과 해양세력」 『후백제의 대외교류와 문화』 후백제문화사업회, 2004를

신숭겸 또한 이들과 비슷한 지위와 성격을 가진 인물임에 틀림없을 것이다. 즉 그가 곡성의 유력한 호족출신으로 중앙에 진출해서 개국 1등 공신이 된 인물이기 때문에 성황신으로 모셨을 것이다. 자신의 출신지를 떠난 '몰락한 농민'이나, '유랑민'을 성황신으로 받든다는 것은 상상할 수 없는 일이다.[44]

둘째, 신숭겸이 호족출신이라는 또 다른 근거는 申氏가 곡성의 '土姓' 이라는 사실이다. 즉『세종실록지리지』곡성현 토성조와『신증동국여지 승람』성씨조에 모두 신씨가 '토성'으로 기재되어 있다. 반면에 춘천의 토성 조에는 신씨가 보이지 않는다. 이것은 신숭겸의 출신을 이해하는데 매우 중요한 의미를 지닌다. 여기에서 잠시 토성의 성립과정을 살펴볼 필요가 있다. 토성이 형성된 것은 고려 초의 일이다. 그 시기는 지역에 따라 차이가 있긴 하지만 대체로 고려가 후삼국을 통일한 후, 태조 23년 에 전국적으로 郡縣을 개편하면서 비롯되었다.[45] 즉 고려 중앙정부는 각 군현을 개편하고 아울러 그곳의 호족들에게 토성을 分定하였던 것이다. 『세종실록지리지』에 토성으로 기재된 姓氏는 그 군현을 대표했던 호족 이라고 할 수 있다. 따라서 곡성의 토성으로 申氏가 기재되어 있다는 사 실은 이들 申氏族團이 신라시대 이래 곡성의 토착 호족세력이었음을 말 해주는 것이다.

이것은『신증동국여지승람』을 통해서도 확인할 수 있다. 앞에서 검토 한 바와 같이『신증동국여지승람』에는 여러 지방에 신숭겸이 기재되어

참조하라.

44 변동명은 신숭겸과 곡성 신씨 등 토착세력과는 연고관계가 없는 것으로 보는 듯하 다. 신숭겸의 위망에 가탁한 곡성의 향토세력들이 그를 성황신으로 내세웠을 것으 로 추론하였다(변동명, 앞의 글, 104~105쪽). 그러나 순천의 예에서 보듯, 신숭겸을 이곳에 族的 기반을 가진 호족으로 보는 것이 더욱 설득력이 있지 않을까 한다.

45 李樹健,『韓國中世社會史硏究』일조각, 1984. 이수건,『한국의 성씨와 족보』서 울대학교 출판부. 2003.

있다. 곡성과 평산의 인물 조와 성씨 조에는 그를 '곡성인'이라 하였다.[46] 한편 춘천도호부에는 우거 조에 그를 수록하였다. 승람 찬자가 그를 우거 조에 수록한 의도는 분명하다. 즉 『고려사』 찬자가 신숭겸을 '광해주인'이라 한 것을 보고, 그 오류를 바로잡기 위한 것이라고 생각한다. 『신증동국여지승람』의 서술체제에 의하면 인물 조에는 그 지역 출신 인물을, 반면에 우거 조에는 그 지역 출신이 아닌 인물, 즉 낙향했거나 귀양 온 인물들을 수록하였다.[47] 寓居는 "남의 집이나 타향에서 임시로 몸을 붙여 사는 것"으로,[48] 결국 승람의 찬자는 신숭겸이 임시로 거처한 곳이 바로 춘천이라는 사실을 강조하기 위해서 그를 우거 조에 수록한 것이라고 생각한다. 승람 찬자의 이러한 의도를 결코 가볍게 보아서는 안 될 것이다.

한편 신숭겸의 후손들은 모두 그의 출신지를 곡성이라 하였음은 이미 여러 문중 기록들을 통해 확인한 바 있으며, 또 『여지도서』에는 곡성현 비래산이 그의 '生長之處'라고 하여 그 구체적인 출생지까지 밝히고 있는 것 또한 참고할 필요가 있다.[49]

셋째, 후삼국기 곡성은 유력한 토착세력이 존재하던 巨邑이었다. 당시의 곡성을 僻邑으로 보고 이곳 호족세력의 존재를 인정하지 않는 견해도 있지만,[50] 이는 당시 곡성의 상황을 잘못 이해한 것이다. 신숭겸이 활

---

46 『신증동국여지승람』 39, 곡성현 인물조. 같은 책, 41, 평산 인물조. 같은 책, 26, 대구도호부 사원조.

47 『신증동국여지승람』 기본적인 항목인 연혁·성씨·풍속·형승·산천·토산성곽·關防· 봉수·누정·학교·역원·불우·사묘·능묘·고적·名宦·인물·題詠 등과는 달리 우거 조는 예외적인 것이라고 할 수 있다. 우거 조가 실려 있는 예는 전국 60여개 정도로 파악되는데 이에 대해서는 별도의 연구가 필요하다.

48 김민수 외, 『국어대사전』 금성출판사, 1991, 2235쪽.

49 『여지도서』 하, 804쪽.

50 변동명은 "곡성은 내륙의 僻邑이었다. (중략) 따라서 그러한 벽지 고을에 신라하대부터 이미 강력한 토착세력이 성장해 있었을 성 싶지 않다. 신숭겸이 곡성을 떠

동하던 9세기 후반 무렵의 곡성은 주위의 富有縣, 求禮縣, 同福縣 등 3
개 縣을 거느리던 領郡으로서의 당당한 지위에 있었다. 뿐만 아니라 당
시의 곡성은 불교문화 중심지로서 전남일대에 커다란 영향을 미치고 있
었다. 그러나 10세기 중엽 군현 개편 때에 곡성군은 오히려 승평군의 屬
縣으로 강등되고 말았다. 즉 고려 태조 23년(940)의 군현 개편 결과 나
주, 영암, 영광, 승주, 광주 등은 속현을 거느리는 등 확대된 반면 곡성
을 비롯하여 무안, 담양, 반남. 장성군은 속현으로 강등되어 당당했던 지
위를 크게 상실하였다.[51] 그렇게 된 연유를 지금 여기에서 장황하게 설
명할 겨를이 없거니와, 아마도 후삼국 통일과정에서 해당 지역 호족들의
향배가 군현개편에 커다란 영향을 미쳤을 것이라는 점은 분명하지 않을
까 한다.

9세기 중엽 혜철에 의해 桐裏山門의 大安寺(太安寺)가 지금의 곡성군
죽곡면 원달리에 개창된 이래 곡성은 전남일대의 사상적 중심지가 되었
다. 후삼국기 전남일대는 동리산문의 영향 아래에 있었는데, 동리산문의
본사가 바로 대안사였다. 대안사는 혜철이 입적할 당시 상당한 사원세력
으로 성장하였다고 한다. 그의 비문에 의하면, 대안사는 40인의 福田을

났던 것으로 여겨지는 9세기 후반 무렵에 벌써 신 씨 같은 성을 칭할만한 세력을
갖춘 대 호족이 곡성에 토착해 있었을 가능성은 희박해 보이는 것이다"라고 하였
다(변동명, 앞의 글, 96쪽).

51 본래 곡성군은 백제의 욕내군을 경덕왕 때에 곡성으로 이름을 바꾸고 그 예하에
지금 순천시 주암·쌍암일대 지역인 부유현과 지금 구례군 지역인 구차례현, 그리
고 화순군 동복면 지역인 동복현을 영속하였다고 한다. 이러한 체제는 후삼국시기
까지 별다른 위상의 변화 없이 지속되다가 태조가 후삼국을 통일하고 난 후인 940
년(태조 23)에 대대적인 변화가 이루어져, 곡성군은 그 지위가 크게 떨어져 오히
려 승평군의 속현으로 편제되었고 추성군의 속현이었던 옥과는 보성군의 속현이
되었다. 이후 승평의 속현이었던 곡성군은 다시 나주목의 속현으로 편제되었다(『삼
국사기』 지리지 3, 곡성군 및 김동수, 「곡성군의 연혁」『곡성군문화유적 학술조사』
전남대출판부 1996, 22~25쪽).

거느리고 있었고 494결이나 되는 전답 외에도 柴地 143결, 鹽場 43결, 奴 10명, 婢 13명을 소유하고 있었다고 한다.[52] 특히 鹽場을 소유하고 있었다는 것이 주목 되는 바, 그만큼 대안사의 경제적 기반이 매우 광범 위했음을 알 수 있다.[53] 대안사의 경제적 기반은 주위의 대 호족들의 후원을 얻어 이루지고 있었음은 말할 필요도 없을 것이다. 또 동리산문은 본사인 대안사 외에도 光陽 白鷄山의 玉龍寺와 雲岩寺, 구례의 道詵寺, 三國寺, 영암의 米岾寺, 남원의 穿道寺(南原 雲峰), 南福禪院(全州)등 여러 사찰이 소속되어 있었고, 이들 전남일대 사찰들이 대안사를 중심으로 서로 밀접한 관계를 맺고 있었다.

넷째, 곡성에 광범위하게 전해지고 있는 설화와 유적 등도 신숭겸의 출신을 간접적으로나마 짐작하게 해 준다. 신숭겸 관련 설화는 주로 그의 출생 및 성장과 관련된 것으로,[54] 이를 모두 있는 그대로 받아들이기 어렵다 하더라도 그의 출신을 어느 정도 반영하는 것으로 인정해도 좋지 않을까 한다.

이상 신숭겸이 곡성일대에 先代부터 토착적인 기반을 가지고 있던 호족이었음을 살펴보았다. 그러면 곡성의 호족인 신숭겸이 어떻게 하여 궁예정권에 참여하게 되었을까. 나아가 왕건을 추대한 배경은 무엇이었을까. 이제 그의 정치적 성장과정을 살펴보기로 하자.

---

52 金杜珍, 「羅末麗初 桐裏山門의 成立과 그 思想」『東方學志』57, 1988. 16쪽.
53 이경복, 「신라말 고려초 대안사의 田場과 그 경영」『이화사학연구』30, 2003, 127쪽. 조범환, 『羅末麗初 南宗禪 硏究』일조각, 2013, 109~111쪽.
54 신숭겸관련 설화에 대해서는 이미 이재범이 상세하게 논술한 바 있다(이재범, 앞의 글, 20~21쪽).

Ⅳ. 신숭겸의 정치적 성장

곡성의 호족인 신숭겸이 궁예정권에 참여한 시기는 언제였을까. 결론부터 이야기 하자면, 신숭겸은 서남해 일대에 진출해 있던 왕건과 900년대 초에 연결되었고 그와 함께 개경으로 올라와 궁예정권에 참여하게 되었을 것이라고 생각한다. 이에 대해서는 이미 다른 논고를 통해 언급한 바 있다.[55]

널리 알려진 바와 같이, 후삼국시대의 곡성일대는 후백제의 지배하에 있었다. 견훤이 처음 자신의 독자적인 기반을 마련한 곳은 서남해 일대였다. 그런데 900년대 초에 이르면 견훤의 초기 세력기반이었던 서남해 일대의 지방 세력들이 견훤으로부터 이탈하여 왕건에게 협조하였다. 궁예의 부하로 있던 왕건은 후백제의 배후지역인 나주를 공략하는데 주력하여 903년 3월 드디어 나주를 장악하는데 성공하였다.[56] 이때 왕건이 이곳을 차지할 수 있었던 것은 단순히 武力만이 아니었다. 오히려 이곳의 지방 세력들이 자진해서 왕건에게 귀부했기 때문이다. 당시 사료를 보면, 흔히 羅州人들이 '스스로 移屬'해 왔다거나, '率先해서 內附'하였다는 기록을 찾아 볼 수 있다. 이곳 호족들이 모두 왕건에게 협조한 것은 물론 아니다. 일부는 왕건에게 적대적인 세력도 있었다. 예컨대 壓海縣의 賊帥 能昌이라든가, 葛草島 小賊이라 부르던 이들이 그들이다. 그렇기는 하지만 이곳의 유력한 호족 대부분이 왕건에게 협조하였던 것은 의심의 여지가 없다. 그 결과 903년 이후에는 서남해일대 뿐만 아니라 전남 내륙지역의 호족들까지 왕건에게 귀부하는 사례가 점차 늘어나게

---

55 신호철, 「고려 초 후백제계 인물들의 활동」『한국중세사연구』22, 2007 및 「고려 건국 기 서남해 지방 세력의 동향」『역사와 담론』58, 2011. 이후의 서술은 주로 이 두 논고를 참조하였다.
56 후삼국시대 羅州를 비롯한 서남해 일대를 둘러싼 견훤과 왕건 간의 쟁패에 대해서는 신호철, 『후백제견훤정권연구』(일조각, 1993)을 참고하라.

되었다. 이제 전남일대의 호족세력들이 왕건과 결합하는 구체적인 사례를 살펴보기로 하자.

처음 왕건과 결합한 호족은 羅州 吳氏이다. 후일 태조의 妃가 된 莊和王后 吳氏는 그의 先代가 중국과 해상무역을 통해서 부를 축적한 해상세력이었음은 널리 알려진 사실이다. 나주 오씨가 왕건과 결합한 것을 계기로 후백제 영향 하에 있던 유력한 호족세력들이 왕건에게 귀부하게 되었다.

그 대표적인 예로 승화현의 法攀과 담양군의 廉岳, 그리고 영광군의 宗會를 들 수 있다. 法攀은 유방헌의 祖父이다. 그는 후백제의 右將軍을 역임했던 인물로 처음에는 견훤정권에서 활약했었지만, 견훤을 離叛하고 오히려 왕건에게 협력하였다. 이로 말미암아 법반의 아들 潤謙이 고려 건국초기에 檢務租長의 직에 오를 수 있었고, 그의 손자인 유방헌에 이르러 중앙 문벌귀족으로 성장할 수 있었다. 유방헌의 外祖인 廉岳은 潭陽郡 호족으로, 그 역시 법반과 마찬가지로 견훤정권을 떠나 왕건에게 귀부하였다.[57]

영광의 호족인 宗會는 고려 건국 이전에 이미 왕건에게 귀부하여 雲騎將軍이 되었고 태조의 즉위과정에서 공을 세워 태조공신이 된 인물이다. 그는 909년 나주에서 왕건의 副將으로 활동하였고, 936년 一利川 전투에서 태조의 親衛軍인 天武軍을 지휘하였다. 그의 후손은 중앙의 문벌귀족으로 성장하였는데, 田拱之와 國師 田志謙이 그들이다.[58]

한편 전남일대에서 활동하던 禪僧들도 왕건에게 귀부하였다. 道詵의 제자인 允多와 慶甫, 그리고 海東의 '四無畏大師'로 불리던 迥微, 慶猷, 麗嚴, 利嚴 등이 그들이다. 이들은 대부분 후백제 초기에는 견훤정권의

---

57 『高麗史』93, 柳邦憲 列傳 및 「柳邦憲 墓誌」(金容善 編, 『개정판 역주 고려묘지명집성』 상, 11~12쪽)

58 『고려사』94, 田拱之 列傳 및 李奎報 撰, 故華嚴寺住持王師定印大禪師追封靜覺國師碑銘, 『동문선』118쪽.

영향아래 있으면서 전남 일대의 禪宗산문이 견훤을 지지하는데 커다란
역할을 했던 인물들이다. 그러나 이들이 왕건에게 귀부함으로써 전남 일대
의 호족들이 견훤으로 부터 이탈하여 왕건과 결합하는데 영향을 미쳤다.

이미 언급한 바와 같이, 후삼국기 곡성의 대안사는 전남 일대에 상당
한 영향력을 미치고 있었다. 인근의 구례, 남원, 광양, 영암 등지에도 여
러 사찰들이 동리산문에 속해 있었다. 동리산문의 檀越 세력은 처음에는
견훤과 연결되었으나 점차 왕건과 결합하였다. 영암 출신인 도선은 전남
광양의 옥룡사에 주지하였다. 도선은 처음에 견훤과 관련을 맺고 있었다
고 한다.59 그러나 도선이 입적한지 5년 후인 903년 나주에 진출한 왕건
이 도선의 제자들과 밀접한 관계를 맺었다. 允多와 慶甫 역시 처음에는
견훤의 지원을 받았으나, 고려 건국 이후에는 왕건에게 귀부하였다.

四無畏大師들도 고려 건국 이전에 이미 왕건과 결합하였다. 逈微는
905년에 唐에서 귀국하여 康津의 無爲岬寺에 住持하던 중 왕건과 연결
되었다. 慶猷는 908년 羅州의 會津을 통해 귀국하였는데, 나주에 출정해
있던 왕건과 연결되었다. 麗嚴은 909년에 당에서 昇平을 통해 귀국하였
는데, 이 때 왕건의 도움을 받았을 것으로 추정된다. 利嚴은 911년에 羅
州 會津으로 귀국하였는데, 그 역시 이때 왕건의 도움 받았을 것이라고
한다.60 이들 4명의 선승이 모두 비슷한 시기에 서남해를 통해 당에서
귀국하였고, 이곳에서 활동하던 왕건과 연결되었다. 왕건이 이처럼 전남
일대의 선승들과 결합하고자 한 목적은 이곳의 호족세력 및 민심을 흡
수하기 위한 것이다.61 그 결과 전남일대의 호족세력이 견훤으로부터 왕
건으로 옮겨가는데 사상적으로 커다란 영향을 미쳤던 것이다.

---

59 김두진, 앞의 글(1988), 17~24쪽.
60 왕건과 선승들의 결합에 대해서는, 김두진, 「왕건의 승려결합과 그 의도」『한국학
   논총』4, 1981 및 최병헌, 「羅末麗初 禪宗의 사회적 성격」『사학연구』25, 1975
   를 참조하라.
61 김두진, 앞의 글(1981), 134쪽.

　이상 왕건이 궁예의 부하로 있던 시기, 특히 903년부터 918년에 이르는 시기에 나주를 비롯한 전남지역에서 활동하던 많은 선승 및 호족세력이 왕건과 연결되는 사례를 검토하였다. 신숭겸 또한 이들과 마찬가지로 900년대 초에 왕건과 결합하였을 것이라고 생각한다. 혹시 전남의 내륙인 곡성호족 신숭겸이 과연 왕건과 쉽게 연결될 수 있었을까하는 의문이 제기될 수 있다. 그러나 후삼국기 초기에는 지방의 호족들이 자신의 이해관계에 따라 정치적 향배를 결정하는 것은 흔한 일이었다. 昧谷縣(충북 회인)의 대 호족이었던 龔直은 견훤과 왕건에게 모두 자신의 자식들을 인질로 보내 후백제와 고려 양국에 귀부하기도 하였다.[62] 또 앞에서 본 것처럼 승화현 호족인 법반, 담양의 겸악, 영광의 종회 등도 처음에는 후백제 견훤의 영향 아래 있었으나 왕건에게 귀부하였던 것이다. 더구나 곡성은 동리산문의 중심사찰인 대안사가 있던 곳이었다. 따라서 처음에는 견훤의 후원을 받던 동리산문의 승려들이 점차 견훤을 떠나 왕건과 결합하였음은 이미 언급한 바와 같다.

　당시 이와 같은 불교계의 동향은 곡성의 호족세력인 신숭겸이 왕건과 결합하는데 커다란 영향을 미쳤을 것으로 여겨진다. 더구나 900년대 초까지만 해도 후백제는 곡성을 비롯한 전남지방의 호족에 대한 지배력이 크지 못하였다. 왜냐하면 후백제는 900년에 光州에서 全州로 천도하였기 때문에 정치조직을 정비하는 등 내부 결속이 무엇보다도 급선무였기 때문이다.

　신숭겸과 비슷한 과정을 거쳐 궁예정권에 참여한 인물로 복지겸과 박술희가 있는데, 이들의 활동을 통해서도 신숭겸의 정치적 성장과정을 간접적으로 추론할 수 있다. 이 둘은 모두 慧城郡(충남 면천군) 출신의 호족이다. 혜성군은 후백제의 최전방지역이면서 해상무역의 중심지이자 군사적 요충지였다는 점에서 羅州와 비슷하며, 해상세력이라는 점에서

---

62 신호철, 「신라말 고려초 매곡성 장군 공직」 『호서문화연구』 10, 1992.

나주 오씨와 비슷한 경우라고 하겠다.[63] 이 둘이 왕건과 연결된 것 또한 신숭겸과 마찬가지로 900년대 초일 것일 것이다. 박술희 열전에 의하면, 그는 18세 때에 궁예의 衛士가 되었다고 한다. 그는 서남해로 출정하던 왕건을 만나 개경으로 올라와 궁예정권에 참여하였고, 이후에도 왕건의 최측근으로 활동하였다. 그는 왕건과 함께 전장에서 여러 차례 군공을 세웠으며, 고려 건국 후인 922년(태조 4)에는 나주 오씨의 소생인 武를 太子로 책봉하는데 결정적인 역할을 하였다. 결국 박술희의 도움을 받은 武는 태자로 책봉되었고 태조를 이어 혜종으로 즉위하였다. 박술희와 나주 오씨가 이처럼 강력한 연대관계를 맺게 된 배후에는 이들의 출신 배경이 비슷하고 또 왕건과 결합하게 된 시기와 동기가 같았기 때문이었을 것으로 생각된다.

신숭겸과 복지겸 또한 박술희와 비슷한 과정을 거치면서 정치적으로 성장한 것으로 여겨진다. 즉 이들 셋 모두가 900년대 초에 왕건과 연결되어 그를 따라 궁예정권에 참여하였던 것이다. 왕건과 결합한 신숭겸은 곧 자신의 토착적 기반을 옮기지 않았을까 한다. 후백제는 전주 천도 후 設官分職 등 지배체제를 강화한 뒤에는 점차 지방에 대한 통치를 강화해 나갔다. 따라서 신숭겸은 더 이상 곡성에 머무를 수가 없었을 것이고, 자연히 자신의 근거지를 옮길 수밖에 없었을 것이다. 신숭겸이 처음 옮겨간 곳이 바로 황해도 平山이 아니었을까 한다. 이곳은 왕건의 세력 기반이었고, 더구나 당시는 궁예정권이 철원에서 송악으로 천도한 후이기 때문에[64] 신숭겸이 평산으로 자신의 근거지를 옮기는 것이 크게 어려운 일은 아니었을 것이다. 왕건을 따라 평산으로 옮긴 신숭겸은 주로 그와 함께 후백제와의 전투에 참여하는 등 그의 측근으로 활동하였다. 특히 913년 아지태 사건을 계기로 왕건은 점차 궁예 왕으로부터 의심·

---

63 李樹健, 『韓國中世社會史研究』 일조각, 1984, 294쪽. 정청주, 앞의 책, 126쪽.
64 궁예정권이 철원에서 송악으로 천도한 해는 898년 7월이다.

견제의 대상이 되었고, 이후 왕건은 대부분의 기간을 개경을 떠나 서남해에 머물렀다. 이 시기 동안 신숭겸은 왕건과 함께 후백제의 배후인 서남해 지역을 공략하는데 주력하였다. 910년대 이후 궁예 왕은 소위 神政的 전제정치를 추구하면서 민심을 잃게 되었다. 이에 신숭겸은 자신과 비슷한 배경을 가진 복지겸 등 1등 공신 4인과 함께 6월 정변을 일으켜 왕건을 추대하여 고려를 건국하였다.

이에 태조는 그에게 평산을 貫鄕으로 삼게 하고 아울러 300결의 田地를 하사하였다. 신숭겸이 곡성을 떠나 처음 정착한 곳이 바로 평산이기 때문에 이곳을 그의 관향으로 삼게 하였을 것이라고 생각한다. 물론 신숭겸이 평산에 처음 정착한 것은 고려건국 이전이고, 태조가 그에게 평산을 賜貫·賜田한 것은 건국 이후의 일이다. 따라서 평산을 신숭겸에게 賜貫·賜田한 것은 이곳을 그의 새로운 근거지로써 공인해 준 상징적인 조치였다고 생각한다.[65]

이때에 신숭겸뿐 만아니라, 다른 1등 공신에게도 모두 이러한 조치가 이루어졌을 것이다.[66] 그런데 홍유는 의성, 배현경은 경주, 복지겸은 면천 등 자신의 출신지를 본관으로 받았지만, 신숭겸만 예외적으로 출신지인 곡성을 賜貫받지 못한 이유는 당시 곡성이 후백제의 지배하에 있었기 때문이었다. 더구나 곡성의 땅 300결을 賜田한다는 것은 현실적으로 불가능한 일이었다.

끝으로 신숭겸과 춘천과의 관계를 살펴볼 차례이다. 앞에서 신숭겸을 '광해주인'이라고 한 것은 전적으로 열전 찬자의 오류일 것이라고 추론하였다. 그러면 그의 묘소가 춘천에 있게 된 연유는 무엇 때문일까. 현재로선 설명하기 매우 어려운 문제이긴 하지만, 두 가지의 추론이 가능

---

65 300결의 토지는 결코 적은 토지가 아니며, 이를 자손 대대로 먹게 했다고 한 것을 보면 賜田 300결은 녹읍의 성격을 띤 것으로 생각된다.
66 홍유와 배현경에 대한 賜田 기록은 찾을 수 없지만, 아마도 비슷한 대우를 받았을 것이다. 한편 복지겸은 그의 출신지인 면천에 300결의 전답을 받았다.

하다.

하나는 당시의 시대 상황을 이해하는 일이다. 927년 공산전투에서 완패한 고려는 아주 절체절명의 위기 상황에 놓여 있었다. 태조는 겨우 '單騎逃生'하였다고 한다. 급히 그의 시신을 수습해서 회군할 상황에서, —신숭겸이 전사한 때는 9월, 즉 여름이었다.— 貫鄕이자 새로운 근거지인 평산까지 가서 그의 묘소를 쓸 형편이 되지 못했던 것이 아닐까 한다. 당시 고려와 후백제 간의 주된 戰場은 尙州를 비롯한 경상 북부지역이었다. 그의 묘소가 춘천에 있는 이유가 바로 여기에 있지 않았을까 한다. 즉 위급한 상황에서 고려군의 전진 기지 역할을 하던 춘천에 우선 묘소를 쓴 것이 아닐까한다.

다른 하나의 추론은 풍수지리설을 크게 신봉하던 태조가 吉地로 선택한 곳이 춘천일지도 모른다. 더구나 신숭겸이 전쟁 중에 잠시 우거했던 곳이 춘천이라면 그러한 가능성은 충분하다. 여기에서 복지겸의 예를 참고할 수 있다. 복지겸의 묘소 또한 그의 貫鄕이자 賜田 300결을 받은 면천이 아니라 廣州에 있다고 한다.[67] 그렇다면 신숭겸과 복지겸이 호족이라는 출신 배경도 같고, 또 태조를 도와 함께 고려를 개국한 1등 공신으로서 그 정치적 위상도 아주 비슷한 두 사람의 묘소가 모두 자신들의 관향이 아닌 곳에 있게 된 연유는 혹시 풍수지리와 관계가 있는 것은 아닐까. 좀 더 연구해 볼 문제이다.

V. 맺음말

지금까지 신숭겸의 族的 기반 및 그의 정치적 성장과정 등을 중심으로 살펴보았다. 워낙 사료가 부족한 상황에서 부득이 무리한 추론을 하

---

67 김갑동, 앞의 글, 63쪽. 『沔川卜氏世譜』.

지는 않았는지 우려된다. 이제 지금까지의 논의를 정리함으로써 맺는말에 대신할까 한다.

신숭겸과 관련된 사료는 조선 초기에 편찬된 『고려사』 신숭겸열전이 가장 기본적인 것이다. 그러나 그의 활동과 관련된 내용은 『삼국사기』 궁예전과 견훤전을 母本으로 한 것이다. 즉 6월 정변을 일으켜 태조를 추대한 사실은 궁예전에, 공산전투에 참여하여 태조를 대신해서 전사한 내용은 견훤전에 실려 있다.

『고려사』 신숭겸열전이 편찬된 이후, 각 지방에 전해져 오던 자료를 바탕으로 편찬된 지리지 류가 나오면서 신숭겸에 대한 새로운 사실들이 알려지게 되었다. 『세종실록지리지』에 신숭겸과 平山의 관계가 처음 실렸고, 『신증동국여지승람』에는 그의 出身地는 谷城, 本貫地는 平山, 그리고 묘소 소재지(寓居地)는 春川이라는 사실이 처음으로 밝혀졌다. 이후 『여지도서』에는 그의 출생지가 곡성의 飛來山이라는 구체적인 지명까지 알려지게 되었다.

이후 조선 전기 후손들에 의해 기술된 많은 문중 자료, 즉 行狀, 遺事, 別傳, 金石文 등을 통해서 그의 출신지 및 본관지와 관련된 賜貫·賜田 등, 기왕의 史書에서는 찾아볼 수 없는 매우 구체적이고 새로운 내용들이 알려졌다. 이로 인해 신숭겸열전에서 그를 光海州(춘천) 인이라 한 것은 『고려사』 찬자의 오류였음을 확인할 수 있다.

신숭겸은 그의 先代부터 토착적 기반을 가지고 있던 곡성의 호족이었다. 당시의 곡성은 桐裏山門의 본사인 大安寺가 있던 곳으로 전남일대에 많은 사찰들이 동리산문에 속해 있었다. 즉 광양의 玉龍寺와 雲岩寺, 구례의 道詵寺와 三國寺, 영암의 米沾寺, 남원의 穿道寺와 南福禪院 등으로 곡성의 대안사는 불교문화의 중심지였다. 동리산문의 승려들은 처음에는 견훤의 영향 하에 있으면서 전남일대의 호족 및 주민들이 견훤을 지지하는데 영향을 미쳤다. 그러나 궁예의 부하였던 왕건이 903년 나주에 진출한 이후 동리산문 승려들과 결합하기 위해 많은 노력을 하였다. 그 결과 전남일대에서 활동하던 동리산문 승려들이 점차 견훤을 떠나 왕건에게 귀부하였고, 이로 말미암아 나주를 비롯한 전남 일대의 많은 호족들이 왕건과 결합하게 되었다.

이러한 상황에서 신숭겸도 왕건에게 귀부하였다. 900년대 초에 왕건과 결합한 신숭겸은 궁예정권에 참여하였다. 아울러 그는 자신의 근거지인 곡성을 떠나 平山으로 옮겼다. 평산은 왕건 선대부터 세력기반이 있던 곳으로, 왕건을 따라 평산으로 옮긴 후에도 신숭겸은 주로 그와 함께 후백제와의 전투에 참여하는 등 그의 측근으로 활동하였다.

한편 913년 아지태 사건을 계기로 왕건은 궁예 왕과 대립하게 되었고, 그 이후에는 대부분의 기간을 개경을 떠나 주로 서남해에 머물렀다. 이 기간 동안 신숭겸 또한 대부분의 시간을 왕건과 함께 후백제의 배후지역인 서남해 일대를 공략하는데 주력하였다. 910년대 이후 궁예 왕이 소위 神政的 전제정치를 더욱 강화해 가자 민심을 잃게 되었다. 이에 신숭겸은 자신과 비슷한 배경을 가진 복지겸 등 1등 공신 4인과 함께 6월 정변을 일으켜 왕건을 추대하여 고려를 건국하였다. 고려건국 후 태조는 신숭겸에게 平山을 賜貫하고 아울러 田地 300결을 賜田함으로써, 평산은 그의 새로운 근거지가 되었다. 신숭겸은 이후에도 태조와 함께 후백제와의 전쟁에 從軍하다가, 결국 927년(태조 27) 9월 공산전투에서 태조를 대신하여 전사하였다.

참고문헌

李樹健, 『한국중세사회연구』 일조각, 1985.
河炫綱, 『한국중세사연구』 일조각, 1988.
김갑동, 『나말여초의 호족과 사회변동』 일지사, 1990.

신호철, 『후백제견훤정권연구』 일조각, 1993.

鄭淸柱, 『신라말고려초 호족연구』 일조각, 1996.

김은택, 『고려태조 왕건』 1999.

신호철, 『후삼국시대 호족연구』 개신, 2002.

조인성, 『태봉의 궁예정권』 푸른역사, 2007.

이재범, 『후삼국시대 궁예정권연구』 혜안, 2007.

신호철, 『후삼국사』 개신, 2008.

이재범, 『고려 건국기 사회동향연구』 경인문화사, 2010.

조범환, 『羅末麗初 南宗禪 研究』 일조각, 2013.

金杜珍, 「羅末麗初 桐裏山門의 成立과 그 思想」 『東方學志』 57, 1988.

金甲童, 「고려시대의 성황신앙과 지방통치」 『한국사연구』 74, 1991.

閔丙河, 「신숭겸과 공산동수전투」 『軍史』 29, 1994.

김정현, 고려 개국공신의 정치적 성격, 『고려태조의 국가경영』 서울대출판부, 1996.

이인재, 「나말여초 신숭겸의 생애와 사후평가」 『강원문화사연구』 6, 2001.

한정훈, 유랑민 출신의 개국공신 신숭겸 『10세기 인물열전』 푸른역사, 2002.

이경복, 「신라말 고려초 대안사의 田場과 그 경영」 『이화사학연구』 30, 2003.

변동명, 「신숭겸의 곡성 성황신 추앙과 德陽祠 配享」 『한국사연구』 126, 2004.

이학주, 「신숭겸설화의 영웅적 형상화 연구」 『강원민속학』 20, 2006.

신호철, 「고려초 후백제계 인물들의 활동」 『한국중세사연구』 22, 2007.

_____, 「고려 건국기 서남해 지방세력의 동향」 『역사와 담론』 2011.

이재범, 「신숭겸의 생애와 死後 追崇」, 『사림』 44, 수선사학회, 2013.

강원향토문화연구회, 『도포서원학술조사보고서』 2001.

平山申氏大宗中, 『平山申氏千年史 (1)』 2011.

강원대박물관, 『춘천소재 장절공신숭겸장군 유적지자료집』 산책, 2013.

평산신씨대종중, 『대구소재 장절공신숭겸장군 유적지자료집』 산책, 2013.

후삼국 통일 전쟁기와
고려 초기 신숭겸의 활동

문 안 식(전남문화재연구소)

Ⅰ. 머리말

壯節公 申崇謙은 반란과 음모, 변절과 배신이 일상적으로 일어나던 羅末麗初의 혼란기를 살았다. 신숭겸은 올곧게 군왕을 보필하였으며, 자신의 생명을 바쳐 主君을 死地에서 구한 인물로 알려져 있다. 그는 왕건이 대구 공산전투에서 절체절명의 위기에 처했을 때 고귀한 생명을 기꺼이 바쳤으며, 고려의 후삼국 통일 이후 배현경 등 6명과 더불어 태묘에 배향된 공신으로 추숭되었다.[1]

---

1 『高麗史』 권92, 洪儒傳 附 申崇謙傳.

　신숭겸의 出仕는 궁예정권 하에서 시작되었지만, 용장으로서 뛰어난 무용과 충절을 드러낸 것은 왕건을 보필하여 역성혁명을 이룬 것이 계기가 되었다. 신숭겸은 궁예가 말년에 이르러 잔학무도하고 혹세무민하여 민심을 잃자, 배현경 등 여러 개국공신들과 함께 왕건을 옹립하는 데 핵심적인 역할을 하였다.

　그러나 신숭겸에 대한 연구는 관련 사료가 부족하여 많이 이루어지지 못한 실정이다. 신숭겸의 出自와 出仕 時期, 왕건이 주도한 정변에 참여한 내용, 통일 전쟁 과정에서의 활약과 역할, 사후 追崇 등에 대해 일정 정도 연구가 이루어졌을 뿐이다.[2]

　이 글에서는 문헌 사료 외에 신빙성에 문제가 없지 않지만 설화 등의 구전자료와 여러 가문의 대동보를 적극 활용하고자 한다. 이를 토대로 나말여초의 사회변동기에 궁예정권의 卒伍에서 출발하여 고려군의 핵심 수뇌부로 오르기까지 드라마틱한 인생을 살았던 신숭겸의 일대기에 대해 살펴보고자 한다.

---

2 신숭겸의 생애와 사후 추숭 등에 대한 주요 연구는 다음과 같다. 민병하, 「신숭겸과 공 산동수 전투」, 『軍史』 29, 1994 : 이인재, 「나말여초 신숭겸의 생애와 사후 평가」, 『강원 문화사연구』 6, 2001 : 한정훈, 「유랑민 출신의 개국공신 신숭겸」, 『10세기 인물 열전』, 푸른역사, 2002 : 변동명, 「신숭겸의 성황신 추앙과 곡성」, 『한국사연구』 126, 2004 : 이재범, 「장절공 신숭겸장군의 생애와 사후 추숭」, 『춘천 소재 장절공 신숭겸장군 유적지 자료집』, 강원대학교 중앙박물관·강원대학교 인문과학연구소, 2013 : 신호철, 「신숭겸의 族的 기반과 정치적 성장」, 『고려 개국공신 장절공 신숭겸장군 재조명 학술대회』, 순천대 박물관·평산신씨 대종중, 2015 : 배재훈, 「신숭겸 관련지역과 그 역사적 의미」, 『고려 개국공신 장절공 신숭겸장군 재조명학술대회』, 순천대 박물관·평산신씨 대종중, 2015 : 문안식, 「후삼국 통일 전쟁기와 고려 초기 신숭겸의 활동과 위상」, 『고려 개국공 신 장절공 신숭겸장군 재조명학술대회』, 순천대 박물관·평산신씨 대종중, 2015.

Ⅱ. 신숭겸의 궁예정권 出仕와 활약

신숭겸의 출생지에 대해서는 곡성, 춘천, 곡성·춘천 조합설 등의 견해
가 있다. 곡성 출생설은 조선 초기에 편찬된 『新增東國輿地勝覽』에

> A. 본래 곡성 사람인데 태조가 姓을 주고 평산으로 본관을 삼게 하
> 였다.[3]

라고 하였듯이, 곡성에서 태어나 성장한 사실이 전해지고 있다. 조선 후
기에 편찬된 『輿地圖書』에도

> B. 飛來山은 순천 조계산에서 온다. 장절공 신숭겸이 태어나고 자
> 란 곳이다. 지금은 石井·馳馬臺·射臺가 있다. 현의 남쪽 45리
> 에 있다.[4]

라고 하였듯이, 곡성 목사동면 구룡리 뒷산 비래봉과 그 주변에 자리한
여러 유적들이 소개되어 있다. 신숭겸은 『新增東國輿地勝覽』 등의 문헌
자료를 통해 볼 때 곡성에서 태어나 성장했을 가능성이 있다.
그 반면에 춘천 출생설은 『高麗史』 열전 및 지리지 등에 실려 있다.
열전에는

> C. 숭겸의 처음 이름은 能山이며, 光海州人이다. 長大하고 武勇이 있
> 었다.[5]

라고 하였듯이, 오늘날의 춘천에 해당되는 光海州에서 태어난 것으로 되

---

3 『新增東國輿地勝覽』 권41, 平山 人物.
4 『輿地圖書』 谷城縣.
5 『高麗史』 권92, 洪儒傳 附 申崇謙傳.

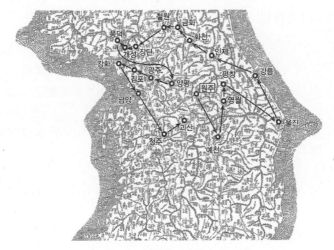

궁예의 세력 확장 과정

어 있다. 그러나 춘천설을 따르는 논자들도 신숭겸의 先代 근거지에 대
해서는 곡성으로 보고 있다.[6]

이와는 달리 조선 중기의 박세채(朴世采, 1631~1695)는 신숭겸이 곡
성 출신이었는데 춘천으로 이주하여 寓居하였고,[7] 고려 태조가 본관을
평산으로 삼게 하였다는 기록을 남긴 바 있다.[8] 이처럼 신숭겸의 출생지
에 대해서는 3가지 설이 있지만, 일반적으로 곡성·춘천 조합설이 받아
들여지고 있다.[9]

---

6 민병하, 앞의 글, 1994, 79쪽 : 이인재, 앞의 글, 2001, 31쪽.
7 寓居는 정착하지 않고 임시적으로 머물러 지낸다는 뜻을 갖고 있는데, 조선시대의
  경 우 10세(30년을 1세로 보아 대략 300년 정도의 기간)가 되지 못한 가문을 특정
  지역의 寓居姓氏로 표현하였다.
8 박세채, 「別傳」, 『壯節公申先生實紀目錄』(1987, 민족문화사, 한국인물사료총서 1).
9 이수건, 「후삼국시대 지배세력과 토성」, 『한국중세사회연구』, 일조각, 1984, 125
  쪽 : 이인재, 「도포서원의 봉안 인물」, 『도포서원 학술조사보고서』, 강원향토문화
  연구회, 2001, 70쪽 : 유재춘, 『도포서원학술조사보고서』, 강원향토문화연구회, 2001,
  139쪽 : 정청주, 『신라말 고려초 호족연구』, 일조각, 1996, 124쪽/이재범, 앞의 글,

신숭겸은 후삼국 정립의 혼란기를 맞이하여 고향을 떠나 전국을 방랑하다 춘천에 정착하게 된 것으로 추정된다. 신숭겸이 곡성을 떠난 시기는 견훤이 889년에 오늘날 광주의 일원을 장악하여 후백제 건국의 기틀을 마련할 무렵으로 추정된다. 신숭겸은 견훤의 거병과 무진주 장악 과정에서 조성된 사회혼란의 여파가 곡성 방면에 미치자 방랑의 길을 떠나게 된 것으로 짐작된다.

신숭겸이 궁예정권에 출사한 시기에 대해서도 정확이 알려진 바는 없다. 신숭겸의 출사는 곡성을 떠나 강원도 춘천에 우거하던 때에 이루어진 것으로 추정하고 있다.[10] 궁예가 箕萱과 良吉의 막하에서 벗어나 철원 일대에서 자립할 무렵이었다. 궁예의 출생에 대해서는 신라 제47대 헌안왕과 이름이 알려지지 않은 후궁 사이의 소생이라는 설, 제48대 경문왕의 아들이라는 설 등이 있다.[11]

궁예는 10여 세에 강원도 영월의 世達寺에서 출가하였고, 장성해서는 계율에 얽매이지 않는 등 일반 승려들과 다른 면모를 보였다. 그는 891년 세달사를 떠나 竹州(안성시)에서 세력을 떨치고 있던 箕萱의 부하가 되었으나, 기훤이 얕보고 거만하여 예로써 대접하지 않자 불만을 품고 元會 및 申煊과 함께 北原(원주)의 호족 梁吉의 휘하로 들어갔다.

궁예는 891년 양길의 명령을 받들어 기병 100명을 이끌고 北原의 동쪽 고을과 溟州 관내의 여러 군현을 습격하여 차지하였다. 또한 궁예는 치악산 石南寺에 머물면서 酒泉(영월군 주천면), 奈城(영월읍), 鬱烏(평창읍), 御珍(울진군 울진읍) 등을 점령하였다. 궁예는 894년 溟州(강릉)를 장악하였는데, 그 무리가 3,500명을 헤아리게 되었다.[12] 궁예는 이들

2013, 18쪽.

10 변동명, 「성황신 신숭겸과 곡성」, 『한국 전통시기의 산신·성황신과 지역사회』, 전남대 출판부, 2013, 205쪽.

11 궁예의 출생과 성장 과정 등에 대해서는 다음의 글을 참조하기 바란다. 조인성, 「弓裔의 出生과 成長」, 『동아연구』 17, 서강대 동아연구소, 1989.

에 의하여 장군으로 추대되면서 처음으로 독자적인 세력기반을 갖게 되었다.[13]

궁예는 895년 8월에 이르러서는 명주를 출발하여 태백산맥을 넘어 猪足(인제)·牲川(화천)·夫若(금화)·鐵圓 등 漢山州 관내의 10여 군현을 차지하였다. 궁예는 세력이 확장되자 다음 해에 철원에 수도를 정하고 내외 관직을 설치하는 등 국가체제를 정비하였다.[14]

궁예의 세력이 강성해지자 여러 지역의 호족 중에서 복속을 청하는 무리가 늘어났다.[15] 그 중에서 송악의 王隆(왕건의 부친)과 평산 출신 朴遲胤의 귀부는 궁예의 세력 확장에 큰 힘이 되었다.[16] 궁예는 이들의 복속을 받은 후 임진강 이북에 위치한 僧嶺(장단 북쪽, 토산 남쪽)·臨江(장단)·仁物(개풍군 풍덕) 등 浿西地域의 여러 현을 점령하였다. 궁예는 다시 孔巖(양평)·黔浦(김포)·穴口(강화)를 차지하는 등 영역을 확대하였다.

궁예는 박지윤 가문과 왕륭 가문의 귀부를 계기로 패서지역을 장악한 후 898년 철원을 떠나 송악으로 근거지를 옮겼다.[17] 이와 같이 볼 때 춘천지역에 우거하고 있던 신숭겸의 궁예정권의 출사는 896년부터 898년 사이에 이루어졌을 가능성이 높다.[18] 신숭겸의 출사를 궁예가 철원에 수

12 『三國史記』 권50, 列傳10, 弓裔.
13 김두진, 「신라하대 崛山門의 형성과 사상」, 『성곡논총』 17, 1986, 314쪽.
14 궁예의 도읍 선정과 천도과정, 국호 및 연호 제정 등에 대해서는 다음의 글을 참조하기 바란다. 정선용, 「弓裔의 勢力形成 過程과 都邑 選定」, 『韓國史研究』 97 1997 : 서금석, 「궁예의 국도 선정과 국호·연호 제정의 성격」, 『한국중세사연구』 42, 2015.
15 『三國史記』 권50, 列傳10, 弓裔.
16 박지윤 가문의 사회적 진출과 궁예와의 관계에 대해서는 다음의 글을 참조하기 바란다. 정청주, 「신라말 고려초 호족의 형성과 변화에 대한 一考」, 『역사학보』 118, 1988, 3~15쪽.
17 궁예의 세력 확장과 稱王 과정 등에 대해서는 다음의 글을 참조하기 바란다. 문안식, 『후백제 전쟁사 연구』, 혜안, 2008, 46쪽.
18 이와는 달리 신숭겸이 궁예정권에 출사한 시기와 관련하여 왕건을 매개로하여 이

도를 정한 신라 진성여왕 10년(896) 무렵으로 특정하여 보는 견해도 없지 않다.[19]

신숭겸의 출신에 대해서도 여러 견해가 제시되었다. 전문적인 군인,[20] 떠돌이 유랑민,[21] 호족[22] 등으로 보고 있다. 그러나 신숭겸은 신라 말 고려 초의 사회변동을 주도적으로 이끈 호족이 아니라 일반 평민 출신으로 추정된다.[23] 신숭겸과 함께 왕건을 옹립하여 역성혁명을 성공으로 이끈 배현경이 뛰어난 담력을 바탕으로 卒伍에서 출발한 사실이 참조된다.[24]

신숭겸 역시 기골이 장대하고 무예가 출중한 개인적 역량을 바탕으로 궁예의 측근에서 활약하였을 가능성이 높다. 신숭겸의 활약은 사회가 안정화 된 신라의 전성기라면 거의 불가능한 일이었지만, 후삼국시대라는 사회 변동기에 살았기 때문에 가능하지 않았을까 추정된다.

한편 신숭겸이 지방사회의 하층 호족 출신이었을 가능성도 없지 않다. 신라 하대의 호족들은 중앙정부의 지방에 대한 통제력이 약화되자 전국의 여러 지역에서 대두하였다. 이들은 落鄕貴族, 軍鎭勢力, 海上勢力, 村主 출신 등으로 구분된다.[25]

호족들은 중앙에서 지방으로 몰락해 내려간 귀족도 없지 않았지만 지방의 토착적인 村主 출신이 훨씬 많았다. 자신들의 세력기반이 형성된

루어졌고, 그 시기는 나주를 비롯한 서남해지역 경략이 추진된 900년대 이후로 보기도 한다(신호철, 앞의 글, 2015, 24쪽).

19 변동명, 앞의 책, 2013, 205쪽.
20 김갑동, 『나말여초의 호족과 사회변동』, 일지사, 1990, 200쪽.
21 한정훈, 앞의 글, 2002, 187~198쪽 : 정청주, 앞의 책, 1988, 125쪽.
22 이인재, 앞의 글, 2001, 68쪽 : 이재범, 『고려건국기 사회동향 연구』, 경인문화사, 2010, 43쪽 : 신호철, 앞의 글, 2015, 20쪽.
23 하현강, 「고려건국의 경위와 그 성격」, 『한국중세사연구』, 일조각, 1988, 31쪽 : 변동명, 앞의 책, 2013, 206쪽.
24 『高麗史』 권92, 洪儒傳 附 裵玄慶傳.
25 정청주, 앞의 책, 1996, 217쪽.

鄕里를 중앙정부의 지배로부터 독립하려는 자세를 견지하였다. 또한 이 들은 행정·군사·경제적인 측면에서 자신의 관할지역에 대한 지배권을 행사하면서 반독립적인 상황에 놓여 있었다.[26] 호족 외에 城主 혹은 將 軍으로 불렸으며, 자신들의 영향력이 미치는 지역을 지배하면서 독자적 인 군사력을 보유하였다.[27]

신숭겸 혹은 그의 선대집단도 곡성 일대에서 일정 정도의 경제력을 형성한 채 주변지역의 村民에 대한 영향력을 행사하였을 가능성이 없지 않다. 곡성 목사동면 일대에 남아 있는 용산단, 용산재, 용소와 용바위, 계마석, 영정비각, 장군단, 덕양서원 등 관련 유적과 유물이 참조된다.[28] 그러나 신숭겸의 가문이 호족으로 불린 만한 독자적인 세력기반을 형성 한 사실을 보여주는 직접 근거를 찾기 어려운 실정이다. 관련 유적은 후 대의 영웅화와 신격화 과정에서 생겨났을 가능성이 높다.[29]

신숭겸의 궁예정권에서의 활약 상황도 관련 사료가 남아 있지 않아 자세한 내용은 알 수 없는 형편이다. 신숭겸은 기병부대에서 주로 활약 했던 것 같다. 그가 918년 6월 裵玄慶 및 卜智謙 등과 함께 궁예를 권좌 에서 끌어내고 왕건을 추대하였을 때 騎將의 관직에 있었던 사실이 참 조된다.[30]

신숭겸은 궁예정권에서 일반 병사로 징집된 후 여러 차례의 전투에

---

26 이기백, 「고려귀족사회의 성립」『한국사』 4, 1974, 국사편찬위원회.

27 하현강, 「고려왕조의 성립과 호족연합정권」, 『한국사』 4, 국사편찬위원회, 1974, 45쪽.

28 곡성 일대에 산재한 신숭겸 관련 유적과 유물에 대해서는 다음의 글을 참조하기 바란 다. 최인선, 「곡성의 장절공 신숭겸장군 관련 유적과 유물」, 『고려 개국공신 장절 공 신숭겸장군 재조명학술대회』, 순천대 박물관·평산신씨 대종중, 2015.

29 신숭겸의 신격화 과정에 대해서는 다음의 글을 참조하기 바란다. 나경수, 「장절공 신숭겸 장군의 영웅화와 신격화」, 『고려 개국공신 장절공신숭겸장군 재조명학술대 회』, 순천대 박물관·평산신씨 대종중, 2015.

30 『高麗史節要』 권1, 太祖 1年 6月.

참여하여 전공을 세워 騎將에 이른 것으로 추정된다. 신숭겸은 궁예와 양길의 사이에 벌어진 899년 전투 때부터 본격적으로 활약하였을 가능성이 있다. 궁예는 양길을 제거한 후 900년에 이르러 신라의 9주 중에서 고구려의 옛 땅에 설치된 溟州·朔州·漢州의 대부분 지역을 차지하였다. 궁예는 901년에 이르러 후고구려를 세우고 송악에 수도를 두었는데, 남한강과 북한강 유역을 복속하는 과정에서 춘천에 기반을 두고 있던 신숭겸도 일정한 역할을 하지 않았을까 한다.

Ⅲ. 왕건의 정변과 신숭겸의 역할

궁예는 사문(寺門)을 나선 3년 후 894년에 자립의 길을 걷기 시작하여 918년에 이르러 왕건의 역성혁명에 의해 무너질 때까지 25년 동안 정권을 유지하였다. 궁예는 '사졸과 함께 고생하며 주거나 빼앗는 일에 이르기까지도 공평무사 하였다'[31]라고 하였듯이 따르는 무리들과의 동고동락을 통해 절대적인 지지를 받았다.

궁예는 정권의 창출과 세력 확대 과정에서 미륵보살을 자처하는 등 실의에 빠진 곤궁한 신라 말의 백성들에게 메시아 같은 존재로 부상되었다.[32] 궁예는 901년에 이르러 왕이라 칭하였고, 904년에는 국호와 연호를 각각 摩震과 武泰라고 하였다.

또한 궁예는 신라의 제도를 따라 廣評省을 설치하고, 兵部를 비롯하여 여러 관부를 두는 등 내정을 정비하였다. 궁예는 905년 7월에 철원으로 다시 도읍을 옮긴 후 908년부터 914년까지에 걸쳐 영산강 유역을 비

---

31 『三國史記』 권50, 列傳10, 弓裔.
32 궁예의 미륵보살 자처와 그 배경 등에 대해서는 다음의 글을 참조하기 바란다. 조인성, 『태봉의 궁예정권』, 푸른역사, 2007.

롯한 한반도 서남해지역 경략에 주력하였다. 궁예는 911년에 이르러 연호와 국호를 水德萬歲와 泰封으로 고치기도 했다.

궁예정권의 성장 과정에서 신숭겸과 같은 담력과 용기가 빼어난 무장들은 큰 활약을 하였다. 그러나 신숭겸의 활약상은 사료에 기록이 남아 있지 않아 정확한 실상을 알 수 없는 형편이다. 궁예정권 하에서 신숭겸을 비롯한 여러 무장들은 905년 이후 후백제와 대결이 치열해지면서 본격적인 활약을 펼쳤다.

궁예는 철원 천도와 내정 안정을 이룬 후 죽령을 넘어 경북 서북지역으로 진출하여 상주를 비롯하여 30여 현을 차지하였다.[33] 신라의 효공왕은 城主들에게 명하여 나가서 싸우지 말고 성벽을 굳건히 하여 지키도록 지시할 따름이었다.[34] 후백제의 견훤도 궁예가 남정북벌을 통하여 사방으로 영역을 확장하자, 그 기세를 꺾기 위하여 군대를 경상도 상주 방면으로 파견하였다.

궁예정권과 후백제 사이에 정면 승부를 벌이는 순간이 다가왔다. 궁예는 906년에 왕건에게 명하여 精騎將軍 黔式 등과 군사 3,000명을 거느리고 상주의 沙火鎭을 공격[35]하는 등 경상 방면으로 진출하였다. 양군은 상주의 사화진과 그 부근에서 몇 차례에 걸쳐 치열한 대결을 펼쳤다.[36]

신숭겸이 궁예정권 말기에 騎將으로 활약한 사실[37]을 고려하면 896년을 전후하여 軍門에 卒伍로 들어선 이래 여러 차례의 전공을 통해 기병장군에 올랐음을 알 수 있다. 그러나 궁예정권의 경상지역 진출 및 후백

---

33 『三國史記』권50, 列傳10, 弓裔.
34 『三國史記』권12, 新羅本紀12, 孝恭王 9年.
35 『高麗史』권1, 世家1, 太祖 前文.
36 궁예정권과 후백제 사이에 전개된 상주 사화진 전투를 비롯한 경상지역에서의 충돌 배경과 추이에 대해서는 다음의 글을 참조하기 바란다. 문안식, 앞의 책, 2008, 60~65쪽.
37 『三國史記』권50, 列傳10, 弓裔.

제와의 대립 과정에서 신숭겸의 활약은 관련 사료가 남아 있지 않아 잘 알 수 없는 형편이다. 정기장군 검식이 기병을 이끌고 왕건의 휘하에서 전투에 참여한 사실을 통해 볼 때 신숭겸 등 동일한 兵種의 지휘관들도 비슷한 역할을 담당하지 않았을까 추정된다.

한편 궁예는 915년에 王后 康氏가 非法을 간언하자 두 아들까지 함께 살해하는 등 만행을 드러냈다.[38] 궁예가 추진한 미륵 하생신앙을 활용한 神政的 專制王權이 붕괴 직전에 이른 사실을 반영한다. 궁예는 미륵불로 자처하면서 큰 아들을 神光菩薩, 막내아들을 靑光菩薩이라 하는 등 聖俗 의 권한을 집중하는 등 神政的 專制王權을 추구하였다.[39]

궁예의 신정적 전제왕권은 속성상 충성하는 소수의 인물들에 의하여 유지될 수밖에 없었다. 許越 등 명주 출신, 宗侃 등 일부 승려, 㱦鉞와 伊昕巖과 같은 전문적인 군인 출신, 청주 출신 등이 궁예정권을 뒷받침 하였다. 그 반면에 朴儒 등 유학자, 궁예의 강설을 邪說·怪談이라고 비 난하였다가 철퇴에 맞아 죽은 釋聰 등 불교교단의 승려, 패서지역의 호 족 등은 입장을 달리하였다. 또한 일반 백성들도 수 많은 전쟁을 치르면 서 초래된 과중한 세금 부과 등으로 인하여 궁예정권에 대한 지지를 철 회하였다.

궁예를 축출하고 역성혁명을 통해 신왕조를 세우려는 정변은 918년 6월에 일어났다. 왕건을 옹립하여 고려를 세운 정변은 궁예정권의 권력 핵심부를 차지하고 있던 친위세력에 의해 주도되었다.[40] 정변의 주도자 는 신숭겸을 비롯한 4인의 騎兵 지휘관들이었다.[41]

38 『高麗史』 권1, 世家1, 太祖 前文.
39 궁예의 신정적 전제주의는 진표의 미륵신앙에 기초하였는데, 자신을 하생한 미륵 불을 표방하면서 태봉을 이상국가로 만들고자 하였다(조인성, 앞의 책, 2007, 123쪽).
40 홍승기, 「고려 태조 왕건의 집권」, 『진단학보』 71·72합, 1991.
41 정청주, 「신라말·고려초 호족연구」, 전북대 대학원 박사학위논문, 1991, 144~152쪽.

신숭겸 등이 왕건을 옹립하여 역성혁명을 성공으로 이끈 정변의 도화선 역할을 담당한 것으로 보기도 한다.[42] 역성혁명을 승리로 이끈 집단을 하급 병졸이나 일반 민중으로 이해하는 견해도 없지 않다.[43] 그러나 하급 병졸과 일반 민중이 역성혁명을 성공으로 이끈 핵심 동력이었을지라도, 이들을 지휘하고 조직화 한 수뇌부가 없었다면 고려 건국은 어려웠을 것이다.

왕건은 신숭겸을 비롯한 여러 騎將들의 옹립을 받아

D. 6월 을묘일에 騎將 洪儒·裴玄慶·申崇謙·卜智謙 등이 은밀히 모의한 후, 밤중에 태조의 집으로 가서 추대하고자 하는 뜻을 말하고자 하였다. 부인 柳氏가 이 일을 알게 하고 싶지 않아서 유씨에게 말하기를, "텃밭에 어찌 새로 열린 오이가 없겠습니까? 가서 따오십시오."라고 하였다. 유씨가 그 뜻을 알아차리고는 북쪽 문으로 나와서 몰래 장막 안으로 들어갔다. 이에 여러 장수들이 말하기를, "지금의 왕은 정사가 참람하고 형벌을 함부로 하며, 처자를 살육하고 신료들을 주살하니, 백성들이 도탄에 빠져 그를 원수처럼 미워하고 있습니다. 桀·紂의 악행도 더할 것이 없습니다. 어둠을 물리치고 광명을 세우는 것은 천하의 큰 의리이니, 바라건대 공께서 殷·周의 일을 행하여 주십시오."라고 하였다. 태조가 정색을 하고 거절하며 말하기를, "나는 충의를 스스로의 본분으로 삼았으니, 왕이 비록 포악하고 어지럽다 하더라도 어찌 감히 다른 마음을 품겠는가? 신하로서 군주를 치는 것을 혁명이라고는 하지만, 나는 진실로 덕이 없는 사람이니 감히 탕왕과 무왕의 일을 본받을 수 있겠는가? 훗날에 장차 구실이 될까 두렵다. 옛 사람이 이르기를, '하루만 군주가 되더라도 종신토록 주군으로 삼는다'라고 하였다. 하물며 延陵季子가 말하기를, '나라를 차지하는 것은 나의 절개가 아니다'라고 하고 이에 떠나가 밭을 갈았음에랴. 내가 어찌 연릉계

---

42 하현강, 앞의 글, 1988, 33쪽.
43 이인재, 앞의 글, 2001, 71쪽.

자의 절개보다 낫지 않겠는가?"라고 하였다. 여러 장수들이 말하기를, "때는 만나기 어렵지만 잃기는 쉬우며, 하늘이 주는데도 취하지 않으면 도리어 그 벌을 받게 됩니다. 심한 고통을 받는 나라 안의 사람들이 밤낮으로 복수할 것을 생각하고 있습니다. 또한 권력과 지위가 중한 자들은 모두 살육되었으니, 지금 덕망으로써 공보다 위에 있는 자는 아직 없습니다. 여러 사람들의 마음이 공을 바라보고 있는 까닭이니, 공께서 만약 따르지 않으신다면 우리들은 머지않아 죽게될 것입니다. 하물며 왕창근의 거울에 나타난 글귀가 저러한데, 어찌 하늘을 배반하고 獨夫의 손에 죽을 수 있겠습니까?"라고 하였다. 유씨가 나와서 태조에게 말하기를, "의리를 들어 포학함을 대체 하는 것은 예부터 그러하였습니다. 지금 여러 장수들의 뜻을 들으니, 저도 오히려 분기가 일어나는데, 하물며 대장부께서 어떠하시겠습니까?"라고 하였다. 직접 갑옷을 가져와 입혔다. 여러 장수들이 부축하며 에워싸고 나와서, 날이 밝아오자 그를 곡식 더미 위에 앉히고 君臣의 禮를 행하였다. 사람을 시켜 말을 달리며 "왕공께서 이미 의로운 깃발을 들어 올리셨다!"라고 외치게 하였다. 바삐 달려 다다르는 백성들이 이루다 기록할 수가 없었으며, 먼저 궁문에 이르러 북을 치며 떠들썩하게 기다리는 자들 또한 10,000여 명이었다. 궁예가 이 소식을 듣고는 어찌할 바를 몰라 微服차림으로 북문을 빠져나가 바위 골짜기로 도망쳤는데, 얼마 후에 斧壤의 백성들에 의해 살해되었다.[44]

라고 하였듯이, 궁예를 축출하고 고려 건국에 성공할 수 있었다. 궁예는 왕건 일파에게 밀려 왕궁 밖으로 쫓겨났다. 궁예는 918년 여름, 보리가 익어가기 시작할 무렵 강원도 평강의 농가에서 이삭을 훔쳐 먹다 농민들에게 들켜 맞아 죽은 것으로 되어 있다.

그러나 백성들의 몰매에 의해 최후를 맞이한 궁예의 치욕스러운 종말을 전하는 사료 D와는 달리 현지 설화는 그렇게 나쁜 왕으로 기억하고

---

44 『三國史記』 권50, 列傳10, 弓裔.

있지는 않다.[45] 보개산성 설화를 통해 볼 때 왕건이 보낸 추격군과 치열한 공방전을 전개했을 가능성도 없지 않다. 궁예는 군사들과 함께 궁을 빠져 나와 경기도 포천시 관인면 중리에 있는 보개산성으로 피신하였던 것 같다.

궁예는 추격군의 공세를 버티지 못하고 냉정리에 위치한 한탄강 왕건나루를 건너 명성산에서 최후의 결전을 벌였다. 명성산이라는 지명은 궁예와 그 휘하 병사들이 중과부적으로 밀린 후 해산명령을 내리자 모두 태봉의 비운을 슬퍼하며 울음을 터뜨린 데서 기원했다고 한다.[46]

궁예는 자신이 믿고 의지했던 측근 중의 일부가 정변을 일으키자 적극 대처하지 못하고 권좌에서 밀려났다.[47] 왕건은 엄중한 감시 속에 놓여 반궁예세력을 계획적으로 모으는 것이 불가능하여 주도적으로 정변을 이끌어가는 것이 어려웠을 가능성도 없지 않다.[48] 그러나 신숭겸 등에 의한 옹립과 추대는 후대에 조작된 명분에 불과하고, 왕건 자신이 궁예정권의 군부 실권을 장악하고 있던 여러 騎將을 회유하고 설득하여 정변을 주도하지 않았을까 한다.

---

45 고려와 왕건 중심의 역사 인식에 벗어나 사료의 이면에 가려진 궁예의 진면목에 대해서는 다음의 글을 참조하기 바란다. 추만호, 「「궁예전」 어떻게 읽을 것인가」, 『역사와 역사교육』 제2호, 1997.

46 철원과 포천의 경계를 이룬 산정호수 부근에 위치한 명성산 일대에는 궁예와 관련된 여러 지명이 남아 있다. 궁예가 왕건에 쫓겨 은거한 궁예왕굴, 왕건 군사와 궁예 군사가 격전을 벌인 야전골(野戰谷), 왕건이 야전골에서 패한 궁예 군사에게 항서를 받은 항서 받골(降書谷), 궁예가 단신으로 골짜기를 거쳐 평강으로 도망갔다 하여 생겨난 가는 골 (敗走谷), 궁예가 왕건에게 쫓겨 도주하며 흐느껴 울었다는 눌치 혹은 느치, 도주하는 궁예가 안도의 한숨을 쉬었다는 한잔모탱이 등이 대표적이다. 궁예 관련 전설과 설화, 지명 등에 대해서는 다음의 글을 참조하기 바란다. 유인숙, 「궁예왕 전설과 역사 소설」, 『강원문화연구』 21, 강원대 강원문화연구소, 2002.

47 조인성, 「후삼국의 성립—태봉」, 『한국사』 11, 국사편찬위원회, 1996, 164쪽.

48 조인성, 앞의 책, 2007, 141쪽.

이와 같이 볼 때 신숭겸은 896년 무렵에 일반 병사로 징집된 후 뛰어 난 담력과 무예를 바탕으로 20여 년 동안 여러 차례에 걸쳐 軍功을 세 웠고, 궁예정권 말기에 이르러서는 騎將이 되어 휘하 부대를 지휘한 것 으로 추정된다. 신숭겸은 역성혁명이 성공한 후에는 왕건의 측근에서 왕 권강화와 정적 제거 등을 위한 내정 업무, 정복전쟁 등의 外征에서 다양 한 역할을 맡게 되었다.

Ⅳ. 고려 초기 신숭겸의 활동과 역할

왕건의 즉위와 고려의 건국에도 불구하고 새로운 왕조를 부정하는 도 전이 연이어 일어났다. 그 움직임은 수도 철원과 청주를 비롯한 여러 지 방에서 동시 다발적으로 이루어졌다. 왕건을 보필하여 역성혁명을 승리 로 이끈 핵심 측근세력 중에서도 반란을 일으킨 사람들이 생겨났다.

고려의 첫 수도였던 철원에서 일어난 정변은 桓宣吉과 伊昕巖 일파가 중심이 되었다. 환선길은 왕건을 추대한 공을 인정받아 馬軍將軍에 임명 되어 정예 군사를 이끌고 궁궐 宿衛를 담당한 핵심 측근이었다.[49] 왕건 의 신변 보호와 왕궁 숙위를 환선길이 담당한 것으로 볼 때 신숭겸 등 1등 공신에 버금가는 신임을 받았을 가능성이 높다.

그러나 『高麗史』와 『高麗史節要』 등에는 환선길이 공신에 책봉된 기 록이 남아 있지 않다. 신숭겸을 비롯하여 홍유와 배현경 및 복지겸이 1 등 공신, 堅權·能寔·權愼·廉湘·金樂·連珠·麻煖이 2등 공신이었다.[50] 그 러나 왕건의 신임을 받아 왕궁 숙위를 담당한 사실 등을 고려하면 환선 길 역시 정변 과정에서 1등 공신에 버금가는 역할을 수행하였을 가능성

---

49 『高麗史』 권127, 叛逆1, 桓宣吉.
50 『高麗史節要』 권1, 太祖 1年 8月.

이 높다.

환선길은 반란을 일으켰다가 주살된 후 공훈이 삭제되고 반역 열전에 실리게 되지 않았을까 추정된다. 환선길은 왕건이 즉위한 지 4일 만에 반란을 꾀하였으나 실패하여 衛士에게 잡혀 죽었다.[51] 곧이어 馬軍大將軍 伊昕巖이 모반을 도모하였다. 이흔암은 궁예정권 말기에 웅주를 襲取하여 주둔하고 있었는데, 왕건이 태봉을 무너뜨리고 고려를 세운 뒤 철원으로 올라왔다.

이흔암은 부인의 성씨가 桓氏인 것으로 볼 때 환선길 가문과 인척관계였을 가능성이 높다. 이흔암은 환선길의 모반 사건이 일어난 후 신변의 위협을 느껴 반란을 꾀하다가 주살되었다.[52] 이와는 달리 왕건과 신숭겸 등 개국공신 일파가 환선길이 주도한 모반에 대한 연대 책임을 물어 기병의 최고위층 지휘관으로 있던 이흔암을 제거하였을 가능성도 있다.

환선길과 이흔암 일파의 반란을 反王建·親弓裔的인 성격으로 보는 견해도 없지 않지만,[53] 정변 이후의 논공행상 혹은 권력투쟁 과정에서 불만을 품고 난을 일으킨 것으로 판단된다. 이들의 반란을 진압하고 고려의 정국 안정에 기여한 데는 신숭겸을 비롯한 1등 공신들의 역할이 컸다.

한편 궁예정권 때의 핵심 요직을 차지했던 집단 중에서도 반란을 도모하는 일파가 나타났다. 이들의 중심에 청주 출신의 인물들이 자리하였다. 궁예는 904년에 송악에서 철원으로 수도를 옮기면서 청주인 1천호를 이주시켜 통치기반으로 삼는 등 적극적인 우대를 하였다.[54] 청주 출신의 인물 중에 궁예정권에서 크게 활약한 경우가 적지 않았다.

이들의 반란 움직임은 고려의 건국 이후 3달이 지나면서 본격화되었다. 徇軍部의 지휘관으로 있으면서 兵馬統帥權을 장악한 林春吉이 주도

---

51 『高麗史』 권127, 叛逆1, 桓宣吉.
52 『高麗史』 권127, 叛逆1, 伊昕巖.
53 정청주, 「궁예와 호족세력」, 『全北史學』 10, 1986, 25쪽.
54 홍승기, 「궁예왕의 전제적 왕권의 추구」, 『허선도기념 한국사학논총』, 1992, 일조각.

하였다.[55] 고려의 건국 직후 군대 운용은 순군부와 병부로 이원화 되어 있었는데, 순군부는 호족들이 보유한 병력과 연결된 협의체적인 통수부 역할을 하였다. 그 반면에 왕명 전달과 성곽 축조 등의 행정업무는 兵部가 관할하였다.[56]

임춘길은 순군부의 실권을 장악한 상태에서 자신의 휘하 병력을 동원하여 고려를 전복시키고자 했다. 임춘길은 휘하 병력 외에 同鄕의 裵忩規, 계천(위치 미상, 청주 인근) 출신의 康吉·阿次貴, 昧谷(보은군 회인면) 출신의 景琮 등과 함께 거사를 계획하였다.[57]

임춘길과 함께 거사를 준비한 사람들은 청주와 그 인근지역 출신이 중심이 되었다. 이들의 모반은 환선길이 일으킨 반란과는 달리 反王建·親弓裔的인 성격이 강하였다. 이들의 거사는 복지겸에 의해 사전에 발각되어 임춘길을 비롯한 대부분의 주모자들이 사형에 처해졌다.[58] 그 후에도 청주지역 호족들의 저항과 반발은 계속되었다. 청주호족 陳瑄이 동생 宣長과 함께 반역을 꾀하다가 죽임을 당하기도 하였다.[59]

철원에 머물고 있던 玄律과 같은 청주 출신의 인사들도 심한 견제를 받았다.[60] 신숭겸은 배현경과 함께

---

55 『高麗史節要』 권1, 太祖 元年 9月.
56 고려 전기의 군사제도에 대해서는 다음의 글을 참조하기 바란다. 이재범, 「고려전기의 군사제도 -중앙군조직을 중심으로-」, 『韓國軍事史研究』 1, 국방군사연구소. 1998. 한편 호족의 군사 협의체로 운용되던 순군부는 광종 11년(960)에 이르러 왕권 강화정책과 호족 숙청작업의 일환으로 기능이 축소·약화되어 軍部로 개편되었다(『高麗史』 권76, 誌 30, 百官1, 兵條).
57 후삼국 시기 청주지역 호족세력의 동향에 대해서는 다음의 글을 참조하기 바란다. 박성순, 「新羅末期의 淸州支方豪族勢力」, 청주대 대학원 사학과 석사학위논문, 1990.
58 『高麗史節要』 권1, 太祖 元年 9月.
59 『高麗史節要』 권1, 太祖 元年 10月.
60 청주 출신의 인사들이 모두 궁예정권을 지지하여 왕건의 즉위를 반대한 것은 아니었다. 이들 사이에 913년의 阿志泰 밀고 사건을 계기로 궁예를 지지한 집단과 그렇지 않은 세력으로 분열이 일어난 것으로 보고 있다(조인성, 앞의 책, 2007, 146쪽).

> E. 청주사람 玄律로 徇軍郎中을 삼으니 馬軍將軍 玄慶·崇謙 등이 말
> 하기를, "지난번에 林春吉이 徇軍吏가 되어 반역을 꾀하다가 일이
> 누설되어 죽음을 당하였는데 이것은 곧 兵權을 맡고 청주를 후원
> 으로 믿었기 때문입니다. 이제 또 玄律로 徇軍郎中을 삼으니 신 등
> 은 의아하게 여깁니다" 하니 왕이 "옳다" 하고 곧 兵部郎中으로
> 고쳐 임명 하였다.[61]

라고 하였듯이, 현율이 순군부의 兵權을 장악하지 못하도록 하였다. 신
숭겸 등은 궁예정권과 밀착관계에 있던 현율이 수도의 치안 유지와 국
왕의 호위 등의 업무를 총괄하는 徇軍郎中에 임명되는 것을 반대하였다.

순군부는 최고 책임자로 徇軍部令이 존재하였고, 徇軍郎中은 令을 보
좌하여 兵馬統帥權을 맡은 핵심 역할을 담당하는 직책이었다.[62] 현율은
신숭겸 등의 견제를 받아 순군낭중이 되지 못하고, 그 대신에 행정업무
를 주로 담당하는 병부낭중으로 관직이 바뀌게 되었다.

신숭겸은 복지겸 및 배현경 등의 공신 집단과 더불어 정적 감시와 왕
권강화 등 내정분야의 주요 역할을 맡았으며, 지방에 파견되어 고려를
부정하는 호족들의 반란을 제압하고 위무하는 외정 임무도 수행하였다.
청주와 그 인근지역이 反高麗的인 입장을 취하면서 불안한 상태에 놓이
자, 洪儒와 庾黔弼 등이 병사 1,500명을 거느리고 鎭州(충북 진천)에 주
둔하여 대비한 사례가 참조된다.[63]

한편 견훤은 고려가 건국 직후 내분과 반란의 소용돌이 속으로 빠져
들자 그 틈을 이용하여 영토 확장을 추진하였다. 왕건은 지방 호족들이

---

61 『高麗史節要』권1, 太祖 元年 9月.
62 고려 초기 순군부의 역할과 위상에 대해서는 다음의 글을 참조하기 바란다. 정경
   헌, 「高麗太祖代의 徇軍部에 대하여」, 『한국학보』제48집, 1987 : 최규성, 「徇軍
   部考」, 『상명사학』창간호, 1993 : 권영국, 「고려 초 徇軍部의 설치와 기능의 변화」,
   『한국사연구』135, 2006.
63 『高麗史』권92, 列傳5, 王順式傳 附 堅金.

동요하는 조짐을 보이자 重幣卑辭를 통해 민심 확보에 나섰다.[64] 신숭겸은 다른 공신집단과 함께 왕건을 보필하여 고려의 정국 안정과 왕권강화에 적극적인 노력을 기울였다.

신숭겸의 큰 활약에 대해 왕건도 신뢰와 애정을 보냈다. 왕건은 신숭겸의 貫鄉을 평산으로 삼고, 식읍을 내려주어 호족으로 삼는 등 적극 우대하였다.[65] 현지에 전하는 설화에 따르면 신숭겸의 활솜씨에 감탄한 왕건이

> F. 속설에 숭겸이 일찍이 태조를 따라 사냥하다가 三灘에 와서 점심을 먹었다. 그때 기러기 세 마리가 공중에 떠돌았는데 태조가 "누가 쏘겠는가" 하니, 숭겸이 "신이 쏘겠습니다" 하니, 태조가 웃으며, "세번째 기러기의 왼쪽 날개를 쏘라" 하였다. 숭겸이 명령에 따라 쏘았는데 과연 꼭 맞히니 태조가 장하게 여겨 감탄하면서 명하여 평주로 본관을 삼게 하고 기러기를 쏜 근처의 밭 3백 頃도 함께 하사하여, 대대로 그 조세를 받게 하였으며 그 땅을 弓位라 이름 하였다.[66]

라고 하였듯이, 300頃의 田地를 하사하여 대대로 그 租를 받아 생활하도록 배려하였다. 사료 F의 내용은 왕건이 고려의 건국과 왕권 안정 등에 기여한 신숭겸의 공적을 높이 평가한 사실을 반영한다. 왕건이 복지겸에 대해서도 충청도 면천의 300頃을 하사하여 그 후손으로 하여금 世食하도록 조치한 사례 등이 참조된다.[67]

---

64 『高麗史』 世家1, 太祖 2年, 秋8月. 한편 진천의 호족들은 청주 출신과는 상반된 태도를 보였다. 진천 임씨가문은 왕건을 지지하여 고려의 건국과 왕권 안정에 기여하였다. 왕건은 임씨가문의 지지를 받아 진천을 청주 호족들을 견제하는 군사 거점으로 활용하였다(신호철, 「高麗의 建國과 鎭州 林氏의 역할」, 『중원문화논총』 1, 충북대 중원문화 연구소, 1997).
65 이수건, 「후삼국시대 지배세력과 土姓」, 『한국중세사회사연구』, 일조각, 1985, 125쪽.
66 『新增東國輿地勝覽』 권41, 平山都護府 人物 申崇謙 夾註.

식읍은 왕족과 공신 등에게 지급하던 일정한 지역 혹은 收租戶를 말하며, 조세뿐 아니라 요역의 징발권도 포함된 것으로 보고 있다.[68] 왕건은 신숭겸과 복지겸 등에게 식읍을 지급하여 호족에 버금가는 지위를 갖도록 배려하였다. 또한 왕건이 신숭겸의 본관을 평산으로 지정한 까닭은 수도와 가까운 浿西地域 호족세력으로 편입시켜 정권의 기반을 안정화하려는 의도도 없지 않았다.[69]

평산은 예성강 중류지역에 위치하여 수도의 외곽을 보호하고, 남쪽의 개성과 북쪽의 평양을 연결하는 교통로의 중심에 자리하는 등 지정학적 요충지였다. 개성 북방의 금천에서 예성강을 건너 평산을 거쳐 서흥-봉산-사리원을 경유한 후 자비령을 넘어 황주-중화를 거쳐 평양으로 올라갈 수 있었다. 개성에서 금천과 평산을 거쳐 예성강을 따라 상류지역의 신계로 올라간 다음 수안-중화를 경유하여 평양으로 향하는 노선도 존재하였다. 그 외에 신계에서 서흥-황주-평양으로 향하는 길도 있었다.

또한 평산은 고구려 때 남진의 거점이었던 태백산성 등이 위치하는 등 전략적인 요충지에 자리한다.[70] 평산을 비롯한 패강진 일대는 신라의 통제가 무너져 여러 군진세력들이 할거하고 있던 상태였다. 신라의 북방을 관할한 패강진은 둔전병적인 성격이 강했는데,[71] 평산의 大谷鎭이 本營이었을 가능성이 높다.[72]

패강진이 해체된 후 朴智胤이 평산지역을 장악하게 되었다. 박지윤은

67 『新增東國輿地勝覽』 권19, 洞川郡 人物 卜智謙 夾註.
68 강진철, 『고려토지제도사연구』, 고려대학교 출판부, 1980 : 김기덕, 『고려시대 봉작제 연구』, 청년사, 1999.
69 변동명, 앞의 글, 2004, 211쪽.
70 황해도 평산지역의 지정학적 위치와 교통로 등에 대해서는 다음의 글을 참조하기 바란다. 문안식, 「백제의 고구려 공격로와 축성」, 『경기지역의 교통로와 전쟁』 경기문화재 단·한국사연구회, 2015.
71 이기백, 「高麗 太祖時의 鎭」, 『역사학보』 10, 1958, 232쪽.
72 이기동, 「신라 하대의 浿江鎭」, 『한국학보』 4, 1976, 9쪽.

평산지역의 토착세력으로 추정되며, 신숭겸 역시 평산을 관향으로 삼게 되면서 패서지역과 인연을 맺게 되었다. 신숭겸은 본명이었던 能山을 버리고 '崇謙'이라는 이름을 갖고 평산을 본관으로 삼는 등 유력한 호족으로 다시 태어나게 되었다.[73]

신숭겸은 왕건의 배려와 후의에 호응하듯이 후백제와의 여러 전투에 참여하여 많은 전과를 올렸다. 후백제가 고려의 혼란을 틈타 북진정책을 추구하여 많은 영토를 차지하였지만, 양국 사이에 전면적인 무력 대결이 일어난 것은 아니었다. 견훤은 一吉粲 閔郃을 보내 왕건의 즉위를 賀禮하였고, 왕건도 大中殿에서 사절을 맞이하여 축하를 받고 후한 예로 대접하여 보내는 등 우호관계를 유지하였다.[74]

고려는 후백제와 정면 대결을 피하면서 건국 후에 초래된 국정 혼란을 수습하고 전력을 정비하는 데 주력하였다. 고려와 후백제 사이의 본격적인 대립은 후백제가 합천의 대야성을 공격하는 등 경남 서부 방면으로 진출하면서 시작되었다. 후백제는 금강을 넘어 예산과 조치원 및 연기 이남지역을 차지하였고, 대야성을 함락한 후 낙동강 하류지역으로 진출하는 등 팽창정책을 전개하였다.

후백제가 대야성 공격에 나선 까닭은 920년 2월에 康州將軍 閏雄이 고려에 항복[75] 하였기 때문이다. 후백제는 경남 서부지역의 함양·거창·산청 등의 내륙지역은 장악하고 있었으나, 진주 등의 해안지역은 윤웅이 고려에 귀부하면서 상실하고 말았다.

후백제는 윤웅이 고려에 복속하는 등 경남 서부지역의 지배가 흔들리자 대야성 공격을 추진하였다. 견훤은 대야성을 공격하기 직전 功達을 보내 지리산 竹箭과 孔雀扇을 선물[76]하는 등 고려의 견제를 약화시켰다.

---

73 변동명, 앞의 책, 2013, 207쪽.
74 『高麗史節要』권1, 太祖 元年 8月.
75 『三國史記』권12, 新羅本紀12, 景明王 4年.
76 『高麗史』권1, 世家1, 3年 9月.

견훤은 고려의 견제를 이완시킨 후 920년 10월에 보병과 기병 1만 명을 거느리고 직접 출전하여 대야성을 함락시켰다.[77]

후백제는 대야성을 함락한 후 그 여세를 몰아 仇史(합천 초계 또는 창원)를 점령하고 進禮(김해시 진례면)까지 진격하였다. 후백제는 고려에 복속을 청한 강주(진주)와 그 인근의 해안지역은 놓아두고 합천-창원-김해 방향으로 진격하면서 신라의 영역을 잠식해 들어갔다.[78]

신라의 경명왕은 후백제가 대야성을 함락한 데 이어 仇史를 거쳐 進禮에 이르자 阿飡 金律을 보내어 고려에 구원을 요청하였다. 고려는 920년에 신라와 수교하여 우호관계를 맺은 상태였는데,[79] 경명왕이 사절을 파견하여 구원을 요청하자 군대를 보내게 되었다.[80]

고려가 신라의 구원 요청을 받아들여 군대를 파병하자, 견훤은 낙동강 하류지역에서 더 이상 머무르지 않고 철군을 단행하였다.[81] 신라를 돕기 위한 고려군의 南進은 기병이 중심이 되어 이루어졌는데, 신숭겸이 全以甲 등을 이끌고 지휘를 맡았던 것으로 추정된다.

신숭겸의 출전 사실은 『高麗史』 등의 正史에는 기록이 남아 있지 않고, 1554년에 간행된 『旌善全氏大同譜』에 관련 사실이 실려 있다. 이에

---

77 『三國史記』 권12, 新羅本紀12, 景明王 4年.
78 당시 김해지역은 신라의 영향력이 미치고 있었지만 남해안의 해상활동을 통해 세력기반을 확대한 소율희의 실질적인 지배 하에 놓여 있었다. 이와 관련하여 안동시 도산면 태 자리에 자리한 太子寺 朗空大師 白月栖雲塔碑文이 참조된다. 소율희는 김해 외에도 인 접한 마산과 창원 방면에 대해서도 영향력을 행사하였다. 이는 창원 봉림동에 위치한 禪宗 9산문의 하나인 봉림사가 김해 호족의 후원을 받은 사실을 통해 입증된다(박상규, 「昌原 鳳林寺의 傳說과 由來」, 『경남향토사논총』 IV, 경남향토사연구협의회, 1995 : 배상현, 「眞鏡審希의 활동과 鳳林山門」, 『사학연구』 74, 한국사학회, 2004).
79 『三國史記』 권12, 新羅本紀12, 景明王 4年.
80 고려와 후백제 사이에 전개된 합천과 김해 등 경남 서남부와 남부지역 공방전의 추이에 대해서는 다음의 글을 참조하기 바란다. 문안식, 앞의 책, 2008, 116~121쪽.
81 『高麗史節要』 권1, 太祖 元年 冬十月.

따르면 신숭겸과 전이갑 등이 精騎將軍에 임명된 후 군대를 이끌고 구원에 나서자, 견훤이 그 소문을 듣고 싸우지 않고 퇴각한 내용이 전해진다. 또한 신숭겸 등이 후퇴하는 후백제군을 추격하여 대파한 것으로 되어 있다.

그러나 고려와 후백제 사이에 본격적인 군사대결이 925년에 일어난 제2차 조물성 전투부터 비롯된 사실을 고려하면, 920년에 신숭겸이 기병을 이끌고 김해 등에서 대규모 전투를 벌였을 가능성은 희박하다. 다만 신숭겸이 기병부대를 이끌고 낙동강 하류지역으로 출전한 사실을 전하는 『旌善全氏大同譜』 관련 내용은 전혀 근거가 없는 허구적인 서술만으로 보기는 어렵다.

이와 관련하여 신숭겸이

> G. 신숭겸은 光海州 사람으로 용맹하고 기골이 장대하였으며, 항상 태조를 따라 정벌에 나가 공을 세웠다.[82]

라고 하였듯이, 왕건이 親征한 대부분의 전투에 출전한 사실이 참조된다. 신숭겸이 왕건을 보필하여 참여한 전투에 대해서는 927년 公山大戰 외에는 관련 기록이 남아 있지 않아 자세한 상황을 알 수 없는 형편이다.

또한 신숭겸은 왕건이 親征한 전투 외에 후삼국 통일을 향한 주요 전투에 主將이 되거나 副將이 되어 군대를 이끌고 출전하였을 개연성이 있다.[83] 이와 같이 볼 때 신숭겸이 920년에 신라를 돕기 위하여 전이갑 등과 함께 기병을 이끌고 남으로 내려가 군사행동을 전개하였을 가능성이 높다.

---

82 『高麗史節要』 권1, 太祖 10年 9月.
83 신숭겸이 참여한 전투와 전공 등에 대해서는 관련 사료가 남아 있지 않아 자세한 내용 알 수 없는 형편이다. 일부 내용의 비약과 추론은 새로운 자료의 발견과 연구 성과의 축적을 기다려 보완하고자 한다.

V. 고려·후백제의 대립 격화와 공산전투 참전

신숭겸은 고려의 건국 이후 정국 안정을 위한 내정 분야의 활동에 주력하였다. 신숭겸은 신라를 구원하기 위해 김해 방면으로 기병을 이끌고 내려가는 등 여러 전투에도 참전하였다. 신숭겸의 참전 사실은 『旌善全氏大同譜』의 기록 외에 사료 G에 전하는 '항상 태조를 따라 정벌에 나갔다'는 구절 등이 참조된다.

고려와 후백제의 정면 대결이 펼쳐진 후 왕건의 親征이 확인된 전투는 925년에 일어난 제2차 조물성 전투를 들 수 있다. 신숭겸도 왕건을 따라 제2차 조물성 전투에 참전하였을 가능성이 높다. 조물성의 위치에 대해서는 선산의 금오산성,[84] 안동 부근,[85] 김천 조마면,[86] 안동과 상주 사이,[87] 의성의 金城,[88] 성주 가천면 독용산성[89] 등으로 보고 있다.

고려와 후백제가 경상지역의 주도권을 놓고 치열한 공방전을 벌인 조물성 전투는 924년과 925년 2차례에 걸쳐 전개되었다. 제1차 조물성 전투는 견훤이 924년 7월에 須彌强(신검)을 보내 대야성과 문소성의 군사를 이끌고 공격하면서 시작되었다.[90] 왕건은 조물성이 공격을 받자 哀宣과 王忠을 보내 구원에 나서도록 하였다. 그러나 신검은 城民들이 방어에 나서 조물성을 굳게 지키자 함락하지 못하고 돌아갔다.[91]

후백제와 고려는 제1차 조물성 전투가 끝난 후 1년 동안 전쟁을 벌이지 않았다. 양국 사이에 전투가 재개된 것은 925년 10월에 이르러 왕건

---

84 池內宏, 「高麗太祖の經略」, 『滿鮮史硏究中世』 2책, 1937, 27쪽.
85 김상기, 『고려시대사』, 동국문화사, 1961, 29쪽.
86 이병도, 『韓國史』 중세편, 을유문화사, 1961.
87 하현강, 『韓國中世史硏究』, 일조각, 1988, 53쪽.
88 문경현, 앞의 글, 1986, 136쪽.
89 문안식, 앞의 책, 2008, 140쪽.
90 『三國史記』 권50, 列傳10, 甄萱.
91 『高麗史』 권1, 世家1, 太祖 7年 秋七月.

이 유금필을 보내 충북의 燕山鎭을 공격하면서 이루어졌다. 후백제는 조물성 공격에 실패한 후 연산진과 임존군을 고려에 상실하는 등 수세에 처하였다.[92]

후백제는 무너진 전세를 만회하고 親高麗路線을 견지하는 경상지역의 호족들을 제압하기 위해 견훤이 직접 병력을 이끌고 제2차 조물성 공격에 나섰다. 견훤은 태자 신검이나 다른 지휘관을 보내지 않고 자신이 기병 3천을 이끌고 장도에 올랐다. 견훤의 親征에 맞서 왕건도 정병을 거느리고 내려와 격전을 치르게 되었다.[93]

제2차 조물성 전투는 후백제의 승리로 막을 내렸고, 고려군은 조물성을 후백제에게 넘겨주고 후퇴하였다. 후백제는 조물성 전투에서 승리한 기세를 몰아 낙동강 중류지역을 점령해 나갔다.[94] 고려의 건국 이후 경상 방면에서 일진일퇴를 거듭해 온 양국의 대립은 후백제의 잠정적인 승리로 돌아갔다.

양국은 제2차 조물성 전투가 끝난 후 맺은 和議가 불과 6개월 만에 끝나면서 다시 전쟁 상태로 돌입하였다. 견훤은 926년 4월에 이르러 고려에 인질로 보낸 眞虎의 사망을 명분으로 내세워 병력을 동원하여 고려의 변경을 몇 차례에 걸쳐 공격하였다.[95] 후백제가 공격을 재개하였으나 고려는 반격에 나서지 않고 방어에 만전을 기할 뿐이었다. 왕건은 결전을 피하면서 926년 12월에는 평양성과 북방의 州鎭을 방문하고 돌아왔다.[96]

고려의 반격은 927년에 이르러 개시되었다. 왕건은 직접 군대를 이끌

---

92 『高麗史節要』 권1, 太祖 8年 10月.
93 『高麗史』 권92, 列傳5, 朴守卿.
94 조물성전투의 발발 배경과 그 추이에 대해서는 다음의 글을 참조하기 바란다. 문안식, 앞의 책, 2008, 124~143쪽.
95 『高麗史節要』 권1, 太祖 10年 正月.
96 『高麗史節要』 권1, 太祖 9年 12月.

고 수 차례에 걸쳐 경상지역과 충청지역의 戰場을 누볐다. 신숭겸도 왕
건을 따라 여러 戰場을 전전하였을 가능성이 없지 않다. 고려의 반격은
927년에 왕건이 군대를 이끌고 죽령을 넘어 경북 북부지역으로 출전하
면서 본격화 되었다.

신숭겸도 기병을 이끌고 왕건을 지근거리에서 수행하지 않았을까 추
정된다. 고려는 후백제에게 밀리고 있던 전세를 역전시키기 위하여 여러
전선에 걸쳐 총반격을 개시하였다. 고려군은 927년 1월에 龍州(예천 용
궁면)를 점령하였으며,97 2달 뒤에는 군대를 충청 방향으로 돌려 運州(홍
성)를 공격하였다.98 왕건은 운주성을 공격한 후 다시 소백산맥을 넘어
경북 문경의 近品城을 함락하였다.99

왕건은 육군 외에 수군을 동원하여 후백제의 배후지역을 공격하기도
하였다. 927년 4월에 해군장군 英昌·能式 등을 시켜 수군을 거느리고
가서 남해안을 공격한 사실이 참조된다. 英昌 등이 이끈 고려의 수군은
轉伊山(경남 남해읍), 老浦(남해군 삼동면 난음리), 平西山(남해군 남면
평산리), 突山(전남 여수시 돌산읍) 등 4개 鄕을 함락시키고 사람들을 포
로로 잡았다.100 또한 고려군은 927년 7월에는 경남 합천에 위치한 大良
城(합천 대야성)을 함락한 후 鄒許祖를 비롯한 30여 명을 포로로 잡기도
하였다.101

왕건은 여러 차례의 승전에 고무되어 927년 8월에는 죽령을 넘어 영
주와 예천 등 경상 북부지역을 통과해 남해안의 康州(진주)까지 순행에
나섰다.102 왕건의 경상지역 순행에 신숭겸도 참여하였을 가능성이 높

---

97 『高麗史』 권1, 世家1, 太祖 10年 正月.
98 『高麗史節要』 권1, 太祖 10年 3月.
99 『高麗史節要』 권1, 太祖 10年 3月.
100 『高麗史』 권1, 世家1, 太祖 10年 3月.
101 『高麗史』 권1, 世家1, 太祖 10年 7月.
102 『高麗史節要』 권1, 太祖 10年 10月.

다.[103] 신숭겸은 왕건의 親征을 보필하면서 여러 지역의 전투에 참전하였고, 죽령을 넘어 영주에서 진주에 이르는 경상지역의 순행에 동참한 것으로 짐작된다.

한편 후백제도 고려의 반격에 맞서 927년 9월에 문경시 산북면 근품리에 위치한 近品城을 공격하는 등 국면 전환을 꾀하였다. 견훤은 후백제 병력을 이끌고 근품성을 불태운 후 경주와 가까운 高鬱府(경북 영천)로 나아갔다.[104] 후백제군은 문경에서 점촌 → 예천 → 안동 → 의성 → 군위 → 영천 방향으로 진격한 것으로 추정된다.[105]

후백제군은 예천과 안동 방면으로 東進하여 고려군의 동향을 주시한 후 고울부(영천) 방면을 향해 내려갔다. 고울부는 신라의 수도 금성과 인접한 지역에 자리하며, 城主 能文이 925년에 왕건에게 복속을 청하는 등 친고려적인 입장을 취하고 있었다. 왕건은 능문이 복속을 요청하자 신라의 왕도에 가깝다는 사실을 들어 타일러 보낸 바 있다.[106]

신라 경애왕은 후백제군이 고울부를 공격하자 連式을 보내 고려에 구원을 요청하였다. 왕건은 侍中 公萱, 大相 孫幸, 正朝 聯珠 등과 상의한 후 군대를 보내기로 결정하였다. 公萱이 군사 1만을 거느리고 신라를 돕게 되었다.[107] 공훤 등이 거느린 고려군은 신라의 구원 요청을 받은 후 다음 달(10월)에 남쪽으로 향하여 내려갔다.[108]

견훤은 고려 구원병이 출전하였다는 소식을 듣고 서둘러 신라 공격에 나섰다. 견훤은 고려군이 먼저 입성하는 것을 막기 위해 927년 11월에 경주로 향하였다.[109] 후백제군은 영천에서-신령-화산-호당-도동-임포-

---

103 왕건의 경상지역 경략과 추이에 대해서는 다음의 글을 참조하기 바란다. 문안식, 앞의 책, 2008, 143~152쪽.
104 『高麗史』권1, 世家1, 太祖 10年 9月.
105 문안식, 앞의 책, 2008, 153쪽.
106 『三國史記』권12, 新羅本紀12, 景哀王 2年.
107 『高麗史』권1, 世家1, 太祖 10年 9月.
108 『三國史記』권50, 列傳10, 甄萱.

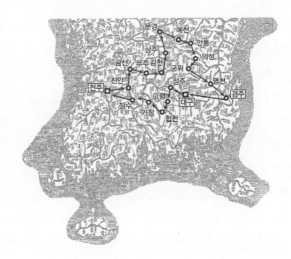

후백제군의 공산전투 진격로와 후퇴로

아화-건천-모량을 거처 경주로 진입하지 않았을까 한다.[110]

후백제군은 2달 동안에 걸쳐 경상지역의 곳곳을 경략한 후 경주 공격에 나선 것으로 추정된다. 경애왕은 비빈 및 종실 등과 함께 포석정에서 잔치를 베풀고 연회를 즐기고 있다가 사로잡히고 말았다.[111] 경애왕은 자살하도록 강요되었고, 왕비와 비빈들은 병사들에게 능욕을 당하였다.[112]

견훤은 경애왕이 왕건이 龍州를 공격할 때 군사를 파견하여 후원하였을 뿐만 아니라 고려에 우호적인 정책을 펼쳤기 때문에 제거하였다. 견훤은 金傅를 왕으로 삼은 후 남녀 포로, 기술자와 병장기, 보물 등을 싣

109 『三國史記』 권12, 新羅本紀12, 景哀王 4年.
110 문안식, 앞의 책, 2008, 154쪽.
111 한편 경애왕이 주연을 즐기다가 참변을 당한 포석정을 호국제사를 올린 신라의 祠堂으로 보기도 한다. 경애왕은 연회장에서 참변을 당한 것이 아니라 호국영령에게 도움을 요청하기 위하여 제사를 지내다가 적군의 급습을 받은 것으로 추정된다(강돈구, 「鮑石亭의 종교사적 이해」, 『한국사상사학』 4·5合, 1993 : 이종욱, 『화랑세기-신라인의 신라 이야기』, 소나무, 1999).
112 『三國史記』 권50, 列傳10, 甄萱.

고 귀환에 올랐다.[113] 견훤이 고려와 밀접한 관계를 유지한 경애왕 등 박씨왕족을 숙청하고 정권교체의 의미로 김씨 왕족 출신의 경순왕을 추대한 것으로 보기도 한다.[114] 이와는 달리 후백제의 신라 공격과 경주 침입에 김씨집단이 협력한 보상으로 이해하는 견해도 없지 않다.[115]

한편 왕건은 신라에 사절을 파견하여 경애왕의 죽음을 조문한 후 자신이 기병 5천을 이끌고 내려왔다. 고려 기병의 지휘관은 대장 申崇謙과 金樂이었고, 이들의 관등은 元甫였다. 대장은 馬軍大將軍의 약칭으로 추정된다.[116] 신숭겸이 고려 건국 직후 마군장군이 되었다가, 여러 차례에 걸쳐 전공을 세워 마군대장군으로 승진한 사실을 반영한다.

후백제군은 경주에서 철병하여 영천을 거쳐 대구 동화사 부근에 이르러 추격에 나선 고려군과 조우하게 되었다. 후백제와 고려는 양국의 운명을 걸고 공산전투로 불리는 대회전을 벌이게 되었다.[117] 양군의 첫 전투에서 고려군이 후백제군을 물리치고 승기를 장악한 것으로 추정된다. 왕건이 견훤에게 보낸 국서에 '桐藪에서는 깃발을 바라다보고 무너져 흩어졌다'[118]라고 하였듯이, 후백제군이 고려군에 밀려 후퇴한 것으로 판단된다.

---

113 『高麗史』 권1, 世家1, 太祖 10年 9月.
114 음선혁, 「新羅 敬順王의 卽位와 高麗 歸附의 政治的 性格」, 『전남사학』 11, 1997.
115 신호철, 「新羅의 衰亡과 甄萱」, 『忠北史學』 2, 1989 : 조범환, 「新羅末 朴氏王의 登場과 그 政治的 性格」, 『역사학보』 128, 1991.
116 신숭겸은 평민 혹은 하급 호족 출신의 卒伍에서 시작하여 궁예 말년에 騎將, 고려 건국 직후 마군장군, 920년 김해 방면에서 신라를 구원하였을 때 精騎將軍 등 주로 기병 의 지휘관으로 활약하였다. 이와 같이 볼 때 927년 大將이 되어 공산 전투에 참전하였을 때에는 馬軍大將軍이 되어 기병을 이끌었을 가능성이 높다. 마군대장군의 직책은 왕건의 역성혁명에 참여한 이흔암의 사례를 통해 확인된다 (『高麗史』 권127, 叛逆1, 伊昕巖).
117 공산전투의 배경과 전개과정에 대해서는 다음의 글을 참조하기 바란다. 유영철, 「고려와 후백제의 쟁패과정 연구」, 영남대 대학원 박사학위논문, 1998.
118 『三國史記』 권50, 列傳10, 甄萱.

桐藪는 오동나무 숲이라는 뜻으로 대구 동화사를 가리킨다. 동화사는 현재는 오동나무가 그리 많지 않지만, 신라 때에는 오동나무가 많아 桐藪 혹은 桐寺로 불렀다고 한다.[119] 동화사는 대구 동남쪽의 팔공산 자락에 위치하는데, 그 부근에서 벌어진 양군 사이의 공방전은 고려군의 승리로 끝났다.

그런데 고려군과 전투를 벌인 후백제군은 견훤이 지휘한 정예 병력이 아니라 동화사의 僧徒 혹은 주변지역을 관할한 호족의 사병이었을 가능성도 없지 않다. 고려군은 서전을 승리로 장식한 후 동화사 아래를 통과한 후 능성고개를 넘어 영천 방면으로 진격하였다.

양군 사이의 전투 양상과 결과에 대해서는 문헌에 구체적인 내용이 전하지 않고, 현지의 지명 등을 통해 유추해 볼 수 있다. 양군의 2차 전투는 영천의 邑治에서 30리쯤 떨어진 太祖旨[120] 부근에서 이루어졌다. 태조지는 청통면 치일리의 팔공산 운부암 아래 자락의 해안평에 자리하는데, 왕건이 견훤에게 패한 후 공산 밑의 자그마한 봉우리를 보존한 데서 지명이 유래하였다.

고려군은 태조지 전투에서 패한 후 동화천을 따라 대구 방면으로 철수하게 되었다. 대구 지묘 1동과 지묘 2동 사이의 나팔고개를 통과한 후 서천변과 금호강이 합류하는 살내(箭灘)에서 군사를 다시 정비하였다. 고려군은 살내에서 전력을 재편한 후 후백제군을 美理寺 부근까지 밀어냈다.

양군 사이에 王山(191.2m) 아래 기슭에서 치열한 혈전이 전개되었다. 동화사로 올라가는 길과 파계사로 올라가는 길 사이의 갈림길이 시작되는 파군재 부근이었다.[121] 고려군은 파군재 전투에서 참담한 패배를 당

---

119 동화사 창건 배경과 불교사적 의의에 대해서는 다음의 글을 참조하기 바란다. 김창겸, 「신라 승려 心地 연구―『삼국유사』 「心地繼祖」와 관련하여」, 『신라문화제 학술논문집』 34, 동국대학교 신라문화연구소, 2013.
120 『新增東國輿地勝覽』 권22, 永川郡 古跡.

하였다.

　왕건은 참패를 당하여 병력의 대부분을 상실하였으며

　　H. 태조는 정예 기병 5천을 거느리고 공산 아래에서 견훤을 맞이하여
　　　크게 싸웠다. 태조의 장수 김락과 신숭겸은 여기서 죽고, 모든 군
　　　병이 패전했으며, 태조는 겨우 죽음을 면했다. 그래서 견훤에게 저
　　　항하지 못하고 그가 하는 대로 내버려두었다.[122]

라고 하였듯이, 신숭겸과 김락 등의 도움으로 겨우 목숨을 부지할 수 있
었다. 왕건은 적군에게 포위된 위급한 상태에서

　　I-1. 고려왕이 친히 정기 5천을 거느리고 公山(공산은 지금 영천군 서
　　　쪽에 있으니 속칭 太祖旨라고 한다. 혹은 대구에 있다고도 한다)
　　　桐藪에서 견훤을 맞아 크게 싸웠으나 이기지 못하였다. 견훤의
　　　군사가 몹시 급하게 왕을 포위하였는데 숭겸의 모습이 왕을 닮았
　　　으므로 대신하여 왕의 수레를 타고 김락과 더불어 힘을 다하여
　　　싸우다 죽었다. 견훤의 군사는 그를 고려왕으로 알고 목을 베어
　　　가지고 갔으며 고려왕은 겨우 죽음만을 모면하였다.[123]
　　2. 그런데 족하는 나의 충고를 자세히 살피지 않고 뜬소문 만을 듣
　　　고 온갖 계책으로 왕위를 노리고 여러 방면으로 침노해 왔으나,
　　　오히려 내 말머리도 볼 수 없었고 내 소털 하나도 뽑을 수 없었
　　　고, 초겨울에 都頭 索湘이 성산진 아래에서 항복했고, 이 달 안에
　　　左相 김락의 해골이 미리사 앞에 드러났으며, 죽인 것도 많고 사
　　　로잡은 것도 적지 않았소.[124]

라고 하였듯이, 신숭겸과 옷을 바꿔 입고 단신으로 탈출하여 死地를 벗

121 류영철,『고려의 후삼국 통일과정 연구』, 경인문화사, 2004.
122『三國遺事』권2, 紀異2, 後百濟 甄萱.
123『東史綱目』卷5下, 丁亥年 冬 11月.
124『高麗史節要』卷1, 太祖 神聖大王, 太祖 10年.

어날 수 있었다. 왕건의 탈출을 돕기 위해 신숭겸을 비롯한 많은 장졸들
이 희생되었으며, 고려군은 대패하여 죽거나 사로잡힌 병사들이 이루 헤
아릴 수 없었다.

왕건의 탈출 경로는 문헌 사료에는 남아 있지 않지만 현지 설화와 지
명 유래 등을 통해 유추할 수 있다. 왕건은 구사일생으로 살아남아 대구
동구에서 시작하여 남구-수성구-달서구-북구-달성군을 경유하여 성주
와 김천을 거쳐 송악으로 돌아 갈 수 있었다.[125]

고려와 후백제 양국의 운명을 걸고 전개되던 처절했던 공산전투는 후
백제의 승리로 막을 내렸다. 왕건이 여덟 장군의 도움으로 목숨을 구했
다고 해서 '공산'을 '팔공산'으로 고쳐 부르게 된 계기가 되었다. 현지 설
화와 지명 등은 그 날의 아픔과 재기를 향한 왕건의 몸부림을 반영한다.

왕건은 송악으로 돌아온 뒤 유금필의 전황 보고를 받으면서

> J. 桐藪의 전투에서 신숭겸과 김락 두 장군을 잃어 심히 국가의 근심
> 이 되었다. 지금 경의 보고를 들으니 짐이 조금 안정이 된다.[126]

---

125 왕건은 파군재에서 패배를 당한 뒤 동화천을 따라 동쪽으로 향했는데, 지묘동의
   남쪽 봉무동 산기슭에 잠깐 앉아 쉬었다는 獨座巖이 자리한다. 그 남쪽 불로동에
   서 동화천 을 따라 도동과 평광동으로 가는 여러 곳에도 왕건과 관련된 설화가
   있다. 왕건이 다리 부근 들판을 지날 때 후백제군이 나타날까 걱정하였으나 무사
   하게 되자 마음이 놓여 얼굴이 환하게 펴졌다는 데서 연유한 解顔橋, 적군의 추
   격을 피해 평광동 뒷산으로 숨었을 때 나무꾼을 만나 주먹밥으로 허기를 달랜 후
   조용히 사라져 왕의 거처를 잃은 곳이라 하여 생겨난 '失王里'도 있다. 하늘에 반
   달이 떠서 도주로를 비추어 주었다 는 데서 연유한 '半夜月'과 비로소 위기를 벗
   어나 마음의 평정을 찾은 '안심'도 있다. 왕건은 대구 시내로 들어온 후 '隱跡寺'
   를 거쳐 패전에 멍든 마음을 安逸寺에서 추스렸 으며, 앞산의 '王窟'에서 심신의
   피로를 풀었다. 왕건은 다시 앞산을 넘어 '臨休寺'에 이르러 대구에서의 마지막
   휴식을 취한 뒤 성주, 김천을 거쳐 송악으로 돌아갈 수 있었 다. 현지 설화와 지
   명 등을 통한 왕건의 후퇴로에 대해서는 다음의 글을 참조하기 바 란다. 유영철,
   「공산전투의 재검토」, 『鄕土文化』 9·10합, 대구 향토문화연구회, 1995.

라고 하였듯이, 신숭겸과 김락의 죽음을 매우 슬퍼하였다. 왕건은 전투
가 끝난 후 사람을 보내 신숭겸의 시신을 수습하게 하였다. 그러나 목이
잘린 그의 시신을 찾는데 어려움이 적지 않았다. 신숭겸의 시신 수습은
유금필이 "발 아래에 검은 콩 같은 무늬가 있는데 북두칠성과 같았다"
라고 언급한 주장이 참고가 되었다.

또한 신숭겸의 외손 손순효의 壯節公遺事에는 왼발 아래에 콩알 같은
북두칠성 무늬가 있어 이를 통해 시신을 확인할 수 있었다는 내용이 전
한다.[127] 왕건은 시신을 수습한 후 木工으로 하여금 얼굴을 새겨 만들고
관복을 입혀 춘천에 안치하도록 지시하였다. 일설에는 도굴을 염려하여
봉분을 3개 만들고, 그 가운데 하나는 황금으로 얼굴을 만들어 매장하였
다고 한다. 그의 묘소는 소양강 북쪽의 6~7리쯤 되는 悲方洞(춘천시 서
면 방동 1리)에 자리하고 있다.[128]

고려는 공산전투에서 신
숭겸과 김락 등 8명의 猛將
을 잃었을 뿐만 아니라 통일
전쟁의 주도권을 일시 후백
제에 내주었다.[129] 후백제는
공산전투에서 대승을 거둔
후 고려의 영향력 하에 있던
경상지역 점령에 나섰다. 후

춘천 서면 방동리에 위치한 신숭겸 묘소

---

126 『高麗史』 권92, 列傳5, 分黔弼.
127 孫舜孝, 「遺事詩附」, 『平山辛氏千年史』, 평산신씨대종중, 2011.
128 『平山申氏姓譜』(1636年刊) 壯節公遺事.
129 후백제가 927년 11월에 벌어진 공산전투에서 승리를 거둔 이후 929년 11월에 일
   어난 고창전투 이전까지 고려를 압도하면서 군사적인 주도권을 장악한 것으로 보
   고 있다(김갑동, 「후백제 견훤의 전략과 영역의 변천」, 『후백제 견훤정권과 전주』,
   주류성, 2001, 205~210쪽).

대구 왕산과 신숭겸 유적지

백제는 칠곡과 성주로 진출하여 고려가 충주에서 계립령을 넘어 문경-상주-김천을 거쳐 경주로 통하는 길목을 차단하였으며, 대야성을 비롯하여 서부 경남지역을 회복하였다. 그 외에 진주를 장악하여 고려의 남해안지역 해상활동을 견제할 수 있게 되었다.[130]

고려가 반격의 계기를 마련한 것은 929년에 벌어진 고창(경북 안동) 전투에서 승리한 이후였다. 고려가 전세를 역전하여 주도권을 장악하자 경상지역의 호족들은 하나 둘씩 고려에 복속하기 시작하였다. 후백제는 고창전투의 패배에도 불구하고 낙동강 동쪽의 의성과 군위 일대를 유지하였으며, 고려는 기존에 차지한 영주·풍기·예천·문경·상주 외에 청송과 안동 등 30여 군현을 새롭게 확보하게 되었다.[131]

고려는 조물성 제2차전투와 공산전투 이후 밀렸던 수세를 만회하고 후삼국 통일을 향한 본격적인 여정에 나서게 되었다. 또한 신라는 대부분의 영토를 상실하고 고려의 영향력 하에 놓이게 되었다. 고려는 934년 9월 충남 홍성에서 전개된 운주 전투에서 견훤이 직접 지휘한 정예

---

130 문안식, 앞의 책, 2008, 153~161쪽.
131 『高麗史節要』 권1, 太祖 13年 2月.

군사 5천 명을 격파하였다. 후백제가 운주 전투에서 대패를 당하자 熊津
(금강) 이북지역의 30여 성이 일시에 고려에 투항하였다.[132] 고려는 936
년 낙동강변의 일리천 전투에서 승리하여 통일 대업을 달성하였다.[133]

왕건은 신검의 항복을 받아들여 더 이상 피를 흘리지 않고 전주에 무
혈 입성하여 후삼국 통일의 대업을 이루었다. 또한 왕건은 신숭겸의 동
생과 아들 申能吉 및 申甫, 김락의 동생 金鐵을 元尹으로 삼는 등 자신
을 대신하여 죽어간 공신들의 충절을 잊지 않았다.

왕건은 신숭겸을 비롯하여 자신을 따르던 수 많은 장졸이 희생된 왕
산 자락에 智妙寺를 창건하여 명복을 빌기도 했다.[134] 지묘사는 고려 멸
망과 더불어 폐사되었고, 조선 선조 40년에 이르러 경상관찰사 유영순
이 그 자리에 표충사를 창건하였다. 표충사는 고종 때에 서원 철폐령으
로 훼철되었다가 최근에 복원되었다.

신숭겸은 고려 성종 때에 이르러 태조의 廟庭에 배향되는 등 사후의
영광을 누리게 되었다. 신숭겸 외에 배현경·홍유·복지겸·유금필 5명이
함께 모셔졌다. 顯宗 18년에는 崔凝이 추가되어 태묘에 배향된 공신은
6명으로 늘어났다. 신숭겸은 고려의 大廟에 배향되었으며, 자신의 형상
이 왕건의 어진과 마주보게 배치되는 등 지극한 존숭을 받았다.

신숭겸은 국왕에게 충절을 다한 인물로 존숭 받았고, 태조 때부터 팔
관회를 개최할 때 추모행사가 진행되었다. 팔관회는 개경과 서경에서 열
렸다. 개경에서는 仲冬(11월 15일)에 행해졌고, 서경에서는 1달 앞서 10

132 『高麗史』 권92, 列傳5, 分黔弼.
133 일리천 전투에 대해서는 다음의 글을 참조하기 바란다. 정경현, 「고려 태조의 일
리천 전역」, 『한국사연구』 68, 1990 : 김명진, 「太祖王建의 一利川戰鬪와 諸蕃勁
騎」, 『한국 중세사연구』 25, 2008 : 신성재, 「일리천전투와 고려태조 왕건의 전략
전술」, 『한국고대 사연구』 61, 2011.
134 신숭겸 숭모와 관련된 장소의 의미에 대해서는 다음의 글을 참조하기 바란다. 배
재훈, 앞의 글, 2015, 225~226쪽.

월 15일에 베풀어졌다. 서경의 팔관회는 조상제의 성격을 띤 藝祖祭로
서 보통 재상이 파견되어 행사를 주관하였다.

고려의 역대 국왕은 서경팔관회를 태조의 유훈을 실천하는 중요한 의
례로 여겨 재위 기간 동안 적어도 한 차례는 서경으로 행차하여 팔관회
를 주재하였다.[135] 예종이 서경의 팔관회에 참관하였을 때 허수아비 둘
이 관복을 갖추어 입고 말에 앉아 뜰을 뛰어다닌 모습을 보고 悼二將歌
를 지은 사실은 널리 알려져 있다.[136]

신숭겸이 고려 태조를 모신 대묘에 배향된 배경은 공산전투에서 왕건
을 구하고 대신 순절하였기 때문만은 아니었다. 김락이 대묘에 배향되지
못한 사실이 참조된다. 신숭겸의 대묘 배향은 고려 건국의 1등 공신 자
격, 왕권강화 등 내정 안정의 기여, 왕건을 지근거리에서 호위하며 참여
한 수 차례의 전투에서 세운 전공 등이 고려된 것으로 짐작된다.

이와 같이 볼 때 신숭겸을 공산전투에서 왕건을 구하기 위해 자신을
희생한 충신으로 만 평가해서는 안 될 것 같다. 신숭겸의 진면목이 가려
지고 여러 공적이 과소평가될 우려가 있기 때문이다. 신숭겸은 주군을
지키기 위해 고귀한 생명을 내던진 충신이었을 뿐만 아니라 수 차례의
전투에 참여하여 전공을 세운 역전의 용장이고 맹장이었다. 신숭겸은 나
말여초의 사회 변동기에 평민 출신의 卒伍에서 시작하여 마군대장군에
오른 입지전적인 인물이었다.

---

135 고려 팔관회의 성격과 의례행위 등에 대해서는 다음의 글을 참조하기 바란다. 안
   지원, 「고려시대 국가 불교의례」, 서울대 대학원 박사학위논문, 1999 : 변동명, 「고
   려 팔관 회에서의 外國人朝賀와 국제교류」, 『해양문화연구』 5, 전남대 이순신해
   양문화연구소, 2010 : 김미숙, 「高麗 八關會의 儀禮文化 硏究」, 원광대 대학원 박
   사학위논문, 2013 : 한정수, 「고려 태조대 팔관회 설행과 그 의미」, 『대동문화연
   구』 86, 2014.
136 김학성, 『한국고전시가의 연구』, 원광대학교출판국, 1980.

VI. 맺음말

신숭겸은 곡성에 살던 평민 출신으로 후삼국시대의 혼란기를 맞아 춘천으로 이주하여 寓居한 인물이다. 그의 출신에 대해서는 호족, 전문적인 군인, 떠돌이 유랑민, 평민 신분 등으로 보고 있다. 그러나 신숭겸과 함께 왕건을 옹립하여 역성혁명을 성공으로 이끈 배현경과 같이 평민 출신으로 추정된다. 곡성 목사동면 일대에 전승되는 관련 설화와 유적 등을 통해 볼 때 세력이 크지 않던 하층 호족 출신이었을 가능성도 없지 않다.

신숭겸은 후삼국 정립의 혼란한 시기를 맞이하여 춘천으로 이주하여 우거하던 중 896년 무렵 궁예정권에 出仕하였다. 그는 卒伍에서 출발했지만 기골이 장대하고 무용이 출중하여 軍門에서 두각을 보였다. 신숭겸은 개인적 역량을 바탕으로 궁예의 측근에서 활약하였으며, 궁예정권 말기에 이르러 기병장군에 올랐다.

신숭겸은 918년 裵玄慶 등과 함께 왕건을 옹립하는 등 고려 건국을 주도하였다. 그는 정변 후 마군장군에 올라 국정 안정과 왕권 강화 등 내정 분야에서 탁월한 업적을 쌓았다. 또한 신숭겸은 조물성전투와 공산전투 등 여러 전투에 왕건과 함께 참전하였다.

신숭겸은 궁예를 무너뜨린 정변의 핵심적인 역할 수행 외에 고려 건국 후 내정과 외정에 걸친 다양한 활동의 치적을 인정받아 평산을 관향으로 하사 받는 등 호족의 반열에 오르게 되었다. 또한 신숭겸은 여러 전투에서 올린 전공을 인정받아 기병을 총괄하는 마군대장군이 되는 등 출세가도를 달렸다.

신숭겸은 927년 공산전투에 대장이 되어 精騎 5천을 이끌고 참전하였다. 고려군은 대구 공산전투에서 패배하여 전멸되다시피 했고, 신숭겸은 자신의 목숨을 바쳐 왕건의 탈출을 도왔다. 왕건은 후삼국을 통일한 후 신숭겸의 추숭을 극진히 하였다. 신숭겸의 동생과 아들 申能吉 및 申甫를 元尹으로 삼았으며, 전사한 왕산 자락에 智妙寺를 창건하여 명복을 빌기도 했다. 신숭겸은 성종 때에 이르러 태조의 廟庭에 배향되었다. 신숭겸은 충절의 대명사로 존경 받았고, 팔관회가 개최될 때 추모행사가 진행되기도 하였다.

그러나 신숭겸을 공산전투에서 왕건을 구하기 위해 자신을 희생한 충절의 대명사로 평가하는 경우 여러 공적이 폄하될 우려도 없지 않다. 신숭겸은 나말여초의 사회 변동기에 卒伍에서 시작하여 마군대장군에 오른 시대의 기린아였다. 신숭겸은 주군을 지키기 위해 고귀한 생명을 내던진 충신이었을 뿐만 아니라 여러 차례의 전투에 참여하여 전공을 세운 역전의 용장이었다.

참고문헌

강돈구, 「鮑石亭의 종교사적 이해」, 『한국사상사학』 4·5合, 1993.

강진철, 『고려토지제도사연구』, 고려대학교 출판부, 1980.

권영국, 「고려 초 徇軍部의 설치와 기능의 변화」, 『한국사연구』 135, 2006.

김갑동, 『나말여초의 호족과 사회변동』, 일지사, 1990.

_____, 「후백제 견훤의 전략과 영역의 변천」, 『후백제 견훤정권과 전주』, 주류성, 2001.

김기덕, 『고려시대 봉작제 연구』, 청년사, 1999.

김두진, 「신라하대 崛山門의 형성과 사상」, 『성곡논총』 17, 1986.

김명진, 「太祖王建의 一利川戰鬪와 諸蕃勁騎」, 『한국중세사연구』 25, 2008.

김미숙, 「高麗 八關會의 儀禮文化 硏究」, 원광대 대학원 박사학위논문, 2013.

김상기, 『고려시대사』, 동국문화사, 1961.

김창겸, 「신라 승려 心地 연구-『삼국유사』 「心地繼祖」와 관련하여」, 『신라문화제학술논문집』 34, 동국대학교 신라문화연구소, 2013.

김학성, 『한국고전시가의 연구』, 원광대학교출판국, 1980.

나경수, 「장절공 신숭겸 장군의 영웅화와 신격화」, 『고려 개국공신 장절공신숭겸

장군 재조명학술대회』, 순천대 박물관·평산신씨 대종중, 2015.

류영철,『고려의 후삼국 통일과정 연구』, 경인문화사 2004.

문안식,『후백제 전쟁사 연구』, 혜안, 2008.

_____,「백제의 고구려 공격로와 축성」,『경기지역의 교통로와 전쟁』경기문화
재단·한국사연구회, 2015.

_____,「후삼국 통일 전쟁기와 고려 초기 신숭겸의 활동과 위상」,『고려 개국공
신 장절공 신숭겸장군 재조명학술대회』, 순천대 박물관·평산신씨 대종중,
2015.

민병하,「신숭겸과 공산동수 전투」,『軍史』 29, 1994.

박상규,「昌原 鳳林寺의 傳說과 由來」,『경남향토사논총』 IV, 경남향토사연구협
의회, 1995.

박세채,「別傳」,『壯節公申先生實紀目錄』, 민족문화사, 한국인물사료총서 1, 1987.

변동명,「신숭겸의 성황신 추앙과 곡성」,『한국사연구』 126, 2004.

_____,「고려 팔관회에서의 外國人朝賀와 국제교류」,『해양문화연구』 5, 전남대
이순신해양문화연구소, 2010.

_____,「성황신 신숭겸과 곡성」,『한국 전통시기의 산신·성황신과 지역사회』,
전남대 출판부, 2013.

배상현,「眞鏡審希의 활동과 鳳林山門」,『사학연구』 74, 한국사학회 2004.

배재훈,「신숭겸 관련지역과 그 역사적 의미」,『고려 개국공신 장절공 신숭겸장
군 재조명학술대회』, 순천대 박물관·평산신씨 대종중, 2015.

서금석,「궁예의 국도 선정과 국호·연호 제정의 성격」,『한국중세사연구』 42, 2015.

손순효,「遺事詩附」,『平山辛氏千年史』, 평산신씨대종중, 2011.

신성재,「일리천전투와 고려태조 왕건의 전략전술」,『한국고대사연구』 61, 2011.

신호철,「新羅의 衰亡과 甄萱」,『忠北史學』 2, 1989.

_____,「高麗의 建國과 鎭州 林氏의 역할」,『중원문화논총』 1, 충북대 중원문화
연구소, 1997.

_____,「신숭겸의 族的 기반과 정치적 성장」,『고려 개국공신 장절공 신숭겸장
군 재조명 학술대회』, 순천대 박물관·평산신씨대종중, 2015.

안지원,「고려시대 국가 불교의례」, 서울대 대학원 박사학위논문, 1999.

유영철,「공산전투의 재검토」,『鄕土文化』 9·10합, 대구향토문화연구회, 1995.

_____,「고려와 후백제의 쟁패과정 연구」, 영남대 대학원 박사학위논문, 1998.

유인숙,「궁예왕 전설과 역사소설」,『강원문화연구』 21, 강원대 강원문화연구소,
2002.

유재춘,『도포서원학술조사보고서』, 강원향토문화연구회, 2001.

음선혁, 「新羅 敬順王의 卽位와 高麗 歸附의 政治的 性格」, 『전남사학』 11, 1997.
이기동, 「신라 하대의 浿江鎭」, 『한국학보』 4, 1976.
이기백, 「高麗 太祖時의 鎭」, 『역사학보』 10, 1958.
_____, 「고려귀족사회의 성립」, 『한국사』 4, 국사편찬위원회, 1974.
이병도, 『韓國史』 중세편, 을유문화사, 1961.
이수건, 「후삼국시대 지배세력과 土姓」, 『한국중세사회사연구』, 일조각, 1985.
이인재, 「나말여초 신숭겸의 생애와 사후평가」, 『강원문화사연구』 6, 2001.
_____, 「도포서원의 봉안 인물」, 『도포서원 학술조사보고서』, 강원향토문화연구
    회, 2001.
이종욱, 『화랑세기─신라인의 신라 이야기』, 소나무, 1999.
이재범, 「고려전기의 군사제도─중앙군조직을 중심으로─」, 『韓國軍事史硏究』 1,
    국방군사연구소, 1998.
_____, 『고려건국기 사회동향 연구』, 경인문화사, 2010.
_____, 「장절공 신숭겸장군의 생애와 사후 추숭」, 『춘천 소재 장절공 신숭겸장
    군 유적지자료집』, 강원대학교 중앙박물관, 강원대학교 인문과학연구소, 2013.
정경현, 「高麗太祖代의 徇軍部에 대하여」, 『한국학보』 제48집, 1987.
_____, 「고려 태조의 일리천 전역」, 『한국사연구』 68, 1990.
정선용, 「弓裔의 勢力形成 過程과 都邑 選定」, 『韓國史硏究』 97, 1997.
정청주, 「궁예와 호족세력」, 『全北史學』 10, 1986.
_____, 「신라말·고려초 호족연구」, 전북대 대학원 박사학위논문, 1991.
_____, 『신라말 고려초 호족연구』, 일조각, 1996.
_____, 「신라말 고려초 호족의 형성과 변화에 대한 一考」, 『역사학보』 118, 1988.
조범환, 「新羅末 朴氏王의 登場과 그 政治的 性格」, 『역사학보』 128, 1991.
조인성, 「弓裔의 出生과 成長」, 『동아연구』 17, 서강대 동아연구소, 1989.
_____, 「후삼국의 성립-태봉」, 『한국사』 11, 국사편찬위원회, 1996.
_____, 『태봉의 궁예정권』, 푸른역사, 2007.
추만호, 「「궁예전」, 어떻게 읽을 것인가」, 『역사와 역사교육』 제2호, 1997.
최규성, 「徇軍部考」, 『상명사학』 창간호, 1993.
최인선, 「곡성의 장절공 신숭겸장군 관련 유적과 유물」, 『고려 개국공신 장절공
    신숭겸장군 재조명학술대회』, 순천대 박물관·평산신씨 대종중, 2015.
하현강, 『韓國中世史硏究』, 일조각, 1988.
_____, 「고려건국의 경위와 그 성격」, 『한국중세사연구』, 일조각, 1988.
_____, 「고려왕조의 성립과 호족연합정권」, 『한국사』 4, 국사편찬위원회, 1974.
한정수, 「고려 태조대 팔관회 설행과 그 의미」, 『대동문화연구』 86, 2014.

한정훈, 「유랑민 출신의 개국공신 신숭겸」, 『10세기 인물열전』, 푸른역사, 2002.
홍승기, 「고려 태조 왕건의 집권」, 『진단학보』 71·72합, 1991.
_____, 「궁예왕의 전제적 왕권의 추구」, 『허선도기념 한국사학논총』, 일조각, 1992.
池內宏, 「高麗太祖の經略」, 『滿鮮史硏究中世』 2책, 1937.

고려전기의 申崇謙 追念과 八關會

변 동 명(전남대 교수)

I. 머리말

예종 15년(1120)의 西京 八關會에서였다. 雜戱가 진행되는 도중 어느 순간 신숭겸의 偶像이 등장하였다. 그러자 친림해 관람하던 예종이 감동해 찬탄하는 詩를 읊었다고 한다.[1] 이른바 '悼二將歌'가 창작된 배경으로서 으레 언급되곤 하는 부분이다.[2] 서경 팔관회의 잡희에 그런 장면이 배치된 것은, 신숭겸의 공훈을 되새기는 차원에서였을 터이다. 고려의 국가적 제전이었던 팔관회에서 신숭겸을 기리는 어떤 儀式이 행해졌음을 알려준다. 고려왕조의 팔관회가 신숭겸 추념과도 무관치 않은 가운데

---

1 『高麗史』14 睿宗 15년 10월 辛巳.
2 金東旭, 「悼二將短歌에 對하여」, 『人文科學』14·15合, 延世大學校 人文科學研究所, 1966, 39~56쪽.

이어져갔음을 헤아릴 수가 있다. 이 글에서 신숭겸을 고려의 팔관회와 연관시켜 더듬고자 나서기에 이른 연유이다.

신숭겸(?~927)은 고려의 개국공신으로 널리 알려진 인물이다.[3] 泰封의 국왕인 弓裔를 몰아내는 정변을 일으켜 王建의 고려 개창을 도운 핵심 주역 중의 하나였다. 또한 後百濟와의 大邱 八公山戰鬪에서 장렬히 전몰함으로써, 고려왕조에서 내내 기림을 받은 것으로 정평이 있다. 나아가 사후 언제인가 谷城의 城隍神으로 추앙되어 해마다 祭享을 받았던 것으로 기록에 전하기도 한다.[4] 고려시기 내내 신숭겸이 왕경은 물론이고 지방에서도 잊히지 않은 채 기억으로 되살아나곤 하는 역사적 인물이었음을 이해할 수가 있다.

신숭겸을 거론한 연구는 이미 적지 않다. 왕건의 고려왕조 개창이라든지 혹은 고려의 개국공신을 다루는 경우 으레 그에게까지 논의가 미치곤 하였다. 그런데 그 대부분은 단편적인 언급에 그치는 게 보통이었다. 그를 주요 대상으로 삼아 본격적인 검토에 나선 것은 손으로 꼽을 정도에 지나지 않는다.[5] 개인에 관한 연구로서는 그게 반드시 적은 숫자라고만은 할 수가 없을지 모르겠다. 오히려 문제는, 그럼에도 불구하고 여전히 궁금한 점이 한둘이 아니라는 사실에 있다.

신숭겸의 신분이라든지 출신지와 本貫의 문제 등이 연구자들의 관심을 끈 것은 오래된 일이다. 그럼에도 논란은 여전히 진행형인데, 가령

---

3 『高麗史』92 洪儒傳 附 申崇謙傳.
4 『新增東國輿地勝覽』39 谷城縣 人物.
5 閔丙河, 「申崇謙과 公山桐藪戰鬪」, 『軍史』29, 1994. 李仁在, 「羅末麗初 申崇謙의 生涯와 死後評價」, 『江原文化史硏究』6, 2001. 변동명, 「申崇謙의 谷城 城隍神 推仰과 德陽祠 配享」, 『韓國史硏究』126, 2004; 「城隍神 申崇謙과 谷城」, 『한국 전통시기의 산신·성황신과 지역사회』, 전남대학교출판부, 2013. 이재범, 「壯節公 申崇謙將軍의 生涯와 死後 追崇」, 『장절공 신숭겸 장군 활동과 춘천 유적지 재조명』(학술대회발표자료집), 강원대학교 중앙박물관·강원대학교 인문과학연구소, 2012.

平山이 그의 본관으로 사여된 배경이라든지 그 의미 그리고 平山과 谷城의 土姓으로 각각 기록에 나타나는 두 申氏 사이의 관계 등에 관해서는, 거듭 심도 있는 논의가 더해져 마땅해 보인다.[6] '도이장가'의 경우에도, 국문학계에서의 이제까지 연구와는 별개로 역사적 측면에서의 접근이 시도되어야 할 것으로 판단된다.[7] 관련 사료에 대한 조심스러운 검토에서 시작하여,[8] 詩歌가 창작되기에 이른 경위라든지 그 배경과 같은 문제들을 재삼 되짚어 볼 필요가 있을 듯싶다. 더불어 春川에 전하는 신숭겸의 塚墓를 둘러싼 논란도 그냥 지나칠 수는 없을 것이다. 말하자면 신숭겸에 관한 이제까지의 연구를 되돌아보고 그 중 미진했던 부분을 더듬는 기회가 마련되었으면 하는 바람이거니와, 그리하여 그 동안 소홀히 취급되었던 사실이나 또는 관련 자료에 한층 주목하여 찬찬히 음미함으로써, 몇몇 궁금증을 해소하는 데 도움을 주려는 게 이 글의 목표이다.

여기에서는 신숭겸을 팔관회와 연관하여 다루되 그 시기를 고려전기로 한정하고자 한다. 신숭겸이 팔관회와 관련하여 언급되는 것은, 기록상으로는 예종 15년(1120)의 서경에서가 마지막이었다. 그 뒤로도 팔관회가 열리면 대체로 신숭겸을 추념하는 연희라든지가 그와 함께 베풀어졌을 것으로 추정되지만, 적어도 기록에는 더 이상 나타나지 않는다. 아울러 조정이나 왕실에서의 신숭겸을 추념하는 정서라는 측면에서 보더라도 고려전기의 그것이 한층 강렬하였을 터이다. 실감나게 다가오기로

---

6 변동명, 「城隍神 申崇謙과 谷城」, 207~213쪽. 신호철, 「고려초 후백제계 인물들의 활동」, 『한국중세사연구』22, 2007, 85~86쪽. 신호철, 「고려 건국기 서남해 지방세력의 동향」, 『역사와 담론』58, 2011, 11~12쪽.

7 국문학계의 연구로서는 주로 다음의 논문을 참고하였다. 金東旭, 「悼二將短歌에 對하여」. 金基卓, 「悼二將歌에 對하여」, 『嶺南語文學』9, 1982. 全壹煥, 「悼二將歌 '二將'에 관한 小考」, 『국어국문학』25, 1985. 박진태, 「팔관회·가상희·도이장가의 관련 양상」, 『국어국문학』128, 2001. 박인희, 「「悼二將歌」의 창작 배경 연구」, 『국어국문학』160, 2012.

8 金東旭, 앞 논문, 41~48쪽의 관련 자료를 면밀히 살핀 논의가 인상적이다.

는 태조 왕건 당시가 으뜸이었으려니와, 고려전기만 하더라도 그 기리는 마음에 나름의 정성과 진심이 담겼을 법하다. 적어도 고려전기에는 신숭겸을 기리는 의례의 형식화가 고려후기만큼 진행되지는 않았을 것임이 거의 틀림없다. 팔관회와 연관시켜서 신숭겸을 고찰하되 그 시기를 고려전기로 한정하려는 까닭이다.

이 글에서는 먼저 태조대의 신숭겸과 팔관회를 살피겠다. 신숭겸의 전몰을 태조 왕건과의 연관 속에서 되새기는 한편 태조의 그에 대한 추념을 조명함으로써, 태조대 팔관회와 신숭겸의 관계를 이해하며 더불어 신숭겸의 본관이라든지 춘천 총묘에 얽힌 궁금증 등을 푸는 기회로 삼고자 한다. 다음으로, 팔관회가 정지되었다가 재개되는 속에서의 신숭겸 추념의 향배를 검토하겠다. 팔관회가 부활하는 과정에서 신숭겸의 행적을 기리는 儀式은 어찌 되었으며, 더불어 그에 담긴 의미는 무엇인지를 더듬으려 한다. 마지막으로, 서경 팔관회와 예종의 신숭겸 추념을 알아보겠다. 서경 팔관회에서 신숭겸 관련 연희가 베풀어진 일이라든지 그리하여 예종이 서경 팔관회에서 도이장가를 읊기에 이른 경위 등을 찬찬히 되짚어, 고려중엽에 새삼스레 신숭겸을 추숭하는 분위기가 조성된 사실에 담긴 뜻을 헤아리고자 한다. 위와 같은 논의가 제대로 이루어짐으로써, 신숭겸의 생애는 물론 그를 향한 추념이 고려전기 사회에서 의미하는 바를 파악하는 데 작으나마 도움이 되었으면 하는 바람이다.

Ⅱ. 태조와 신숭겸·팔관회

1. 신숭겸의 전몰과 태조

신숭겸은 전장에서 극적인 죽음을 맞이함으로써 그 이름을 높인 인물이다. 태조 10년(927)에 벌어진 후백제와의 전투가 그 배경이었다. 대구

팔공산 일원을 무대로 삼은 고려와 후백제 사이의 그 대회전에서, 신숭
겸은 태조 왕건을 구하고자 목숨을 내던졌다. 사서에 따르면 당시 왕건
은 매우 위급한 상황에 직면하였던 듯 보인다. 고려군이 패배해 흩어지
면서 왕건마저 견훤의 군사에 의해 순식간에 포위되어 절박한 처지에
빠지고 말았다. 그러자 신숭겸과 金樂이 목숨을 버리며 분전하였고, 왕
건은 그 틈을 타서 겨우 한 몸만 빠져나왔다고 한다.[9] 사서의 생생한 묘
사가 인상적이거니와, 그리하여 신숭겸 등이 목숨을 내던진 덕분에 왕건
이 간신히 생명을 부지할 수 있었다는 투의 서술이 흥미를 끈다. 따라서
왕건이 저들의 전몰을 매우 애통해 하며 추모의 정을 다하였을 것임은
또한 이를 나위가 없는 일이었다.[10]

그렇다면 신숭겸이 왕건을 위해 그처럼 자신의 목숨을 던진 이유는
무엇이었을까. 전통적인 왕조사회에서 신하가 군주를 위해 그 목숨을 버
리는 건 당연한 일로 치부되기 십상이다. 하지만 그렇다고 해서 그게 쉽
고 또 그다지 흔한 일만은 아니라는 것도 분명하다. 전통사회에서 국왕
을 위한 죽음이 충절이라는 덕목으로 수식되며 널리 권장되었던 사실에
서, 그 실상이 어떠하였을 것인지 짐작이 간다. 격렬한 전장의 급박한
상황에서 기꺼이 목숨을 던지고자 나서는 게 생각처럼 쉬운 일만은 아
니었으려니와, 당시 왕건 주위의 將相들 중에서 목숨을 내건 이도 실제
신숭겸과 김락 뿐이었다. 전례가 없는 일은 아니었으되, 신숭겸의 전몰
을 그저 심상하게만 받아들여서도 안 된다고 생각하는 이유이다.

신숭겸이 왕건의 생명을 구하고자 목숨을 내걸었던 데에는 왕건과의

---

9 … (甄)萱猝入新羅都 … 王聞之大怒 遣使弔祭 親帥精騎五千 邀萱於公山桐藪
　大戰不利 萱兵圍王甚急 大將申崇謙金樂 力戰死之 諸軍破北 王僅以身免 …(『高
　麗史』1 太祖 10년 9월).
10 … 大將申崇謙金樂 力戰死之 諸軍敗北 王僅以身免 … 王甚哀二人之死 以金樂
　弟鐵 崇謙弟能吉 子甫 並爲元尹 創智妙寺 以資冥福 …(『高麗史節要』1 太祖
　10년 9월).

각별한 밀착 관계가 크게 작용하였던 듯싶다. 널리 알려진 대로, 그는 왕건을 추대하는 일을 가장 앞서 주도한 4인 중의 하나였다. 그리하여 정변에 성공한 뒤 개국일등공신으로 책봉되었고, 이후 다른 공신들과 힘을 합쳐 새로운 왕조에 위해가 되는 요소를 제거하는 데 앞장서며 정권을 안정시키고자 노력하였다. 靑州人 玄律을 徇軍郎中에 임명하지 말도록 건의하여 특정한 지역 출신의 兵權 전횡에 따른 위험을 예방하고,[11] 또한 늘 태조를 따라 정벌에 나서 공적을 세우는[12] 등이 그것이었다.

따라서 왕건은 그와 같은 신숭겸에게 남다른 신뢰와 애정을 보였던 듯 여겨진다. 그에게 平山을 貫鄕으로 賜與했던 거와 같은 게 그러한 징표였다. 신숭겸은 본디 谷城 출신이었다고 한다. 그런데 春川으로 옮겨가 살던 중 弓裔의 휘하에서 군사 활동으로 출세하여 武將에 올랐고, 마침내 騎將으로서 왕건을 추대하는 정변을 주도해 성공하였던 것으로 이해들을 한다.[13] 한데 그러한 이력의 소유자였던 신숭겸이 平山 申氏의 시조로 좌정하기에 이른 것은 왕건의 배려에 의해서였다.[14] 현지에서의 설화를 기록한 자료에 따르면, 평산에서 선보인 그의 활솜씨에 감탄한 왕건이 그 고을을 관향으로 삼도록 명하였으며, 아울러 활을 쏘았던 지역에 300結의 전지를 하사하여 대대로 그 租를 받아 생활하도록 조처하였다고 한다.[15] 아마도 어떤 일을 계기로 삼아 그의 공훈을 기리려는 마

---

11 以靑州人玄律 爲徇軍郎中 馬軍將軍(裵)玄慶·(申)崇謙等言 林春吉爲徇軍吏 圖不軌 事泄伏辜 此乃典兵權 而以靑州爲恃也 今又以玄律 爲徇軍郎中 臣等竊惑之 王曰善 乃改授兵部郎中(『高麗史節要』1 太祖 元年 9월).

12 … 崇謙光海州人 勇猛長大 常從征伐有功 後諡壯節 配享太祖廟庭(같은 책 10년 9월).

13 신숭겸의 출신지를 둘러싼 논란을 비롯하여, 전통시기의 자료에 신숭겸의 출신지가 달리 기록된 경위라든지 그의 출세 등에 관해서는, 변동명, 「城隍神 申崇謙과 谷城」, 199~206쪽을 참고하라.

14 이하 申崇謙에의 賜貫·賜姓에 관한 서술은, 변동명, 같은 논문, 207~213쪽을 일부 보완해 인용하였다.

음에서 賜貫·賜田의 은상을 베풀었는데, 그것이 그처럼 설화로 구전되기에 이르렀던 것이 아닌가 싶다. 같은 일등공신이었던 卜智謙에게 관향인 沔川의 전지 300頃을 하사하여, 그 후손으로 하여금 世食하도록 포상하였다는 기록에[16] 비추어 그처럼 판단된다. 말하자면 본시 전라도 곡성 출신으로서 한동안 강원도 춘천에 거주하였으며 본명이 能山이었던 그에게, 황해도 평산을 본관으로 하는 신숭겸으로 다시 태어나도록 왕건이 은혜를 베풀었던 셈이다.[17]

그런데 여기에서 떠오르는 의문은, 다른 일등공신들과 달리 유독 그에게만 아무런 연고가 없는 고을을 관향으로 삼도록 명한 까닭이 무엇이었을까 라고 하는 점이다. 義城府 출신의 洪術이 의성을 관향으로 하는 洪儒로,[18] 慶州 출신의 白玉衫이 경주를 관향으로 하는 裵玄慶으로,[19] 沔川 출신의 卜砂瑰가 면천을 관향으로 하는 卜智謙으로,[20] 각각 관향 및 성명을 칭하였던 것과 비교되는 일이 아닐 수 없다.

---

15 本全羅道谷城縣人 太祖賜姓于此 諺傳 崇謙嘗從太祖 獵至三灘 晝膳 適三鴈盤廻 … 崇謙應命而射 果中如命 太祖嘉嘆 仍命賜平州爲鄕 並賜射鴈傍近田三百結 世食其租 因名其地 爲弓位 餘詳春州(『新增東國輿地勝覽』41 平山都護府 人物 申崇謙 夾註).

16 金甲童,「羅末麗初의 沔川과 卜智謙」,『韓國中世社會의 諸問題』, 韓國中世史學會, 2001, 53~54쪽.
   ·新羅末 有稱卜學士者 自唐來居于此 能勦殺海賊 保聚遺民 智謙其後也 初名砂瑰 與裵玄慶 推戴太祖 爲開國功臣 賜本州田三百頃 子孫世食之 諡武恭(『新增東國輿地勝覽』19 沔川郡 人物 卜智謙 夾註).

17 王建을 추대하던 정변 당시까지 申崇謙이 能山이라 稱名하였음은,『三國史記』50 弓裔傳의 "… 貞明四年戊寅(918) … 夏六月 將軍弘述·白玉三·能山·卜沙貴 此洪儒·裵玄慶·申崇謙·卜知謙之少名也 四人密謀 夜詣太祖私第 言曰 …"이라는 기록으로 미루어 알 수가 있거니와, 아마도 平山을 貫鄕으로 賜與받으면서 申崇謙이라 改名하였던 것이 아닌가 여겨진다.

18 『高麗史』92 洪儒傳,『新增東國輿地勝覽』25 義城縣 人物 洪儒.

19 『新增東國輿地勝覽』21 慶州府 人物 裵玄慶.

20 『新增東國輿地勝覽』19 沔川郡 人物 卜智謙.

복지겸의 출신지인 면천은 비교적 이른 시기에 고려의 영역으로 들어 갔던 듯 여겨진다. 효공왕 4년(900)에 궁예의 부장이던 왕건이 廣州·忠 州·靑州·槐壤·唐城 등을 정복하던 무렵,[21] 후고구려로 편입되었던 것이 아닌가 추정되는 것이다.[22] 또한 홍유의 출신지인 의성은 신라의 영역이 었다가 眞寶城主 金洪術의 고려 귀부를(太祖 5, 922)[23] 계기로 그리 멀 지 않은 언제인가 고려의 영역에 포함되었던 것으로 판단되며,[24] 배현경 의 출신지인 경주는 고려와 우호관계이던 신라왕조와 운명을 함께 한 그 수도였다. 이들 3인이 모두, 고려의 지배를 받거나 혹은 그와 우호적 인 관계를 유지하던 신라에 속한 고을의 출신이었음을 알 수가 있는 것 이다. 반면에 신숭겸의 출신지인 곡성은 후백제지역으로서, 敵國의 영토 에 위치하는 고을이었다. 말하자면 홍유 등 3인의 경우 그 출신지를 관 향으로 지정하더라도 별다른 문제가 없어 보이는 데 반해, 신숭겸에게는 그것이 사실상 불가능한 실정이었던 셈이다.

왕건이 신숭겸의 관향을 평산으로 지정하였던 데에는, 일차적으로 그 러한 속사정이 작용했을 것으로 짐작된다. 하지만 그렇다고 하더라도, 굳이 浿西地域에 속하는 평산을 관향으로 사여한 까닭에 대한 궁금증은 여전하다. 본래의 출신지인 곡성이 적국에 속하였기에 자국 내의 고을을 본관지로 사여할 목적에서였다면, 평산보다는 신숭겸의 寓居地이면서 당시 고려의 영역에 포함되었던 春川이 더욱 합당하지 않았을까 여겨진 다. 출신지를 대신하는 연고지로서라면, 한때 거주하였던 곳을 능가할

---

21 … (光化)三年庚申(孝恭王 4, 900) (弓)裔命太祖 伐廣·忠·青三州 及唐城·槐壤等 郡縣 皆平之 以功授阿粲 …(『高麗史』 1 太祖).
22 卜智謙과 마찬가지로 洞川(槥城) 출신이었던 朴述熙는 18세에 弓裔의 衛士가 되 었다고 하는데(『高麗史』 92 朴述熙傳), 이 또한 빨라야 900년 혹은 그 후 어느 시 기의 일로 보아야 할 것이다.
23 『三國史記』 12 新羅本紀 12 景明王 6年 正月, 『高麗史節要』 1 太祖 5年 11月.
24 邊東明, 「城隍神 金洪術과 義城」, 『歷史學報』 189, 2006; 『한국 전통시기의 산 신·성황신과 지역사회』, 전남대학교출판부, 2013, 298~302쪽.

만한 지역이 달리 있을 수가 없을 것이기 때문이다. 가령 춘천에서의 신숭겸의 토착적 기반이 미약했다고 할지라도, 무연고의 평산보다는 그 관계가 더욱 긴밀했을 것임이 분명하다.[25] 이치가 그러한데도 왕건은 신숭

___

25 춘천의 土姓으로 申氏가 나타나지 않음을 들어 신씨가 춘천지역의 토착세력이 아니었으며, 또한 신숭겸이 춘천의 '寓居' 조항에 수록된 사실에 비추어 그와 춘천지역과의 관계도 약했을 것임을 지적하는 견해가 참고 된다(김용선, 「「壯節公 申崇謙將軍의 生涯와 死後 追崇」에 대한 토론문', 『장절공 신숭겸 장군 활동과 춘천 유적지 재조명』, 31쪽). 한편 신숭겸을 곡성의 호족으로 간주하여 '호족 출신의 신숭겸이 浿江鎭에서 군인으로 출세하고 이 軍鎭勢力을 바탕으로 궁예의 부하가' 된 '이후 춘천과 정치적으로 연결'되었기에, 평산을 관향으로 삼고 또한 사후 춘천에 묻혔으리라거나(김용선, 같은 글, 32쪽), 또는 곡성 호족 신숭겸이 나주에 진출한 왕건을 따라 평산으로 근거지를 옮겨 그의 측근으로 활동하였으며, 신숭겸의 전몰 후 위급한 상황에서 평산에 묘소를 쓸 형편이 되지 못하였거나 혹은 풍수지리상의 길지를 택하여 춘천에 그의 총묘가 마련되었으리라는(신호철, 「申崇謙의 族的 기반과 정치적 성장」, 『고려 개국공신 장절공 신숭겸 장군 재조명 학술대회』(발표자료집), 순천대학교박물관, 2015, 19~27쪽) 등의 견해가 있다. 곡성과 춘천에서 평산까지를 신숭겸과의 연고 속에서 파악하려는 고심의 산물로, 일리가 없지 않아 보인다. 다만 한 가지 의문은, 신숭겸과 평산 사이의 연고가 그와 같았다면 굳이 활솜씨 운운하는 극적인 설화까지 동원할 필요가 있었을까 라는 점이다. 신숭겸이 평산에 연고를 지녔다거나 또는 패강진 군진세력 출신이었음을 입증할 만한 증거가 없는 것은 물론이려니와, 洞川을 연고지로 하던 복지겸의 경우 그 고장에 농토를 하사받은 사실이 전할 뿐 그곳과의 연고를 일깨우기 위한 설화 따위는 내세우지 않았음을 상기할 일이다. 신숭겸이 평산을 새로운 근거지로 삼았거나 혹은 패강진에서 군인으로 활약하며 출세한 거와 같은 인연이 있었다면, 활솜씨를 앞세워 극적인 장면을 연출하면서까지 신숭겸과 평산 사이의 연고를 강변하고자 애쓸 까닭은 없었다고 믿는다. 그의 전몰 후 총묘가 평산이 아닌 춘천에 마련되었던 것도 또한 신숭겸과 평산 내지 패강진 사이에 어떤 강력한 연고, 가령 춘천 寓居와 맞먹을 만한 직접적인 연고의 想定을 주저하게 만드는 요인이다. 아울러 신숭겸이 곡성의 호족 출신으로 그곳에서 성장하다가, 평산으로 근거를 옮기거나 혹은 패강진의 군인으로 출세하였고, 이어서 왕건의 측근으로 활약하거나 또는 궁예의 심복으로 춘천에 파견되어 우거하다가 철원에서 왕건을 추대하는 정변을 주도하기에 이르렀다면, 정변 당시까지 아직 姓을 冠稱하지도 못하는 상태에 머문 이

겸의 활솜씨 과시를 계기로 삼아, 춘천이 아닌 평산을 그의 본관지로 지정하였다. 반드시 그럴 만한 까닭이 없었을 리가 없어 보인다.

왕건을 추대하는 정변에서 핵심적인 역할을 한 개국일등공신 4인은 모두 非高句麗系列이었다.[26] 홍유와 배현경은 신라 그리고 신숭겸과 복지겸은 옛 백제지역의 출신이었다.[27] 왕건 자신을 포함하여 그 지지세력이 대체로 高句麗 故土 출신자로 구성되었다는 기왕의 연구와[28] 비교되거니와, 요컨대 개국일등공신 가운데 오랫동안 왕건의 세력기반에 속했던 것으로 추정되는 인물은 찾아볼 수가 없는 것이다. 다시 말해서 일찍이 왕건과 연고를 맺은 가운데 정변 이전에 벌써 그와 협력관계를 맺었을 것으로 추정되는 인물들은, 모두가 개국일등공신에서 제외된 셈이었다. 그들이 실제로 정변 과정에서 주도적인 역할을 하지 못하였거나, 혹은 역할이 있었다고 하더라도 궁예의 측근 심복이었다가 정변을 앞장서이끈 洪儒 등을[29] 더욱 부각시켜야만 하는 정치적인 필요성에서, 그리되었음이 분명하다. 하지만 어느 경우이든, 왕건의 정변이 성공하는 데 그의 주요한 세력기반이 아닌 저들 궁예의 심복이자 非高句麗系列 출신의 4인이 주요한 역할을 담당하였으리라는 점에는 차이가 없을 듯싶다. 그리하여 왕건은 즉위한 뒤로 상당한 기간 주로 저들 개국일등공신의 협조 속에 정국을 이끌어 가야만 했던 것이 아닌가 여겨지는데, 어느 연

유라든지, 또는 당시와 같은 상황에서 그리 길지 않은 기간임에도 연고지를 떠나 한반도 남부에서 중북부에 이르는 넓은 지역을 유력하며 그처럼 여러 일에 관여하고 성취해낼 수 있었던 배경과 같은 것도 궁금하다.

26 金炫廷, 「高麗 開國功臣의 政治的 性格」, 『高麗 太祖의 國家經營』(洪承基 編), 서울대학교출판부, 1996, 64쪽.

27 洪承基, 「高麗 太祖 王建의 집권」, 『高麗政治史研究』, 一潮閣, 2001, 44쪽.

28 鄭淸柱, 「王建의 成長과 勢力 形成」, 『新羅末高麗初 豪族研究』, 一潮閣, 1996, 139쪽.

29 洪儒를 비롯한 裵玄慶·申崇謙·卜智謙 등 4인이 弓裔의 측근에서 성장한 심복들이었음은, 洪承基, 「高麗 太祖 王建의 집권」, 30~36쪽의 설명을 참고하라.

구에 따르면 그러한 추세는 대략 신숭겸이 전사하던 태조 10년(927) 무렵까지 지속되었으리라고 한다.[30] 말하자면 고려왕조를 개창하였을 당시 왕건에게는, 본시의 세력 기반에 속하는 이를테면 패서지역과 같은 고구려 고토 출신 인물들의 정치적 도움이 매우 아쉬운 상황이었다고 하여 좋을 것이다.

왕건이 신숭겸에게 평산을 관향으로 사여한 것은 그러한 속에서의 일이었다.[31] 따라서 이제 그와 같은 조치를 취한 왕건의 속셈도 또한 거의 드러나지 않았는가 싶다. 패서지역의 평산을 관향으로 사여하는 것은, 곧 그가 패서세력에 속하는 인물임을 공식적으로 선언하는 것이나 다를 바가 없다. 신숭겸은 이제 왕건의 주요한 세력 기반이었던 패서세력의 일부로 편입된 셈이며, 그리하여 이후 패서 출신들과 마찬가지로 그의 심복으로서의 역할이 기대되었음 직하다. 말하자면 왕건은 신숭겸에게 평산 신씨를 賜姓·賜貫하여 개국일등공신인 그를 고구려계열의 패서세력에 편입시킴으로써 복심으로 삼고자 하였으며, 그리하여 정권의 기반을 굳건히 하는 것은 물론 나아가 정치적 주도권을 확보하려는 의도를 지니었던 게 아닌가 여겨지는 것이다.[32]

왕건은 집권 후반기로 갈수록 패서 출신과 같은 자신의 본래 세력 기반과 연결되는 인물들을 중용하였다고 한다. 그리하여 때로 개국일등공

---

30 위 본문에서 서술한 거와 같은 고려왕조 성립 초기의 정치적 추이에 관해서는, 金炫廷, 「高麗 開國功臣의 政治的 性格」, 76~84쪽의 설명을 참고하라.

31 王建이 申崇謙에게 平山을 本貫地로 賜與한 것이 언제였는지는 잘 알 수가 없다. 王建이 즉위한 918년에서 申崇謙이 사망한 太祖 10년(927) 사이의 어느 때였을 터이지만, 그 시기를 꼬집어 말하는 게 현재로서는 거의 불가능하다.

32 신숭겸과 함께 왕건을 구하고 전몰한 金樂이 西京 관하의 中和縣 출신으로서(김용선, 「崔弘宰·金尹覺 묘지명」, 『한국중세사연구』 41, 2015, 256~259쪽) 역시 패서세력에 속하는 인물이었음도 잊을 수 없다. 한편 平山이 新羅下代 浿江鎭의 本營이었음을 떠올리면, 왕건에게는 이곳 출신을 중심으로 한 浿西勢力의 군사력 운용에 申崇謙을 개입시키려는 또 다른 속셈이 있었는지도 모르겠다.

신과 패서세력 사이에 알력이 표출되기도 하였지만, 결국 그가 임종할 때에는 개국일등공신이 아닌 廉相과 朴守文·王規 등 고구려계열만이 顧命大臣에 들어가게 되었다는 것이다.[33] 왕건이 점차 자신과 동일한 정서적 배경을 지닌 고구려 고토 출신의 인물들을 우대해 갔음을 이해할 수가 있거니와, 요컨대 신숭겸에 대한 평산 관향 사여와 그의 패서세력 편입은 그러므로 곧 왕건의 그에 대한 남다른 신임이자 우대의 의미를 지닌 정치적 조치였다고 하여 과언이 아닌 셈이다.[34]

왕건이 신숭겸을 신뢰하며 우대하는 등 둘 사이가 매우 각별하였음을 살폈다. 그만큼 정치적으로 밀착된 관계였다는 의미이려니와, 따라서 그 복심으로서의 역할이 기대되던 신숭겸이 왕건을 구하고자 사지에 뛰어든 것은 차라리 당연한 일이었던 듯 여겨지기도 한다. 적어도 신숭겸이 왕건을 구하고 전사하기에 이른 주요한 배경 중의 하나로서, 양자의 그와 같은 정치적 밀착관계를 빼놓아서는 안 된다고 생각한다.

아울러 그처럼 복심으로 믿었던 만큼이나, 신숭겸의 전몰을 마주한 왕건의 애통한 심정도 남달랐을 것임은 이를 나위가 없어 보인다. 왕건이 매우 슬퍼하며 신숭겸의 아우와 아들을 각각 元尹으로 삼아 우대하였고, 더불어 智妙寺를 세워 그 명복을 빌도록 명하였다는 사서의 기록이 그것을 보여준다.[35] 유족을 각별히 우대하며, 더불어 그 영령의 안식을 축원하도록 사찰을 창건하여 추모의 정을 한층 곡진히 하였던 것이다.

---

33 金炫廷, 「高麗 開國功臣의 政治的 性格」, 76~84쪽.
34 貫鄕 賜與가 恩典이라 함은, 朴恩卿, 「高麗時代 賜籍·賜貫研究」, 『한국중세사연구』 15, 2003, 226~233쪽을 참고하라. 한편 여기에는 平山을 貫鄕으로 삼아 後百濟地域 출신으로서의 한계를 극복하고자 하는 申崇謙의 의지도 또한 개재되었음 직하다. 一等功臣인 그가 王建의 전통적인 세력기반에 가담함으로 해서 그 지위를 확고히 하려 들었을 가능성 역시 없지 않아 보이는 것이다.
35 『高麗史』 92 洪儒傳 附 申崇謙傳, 『高麗史節要』 1 太祖 10년 9월.

2. 태조의 신숭겸 추념과 팔관회

신숭겸이 태조 왕건의 복심으로서 위험에 빠진 주군을 구하고 전사하였으며, 그리하여 왕건이 사찰을 세워 그 명복을 축원하는 등 추모의 정을 다하였음을 살폈다. 그런데 조선전기의 자료 중에는, 신숭겸의 전몰을 『高麗史』나 『高麗史節要』에 비해 한층 상세하고 극적으로 묘사하는 것과 함께, 그에 더하여 왕건이 八關會에서도 그의 충절을 기리는 의식을 베풀었던 것으로 전하는 내용이 있어 주목된다. 신숭겸의 전몰이 극적이었음을 부각시키며, 더불어 그를 향한 왕건의 추념이 절절하였음을 한층 강조해 전하는 셈이다. 가령 16세기의 權文海(1534~1591)가 지은 『大東韻府群玉』과 같은 저술이 그러하였다.

『대동운부군옥』에 따르면, 신숭겸은 그 외모가 왕건과 흡사하였다고 한다. 그리하여 팔공산 전투에서 위기에 처한 왕건을 구하고자 스스로 왕의 수레를 대신해서 탄 채 전장을 누비며 적을 유인하였고, 결국 그가 적에게 목숨을 잃는 사이 왕건은 탈출하여 목숨을 건졌다고 한다.[36] 전투가 끝난 뒤 간신히 목숨을 건진 왕건은 신숭겸의 머리 없는 시신을 애써 찾아 몸소 祭禮를 행하면서 심히 애통해 하였으며,[37] 또한 팔관회를 베풀면서는 신숭겸의 假像을 만들어서 자리에 앉혀 두어 생전이나 마찬가지로 예우하였는데, 술잔의 술이 누가 마시거나 한 것처럼 문득 말라 사라졌고, 풀로 엮어 만든 그 가상은 마치 살았을 때처럼 일어나 절을 하였다고도 한다.[38] 신숭겸의 충절과 태조의 추념이 사뭇 감동적으로 그

---

36 申崇謙 初名能山 本谷城人 有武勇 與裵玄慶等 推戴王太祖 爲開國功臣 太祖與 甄萱 戰於公山桐藪 萱圍之甚急 崇謙貌類太祖 代乘御車 力戰死 太祖哀之 諡壯 節 配享廟庭(『大東韻府群玉』 8 14鹽 謙 人名).

37 申崇謙戰死 太祖命求其屍 無頭莫辨 命木工雕造頭面 猶生之容 備服賜坐 太祖躬 行祭禮 甚慟 備禮葬之(『大東韻府群玉』 16 17霰 面 雕造頭面).

38 申崇謙死於桐藪之戰 太祖設八關會 慨念戰死功臣 獨不在列 命有司 結草造崇謙

려져 인상적이다. 신숭겸의 전사 장면이라든지 또는 왕건의 그를 향한
애도와 추모의 정이 참으로 극적이며 절절하다.

『대동운부군옥』은 조선전기의 저술이었다. 이 책이 처음 印出·配布된
것은 憲宗 2년(1836)에 가서이지만, 권문해가 찬술 편집을 마친 것은 宣
祖 20년(1587) 무렵이었고, 그 2년 후(1589)에는 원고의 整書 작업까지
완료되어 출간을 위한 모든 준비가 끝난 상태였다고 한다.[39] 『대동운부
군옥』을 조선전기의 저술로 취급하는 이유이거니와, 따라서 거기에 그
려진 바 신숭겸의 극적인 최후라든지 또는 그를 기리는 의식에서 연출
된 신이한 행적 등이, 조선전기 즈음이면 제법 널리 사람들 사이에서 회
자되었음을 추정할 수가 있다.

그런데 위의 내용 중 일부는 지나치게 극적이며 더욱이 神異하기까지
하여 그 사실성을 의심하게 만든다. 가령 신숭겸의 외모가 왕건과 유사
하였다든지, 혹은 풀을 엮어서 만든 假像이 술을 마시고 또 일어나 절을
하였다는 부분 등이 그러하다. 너무 작위적이고 신비스러워 비현실적이
다. 실제로 사람의 외모가 비슷할 수 있으며, 假像의 움직임이라는 것도
가면을 쓴 광대의 演戱 정도로 이해할 수는 있을 것이다.[40] 합리적인 이
해가 불가능한 것은 아닌 셈이다. 하지만 그럼에도 작위적이라는 느낌은

及金樂之像 服以朝服 隨坐班列 命賜酒食 酒輒焦乾 假像起拜猶生時 至睿宗時
王省西都 有二假像 戴簪服紫 騎馬踊躍 周巡於庭 王奇而問之 左右曰 此代死功
臣大將軍申崇謙金樂也 王感慨 命錄用其子孫(『大東韻府群玉』 11 22養 像 草像).

39 『대동운부군옥』에 관한 종합적인 연구로는 한국학중앙연구원에서 펴낸 『조선의
   백과지식 『대동운부군옥』으로 보는 조선시대 책의 문화사』(2009)가 참고 된다.
   그 중에서도 서지 사항을 포함해 문헌학적인 측면의 경우, 옥영정, 「『대동운부군
   옥』의 편찬과 간행」, 같은 책, 15~51쪽 및 전경목, 「『초간일기』와 『대동운부군옥』
   의 문헌학적 검토」, 같은 책, 55~99쪽의 검토가 도움이 된다.

40 이와 관련해 '草像'과 '假像'을 '追悼假面(Memorial Mask)'으로 이해하면서, 예종
   15년의 서경 팔관회에서 행해진 신숭겸 假像의 起舞를 '假面舞戱'로 파악한 견해
   가 있어 흥미롭다(金東旭, 「悼二將短歌에 對하여」, 49~51쪽).

지울 수가 없으며, 더욱이 풀로 엮었음을 명시한 가상의 움직임과 같은
것은 신이하다 이르지 않을 수가 없다. 신숭겸의 충절을 선양하기 위한
미화와 과장의 흔적이 역력하다.

『대동운부군옥』은 애써 모은 수많은 자료를 근거로 편찬된,[41] 객관적
이고 정확한 저술로 정평이 있다. 원전을 그대로 인용하거나, 혹은 편집
윤색하더라도 그 본뜻을 곡해하지 않고 도리어 그 의미를 명확히 드러
냈다는 평가이다.[42] 신숭겸의 경우에도 그러하였으리라는 추정이 가능
한 대목인데, 실제로 그에 관해 서술한 항목들도 『海東名臣行蹟』이라든
지 『新增東國輿地勝覽』에서 인용한 것임을 명시해 두었다.[43] 『해동명신
행적』의 경우 현전하지 않아 무어라 말하기 어렵지만,[44] 『신증동국여지
승람』의 경우 그 平山都護府 조항에서 인용하였음이 확인된다.[45] 『대동
운부군옥』의 다른 내용이나 매한가지로 신숭겸에 관한 상세한 서술도
또한 명확한 전거를 바탕으로 해서 이뤄졌음을 헤아릴 수가 있다. 신숭

---

41 『大東韻府群玉』 서두의 '大東韻府群玉纂輯書籍目錄'에는, '中國諸書' 『史記』 등
　　15種 그리고 '東國諸書' 『三國遺事』 등 174種, 모두 합해서 189種의 引用書目이
　　나타난다.
42 전경목, 「『초간일기』와 『대동운부군옥』의 문헌학적 검토」, 67~77쪽.
43 '雕造頭面'과 '草像' 항목의 경우 각각 『行蹟』과 『名臣行蹟』 즉 '大東韻府群玉纂
　　輯書籍目錄' 중의 『海東名臣行蹟』에서, 그리고 '射鴈田' 항목의 경우 『勝覽』 곧
　　'大東韻府群玉纂輯書籍目錄' 중의 『輿地勝覽』 즉 『新增東國輿地勝覽』에서 각각
　　인용하였음을 밝혀 두었다(『大東韻府群玉』 16 17霰 面 雕造頭面, 같은 책 11 22
　　養 像 草像, 같은 책 5 1先 田 射鴈田).
44 과문의 탓인지 모르지만, 이 저술이 현전함을 아직 확인하지 못하였다. 그런데 鄭
　　經世(1563~1633)에 따르면 『海東名臣行蹟』의 내용 중에는, "… 嘗見海東名臣行
　　跡 中有一二門人爲其師稱述 而非徒語無斟酌 亦是自家無聞於後世 故人之見之
　　者 或無取重之心 無益於發明師道 豈不爲可懼耶 …"(『愚伏集』 10 答李叔平)에
　　서와 같이, 그 門人이 스승의 행적을 칭송해 서술함으로 해서 미더움을 얻기에 부
　　족한 부분도 있다고 한다.
45 『新增東國輿地勝覽』 41 平山都護府 人物 申崇謙 夾註.

겸을 언급한 내용 중 일부에 비현실적인 부분이 나타나기는 하지만, 그렇다고 해서 그 모두를 근거없는 무계한 기록으로 치부해 도외시할 수만은 없는 셈이다.

『대동운부군옥』의 신숭겸에 관한 서술 중 사실적인 부분은 그대로 신뢰하여 큰 잘못이 아닌 것으로 믿는다. 신숭겸의 충절을 선양하기 위한 미화와 과장의 혐의가 있지만, 비현실적인 부분을 제외한 나머지는 대체로 사실로 믿어 무방해 보인다. 『고려사』와 같은 관찬의 사서에는 구체적으로 표현되지 않았거나 혹은 아예 기술되지 않았을망정, 신숭겸이 자진해서 목숨을 내던져 주군인 왕건을 구하였다든지, 그리하여 태조가 팔관회에서 신숭겸의 그러한 충절을 기리는 모종의 의식을 행하였다는 정도는, 사실로 받아들여 무방할 듯싶다. 적어도 조선전기에는 그것을 사실로 받아들였음이 거의 틀림없다.

앞서 新羅에서는 眞興王이 전장에서 산화한 사졸을 위하여 팔관회를 열었다고 한다.[46] 팔관회를 개설한 목적 중의 하나가 전몰한 영령을 위로하는 일이었음을 보여준다. 따라서 그처럼 慰靈祭로서의 성격을 지닌 팔관회를 베풀면서,[47] 왕건이 그 의례 절차 중에 신숭겸을 기리는 순서를 마련했다고 하여 하등 이상한 일은 아니었을 법하다. 신라의 팔관회는 죽은 이를 현재로 데려와 산 자와 함께 하며, 더불어 생사를 초월해 구원을 받아 龍華世界가 구현됨을 즐기는 축전이었다고 한다. 그리하여 그것을 계승한 고려에서도 팔관회를 열어 신숭겸과 같은 공신들의 영령을 위로 찬미하였다는 이해인 것이다.[48] 왕건과 신숭겸의 각별한 관계라든지 그리하여 왕건의 그를 추모하는 마음이 남달랐음을 떠올릴 때, 팔

---

46 冬十月二十日 爲戰死士卒 設八關筵會於外寺 七日罷(『三國史記』 4 新羅本紀 4 眞興王 33년).

47 安啓賢, 「八關會」, 『韓國佛敎思想史硏究』, 東國大學校 出版部, 1983, 201쪽.

48 안지원, 「팔관회의 의례 내용과 사회적 성격」, 『고려의 국가 불교의례와 문화』, 서울대학교출판부, 2005, 147~148쪽.

관회에서 왕건이 신숭겸을 추념하는 의식을 행하였을 가능성은 자못 높아 보인다. 비록 관찬 사서에는 관련 내용이 전하지 않으며, 조선전기의 『해동명신행적』이나 혹은 그를 인용한 『대동운부군옥』에 그것이 비로소 나타난다지만, 고려 태조대 이래로 팔관회에서 신숭겸의 충절을 기리는 모종의 儀式이 행해졌음을 굳이 의심할 까닭은 없을 듯 여겨진다.

아울러 그러한 기록이 처음 나타나는 조선전기에, 신숭겸의 후손이 그러한 내용을 조작해 유포시켰을 가능성도 낮아 보인다. 조선왕조가 세워지면서 팔관회는 곧장 폐지되었다.[49] 유교를 이념으로 삼은 조선왕조에서 非儒敎的인 국가의례가 들어설 여지는 거의 없었다. 따라서 그처럼 비유교적인 의례가 배제되고 탄압받는 분위기였던 조선전기에, 신숭겸의 후손들이 새삼 고려 태조대의 팔관회에서 신숭겸을 추념하는 의식이 행해진 것으로 조작해야 할 까닭은 없어 보인다. 그만큼 태조 왕건이 팔관회에서 신숭겸의 충절을 기리는 의식을 행한 것은 사실이었을 가능성이 높으며, 이후 고려왕조에서 열린 팔관회 혹은 적어도 고려전기 예종 15년(1120)을 전후한 무렵까지의 팔관회에서는 그를 추념하는 모종의 의식이 이어졌을 것으로 이해함이 온당해 보인다.

한편 그와 관련하여, 역시 관찬 사서에는 나타나지 않으며 『대동운부군옥』의 신숭겸 관련 기록에만 나타나는 사실이, 고려중엽에 찬술된 금석문 자료에서 확인되어 주목된다. 신숭겸의 전몰을 묘사한 부분이거니와, 『고려사』 등에서는 그것을 단지 왕건이 포위되어 위급하였는데 신숭겸과 김락이 힘껏 싸우다 죽었고 왕건은 겨우 빠져나왔다는 식으로만 기록하였다. 왕건을 살리기 위해 신숭겸과 김락이 전사하였다는 뉘앙스이긴 하지만, 그것을 문자로 명확히 드러내 표현한 건 아니었다.[50] 반면에 『대동운부군옥』에서는, 신숭겸의 외모가 왕건과 유사하므로 대신해

---

49 『太祖實錄』1 太祖 元年 8월 5일(甲寅).
50 위의 註 9)와 10)의 史料를 참조하라.

서 왕의 수레를 타고[代乘御車] 힘껏 싸우다 죽었고, 그리하여 이후 태조를 대신해서 죽은 공신[代死功臣]이라 칭해진 사실을 분명하게 적시하여,[51] 신숭겸이 왕건을 구하고자 자신의 목숨을 바쳤음을 명시하였다. 관찬 사서와 달리 한층 직설적으로 표현하는 방식을 취하였다.

그런데 고려중엽인 毅宗 원년(1147)에 만들어진 한 墓誌銘에서도, 신숭겸과 함께 전사한 김락이 태조를 대신해서 죽은 공신[代我太祖亡身衛社功臣]이라는 사실을 직설적으로 명확하게 표기하여 눈길을 끈다.[52] 신숭겸 역시 그러하였다는 의미이려니와, 고려왕조에서는 신숭겸이 왕건을 대신해 전몰하였다는 인식이 비교적 이른 시기에 널리 전파 수용되었음을 헤아릴 수가 있다. 관찬 사서의 신중한 서술보다는『대동운부군옥』의 자못 격정적이며 직설적인 서술과 동일한 방향에서의 사실 인식이라는 점이 적이 흥미롭다.『고려사』등에는 나타나지 않는 신숭겸에 관한『대동운부군옥』의 상세한 기록의 연원이, 늦어도 고려중엽 이전으로까지 소급됨을 제시하는 듯 여겨져 주목된다.

더불어 관심을 끄는 것은,『대동운부군옥』등에 전하는 바 신숭겸에 얽힌 그와 같은 극적이며 심지어 신이하기까지 한 행적이, 사실상 平山申氏의 家乘에 전하는 내용과 거의 동일하다는 점이다. 신숭겸의 '行狀'과 '遺事'가 그것인데, 각각 명종 20년(1565) 이전 및 성종 10년(1479)에 작성된 기록들이다.[53] 16세기 후반의『대동운부군옥』보다 25년에서 100

---

51 위의 註 36), 38)의 사료를 참조하라.

52 公姓金 諱尹覺 中和縣人 代我太祖亡身衛社功臣大師三重大匡金樂之內玄孫也 … (김용선,「崔弘宰·金尹覺 묘지명」,『한국중세사연구』41, 2015, 256쪽).
　이 묘지명의 주인공인 金尹覺은 金樂의 玄孫으로서 仁宗 21년(1143)에 사망하였으며, 묘지명이 만들어진 것은 毅宗 1년(1147)이었다. 자세한 사항은 김용선, 같은 논문, 256~262쪽의 설명을 참고하라.

53 신숭겸의 '行狀'은 늦어도 明宗 20년(1565) 이전에 작성된 자료이다. 左議政 沈通源이 찬술한 跋文에 의하면, 그 전 누군가에 의해 작성된 행장을 이때 자신이 얻어서는 南平 수령이던 申默으로 하여금 간행토록 하였다고 한다.

년가량 앞서 만들어진 자료들이거니와, 그 내용상의 유사도로 미루어 가
승에 전하는 신숭겸에 관한 내용도 또한 『대동운부군옥』이나 매한가지
로 전혀 근거가 없지만은 않을 것임을 헤아리게 한다.

가승의 경우 미화와 과장의 표현이 더해질 것임은 거의 필연이다. 논
의의 근거로 내세우는 데 각별한 주의를 요한다. 그런데 平山 申氏家에
전해지는 신숭겸 '행장'이나 '유사'의 경우, 조선전기의 『신증동국여지
승람』을 비롯하여 『대동운부군옥』이나 『해동명신행적』은 물론 나아가
고려중엽의 묘지명과도 상통하는 내용으로 구성되었음이 확인된다. 가
승이라고는 하지만, 지나치게 작위적이거나 혹은 신이하여 비현실적인
부분을 제외한 나머지의 내용은, 대체로 그 사실 관계를 인정하여 무방
할 듯 여겨지는 것이다.

신숭겸이 왕건을 구하고자 자진해서 사지로 뛰어들어 극적으로 전몰
하였다든지, 그리하여 태조가 그의 죽음을 매우 애통해 하였으며 팔관회
에서 그의 충절을 기리는 의식을 행하였다고 하는 등의 기록은, 단순히
후대에 조작되거나 윤색된 내용만은 아니었던 듯싶다. 실제 일어난 사실
을 반영한 기록으로 이해함이 온당해 보인다. 적어도 조선전기에는 그것

高麗申壯節公崇謙 我先妣之鼻祖也 嘗讀麗史本傳 知其大節 及其神異 晩得行狀
不知何人所撰 比傳爲詳 而又錄其未備 宜僉看而不可偏廢 噫壯節公 距今七百年
讀兩書者 咸嘆其凜凜有生氣 況公之苗裔耶 麗史固行於世 而行狀獨余有之 思與
公之內外雲仍共之 乃付南平宰申默 刻梓於縣 默實公之遠孫 而於余爲表從姪也
辦此爲重閣 數月而報完 可尙也已 嘉靖紀元乙丑孟春(명종20) 左議政沈通源跋
(行狀附跋, 『平山申氏千年史』(Ⅰ), 平山申氏 大宗中, 2011, 20쪽).
한편 '遺事'는 江原道 觀察使 孫舜孝가 성종 10년(1479)에 찬술하였다.
… 其他分派 不可勝記 (孫)舜孝 去己卯年(세조5) 以都事致祭公墓 今戊戌(성종9)
又以觀察使來 仰公之節 思公之義 恐邑人之不知 公墓在方洞 而樵火之 忠魂壯
魄 埋沒草莽中也 稽麗史本傳 撮其本末 以示來者 成化十五年(성종10) 八月日
贅孫嘉靖大夫江原道觀察使兼兵馬水軍節度使孫舜孝記… (遺事詩附, 『平山申氏
千年史』(Ⅰ), 平山申氏 大宗中, 2011, 26~27쪽).

을 사실로 받아들였으며, 그러한 인식의 기원은 늦어도 고려중엽인 12세기 중반 이전까지 소급될 수가 있을 것으로 판단된다. 여러 기록이나 정황에 비추어, 태조 왕건의 시대 이후 내내 그러하였던 것으로 이해하여 무방할 듯 여겨진다.

한편 태조의 신숭겸 추념과 관련하여, 현재 강원도 춘천시 서면 방동리에 소재하는 신숭겸의 塚墓에 관한 가승의 기록도 또한 대체로 신용하여 좋을 듯싶다. 앞서의 '行狀'과 '遺事'에 따르면, 신숭겸의 전몰 후 태조가 예를 다한 추모의 제의와 함께 그를 안장한 곳이 현재의 총묘 자리였다고 한다.[54] 가승의 자료적 가치에 비추어, 신숭겸의 총묘가 춘천의 方洞에 들어선 사실까지를 부정하기는 어려워 보인다. 그러기까지의 세세한 경위 설명에 덧붙어졌을 미화라든지 과장을 참작하더라도 그러하다. 나아가 『신증동국여지승람』과 같은 관찬 지리서에 신숭겸의 춘천 총묘가 수록되어[55] 그 존재를 인정받았다는 점에서 더욱이 그처럼 판단된다. 나름의 근거를 바탕으로 관찬 지리서에 그리 수록되었으려니와, 나아가 신숭겸의 총묘가 춘천 방동에 소재해온 사실을 부정할 만한 근거도 달리 찾아지질 않는다. 그 위치에 관한 한 가승과 지리서의 기록에 실제 사실이 반영되었을 가능성이 높으며, 그리하여 신숭겸의 총묘가 고려시기 이래 춘천의 방동 그 자리에 위치하였던 것으로 믿어 그르지 않을 듯 여겨지는 것이다.

고려시기에 신숭겸의 총묘는 자못 소중히 관리되었음 직하다. 한 가문의 시조이자 왕조의 개국공신이며, 또한 태조를 위해 목숨을 바친 충절의 전범으로 널리 추숭을 받는 가운데 매년 그를 기리는 의식이 베풀어지던, 말하자면 왕조나 왕실 차원에서이든 혹은 가문 차원에서이든 도

---

54 行狀附跋·遺事詩附, 『平山申氏千年史』(Ⅰ), 平山申氏 大宗中, 2011, 19~20·26~27쪽.
55 『新增東國輿地勝覽』46 春川都護府 塚墓 申崇謙墓.

무지 잊을 수 없는 역사적 인물이 곧 신숭겸이었다는 점에서 그러하다. 그처럼 추숭되던 인물의 총묘가 소홀히 취급되었을 까닭이 없어 보인다. 나아가 조선초기 들어 평산 신씨 가문에서 새삼 '행장'이나 '유사'와 같은 자료를 조작하면서까지 춘천에 신숭겸의 총묘를 거짓으로 마련하려 들었을 가능성도 높지 않다. 늦어도 세조 5년(1459)이면 현 위치의 신숭겸 총묘가 확인되거니와,[56] 그만한 인물의 총묘가 근거없이 조작되어 조선초기의 그리 길지 않은 기간에 널리 인정을 받고, 그리하여 관찬의 지리서에 수록됨으로써 일종의 공인 절차를 밟는다는 것은 거의 불가능에 가까운 듯 여겨진다. 앞서 살핀 바의 신숭겸에 관한 다른 사실들이나 매한가지로, 신숭겸의 총묘 역시 고려 이래로 아마도 태조 왕건 이래 춘천의 현 위치에 자리하였던 것으로 인정하여 큰 잘못이 아닐 것으로 믿는다.

　신숭겸이 태조 왕건의 복심이었고 그리하여 위험에 빠진 주군을 구하고자 자진해서 사지로 뛰어들어 전몰하였으며, 그의 죽음을 애통해 한 태조가 智妙寺를 세우고 춘천 방동의 총묘에 예장하는 등 추념의 정을 곡진히 하는 가운데, 팔관회에서 그의 충절을 기리는 의식을 행하였음을 살폈다. 이제 팔관회에서의 그와 같은 신숭겸 추념이 이어져간 양상이 궁금해지는데, 그에 관해서는 자리를 달리하여 더듬어보도록 하겠다.

Ⅲ. 팔관회의 재개와 신숭겸 추념

　팔관회는 고려왕조에서 매년 정기적으로 열리던 국가적 축전이었다.[57] 태조 이래로 그러하였거니와, 자연히 팔관회에서의 신숭겸 추념도

---

56 孫舜孝는, "… (孫)舜孝 去己卯年(세조5) 以都事致祭公墓 今戊戌(성종9) 又以觀察使來 …"(遺事詩附, 『平山申氏千年史』(Ⅰ), 26쪽)에서와 같이, 世祖 5년(1459)에 江原道 都事로서 申崇謙의 春川 묘소를 찾아 제를 올렸다고 한다.
57 팔관회를 다룬 주요한 연구는 다음과 같다.

대를 이어가며 지속되었을 가능성이 높아 보인다. 신숭겸은 고려왕조의 개국일등공신으로서,[58] 功臣堂의 벽에 그 畫像이 올라 있는 삼한벽상공신이자,[59] 太廟의 태조 배향공신이었으며,[60] 또한 衛社戰亡功臣이었다.[61]

三品彰英,「朝鮮における佛教と民族信仰」,『佛教史學』13, 1954. 安啓賢,「八關會攷」,『東國史學』4, 1956;「八關會」,『韓國佛教思想史研究』, 東國大 出版部, 1983. 二宮啓任,「高麗の八關會について」,『朝鮮學報』9, 1956. 安啓賢,「佛教行事의 盛行」,『한국사』6, 국사편찬위원회, 1975. 奧村周司,「高麗における八關會的秩序と國際關係」,『朝鮮史研究會論文集』16, 1979. 里道德雄,「高麗佛教における八關會の構造」,『東洋學研究』17, 東洋大 東洋學研究所, 1983. 김기대,「고려 팔관회에 대한 연구」, 서강대 석사학위논문, 1989. 李恩奉,「高麗時代의 佛教와 土着信仰과의 接觸關係 -燃燈會·八關會의 宗教儀禮 機能을 中心으로-」,『宗教研究』6, 1990. 金炯佑,「高麗時代 國家的 佛教行事에 대한 研究」, 동국대 박사학위논문, 1993. 洪潤植,「불교행사의 성행」,『한국사』16, 국사편찬위원회, 1994. 都珖淳,「八關會와 風流徒」,『韓國學報』79, 1995. 金惠淑,「高麗 八關會의 內容과 機能」,『역사민속학』9, 1999. 박진태,「팔관회·가상희·도이장가의 관련 양상」,『국어국문학』128, 2001. 김종명,「팔관회」,『한국 중세의 불교의례 : 사상적 배경과 역사적 의미』, 문학과지성사, 2001. 안지원,「팔관회의 의례 내용과 사회적 성격」,『고려의 국가 불교의례와 문화』, 서울대학교출판부, 2005. 한홍섭,「백희가무를 통해 본 고려시대 팔관회의 실상-팔관회는 불교의례인가?-」,『민족문화연구』47, 고려대 민족문화연구원, 2007. 변동명,「高麗 八關會에서의 外國人朝賀와 국제교류」,『海洋文化研究』5, 2010. 변동명,「羅州 八關會와 錦城山信仰」,『海洋文化研究』9, 2013. 韓政洙,「高麗 太祖代 八關會 설행과 그 의미」,『大東文化研究』86, 2014. 김기덕·한정수,「고려 팔관회에 담긴 고려시대의 특성」,『한국중세사연구』42, 2015.

58 又詔曰 … 宜行賞賚 以奬勳勞 其以洪儒·裵玄慶·申崇謙·卜智謙 爲第一等 … (『高麗史』1 太祖 元年 8월 辛亥).

59 是歲 重修新興寺 置功臣堂 畫三韓功臣於東西壁 設無遮大會一晝夜 歲以爲常(『高麗史』2 太祖 23년).

60 禘于大廟 躋戴宗于第五室 以功臣裵玄慶·洪儒·卜智謙·申崇謙·庾黔弼 配太祖 …(『高麗史』3 成宗 13년 4월 甲辰).

61 ·忠宣王卽位教曰 … 祖代功臣之內外五世玄孫之子 代代配享功臣內外五世玄孫之曾孫 太祖代衛社戰亡金樂·金哲·申崇謙 及能使丹兵還退徐熙·河拱辰·盧戩·

고려왕조가 존재하는 한 정기적으로 조정의 제향을 받는 역사적 인물이
었다. 팔관회에서의 신숭겸 추념도, 그 공을 기린다는 점에서는 그처럼
공신으로서 누리는 제향과 큰 차이가 없을 듯싶다. 조정의 공식적인 제
향이 지속되는 만큼이나, 팔관회에서 신숭겸을 기리는 행사도 고려왕조
가 존속하는 한 어떤 형태로든 이어져갔을 가능성이 높아 보인다. 예종
15년의 서경 팔관회에 신숭겸의 우상이 등장하였던 것도, 돌발적이라기
보다는 그처럼 이어져 내려오던 오랜 관습에 따른 의례적인 절차의 하
나였던 것으로 이해함이 온당할 듯 여겨진다.

  그런데 고려에서 신숭겸을 추념하는 분위기가 늘 그처럼 순탄히 계승
되어간 것만은 아니었다. 각별히는 고려왕조의 초기에 그러하였다. 잘
알려졌듯이 고려초의 정세는 자못 유동적이었다. 太祖의 사거 이후 惠宗
에서 定宗을 거쳐 光宗代에 이르도록 끊이지 않았던 치열한 정쟁을 상
기하면 될 일이다. 왕조 창업의 공신일지라도 숙청을 면치 못하는 게 다
반사였던 당시에, 저들을 기린다든지 하는 일이 차분히 추진되기는 어려
운 분위기였다. 뒤이어 팔관회도 위기에 봉착하였다. 성종은 즉위하던
해(981)에 팔관회의 의식을 대폭 줄였다.[62] 옳지 않은 행사이며 번잡하
고 소란스럽다는 이유로 雜技 곧 百戲歌舞를 폐지하였다. 그랬다가 뒤이
어 6년(987)에는 팔관회의 개최 자체를 중지시켰다.[63] 태조 이래로 이어
져오던 국가적인 대제전이 성종대에 이르러 마침내 폐지되고 말았거니
와, 그와 함께 팔관회에서 행해지던 신숭겸을 추념하는 모종의 儀式도

楊規等 內外孫與女孫中一名 許初入仕 …(『高麗史』75 志 29 選擧 3 銓注 凡敍
  功臣子孫).
 ·公姓金 諱尹覺 中和縣人 代我太祖亡身衛社功臣大師三重大匡金樂之內玄孫也
  … (김용선, 「崔弘宰·金尹覺 묘지명」, 『한국중세사연구』41, 2015, 256쪽).
62 是月 王以八關會雜技 不經且煩擾 悉罷之 幸法王寺 行香 還御毬庭 受群臣朝賀
  (『高麗史』3 成宗 卽位年 11월).
63 命停兩京八關會(같은 책 成宗 6년 10월).

폐기될 운명에 처하였다. 태조가 사거한 뒤로 한동안 신숭겸을 추념하는 일이 순탄하게 이어질 분위기가 아니었음을 헤아릴 수가 있다.

팔관회가 재개된 것은 20여 년이 지난 현종 원년(1010)에 들어서였다. 현종은 즉위한 이듬해 윤2월에 燃燈會를 재개한 데 이어 11월에는 八關會도 부활시켰다.[64] 팔관회에서 신숭겸을 추념하는 행사가 되살아날 수 있는 단초가 열린 셈이었다. 사실 신숭겸은 그에 앞서 성종 13년(994)에 태묘의 태조 배향공신으로 선정되어, 조정과 왕실의 정기적인 제향을 받는 인물로 자리를 잡은 바 있다.[65] 왕조창업에 이바지한 공을 기리는 조치였거니와,[66] 나아가 이제 팔관회가 재개됨으로써 그의 충절을 추념하는 儀式이 계승되어갈 발판이 마련되기에 이른 셈이었다.

그런데 그처럼 신숭겸을 추념하는 의식이 되살아날 계기가 마련되었다고 해서, 곧장 팔관회에서 그를 기리는 행사가 펼쳐졌을 것으로 속단하기는 이르다. 그에 앞서 성종이 팔관회를 정지할 당시까지, 태조대의 팔관회에서와 같은 신숭겸을 추념하기 위한 모종의 의식이 지속적으로 이어져갔는지 여부마저도 확인하기가 쉽지를 않다. 다만 팔관회가 왕조와 국왕을 위한 祈福의 祭典이라는 의미를 지니는 만큼,[67] 왕조를 창업하는 데 크게 기여하고 더욱이 국왕을 위해 목숨을 던진 충절의 전범이라 할 신숭겸을 기리는 의식을 굳이 제외한 채, 팔관회가 베풀어졌을 지에는 의문이 없지 않다. 팔관회가 지속되는 한 어떤 형태로든 관련 의식이 계승되어갔을 가능성이 다분해 보인다.

---

64 ・復燃燈會(『高麗史』4 顯宗 元年 閏2월 甲子).
　　・復八關會 王御威鳳樓 觀樂 (같은 책 11월 庚寅)
65 『高麗史』3 成宗 13년 4월 甲辰.
66 김보광, 「고려 성종·현종대 太祖配享功臣의 선정 과정과 의미」, 『사학연구』 113, 2014, 59~61쪽.
67 設八關會 有司言 前王每歲仲冬 大設八關會 以祈福 乞遵其制 王曰 朕以不德 獲守大業 盍依佛敎 安輯邦家 …(『高麗史節要』1 太祖 元年 11월).

성종 원년(982)의 上書文에서 崔承老는, 당시 팔관회를 개최할 적이면 으례 '偶人'을 만들어 사용하는 데 따른 비용의 문제를 제기하였다.[68] 팔 관회의 의식 중에 偶像이 등장하는 장면도 들어 있을 것임을 헤아리게 하는 부분이다. 태조가 풀로 엮어 만들어서 팔관회에 참석시켰다는 신숭 겸의 假像을 연상시키는 구절이거니와, 성종대까지도 팔관회에서 신숭 겸을 기리는 모종의 의식이 이어졌음을 암시하는 듯 여겨져 주목된다. 팔관회가 축소되고 뒤이어 폐지되는 성종대까지, 그 국가적인 제전에서 신숭겸을 기리는 행사가 끊이지 않고 이어져 갔을 가능성을 상정하여 그다지 큰 잘못은 아닐 것으로 믿는다.

성종대까지 팔관회에서 신숭겸의 偶像과 함께 그를 기리는 모종의 儀 式이 이어져갔을 가능성이 다분함을 살폈다. 팔관회가 다시 개설된 현종 대에 신숭겸을 추념하는 의식도 더불어 되살아났을 것임을 추정케 하는 대목이다. 나아가 팔관회가 다시 개설되기에 이른 정치적 배경을 떠올리 면, 현종대의 팔관회에서 어떤 형태로든 신숭겸을 추념하는 의식이 이어 져갔으리라는 생각을 한층 떨칠 수가 없다.

현종 원년에 팔관회가 부활한 데에는, 태조의 권위를 앞세워 왕권의 안정을 도모하려던 집권세력의 의도가 작용하였다고 한다.[69] 현종이 태 조의 유일한 혈손임을 내세우던 崔沆과 같은 현종 옹립세력에게는, 그 즉위를 정당화하고 또한 국왕으로서의 권위를 확보할 방안이 절실히 요 구되었다. 그리하여 팔관회를 복구함으로써 왕조를 개창한 군주로서의 태조의 권위를 거듭 확인하며, 더욱이 그러한 태조를 계승한 후계자로서

---

68 … 正匡行選官御事上柱國崔承老上書 略曰 … 一 我國春設燃燈 冬開八關 廣徵 人衆 勞役甚煩 願加減省 以紓民力 又造種種偶人 工費甚多 一進之後 便加毁破 亦甚無謂也 且偶人 非凶禮不用 西朝使臣 嘗來見之 以爲不祥 掩面而過 願自今 勿許用之 …(『高麗史節要』 2 成宗 元年 6월).

69 변동명, 「高麗 八關會에서의 外國人朝賀와 국제교류」, 『海洋文化研究』 5, 2010, 130~131쪽.

의 현종의 위상을 확립하고자 도모하였다는 것이다. 말하자면 태조의 권
위를 앞세워 국왕을 중심으로 한 통치 질서의 구축을 정당화하는 명분
으로 삼고, 나아가 왕권 안정을 뒷받침하기 위한 국가적인 의례로서 팔
관회가 부활한 셈이었다. 따라서 왕조의 창업공신이자, 더욱이 목숨을
걸고 태조에게 충성을 다함으로써 그 권위를 확립하며 왕권을 안정시키
는 데 신명을 바친 신숭겸이야말로, 그러한 표상으로서 현종대에 더욱
기림을 받았을 법하다. 현종대에 부활한 팔관회에서 그를 추념하는 의식
이 어떤 형태로든 더불어 되살아났을 가능성이 높은 듯 여겨지는 것이다.

　현종이 즉위한 이듬해에 들어 다시 열린 팔관회에서 신숭겸을 기리는
의식이 어떤 형태로든 이어져갔을 것임을 헤아렸다. 성종대까지 팔관회
에서 신숭겸을 추념하는 의식이 행해졌을 가능성의 다분함이라든지, 또
는 현종대에 팔관회가 재개되기에 이른 정치적 함의 등에 비추어 그처
럼 판단하였다. 신숭겸과 같은 충절의 인물을 내세울 필요성이 컸던 만
큼, 팔관회에서 그를 추념하는 의식이 태조대 이래로 이어져오다가 현종
대에 들어 새삼 제외되었을 까닭은 없어 보인다.

　그런데 현종대 초반의 정치적 상황을 배경으로 그처럼 부활한 팔관회
에, 문득 예기치 않은 변화가 찾아들었다. 팔관회를 개최하는 지역이 일
부 변경되기에 이른 것이었다. 잘 알려진 바와 같이 고려왕조에서 팔관
회는 王京에서만 열리는 것이 원칙이었다. 燃燈會가 널리 지방의 각 고
을에서도 개최되었던 데 반해, 팔관회는 왕도 開京과 함께 제2의 수도인
西京에서만 열리는 게 관례였다. 개경에서는 11월 15일에 그리고 서경
에서는 그보다 한 달 앞선 10월 15일에, 각각 팔관회를 개설하도록 정해
져 관행으로 굳어진지 오래였다.[70] 두 왕경에서 그처럼 팔관회를 개최하
기에 이른 시작이라든지 유래는 다소 불분명하다. 다만 성종대에 벌써

─────────

70 『高麗史』69 禮 11 嘉禮雜儀 仲冬八關會儀 太祖 元年 11월, 顯宗 元年 11월, 德
　　宗 3년 10월.

'兩京 八關會' 운운하는 문구가 나타남으로 해서,[71] 늦어도 그 즈음이면 개경과 서경에서의 팔관회 개설이 하나의 관습으로 자리 잡았음을 확인할 수가 있다.

한데 고려말엽 鄭道傳의 회고에 따르면, 그러한 관례와 달리 왕경이 아닌 다른 고을에서도 팔관회가 개최되었던 듯 여겨져 흥미를 끈다. 다음 기록에 나타나는 현종대의 羅州 八關會가 그것이다.

> … 顯宗께서 南으로 순행하사 이곳에 이르렀는데, 드디어 中興의 功業을 이루고서는 羅州에 八關儀禮를 하사하여 開京에 견줄 수 있도록 하시었다 …[72]

會津으로 유배를 가던 정도전이 나주에 도착하여, 고려왕조와 나주 사이의 깊은 인연을 돌아보면서 지역의 父老들을 앞에 두고 얘기한 내용의 일부이다. 앞부분에서 나주가 태조의 창업과 후삼국통일에 크게 기여하여 남방의 으뜸가는 고을로 승격되었으며, 羅州 吳氏 소생인 惠宗이 통일전쟁에 참여해 이바지하고 또한 守成을 이룩한 공으로 太廟의 不遷之位에 올랐음을 찬양하면서, 더불어 羅州人들이 사당을 세워 그런 혜종을 제향해오는 것을 칭송하였다.[73] 그런 다음 현종이 그 원년(1010) 말에서 2년 초에 걸쳐 거란의 침입을 맞아 나주로 피난한 사실을 떠올리

---

71 命有司 停兩京八關會(같은 책 成宗 6년 10월).

72 … 顯王南巡至此 遂成興復之功 賜州八關禮 以比本京 …(『三峰集』 3 登羅州東樓諭父老書).

73 … 羅爲州 始自國初 且有功 我太祖一三韓 郡國次第平 惟時百濟 恃其險遠 人馬糧穀之强且富 不卽歸命 羅人明識逆順 率先內附 太祖之取百濟 以羅人之力 與有多焉 親駕是州 陞之爲牧 以長南諸州 蓋所以褒之也 惠王躬攌甲冑 以先後左右 功多子列 大業以定 丕承厥位 保有民社 有創業之助 有持守之功 血食大廟 爲百世不遷之室 乃眷戀舊邦 而顧享焉 顯王南巡至此 遂成興復之功 賜州八關禮 以比本京 …(『三峯集』 3 登羅州東樓諭父老書).

며 회고한 게 위의 내용이다. 존망의 위기에 처한 왕조가 중흥하도록 그 거점으로서 나주가 기여한 사실을 높이 평가한 현종이, 나주에서도 팔관회를 개최하도록 조처함으로써 이 고을로 하여금 수도인 개경에 견줄 만한 지위를 누릴 수 있도록 배려하였다는 것이다.[74]

고려 현종대에 나주에서도 팔관회가 개최되었음을 전한다. 고려시기 개경이나 서경 이외의 지역에서 베풀어진 팔관회로는, 전시 수도였던 강화도의 경우를 제외하면 유일한 사례에 속한다. 앞서 현종대에 부활하여 그 원년(1010) 11월에 열린 팔관회는,[75] 개경에서의 그것으로 한정되었던 듯 여겨진다. 11월의 팔관회는 개경에서 개최하는 것이 원칙이었을 뿐더러, 그 뒤로 20여 년이 지나도록 10월에 서경 팔관회가 설행되었음을 알려주는 기록이 나타나지 않기 때문이다.[76] 현종 원년에 서경 팔관회는 아직 부활하지 않은 상태였던 것이다. 그랬는데 개경에서 팔관회가 열린 이튿날 거란 聖宗이 이끄는 침략군이 압록강을 넘어 興化鎭을 포위하고 뒤이어 康兆가 적에게 패해 사로잡혀 죽임을 당하면서, 다음 달이면 현종이 개경을 탈출해 기약없는 피난을 떠나야만 하는 긴박한 상황이 이어졌다. 결국 멀리 나주로까지 피신했던 현종이 이듬해 정월에야 다시 귀경길에 올라 2월 하순에 환궁하였음은 사서에 전하는 대로이다.[77] 현종이 나주에서 팔관회를 개설하도록 조치한 것도 그러한 즈음의 일이었으려니와, 그리하여 전란을 극복하는 데 기여한 나주로 하여금 수

---

74 高麗 顯宗代에 羅州 八關會가 개설된 경위라든지 그 의미 등에 관해서는, 변동명, 「羅州 八關會와 錦城山信仰」,『海洋文化硏究』9, 2013, 45~74쪽의 설명을 참고하라.

75 復八關會 王御威鳳樓觀樂(『高麗史』4 顯宗 元年 11월 庚寅).

76 서경 팔관회가 다시 기록에 나타나는 것은, 다음에 언급하겠지만 德宗 3년(1034)에 가서였다.

77 일일이 전거를 제시하지는 않으려니와,『高麗史』4 顯宗 元年 10월 丙午에서 같은 책 2년 2월 丁卯 및『高麗史節要』3 顯宗 元年 10월 丙午에서 같은 책 2년 2월 丁卯에 이르는 기록을 참고하라.

도인 개경에 버금가는 지위를 누리도록 특혜를 베풂으로써, 그에 보답하려 하였다는 게 정도전의 이해이다.

현종 초에 팔관회가 부활한 이후 한동안 고려에서 서경 팔관회의 존재는 찾아지질 않는다. 나주 팔관회가 개설된 데 따른 현상이었으려니와, 그것은 대략 현종대의 말엽까지 지속되었다. 그러다가 덕종 3년 (1034) ─실제로는 정종 즉위년─ 10월에 서경 팔관회가 재개되었고,[78] 그와 더불어 나주 팔관회는 역사의 뒤안길로 사라져갔다. 그 뒤로 나주 팔관회는 다시금 거론될 기회조차 갖지를 못하였다. 고려전기 현종대의 그리 길지 않은 한때를 제외하고는, 내내 개경과 서경의 팔관회에만 익숙했던 게 고려왕조의 현실이었다. 자연히 나주 팔관회는 잊히고 그 흔적마저 지워져 없어지기에 이르렀다. 『高麗史』 禮志 등에서조차 그에 관한 기록을 찾아볼 수가 없게 된 연유이다.[79]

『고려사』 등에 관련 기록이 전하지 않는다고 해서, 나주 팔관회의 존재를 부정하는 것은 온당치 않다고 생각한다. 정도전과 같은 고려의 손꼽히는 지식인이, 그것도 나주의 유력자인 부로들을 앞에 두고 언명한 내용이라는 점에서, 나주 팔관회의 개최는 사실일 가능성이 매우 높아 보인다. 그가 팔관회 개최에 담긴 의미를 명확하게 제시하면서, 나주 팔관회를 통해 나주가 왕도인 개경에 비견될 만한 지위에 올라선 적이 있었음을 지적한 데에 이르면, 그러한 믿음이 한층 강해진다. 팔관회 개설에 함축된 정치적 의미를 그처럼 정확히 파악 중이던 정도전이, 굳이 나주 팔관회의 존재를 조작하면서까지 나주 부로들 앞에서 거짓을 언명해야 할 까닭이 없음으로 해서이다. 나아가 國祭祠와 禰祖堂의 존재에서

---

78 德宗 3년 9월에 왕이 홍서하고 靖宗이 즉위하였으며, 그 해 10월에 서경 팔관회가 재개되었다.

· 遣輔臣 賜西京八關會 酺二日 西京 例以孟冬 設此會(『高麗史』 69 禮 11 嘉禮雜儀 仲冬八關會儀 德宗 3년 10월).

79 변동명, 「羅州 八關會와 錦城山信仰」, 65~69쪽.

도[80] 나주 팔관회가 실제로 개설된 적이 있었음을 거듭 확인할 수가 있다. 팔관회가 열리던 祠宇로 이해되는 국제사와 예조당이 조선초기까지 나주의 治所에 자리하였던 것으로 미루어, 나주 팔관회의 개설은 결코 조작된 거짓일 수가 없을 것으로 판단된다.[81]

고려초기의 한동안 나주에서 팔관회가 개설된 적이 있었음을 살폈다. 대체로 현종이 재위하던 시기의 일이었다. 그런데 여기에서 한 가지 궁금한 것은, 태조 이래로 팔관회에서 행해져오던 바 신숭겸의 假像을 등장시켜 그를 추념하던 儀式은 어찌 되었을까 라고 하는 점이다. 현종대에 복구된 개경 팔관회에서 신숭겸을 기리는 모종의 의식이 함께 되살아났을 것임은 앞서 살핀 바 있다. 따라서 개경 팔관회에 이어 그 개최가 결정된 나주 팔관회에서도 그러하기는 매한가지이지 않았을까 짐작된다. 나주 팔관회에서 베풀어진 의식이라든지 각종 행사가 개경 팔관회에서의 그것과 본질적으로 달라야 할 까닭이 없었으리라는 점에서 그처럼 판단된다. 개경 팔관회에서와 매한가지로 나주 팔관회에서도 또한 어떤 형태로든 신숭겸을 기리는 모종의 의식이 행해졌을 가능성이 높아 보인다.

나주의 치소에는, 앞서 언급하였듯이 조선초기에 이르도록 禰祖堂이라는 이름의 祠宇가 존재하였다. 서경의 藝祖廟와 마찬가지로 팔관회에서 태조를 섬기는 의식이 행해지던 사우였다. 고려의 팔관회는 현종대에 이르러 부활하면서 太祖信仰이 그 중핵으로 자리를 잡았다 이르거니와,[82] 그러한 태조신앙의 표상이라 할 '詣祖眞儀'가 행해지던 사우가 곧 나주의 예조당과 서경의 예조묘였다. 나주 팔관회에서도 태조를 기리는 의식이 그 중심에 자리하였음을 예조당의 존재에서 거듭 확인할 수가

---

80 『新增東國輿地勝覽』 35 羅州牧 祠廟 錦城山祠.
81 변동명, 「羅州 八關會와 錦城山信仰」, 52·60~64쪽.
82 奧村周司, 「高麗における八關會的秩序と國際關係」, 『朝鮮史研究會論文集』 16, 1979, 76~80쪽.

있는 셈이다. 따라서 그런 태조를 위해 목숨을 바쳤으며, 그리하여 태조에 의해 팔관회에서 그를 기리는 의식이 거행되기에 이른 신숭겸의 존재도, 또한 나주 팔관회에서 무시되지만은 않았을 성싶다. 이제까지 더듬어온 바의 태조와 신숭겸 및 팔관회 사이의 긴밀한 관계가 나주 팔관회라고 해서 예외이지는 않았을 법하며, 더욱이 예조당의 존재에 비추어 나주 팔관회에서도 또한 신숭겸을 기리는 모종의 의식이 어떤 형식으로든 베풀어지지는 않았을까 헤아려지는 것이다.

나주 팔관회에서도 신숭겸을 기리기 위한 의식이 이어져갔을 것임을 살폈다. 팔관회를 통해 신숭겸 추념이 이제 나주와 같은 왕경 이외의 지역으로까지 확산되어간 셈이거니와, 개경 팔관회의 경우라든지 혹은 나주 예조당의 존재로 미루어 그러했을 가능성이 높은 것으로 판단하였다. 그런데 나주 팔관회에서 그처럼 신숭겸을 추념하는 의식이 베풀어지고, 더불어 신숭겸을 기리는 정서가 나주 일원으로 번져가기에 이른 사실과 관련하여 주목되는 게, 나주 관내의 고을인 谷城郡의 존재이다. 곡성은 신숭겸의 출생지로 알려진 고장이다. 또한 신숭겸의 사후 언제인가 이 고을에서는 그를 城隍神으로 추앙해 섬기기 시작했던 것으로 전하기도 한다.[83] 그의 출생지로 알려진 곡성지역의 주민들이 나주 팔관회에서 베풀어지는 신숭겸 추념 의식을 무심하게 보아 넘기지만은 않았을 듯싶으며, 나아가 이 고을에서 신숭겸을 성황신으로 추앙하기에 이른 것도 그와 같은 나주 팔관회의 개설과 결코 무관해 보이지를 않는 것이다.

나주 팔관회에는 나주를 비롯하여 인근 고을의 주민들이 다수 참여하고, 그리하여 함께 축전을 즐겼을 것으로 짐작된다. 팔관회는, 이를 나위 없이 왕조 차원의 국가적인 제전이었다. 나주 팔관회도 역시 그러하였을 것이며, 자연히 공식적인 의례 등은 중앙에서 파견되어온 고관의 주도 아래 행해졌을 터이다. 서경 팔관회의 경우로 미루어 그처럼 추정된

---

83 『新增東國輿地勝覽』39 谷城縣 人物 申崇謙, 같은 책 41 平山都護府 人物 申崇謙.

다.[84] 다만 몇몇 고위직을 비롯한 관료를 제외하면, 팔관회에 참여한 대부분은 현지인이었을 것으로 판단된다. 팔관회를 개설하기 위한 수많은 준비라든지 관련 행사 등에는 다수 현지인의 참여가 필수적이었을 듯싶으며, 대체로 나주목과 그 관내의 여러 고을 주민들이 주로 그러한 역할을 담당하지는 않았을까 여겨진다.

조선초기의 기록에 따르면, 나주 錦城山에서 열리는 山神祭에 나주는 물론이고 전라도 각지에서 주민들이 몰려들어 산을 뒤덮은 채 노숙함으로 인해 말썽이 일었다고 한다.[85] 이 산신제가 나주를 넘어 전라도 전체의 관심 대상이었음을 전한다. 그런데 금성산신제는 나주 팔관회가 폐지되면서 그와 관련된 의식이라든지 행사의 일부를 계승해간 존재로도 이해된다.[86] 금성산신제를 향한 전라도 주민들의 그러한 관심이 나주 팔관회와도 무관치 않은 현상이었음을 직감할 수가 있다. 나주 팔관회의 성격을 일부 계승해간 제의로 간주되는 금성산신제가 조선초기에 이르도록 전라도 주민들 사이에서 그처럼 주목을 끄는 행사였다면, 고려 현종대에 베풀어져 국가적 제전으로서의 위상을 지녔던 나주 팔관회의 경우에는 그를 향한 주민들의 관심 정도가 한층 더하였으리라는 예상이 자연스러워 보인다.

곡성지역의 경우도 또한 그에서 예외가 아니었을 것임은 물론이다. 곡성의 주민들도 나주 팔관회에 관심을 보이며 참여하였을 가능성이 높다. 나주의 속현이던 곡성군이 나주 팔관회와 무관하였다면, 그게 도리

---

84 命叅知政事崔忠烈 如西京 行八關會 舊制 每當燃燈·八關 遺宰相於西京 攝行齋
　祭 自甲午年西京有事 詔停遺使 比年以來 只遺三品官 忠烈 利其贈賄 奏言 先王
　皆遺宰相爲使 盖重翼京也 乞依舊制 王揣知其意 從之 及還 多受饋遺 輜重三十
　餘兩 連亘入城(『高麗史節要』 12 明宗 11년 10월).
85 … 俗謂 祠神有靈 不祭則災 每春秋 非獨州人 一道之人往祭者 絡繹闐咽 男女混
　揉 蔽山露宿 因而相竊 多失其婦女 …(『新增東國輿地勝覽』 35 羅州牧 祠廟 錦
　城山祠 夾註).
86 변동명, 「羅州 八關會와 錦城山信仰」, 69~72쪽.

어 이상한 일이었을 법하다. 더불어 그러는 과정에서 곡성의 주민들 사이에서는 아마도 신숭겸을 추앙하는 분위기가 차츰 고조되어갔을 듯 여겨진다. 나주 팔관회에서 신숭겸을 기리는 의식을 목도한 데 따른 자연스러운 현상이었으려니와, 제 고장 출신으로서 국가적 제전인 팔관회에서 기림을 받는 인물에 저들이 주목하지 않았을 리가 없다. 추정컨대 곡성의 주민들 중에서도 土姓 申氏에 속하는 이들이 그에 가장 유의하였음 직하다.

고려초기 곡성의 토착세력인 토성 신씨와 신숭겸 사이의 혈연적인 친연성 여부를 한 마디로 단정지어 말하기는 어렵다.[87] 그것을 명시적으로 기록한 자료는 좀체 찾아보기가 힘들다. 다만 토성이 分定되었다는 태조 23년(940)[88] 내지는 늦어도 本貫制가 정비되었다는 성종 14년(995)[89] 즈음이면 곡성의 토성 신씨가 제 모습을 드러냈을 터이며, 그리하여 저들에 의해 제 고장 출신의 개국공신으로서 同姓인 신숭겸이 자못 주목받는 존재로 떠오르지는 않았을까 짐작된다.

고려왕조 하에서 곡성은 내륙의 僻邑이었다. 土姓吏族으로서 上京從仕한 사례마저 찾아볼 수가 없는 정도였다.[90] 자연히 곡성군은 주변에 영향력을 발휘할 만큼 지역 내의 유력한 고장으로 손꼽히지도 않았다. 나주의 관할을 받는 군으로서, 수령조차 배정받지 못하는 작은 고을에 지나지 않았다.[91] 고려초기의 곡성군은 말하자면 수도권에서 멀리 떨어진 변방의 작은 고을 중 하나로서, 별다른 주목을 받지 못하는 고장이었다.

---

87 신숭겸과 곡성 신씨의 관계는 변동명, 「성황신 신숭겸과 곡성」, 199~204·212~213쪽을 참고하라.

88 李樹健, 「土姓의 形成過程과 內部構造」, 『韓國中世社會史硏究』, 一潮閣, 1985, 60~69쪽.

89 蔡雄錫, 「고려 초기 본관제의 성립과정」, 『高麗時代의 國家와 地方社會』, 서울대학교출판부, 2000, 69~83쪽.

90 李樹健, 「高麗後期 支配勢力과 土姓」, 『韓國中世社會史硏究』, 322쪽.

91 『高麗史』 57 地理 2 全羅道 羅州牧 谷城郡.

따라서 그와 같은 처지의 곡성을 이끄는 토착세력의 입장에서 보자면, 곡성 출신으로서 왕조의 기림을 받는 개국공신 신숭겸은 자못 의지할 만한 존재로 기대되었음 직하다. 곡성 지역사회에서 자기 고을 출신의 개국일등공신인 신숭겸을 적극 끌어들여, 그 名望에 의지해 고을의 위상을 강화하려 들었을 가능성을 무시할 수만은 없어 보인다. 아울러 그러한 일에 신숭겸과 同姓인 곡성 신씨 측에서 한층 적극적이었을 것임은 이를 나위가 없을 터이다.

나주 팔관회의 개설은 그와 같은 경향에 한층 힘을 보태는 쪽으로 작용하였을 법하다. 나주 팔관회에 참여하여 신숭겸을 기리는 의식을 목도한 고을 주민들 사이에서 새삼 신숭겸을 추앙하는 분위기가 고조되었음 직하며, 그리하여 곡성 신씨를 비롯한 지역 토착세력으로 하여금 신숭겸의 명망에 힘입어 고을의 위상이 높아지기를 기대하는 마음이 더욱 강해지도록 이끌었을 가능성이 다분하다. 최소한 신숭겸을 내세우려던 곡성 토착세력의 입장에서 나주 팔관회가 호재로 인식되었으리라는 데에는 의문의 여지가 없어 보인다.

신숭겸이 곡성군의 城隍神으로 추앙되기에 이른 것은 그러한 추이 속에서의 일이었다. 나주 팔관회가 개설된 이래 지역사회에서 신숭겸을 추념하는 분위기가 세월의 흐름과 함께 무르익어갔으며, 그것이 마침내 신숭겸의 신격화로 이어진 결과 늦어도 고려중엽 즈음이면 그가 곡성의 성황신으로 좌정하기에 이른 것이었다.[92] 당시 곡성의 토착세력에게는 자신들을 중심으로 한 자율적인 향촌질서의 유지가 중요함을 강조할 필요성이 있었다고 한다. 그리하여 전통시기에 고을의 수호신이자 토착세력의 상징이던 성황신을 내세워 자신의 존재를 과시하려 들었으며, 그러

---

92 신숭겸이 곡성의 성황신으로 추앙된 시기라든지 경위 또는 그것과 곡성 신씨를 비롯한 토착세력과의 관계 등에 관해서는, 변동명, 「성황신 신숭겸과 곡성」, 214~224쪽을 참고하라.

는 과정에서 자신들과 연고가 있는 역사상의 실존 인물인 신숭겸을 성
황신으로 추앙함으로써 그 효과를 극대화하려고 시도하였다는 것이다.
개국일등공신으로서 나라의 정기적인 제향을 받는 신숭겸을 향한 추념
의 분위기에 편승한 방책이었거니와, 곡성 신씨를 비롯한 지역의 토착세
력은 자율적인 향촌질서의 유지 및 그 수호자로서의 자신의 존재를 과
시하고자 신숭겸을 성황신으로 추앙하였던 것이다.

팔관회의 부활과 함께 그 축전에서 신숭겸을 추념하는 儀式이 되살아
났으며, 그것이 이어져 왕도 개경은 물론 멀리 나주지역에서도 신숭겸의
행적이 기림을 받았고, 마침내 곡성군에서는 그가 신격화되어 고을의 성
황신으로 추앙되었음을 검토하였다. 신숭겸을 추념하는 정서가 나주 팔
관회를 통해 지방으로 번져간 끝에 곡성지역에서는 그가 성황신으로 좌
정하기에 이르렀던 것이다. 말하자면 팔관회의 재개와 함께 신숭겸 추념
이 지방으로 확산되어 필경에는 그가 토착세력의 상징이자 고장을 수호
하는 신으로 추앙되는 결과를 낳았으며, 그러한 데에서 나주 팔관회가
개설되고 또한 그 제전에서 신숭겸을 기리는 의식이 행해진 의미를 찾
을 수가 있다고 하여 지나치지 않은 셈이었다.

이제 개경과 나주 팔관회를 이어 서경 팔관회에서의 신숭겸 추념을
알아볼 차례인데, 그에 관해서는 자리를 바꾸어 검토하도록 하겠다.

IV. 서경 팔관회와 예종의 신숭겸 추념

서경 팔관회가 다시 열린 것은 靖宗이 즉위하던 해(1034) 10월의 일
이었다. 다음의 기록을 살펴보자.

輔臣을 보내어 西京에 八關會를 하사하고 이틀 동안 연회를 베풀도록

하였다. 서경에서는 例에 따라 10월에 팔관회를 개설하였다.[93]

앞서 성종 6년(987)에 폐지되었던 팔관회를 이때 서경에 하사하였는데, 전례에 의해 그것을 10월에 개설토록 조치하였음을 전한다.[94] 이른바 兩京 팔관회가 이로써 다시 정립된 셈이거니와, 이후 고려왕조에서 팔관회라고 하면 으레 개경과 서경의 그것만을 떠올리게 되었다 함은 이미 지적한 대로이다.

이 서경 팔관회에서 신숭겸을 추념하는 의식이 행해졌음은 서두에서 언급한 바 있다. 이른바 悼二將歌의 탄생과 관련하여 제시되곤 하는 다음의 자료가 그러한 증거이다.[95] 서경에 행차한 睿宗이,

> 八關會를 베풀었다. 왕이 雜戲를 관람하는데, 국초의 공신인 金樂과 申崇謙의 偶像이 있었다. 왕이 감동해 찬탄하면서 詩를 읊었다.[96]

에 나오는 바와 같이, 팔관회를 베풀면서 신숭겸의 우상이 등장하는 잡희를 관람하였다고 한다. 그리하여 신숭겸의 충절에 감탄하고서는 그를 기리고자 시를 읊었던 것으로 전하는데, 그러한 詩歌 중의 하나가 悼二將歌였다.[97] 예종 15년(1120)의 일이었거니와, 서경 팔관회에 신숭겸을

---

93 ·遣輔臣 賜西京八關會 酺二日 西京 例以孟冬設此會(『高麗史』69 禮 11 嘉禮雜儀 仲冬八關會儀 德宗 3년 10월).
·遣輔臣 賜西京八關會 酺二日(『高麗史』6 靖宗 卽位年 10월 庚午).
94 이때에 이르러 비로소 서경 팔관회가 재개되었음은, 邊東明, 「高麗時期의 羅州錦城山信仰」, 『全南史學』16, 2001; 「금성산신앙과 나주」, 『한국 전통시기의 산신·성황신과 지역사회』, 전남대학교출판부, 2013, 79~84쪽의 설명을 참고하라.
95 悼二將歌에 관해서는 위의 註 7)에 제시한 연구를 참고하라.
96 設八關會 王觀雜戲 有國初功臣金樂申崇謙偶像 王感歎賦詩(『高麗史』14 睿宗 15년 10월 辛巳).
97 西京 八關會에 등장한 두 偶像이 각각 申崇謙과 金樂의 假像이고 또한 悼二將歌는 그 두 장수의 충절을 기리는 詩歌이지만, 이 글에서는 편의상 신숭겸만을 주로

추념하는 의식으로서 잡희 한 대목이 설정되어 관련 演戲가 행해졌음을
확인할 수가 있다.

신숭겸을 추념하는 이 의식이, 서경 팔관회가 재개되던 당시부터 함
께 행해졌는지 여부는 잘 알 수가 없다. 명시된 기록이 전하지 않아서이
거니와, 다만 이제까지의 경우에 비추어 서경 팔관회에서도 그것이 사라
지지 않고 어떤 형태로든 이어져갔을 개연성은 충분해 보인다. 개경이나
나주의 팔관회에서 그러하였듯이, 서경 팔관회에서도 신숭겸을 기리는
모종의 의식이 함께 행해졌을 것임을 예상하여 지나치지 않을 듯 여겨
진다. 서경 팔관회가 개경이나 나주 팔관회와 크게 달라야 할 까닭이 없
으며, 더욱이 태조를 제향하는 서경 藝祖廟의 존재라든지,[98] 또는 앞서
언급한 거와 같은 태조와 신숭겸 및 팔관회 사이의 관계가 서경 팔관회
에서도 여전히 유지되었으리라는 점 등에 비추어 그처럼 판단된다. 예종
15년의 서경 팔관회 잡희에 신숭겸의 우상이 등장한 게 전례 없는 최초
의 일이었다기보다는, 그처럼 내내 이어져온 오랜 관습에 따른 연례적인

거론하였다. 한편 위 본문의 자료에 開國二等功臣인 金樂(『高麗史』1 太祖 元年
8월 辛亥)이 開國一等功臣 申崇謙보다 앞서 거명되어 자연스럽지를 못하다. 공식
자료의 경우 서열에서 앞서는 신숭겸을 먼저 기록하는 게 일반적이었으려니와, 아
마도 김락이 西京의 관할 아래 있던 中和縣 출신이었던 사실과(김용선, 「崔弘宰·
金尹覺 묘지명」, 256~259쪽) 무관치 않은 일이었을 법하다. 서경 관내의 중화현
(河炫綱, 「高麗時代의 西京」, 『高麗地方制度의 研究』(韓國研究叢書32), 韓國研
究院, 1977, 126·142~144쪽)에 거주하던 김락의 후손들이 서경 팔관회의 잡희에
개입한 결과, 본문의 사료에서처럼 순서가 뒤바뀌어 나타난 것은 아니었을까 헤아
려지는 것이다. 아울러 신숭겸의 후손이 고려왕조 하에서 그리 번성하지 못했던
것도 그에 영향을 미쳤음 직하다. 金尹覺의 사례에서 보듯이 김락의 후손들은 높
지 않은 지위에서나마 고려시기에 그런 대로 위상을 유지했던 듯 여겨지며, 그에
따라 신숭겸에 비해 김락의 존재가 상대적으로 부각되었을 가능성도 무시하기 어
려워 보인다.
98 邊東明, 「금성산신앙과 나주」, 75~76쪽. 金澈雄, 「고려시대 서경의 聖容殿」, 『文
化史學』31, 2009, 109~128쪽.

행사의 하나였던 것으로 이해함이 한결 순조로워 보인다.[99]

오히려 문제는, 그처럼 팔관회에서 신숭겸을 추념하는 의식이 꾸준히 이어져 왔음에도 불구하고, 서경 팔관회에서 예종이 새삼 신숭겸의 충절을 찬탄하기에 이른 까닭이 무엇이었던가 라는 데 있다. 예종이 悼二將

---

99 그런데 당시 신숭겸의 우상이 등장한 것을 두고, 본문에서와는 달리 돌연한 사태로 간주할 수도 있음을 내세우는 견해가 있어 주목된다(金東旭, 「悼二將歌에 對하여」, 52~53쪽). 신숭겸의 우상이 등장한 것은 예종 15년의 서경 팔관회가 처음이었으며, 앞서 태조대 팔관회에서의 신숭겸 추념 儀式이란 것도 실제 행해진 일이라기보다는 일종의 緣起說話에 지나지 않을 가능성을 내세운다. 零落한 공신의 후예가 예종의 주의를 끌기 위해 예종 15년의 서경 팔관회에서 신숭겸 偶像戲를 처음으로 연출하였으며, 그것을 합리화하기 위해 태조대 팔관회에서의 신숭겸 추념 의식을 조작했을 수가 있으리라는 것이다. 사실 조선전기의 평산 신씨 家乘에 따르면, 당시 예종은 서경 팔관회에서 신숭겸 偶像을 처음 접한 듯 보이기도 한다. 예종이 雜戲를 관람하던 중, 두 假像이 말을 타고서 뜰을 순회하는 것을 기이하게 여겨 좌우에 물었고, 그리하여 비로소 그것이 申崇謙과 金樂의 우상임을 파악하였으며, 마침내 둘의 행적을 듣고서는 감개하여 그 후손을 불러 관직을 내리고, 더불어 시 한 편과 함께 悼二將歌를 지어 그 충절을 기렸다는 것이다(行狀附跋·遺事詩附, 『平山申氏千年史』(Ⅰ), 平山申氏 大宗中, 2011, 14~15·20·23·26쪽) 신숭겸 假像의 팔관회 등장이 예종으로서는 처음 마주한 사건이었으며, 그리하여 이때 서경 팔관회에 가서야 신숭겸을 추념하는 儀式의 일종이라 할 雜戲 한 대목을 비로소 접하였던 듯 전한다. 사뭇 감동적인 내용으로서, 위 본문에서 제시하였던 바 『고려사』의 담백한 서술과는 대비가 된다. 그렇지만 가승의 기록은 신숭겸 우상과 예종의 만남을 한층 극적인 것으로 만들며, 그리하여 도이장가의 의미를 과장 윤색하기 위한 修辭의 산물이었을 가능성이 높아 보인다. 논자의 주장대로 零落한 공신의 후예였다면, 申崇謙과 金樂의 偶像戲를 팔관회에서 돌발적으로 연출함으로써 예종의 주의를 끌어낼 만한 역량이 과연 저들에게 있었을지 의문이다. 그처럼 영락하였음에도 불구하고, 저들 후예가 국가적 대제전인 팔관회에서 전례에 없던 신숭겸과 김락의 가상연희를 국왕 앞에서 무난히 펼칠 수가 있었으리라고는 쉬이 믿기지를 않는다. 예종 15년의 서경 팔관회에 신숭겸의 우상이 등장한 것은, 돌발적이라기보다는 태조 이래 이어져 내려온 오랜 관습에 따른 연례행사의 하나로서였던 것으로 이해함이 온당하리라 여겨진다.

歌를 지은 이유에 관한 의문이기도 하다. 신숭겸을 기려 그 충절을 선양
함으로써 신하들을 일깨우려는 의도임은 분명한데, 굳이 예종 15년의
서경 팔관회에서 그래야만 했던 연유가 무엇인지 궁금하다.

　예종이 그처럼 신숭겸을 새삼 추념하기에 이른 연유와 관련하여, 같
은 왕 5년(1110)의 南京 순행에서 행해졌던 河拱辰 추념이 눈길을 끈
다.100 그 해 9월 예종이 남경의 天授殿에서 종친과 재추에게 연회를 베
풀었는데, 광대가 演戲를 통해 현종대의 공신인 하공진을 칭송하였다고
한다. 그러자 왕이 하공진의 공적을 추념하여 그 후손의 관직을 올리고
더불어 詩를 한 수 지어 하사하였다는 것이다.101 신숭겸을 기리는 연희
를 목도한 예종이 감탄하여 시를 지었다는 것과 자못 유사한 구도이다.

　남경을 순행하던 즈음 예종은 정치적 어려움에 봉착하여 시련을 겪는
중이었다. 의욕적으로 추진했던 여진정벌의 실패에 따른 후유증으로 시
달림을 당하던 참이었다. 예종 4년(1109) 7월 여진에게 9성을 환부한
뒤,102 그 책임을 둘러싼 논란으로 1년 가까운 동안 정국이 크게 요동하
였다. 尹瓘 등을 처벌하라는 재상과 대간의 요청이 잇따랐으며,103 예종
5년 5월에는 재상과 간관의 집무 거부가 수십일 동안 이어지기도 하였
다.104 국왕 스스로가 그 책임론에서 자유롭지 못한 상황이었거니와, 마
침내 같은 해 6월 예종이 자신의 허물을 뉘우치는 조서를 내려야만 하
였으며,105 또한 윤관 등의 관직과 공신호를 삭탈함으로써 재상과 대간

---

100 睿宗이 南京에 간 것은 5년(1110) 윤8월이며(『高麗史』 13 睿宗 5년 윤8월 癸未),
　　거기에서 두 달 남짓 머물다 11월 초하루에 귀경하였다(같은 책 11월 乙丑朔).
101 宴諸王宰樞于天授殿 達曙乃罷 各賜侑幣 王賦詩 命儒臣和進 賜物有差 有優人 因
　　戲稱美先代功臣河拱辰 王追念其功 以其玄孫內侍衛尉注簿濬 爲閣門祗候 仍製詩一
　　絶 賜之(『高麗史』 13 睿宗 5년 9월 甲戌).
102 『高麗史』 13 睿宗 4년 7월 丙午.
103 같은 책 睿宗 4년 11월 癸卯, 같은 책 戊辰.
104 같은 책 睿宗 5년 5월 辛亥.
105 같은 책 6월 丙子.

의 요구를 일부 수용한 것도 아마 이 무렵이었을 듯 여겨진다.[106] 시련의 시기였거니와, 그런 만큼 예종의 입장에서 정치적 난관을 타개할 방안이 절실히 요청되는 즈음이었다 할 것이다.

따라서 그러한 상황에서 국왕이 남경 순행에 나선 것은 분위기 전환용이었을 가능성이 농후하다. 예종 5년 후반기의 남경 순행은 위와 같은 정치적 곤경에서 벗어나려는 차원에서의 시도였음이 거의 분명해 보인다. 앞서 남경을 건설하고자 애쓰던 肅宗의 의도를 떠올리면 되는 일이다.[107] 왕실의 위상을 제고하고자 부단히 노력하며 그러한 일환으로서 남경 건설에 박차를 가하던 父王의 모습을 상기시킴으로써, 정치적 수세의 국면을 벗어날 계기를 마련하려는 게 남경 순행에 나선 예종의 의도였던 것으로 판단된다.

남경에 巡駐하던 중 국왕이 종친과 재추에게 연회를 베푸는 자리에서 현종대의 공신 하공진을 기리는 演戱가 행해졌다든지, 그리하여 예종이

---

106 尹瓘 등이 관직과 공신호를 삭탈당한 시기는 확실하지 않다. 예종이 신료들의 요청에 못 이겨 삭탈했다가 예종 5년 12월에 복직시켰다는 기록뿐이거니와(『高麗史』 96 尹瓘傳, 같은 책 吳延寵傳, 『高麗史節要』 7 睿宗 5년 12월), 재상과 간관이 시무를 거부한 5년 5월에서 예종의 조서가 내려진 6월 사이의 언제였을 것으로 추정된다.

107 肅宗代를 포함하여 고려중기의 남경 설치와 그 의미 등에 관해서는 다음의 연구를 참고하라.

李丙燾, 『高麗時代의 研究』, 亞細亞文化社, 1980. 崔惠淑, 『高麗時代 南京 研究』, 경인문화사, 2004. 김창현, 『고려의 남경, 한양』, 신서원, 2006. 閔丙河, 「高麗時代의 漢陽」, 『鄕土서울』 32, 1968. 朴漢卨, 「高麗時代의 서울地方」, 『서울六百年史』 1, 1977. 權純馨, 「高麗 中期 南京에 대한 一考察」, 『鄕土서울』 49, 1990. 羅恪淳, 「고려시대 남경의 도시시설」, 『成大史林』 12·13, 1997. 金甲童, 「고려시대의 南京」, 『서울학연구』 18, 2002. 이익주, 「고려시대 남경 연구의 현황과 과제」, 『도시역사문화』 3, 2005. 박종기, 「고려중기 남경 건설의 배경과 경영」, 『鄕土서울』 68, 2006. 윤경진, 「고려 문종 21년 南京 설치에 대한 재검토」, 『韓國文化』 49, 2010. 김철웅, 「고려 국왕의 남경 순행과 의례」, 『鄕土서울』 85, 2013.

그 후손을 포상하며 더불어 그를 추념하는 시를 지은 것도 또한 그와 매한가지였을 터이다. 위기에 빠진 왕조를 구하고자 온 몸을 던져 적에게 인질로 잡혀갔으며 그리하여 충절을 지키다 끝내 죽임을 당한 하공진을[108] 선양함으로써, 패전의 책임을 추궁하며 국왕에게 서슴없이 압력을 가하던 신료들에게 그것을 전범으로 삼도록 넌지시 경계하는 효과를 노렸음이 틀림없다. 그로써 정치적 수세에서 벗어나 실추된 권위를 회복하며 궁극적으로 정국의 주도권을 장악하려는게 예종의 속셈이었을 것으로 추정된다.

정치적 시련기를 맞아 정국 운영에 애를 먹던 예종이 그러한 상황을 타개하고자 남경 순행에 나섰으며, 더욱이 하공진을 추념하는 연회를 통해 그 효과를 한층 높이려 들었음을 검토하였다. 예종 15년의 서경 팔관회에서 국왕이 새삼 신숭겸의 충절을 기리며 시를 읊었던 데에도, 그와 마찬가지로 정치적 배경이 자리하였을 것임을 추정케 하는 대목이다.[109]

그런데 예종 15년 무렵 고려의 국내정치는 상대적으로 순조로운 편에 속하였다. 앞서 남경을 순행하던 시기와 달리, 국왕이 정치적 난관에 봉착하여 시달림을 당하는 일과 같은 것은 없었다. 예종 11년(1116)의 서경 순행에서 반포된 新教의 制書는,[110] 그처럼 순조로운 흐름을 배경으로 삼아 새로운 정치를 다짐함으로써 정국을 주도하겠다는 국왕의 의지를 담은 新政宣言이었다.[111] 그 4년 뒤인 15년의 서경 순행에서 예종은,

---

108 『高麗史』 94 河拱辰傳.
109 예종이 南京·西京을 순행하고 河拱辰·申崇謙을 추념하는 詩를 지은 것을 당시의 정치적 상황과 연결지어 이해한 것은, 박인희, 「「悼二將歌」의 창작 배경 연구」, 308~318쪽의 설명을 참고하라.
110 御乾元殿 受朝賀 下制曰 … 今以日官所請 徙御西道 以頒新教 …(『高麗史』 14 睿宗 11년 4월 庚辰).
111 예종이 11년의 西京 巡行에서 반포한 新政宣言의 의미라든지 성격에 관해서는, 박종기, 「예종대 정치개혁과 정치세력의 변동」, 『역사와 현실』 9, 1993, 49~54·61~66쪽의 논의를 참고하라.

이전의 두 차례 서경 순행에서와 달리 이번에는 "오래도록 평안하여 근심이 없음"을 공언하며 사면령을 내렸다.[112] 태평의 시기임을 널리 과시하려는 조치이거니와, 신숭겸을 기리는 연희를 관람하고 그를 추념하는 시가를 지은 것은 바로 그 다음 달의 일이었다.[113]

그렇다면 외견상 그처럼 태평을 구가하던 시기에 예종이 서경에 행차하여 팔관회를 몸소 베풀고, 신숭겸을 추념하는 의식을 새삼 부각시키면서 그의 충절을 기리는 시가를 지은 까닭은 무엇이었을까. 필유곡절이려니와, 그와 관련하여 먼저 떠오르는 게 당시 고려의 국경 너머 북방을 휩쓸던 격변의 회오리바람이다. 여진족이 흥기하여 金을 칭하면서 마침내 거란을 멸망의 지경으로 몰아넣기에 이른 사태를 말한다. 그러한 북방에서의 풍운이 서경의 중요성을 부각시킴에 따라 예종 11년과 15년의 서경 순행이 추진되었고,[114] 그리하여 서경 팔관회의 개설과 함께 신숭겸 추념이 강조되지는 않았을까 헤아려지는 것이다.

예종 초반의 여진 경략이 좌절된 이후, 고려에서는 북방의 정세를 예의 주시하며 경계를 늦추지 않았다. 그리하여 여진이 거란에 반기를 들고[115] 뒤이어 阿骨打가 金을 세워 황제를 칭하며[116] 저들을 압박해가는 동향을 꾸준히 점검한 끝에, 마침내 거란이 멸망의 위기에 빠졌다는 판단 아래 그 正朔과 年號의 사용을 정지하기로 결정하였다.[117] 또한 宰樞

112 制曰 朕卽位以來 再巡陪京 昔旋至而卽歸 今久安而無患 庶推小惠 以慰輿情 八月 乙酉以後 誤有所犯 爲所司論劾 及贖銅徵瓦 咸除之(『高麗史』 14 睿宗 15년 9월 戊申).
113 같은 책 10월 辛巳.
114 예종이 11년에 西京 分司制度를 확립한 것도(河炫綱, 「高麗時代의 西京」, 『高麗 地方制度의 研究』, 127쪽) 그처럼 서경의 중요성이 증대된 데 따른 조치였을 법 하다.
115 『高麗史』 13 睿宗 9년 10월 庚午.
116 같은 책 14 睿宗 10년 正月 庚寅.
117 같은 책 11년 4월 辛未.

會議를 열어 북변의 대책을 논의하면서 고위 재상을 북방에 파견하여 변경의 군사문제를 전담하도록 조치하고,[118] 거란이 도주한 뒤 남겨진 빈 성을 수습하여 義州防禦使를 설치함으로써 鴨綠江을 북쪽 국경으로 확정하며,[119] 長城을 석 자씩 높여 축조하였던 것[120] 등도 그와 매한가지였다. 정세의 변화에 적절히 대처하며 외교·국방상의 실리를 추구하기 위한 노력을 게을리 하지 않았다. 그러는 사이 금이 고려에 兄弟盟約을 요구하고[121] 고려에서 보낸 國書의 내용을 트집 잡아 그 수령을 거절하는[122] 등 압박을 가해 왔음에도, 고려 조정은 대응에 신중을 기하며 분란이 야기되지 않도록 유의하였다.[123]

이후 여진은 더욱 위세를 떨치며 북방을 석권한 데 이어 북중국마저 집어삼키기에 이르거니와, 북방에서의 풍운이 거셀수록 대책을 고심해야 하는 고려의 입장에서 서경의 중요성은 한층 부각되게 마련이었다. 예종은 앞서 2년(1107)의 여진정벌 당시 서경에 행차하여 출정 장병을 격려한 적이 있었다.[124] 북변 문제에서 서경이 그만큼 중요한 위치에 있었음을 보여주거니와, 예종 11년과 15년의 잇따른 서경 순행 역시 북방의 새로운 강자로 떠오른 金의 존재와 무관치 않았을 것임을 넉넉히 짐작할 수가 있다.

예종은 11년의 서경 순행 당시 반포한 新教의 制書에서 팔관회의 진흥을 강조하였다. 四仙의 자취를 더욱 빛나게 하고, 大官의 자손으로 하

---

118 같은 책 12년 2월 甲子, 丁卯.
119 같은 책 3월 辛卯, 甲午.
120 같은 책 14년 12월 癸未.
121 같은 책 12년 3월 癸丑.
122 같은 책 14년 8월 丁丑.
123 이 시기 고려와 여진(금)의 관계는, 金庠基, 「高麗와 金·宋의 關係」, 『국사상의 제문제』 5, 1959;『東方史論叢』(改訂版), 서울大學校出版部, 1986, 563~575쪽을 참조하라.
124 『高麗史』 12 睿宗 2년 11월 庚午·癸酉·乙亥.

여금 國仙의 일을 행하도록 지시한 게 그것이었다.[125] 신라의 사선이 고려 팔관회에서 百戲歌舞의 四仙樂部로 재현되며 그러한 사선을 국선으로도 칭하였음은 익히 알려진 바이다. 고려에서는 良家子弟를 단장하여 국선이니 仙郞이니 부르며 팔관회의 사선악부를 이끌도록 하였거니와,[126] 예종은 11년의 서경 순행에서 고관의 자제로 하여금 그 일을 맡도록 지시하는 등 팔관회에 한층 유념할 것을 촉구하였던 것이다. 또한 15년에는 서경에 순행하여 몸소 팔관회를 개설하였으며, 그 자리에서 신숭겸을 기리는 연회에 새삼 관심을 보이면서 그의 충절을 추념하는 시가를 짓기도 하였다.

고려의 팔관회가 國家鎭護를 위한 의례임은 널리 인정되는 사실이다. 당연히 북방세력의 압력을 극복하는 일과도 무관치를 않았는데, 成宗代 李知白의 발언은 그 저명한 증좌이다. 당시 거란의 침입을 맞아 그에 맞서는 방법의 하나로서 이지백이 제안한 게 팔관회의 설행이었던 것이다.[127] 예종이 서경에 행차하여 팔관회의 진흥을 지시하며 또한 몸소 팔관회를 설행한 것도 그와 동일한 의미를 지니는 일이었을 터이다. 북방에서 새로운 강자로 떠오르며 풍운을 일으키던 여진을 염두에 둔 제반 시책의 일환이었을 가능성이 높아 보인다. 여진의 흥기에 경각심을 불러일으키며, 그 잠재적 위협에 성공적으로 대처할 것을 다짐하는 의미가 담긴 정치적 행위였던 것으로 풀이된다.

나아가 그러한 서경 팔관회에서 새삼 신숭겸을 추념하는 의식을 부각시키며, 더욱이 그를 기리는 시가를 지은 것 역시 그와 매한가지였을 터

125 御乾元殿 受朝賀 下制日 … 四仙之跡 所宜加榮 依而行之 不敢失也 … 所謂國仙之事
　　比來仕路多門 略無求者 宜令大官子孫行之 …(『高麗史』 14 睿宗 11년 4월 庚辰).
126 안지원, 「팔관회의 의례 내용과 사회적 성격」, 143~150쪽.
127 幸西京 … 前民官御事李知白奏日 聖祖創業垂統 泊于今日 無一忠臣 遽欲以土地
　　輕與敵國 可不痛哉 … 與其輕割土地 棄之敵國 曷若復行先王燃燈八關仙郞等事 不
　　爲他方異法 以保國家 致大平乎 …(『高麗史節要』 2 成宗 12년 윤10월).

이다. 신숭겸과 같은 충절의 신하가 나타나 국왕을 보위하며 북방에서
가해져 오는 압력을 이겨내는 데 앞장서기를 기대하는 마음의 표현이었
을 법하다. 여진의 잠재적 위협을 극복하는 데 신숭겸과 같은 충절의 신
하가 필요하며, 그러한 충신의 보필을 받으면서 국왕이 어려운 국면을
헤쳐 나가는 중심에 자리해야 함을 인식시킴으로써, 정국 운영의 주도권
을 확고히 하려는 게 예종의 속셈이었을 것으로 판단된다. 서경의 특수
한 위상이라든지 팔관회의 성격에 더하여, 신숭겸을 찬탄하는 의식과 시
가를 통해 새삼 그의 충절을 추념하고자 애쓰던 예종의 태도로 미루어
그처럼 추정된다.

한편 예종이 그러한 자세를 취한 이면에는, 후계문제에 대한 그의 불
안감이 자리하였던 듯 여겨지기도 한다. 예종은 재위 후반기에 韓安仁과
李資謙으로 대표되는 정치세력을 앞세워 정국을 운영하였다. 한데 정국
의 축을 이루던 두 세력 사이에 틈이 벌어져 암투가 일어났고, 거기에는
예종의 후계문제도 하나의 요인으로 작용하였다. 대략 예종 14년에서
15년을 전후한 무렵의 일이었다.[128]

---

128 예종대 후반의 정국과 李資謙·韓安仁 내지 그들로 대표되는 정치세력에 관해서
는 다음의 연구가 참고 된다.
金潤坤, 「고려 귀족사회의 제모순」, 『한국사』 7, 국사편찬위원회, 1974. E. J.
Shultz, 「韓安仁派의 登場과 그 役割」, 『歷史學報』 99·100합, 1983. 朴性鳳, 「高
麗 仁宗朝의 兩亂과 貴族社會의 推移」, 『高麗史의 諸問題』, 三英社, 1986. 盧明
鎬, 「李資謙一派와 韓安仁一派의 族黨勢力」, 『韓國史論』 17, 1987. 南仁國, 「高
麗 睿宗代 支配勢力의 構成과 動向」, 『歷史教育論集』 13·14합, 1990. 南仁國, 「高
麗 仁宗代 政治支配勢力의 性分과 動向」, 『歷史教育論集』 15, 1990. 박종기, 「예
종대 정치개혁과 정치세력의 변동」, 『역사와 현실』 9, 1993. 오영선, 「인종대 정
치세력의 변동과 정책의 성격」, 같은 책. 남인국, 「귀족사회의 전개와 동요」, 『한
국사』 12, 국사편찬위원회, 1993. 金秉仁, 「高麗 睿宗代 韓安仁勢力의 性格」, 『全
南史學』 12, 1997. 김당택, 「고려 문종~인종조 인주이씨의 역할」, 『한국중세사회
의 제문제』, 한국중세사학회, 2001; 「문종-인종조 인주이씨의 정치적 역할」, 『고
려 양반국가의 성립과 전개』, 전남대학교출판부, 2010. 金秉仁, 「韓安仁勢力과

예종이 후계자인 元子를 얻은 것은 왕위에 오르고도 한참이 지나서였다. 예종 4년(1109)의 일로서[129] 왕의 나이 벌써 31세에 이른 즈음이었다.[130] 7세의 원자를 부랴부랴 태자로 책봉한 때가 예종 10년이었으며,[131] 그리하여 예종 17년(1122)에 부왕의 뒤를 이어 즉위하던 당시 인종은 14세의 소년에 지나지 않았다. 나이 어린 태자의 장래에 예종은 모종의 불안감을 지녔던 듯하다. 그리하여 외척인 이자겸을 중용하여 자신의 후사를 부탁하였던 것으로 이해들을 하거니와, 과연 예종의 사후 어린 조카의 왕위를 엿보는 예종 아우들의 존재에도 불구하고 이자겸의 옹립에 힘입어 인종은 왕위를 계승하는 데 성공하였다.[132]

예종이 이자겸을 태자의 후견인으로 삼고 재위 후반으로 갈수록 그를 중용하자, 소외된 한안인 측은 불만을 품었다. 그런데 예종의 양대 비호 세력인 둘 사이의 그러한 암투는 태자의 왕위계승에도 불리하게 작용할 공산이 컸다. 예종의 입장에서는 방치할 수 없는 사태였다. 예종이 여진의 흥기에 경각심을 고취하며 새삼 신숭겸의 충절을 추념하는 시가를 지은 것은 그러한 속에서의 일이었다. 따라서 거기에는, 여진의 압력에 대처하기 위해 분쟁을 멈추고 한뜻으로 신숭겸의 충절을 본받아 국왕을 섬기며, 마찬가지로 자신의 후계자인 태자를 한마음으로 받들어야 함을 주문하는 의미가 담긴 것으로 이해된다. 그로써 국왕이 정국을 한층 안정적으로 운영하는 것은 물론, 후계문제를 둘러싼 갈등이 격화되는 것을 미연에 방지하는 효과를 기대할 수가 있을 것이기 때문이다. 예종이 서경에 거듭 행차하여 팔관회의 진흥을 당부하고 또한 몸소 팔관회를 베

李資謙勢力의 構成과 性格」・「韓安仁勢力과 李資謙勢力의 政治的 對立」, 『高麗睿宗代 政治勢力 研究』, 景仁文化社, 2003.

129 『高麗史』13 睿宗 4년 10월 乙亥.

130 睿宗은 文宗 33년(1079)에 태어나, 27세 되던 해(肅宗 10, 1105)에 즉위하였다.

131 『高麗史』14 睿宗 10년 2월 癸卯.

132 같은 책 15 仁宗世家 序文.

풀면서, 더불어 새삼 신숭겸의 충절을 찬탄하며 그를 기리는 시가를 지은 까닭은 그러한 데에서 구해 마땅할 것으로 생각한다.

V. 맺음말

신숭겸을 고려전기 팔관회와의 연관 속에서 검토하였다. 신숭겸은 태조 왕건의 복심이었다. 왕건은 그를 각별히 신임하였으며, 그리하여 신숭겸에게 平山 申氏를 賜姓·賜貫함으로써 浿西勢力에 편입시켰다. 정권의 기반을 굳히며 나아가 정치적 주도권을 확보하는 데 도움을 얻고자 함에서였다. 두 사람이 정치적으로 그만큼 밀착된 관계였거니와, 팔공산 전투에서 위험에 빠진 태조를 구하고자 신숭겸이 자진해서 사지로 뛰어든 것은 그에 말미암은 일이었다. 따라서 왕건은 신숭겸의 전몰을 매우 슬퍼하며 추모하였다. 유족을 각별히 우대하는 것과 함께, 춘천의 총묘에 예장하고 智妙寺를 세워 영령의 안식을 축원하였다. 나아가 팔관회에서 신숭겸의 충절을 기리는 의식을 행함으로써 추념의 정을 한층 곡진히 하였다.

고려 팔관회는 成宗에 의해 폐지되었다가 顯宗에 의해 부활하였다. 팔관회에서 신숭겸을 추념하는 의식도 함께 되살아났다. 뒤이어 나주 팔관회가 개설됨에 미처, 신숭겸을 추념하는 儀式은 나주 관내의 곡성 지역사회에 영향을 끼쳤다. 신숭겸의 출신지인 곡성에서 그의 행적은 한층 높이 기림을 받게 되었으며, 마침내 신숭겸은 신격화되어 곡성군의 성황신으로 추앙되었다. 신숭겸을 추념하는 정서가 나주 팔관회를 통해 지방으로 번져간 끝에, 곡성에서 그는 고을을 상징하는 성황신으로 받들어져 자리를 잡기에 이르렀다.

靖宗의 즉위와 함께 서경 팔관회가 재개되었다. 서경 팔관회에서도 신숭겸을 추념하는 의식이 베풀어졌는데, 그것을 관람하던 睿宗이 신숭겸의 충절에 감동하여 찬탄하는 시를 읊었다. 이른바 悼二將歌였다. 예종이 서경에 행차하여 팔관회를 베풀고 신숭겸의 충절을 기리는 시가를 지은 것은, 여진의 흥기에 경각심을 고취하며 더불어 자신의 후계문제에 대한 불안감을 해소하려는 의도에서였다. 신숭겸의 충절을 본받아 국왕을 섬기며, 또한 자신의 후계자인 어린 태자를 한마음으로 받들어야 함을 주문하는 의미가 담긴 행사였다. 그로써 국왕이 정국을 한층 안정적으로 운영하는 것은 물론, 후계문제를 둘러싼 갈등이 격화되지 않은 가운데 왕위가 안정적으로 계승되는 효과를 기대하였다.

壯節公 申崇謙將軍의 生涯와 死後 追崇

이 재 범(경기대 교수)

Ⅰ. 서론

장절공 신숭겸은 그와 관련된 지역으로 볼 때 대한민국이라는 전국과 연관된 전국적인 인물이라고 할 수 있다. '전국'이라는 의미의 상징성은 많겠으나, 신숭겸과 같이 직접적으로 연관된 인물은 흔하지 않다.

먼저 신숭겸과 연관된 첫 번째 지역은 전라도이다. 그의 출생지가 전라남도 곡성이다.[1] 두번째로 신숭겸과 연관된 지역은 경상도이다. 그는 대구의 공산전투에서 장렬하게 전사하였던 것이다. 세 번째가 황해도이다. 신숭겸의 본관은 평산이다. 네 번째가 강원도이다. 신숭겸의 묘지가 강원도 춘천에 있다.[2]

---

1 강원도 춘천으로 보는 설도 있다.

앞에서 지적한 바와 같이 장절공 신숭겸과 관련된 대한민국에서의 지역성은 '전국'이다. 전라도, 경상도, 황해도, 강원도 할 것 없이 전국적으로 깊은 관련을 맺고 있는 인물이 신숭겸이다. 신숭겸의 '전국'과 관련된 지역성은 그의 인물평을 하는데 상당한 참고가 된다. 신숭겸은 현재 대한민국의 어느 지역에서도 배타적으로 인식되지 않았다는 증거가 되는 것이다.

따라서 그에 대한 추숭사업은 전국적으로 시행되고 있다. 전라도 곡성에는 용산단과 용산재가 있고, 강원도 춘천의 묘소에서도 추숭사업을 하고 있다. 그의 본관인 평산에서도 현양사업을 하고 있으며, 특히 북한에서는 왕건릉의 문무인석 가운데 하나로서 신숭겸의 석상을 모셔두고 있다.[3] 또한 신숭겸이 전사한 대구 공산(팔공산)에서도 지묘사를 복원하여 그에 대한 추숭사업을 계속하고 있는 것이다.

본고에서는 전국적인 추숭사업이 계속되고 있는 신숭겸에 대하여 그의 생애와 그에 대한 기억에 관하여 살펴보고자 한다. 신숭겸은 어떠한 과정을 겪었던 인물이며, 그의 어떠한 면이 현재까지도 단절되지 않고, 전국적으로 추앙의 대상이 될 수 있었는지에 관하여 살펴보고자 한다. 단순한 한 인물의 영웅화나 미화가 아닌 당시의 시대적 배경과 연결하여 살펴 보고자 한다.[4]

---

2 강원도 춘천은 그의 출생지로 보기도 하고, 곡성에서 와서 우거하였던 지역이라고 하기도 한다.
3 개성에 복원된 왕건릉의 서쪽에 무인상이 있는데, 신숭겸, 유검필, 대광현, 배현경이 있다. 동쪽은 문인상으로 최언위, 왕유, 최지몽, 김부가 있다(김은택, 『고려태조 왕건』, 1999).
4 신숭겸에 대하여 민병하와 이인재의 연구가 대표적이다.

Ⅱ. 신숭겸의 출신지

신숭겸은 고려의 개국공신이면서 고려 태조 왕건을 대신하여 스스로 죽음을 택한 인물로서 고려시대에는 물론이고 그 이후로도 계속하여 충신으로서 호국인물로서 추숭되었고 현재도 되고 있는 역사적 인물이다. 그럼에도 불구하고 그에 관한 역사적 관련자료나 남겨진 사적은 그다지 많지 않다. 따라서 그의 출신지나 신분에 대해서도 명확하게 알려줄 자료가 많지 않다.[5] 그런 까닭에 신숭겸의 출신지와 그의 성장지 등에 관해서는 이설이 많다. 본 장에서는 이러한 이설에 대한 소개와 비판 및 필자의 견해를 소개하고자 한다.

1. 신숭겸의 출생지에 대한 제설

1) 춘천 출생설

먼저 그의 출생지와 관련된 내용을 살펴 보도록 하자. 그의 출신지에 관해서는 춘천설, 곡성설, 그리고 춘천설과 곡성설을 모두 긍정하는 조합설로 나뉘어 있다.

먼저 춘천설과 관련된 기록들을 살펴 보도록 하자. 가장 대표적인 것이 『고려사』의 열전과 지리지의 기록이다.

> ① 崇謙의 처음 이름은 能山이며, 光海州人이다. (체구가) 長大하고 武勇이 있었다. (태조) 10년, 太祖가 甄萱과 더불어 公山 桐藪에서 전투를 하는데 不利해졌다. 견훤의 병사들이 태조를 포위하여 매

---

5 이인재, 「도포서원의 봉안인물」, 『도포서원학술조사보고서』, 2001. 신숭겸과 관련된 자료가 많지 않고, 남아 있는 자료도 이설이 많아서 상당한 부분을 이인재의 앞의 연구를 참조하였다. 이글은 「나말려초 신숭겸의 생애와 사후평가」(『강원문화사연구』 6, 2001. 27~42쪽.)로 수록되었다.

우 급한 상황이 되었다. 숭겸은 이 때 大將이 되어 元甫 金樂과
힘껏 싸우다가 죽었다. 태조가 이 매우 슬퍼하여 諡號를 壯節이라
하고 그의 동생 能吉과 아들 甫, 그리고 김락의 동생 鐵을 모두
元尹으로 삼았다. 그리고 智妙寺를 창건하여 冥福을 빌었다.[6]

② (춘주) 본래 貊國인데 신라 선덕왕 6년에 牛首州(首는 頭로도 쓴
다)로 만들어 軍主를 두었고, 문무왕 13년에 首若州(首次若 또는
鳥斤乃라고도 한다)라고 불렀으며, 경덕왕은 朔州로 고쳤다가 후
에 光海州로 고쳤다. 태조 23년에 春州로 되었다.[7]

위의 내용에서 신숭겸은 광해주인으로 나온다. 그리고 광해주는 고려
사 지리지에서는 춘천이라고 하였다. 『고려사』의 내용대로라고 한다면
신숭겸은 춘천인이다. 이를 근거로 신숭겸의 출생지를 춘천이라고 하는
설이 있다.

그러나 춘천인이라고 했을 때는 단순히 그 지역을 출생지와 관련하여
해석하지는 않는다. 어떤 인물을 '○○인'이라고 했을 경우에는 일정한
지역에서 기반을 가지고 여러 대(代)를 살았거나, 혹은 한 인물의 본관을
일컫는 경우도 많다. 그러므로 『고려사』에 신숭겸을 광해주인이라고 한
기록만을 근거로 신숭겸의 출생지를 춘천이라고 한 설은 좀 더 신중히
검토해 보아야 할 것이다. 그렇지만 신숭겸을 『고려사』에서 '광해주인'
이라고 기록한 것은 당시인들의 기록이거나, 아니면 『고려사』의 편찬자
들이 신숭겸이 춘천과 밀접한 관련이 있는 인물이라고 확신하고 있었다
는 것만은 틀림없는 사실일 것이다.

이러한 『고려사』를 근거로 한 신숭겸 춘천 출생설은 申韋漢이 지은
『도포서원중수기』에서 찾아 볼 수 있다. 『도포서원중수기』에는 '춘주는
실로 우리 시조 고려태사 장절공께서 태어나서 거주하신 곳이요, 산소가

---

6 『高麗史』卷九十二 列傳 卷第五 諸臣 홍유 신숭겸.
7 『고려사』권58 지리 3 춘주.

있는 곳'이라고 하였다[8]는 것으로 보아 신숭겸의 출생지가 춘천이라는
설을 지지하는 주장이라고 할 것이다.

2) 곡성 출생설

신숭겸 출생지로서 대표적인 근거는 『동국여지승람』에서 찾아 볼 수
있다. 『동국여지승람』에 소개된 신숭겸과 관련된 내용을 살펴 보도록
하자.

① (곡성) 고려 **신숭겸-춘천에 상세**하다. 세속에 전하기를 "**숭겸은 죽어
서 현의 성황신**이 되었다."라고 하였다. (비고) 사원 신숭겸 – 마전
편에 있다. **본래 곡성에서 낳다.**[9]

② (평산) 고려 신숭겸- **본래 곡성 사람**인데 태조가 성을 주고 **평산을
본관**으로 삼게 하였다. 속설에 숭겸이 일찍이 태조를 따라 사냥하
다가 三灘에 와서 점심을 먹었다.그 때 기러기 세 마리가 공중에
떠돌았는데 태조가 "누가 쏘겠는가" 하니, 숭겸이 "신이 쏘겠습니
다." 하였다. 태조가 궁시안마를 주었는데, 숭겸이 말하기를 "몇번
째 기러기를 쏘리까" 하니, 태조가 웃으며 "세번재 기러기의 왼쪽
날개를 쏘라" 하였다. 숭겸이 명령에 따라 쏘았는데 과연 꼭 맞히
니 태조가 장하게 여겨 감탄하면서 명하여 평주로 본관을 삼게 하
고 기러기를 쏜 근처의 밭 3백 결도 함께 하사하여, 대대로 그 조
세를 받아 먹게 하였으며 인하여 그 땅을 弓位라 이름하였다. **기
타는 춘천편에 자세하다**(비고). 태사사 신숭겸·유검필·복지겸 – 이
상은 철상이다.[10]

③ (춘천) 신숭겸의 처음 이름은 능산이다. 장성하여서 무용이 있었
다. 배현경 등과 더불어 태조를 추대하여 일등공신의 호를 받았다.
태조가 후백제의 견훤과 더불어 공산의 동수에서 싸워서 불리하

---

8 유재춘, 『도포서원학술조사보고서』, 강원향토문화연구회, 2001. 139쪽.
9 『신증동국여지승람』 제39권 곡성 인물.
10 『신증동국여지승람』 제41권 평산 인물.

게 되니 견훤의 군사가 태조를 포위하여 매우 위급하였다. 숭겸이 힘을 다하여 싸우다가 전사하니 태조가 슬프게 여겼다. 시호는 장절이다. 뒤에 태조의 묘정에 배향하였다. 또 **평산부 편에도「신숭겸의 이야기」**가 나온다.11 … (총묘) **신숭겸의 묘** : 府의 서쪽 10리에 있다.

④ (대구) 표충사 - 현종 경술년에 건립하고 숙종 정묘년에 사액하였다. **신숭겸 : 마전조**에 보라. 김락·순천사람이며 시호는 충절이다.12

위의 내용과 같이『동국여지승람』에서는 신숭겸의 출생지를 화실하게 곡성이라고 밝히고 있다. 그것도 한 곳에서가 아니라 곡성과 평산 두 지역에서 신숭겸은 '본래 곡성'에서 출생한 사람이라는 사실을 확인해 주고 있다.

『동국여지승람』은 비교적 사실과 부합되는 지리지로서 평가 받고 있는데,『동국여지승람』의 편찬자들은 왜『고려사』편찬자들과 다르게 신숭겸 곡성설을 자신있게 주장하게 되었던 것일까. 이에 대하여 이인재는 '『승람』찬자들이 앞서 편찬된『고려사』를 보았을 것임이 확실한데도 곡성출신이라고 쓰게 된 것에 대해서는 나름대로 근거가 있었을 것이다. 그럼에도 불구하고 별다른 이유를 서술하지 않은 것은 이해할 수 없다'고 하면서 '승람 찬자들이 신숭겸이 죽어서 곡성현의 성황신이 되었다는 곡성지역의 전승기록을 근거로 신숭겸이 곡성출신이라는 서술을 했을 가능성은 있다'고 하였다. 또한 이인재는 '곡성출신의 신숭겸이 전혀 연고가 없는 춘천에 묘가 있게 된 이유에 대해서 승람 찬자들이 좀더 세심하게 배려하여 서술할 수도 있었을 것'이라고 하면서『동국여지승람』편자들의 다소 소홀한 찬술태도에 아쉬움을 나타내고 있다.13

이러한 신숭겸 곡성 출생설은 그 뒤 다른 견해들에 의하여 보강이 되

---

11 『신증동국여지승람』46권, 춘천도호부 우거 고려, 신숭겸
12 『신증동국여지승람』제26권 (비고) 대구도호부 사원.
13 이인재, 앞의 글, 69쪽.

어 현재에 이르고 있다고 할 수 있다. 이와 관련된 내용들을 찾보도록
하자.

> (곡성) 飛來山은 順天 曹溪山에서 온다. 壯節公 申崇謙이 태어나고 자
> 란 곳(生長之處)이다. 지금은 石井·走馬臺·射臺가 있다. 縣의 남쪽 45리
> 에 있다.[14]

위의 『여지도서』의 내용에 따르면 신숭겸은 곡성의 비래산 부근에서
출신이 된다. 이와같이 지리지에 수록된 신숭겸 곡성 출생설은 『고려사』
의 신숭겸 출생설보다 더 설득력 있게 후대에 받아 들여지게 되었던 것
같다.

그 대표적인 예가 안정복에게서 찾을 수 있다. 이인재는 '안정복은 『고
려사』 열전에 신숭겸을 광해주인이라고 한 사실은 알고 있었으나, 『고
려사』 지리지는 확인하지 않아 광해주가 어디인지는 알 수 없다고 하면
서 여지승람에 '숭겸은 곡성사람이다'라고 한 기록의 해석을 고려 초기
에 곡성이 昇平(순천)에 소속되었다가 뒤에 나주에 소속되었으니 두 府
서를 광해로 호칭한 일이 있었을 것이라 하였고, 저 나아가 『신씨보』에
춘천을 광해주라 한 것에 대하여 춘천이 峽邑 즉 산협에 있는 고을로 해
자에 합당하지 않으니 잘못인 듯하다.'[15]라는 지적을 들어 안정복의 입
장이 신숭겸 곡성 출생설이라고 파악하였다.

이처럼 신숭겸 곡성출생설은 지리지를 근거로 하여 그 근거를 확보하
였다.

---

14 『여지도서』 하 804쪽 곡성현.
15 이인재, 앞의 글, 69쪽.

2. 춘천·곡성 조합설

신숭겸의 출생에 대한 춘천설과 곡성설이 대두되고 있는 한편 이 두 지역이 전부 신숭겸과 관련이 있다는 이른바 조합설이 나타났다. 조합설은 현재 통설로 되어 있는데, 그 처음 주장자는 조선 후기의 박세채라고 할 수 있다. 박세채는 안정복보다 앞 선 시대의 인물인데, 그는 신숭겸의 선조는 곡성사람이었으나, 어느때인지 춘천에 와서 우거하였고, 고려 태조가 그에게 본관을 평산으로 삼게 함으로써 현재에 이르게 되었다는 것이다.[16]

이 설은 그 뒤 李樹建[17]을 비롯한 여러 연구자들에게 받아 들여져 현재에 이르고 있다.[18] 다시 말하면 현재의 연구자들에게 가장 설득력 있는 신숭겸의 출생설은 그가 곡성에서 태어나 춘천에 우거하였고, 평산은 본관으로 삼게 되었다는 것이다.

3. 신숭겸의 출생지에 대한 재검토

신숭겸의 출생과 관련된 여러 견해를 살펴 보았다. 그 결과 비록 조합설이라고 할 수 있는 설이 통설화되어 있지만, 여러 설이 나름대로의 설득력 있는 근거가 있음을 부인할 수 없다. 또한 신숭겸의 묘소가 춘천에 있게 된 근거를 그의 출생지였기 때문이라고 하는『도포서원중수기』의 주장도 무시할 수 없다. 또한 신숭겸을 춘천인이라고 한『고려사』의 기

---

16 박세채,「別傳」,『장절공신선생실기목록』(1987, 민족문화사, 한국인물사료총서 1), 21쪽(이인재, 앞의 글, 69쪽에서 재인용).
17 「후삼국시대 지배세력과 토성」,『한국중세사회연구』, 일조각, 1984, 125쪽.
18 이인재(앞의 글, 70쪽), 유재춘(앞의 책, 139쪽)『도포서원학술조사보고서』에 소개된「장절공 신숭겸 행장」(강원향토문화연구회, 2001. 153~155쪽) 등이다. 정청주,『신라말고려초호족연구』, 일조각, 1996. 124~125쪽.

록도 부인하기 어렵다. 신숭겸과 춘천과의 관련성을 그의 묘소와 관련 짓는다고 하더라도 왜 당대인들이 신숭겸을 춘천인이라고 했었던가에 대한 해명은 필요하다. 신숭겸과 춘천과의 관련성을 태조 왕건이 자신을 대신해서 전사한 신숭겸에게 그 보답으로 미리 선정해 두었던 태조 자신의 묘지를 하사 했다는 일설로만으로는 설득력에 한계가 있다고 할 것이다.

그렇다면 이러한 자료상의 차이를 어떻게 받아 들여야 할 것인가? 이에 대해서는 기존 문헌 자료의 재해석과 함께 설화와 같은 구비전승을 보완하여 출생지와 신분 등을 재검토 하는 것이 하나의 방법이라고 여겨진다.

먼저 기존 문헌사료의 재검토를 통해서 신숭겸의 출생지를 재조명해 보도록 하자. 춘천설의 근거인 『고려사』를 보면 신숭겸은 광해주인임이 분명하다. 그러나 『고려사』에는 그의 출생지를 밝히지는 않았다. 그가 당시의 통념상 춘천인이라는 사실만을 밝혔다고 하는 것이 『고려사』에서 확인할 수 있는 정도이다.

다음으로 살펴 볼 것이 곡성설의 근거가 되는 『동국여지승람』이다. 그런데 신숭겸과 관련된 『동국여지승람』의 기록을 보면 서술태도에 있어서 큰 특징이 있다. 그 특징은 신숭겸과 관련된 내용을 춘천도호부에서 서술하고자 한다는 것이다. 『동국여지승람』은 신숭겸의 출생지는 곡성이라고 하였다. 그리고 신숭겸의 본관은 평산이라고 하였다. 그러나 신숭겸에 관하여 상세한 서술은 춘천에서 확인하라는 서술을 곡성과 평산에 남겨 두었다. 신숭겸과 관련되는 기본적이고 상세한 내용 서술은 춘천에서 하겠다는 의도로 보이는 것이다. 이러한 서술태도는 신숭겸의 출생지나 본관보다도 당대인들은 신숭겸과 춘천과의 관련성을 더 의미 있는 것으로 받아들였다는 표현으로 생각해 볼 수 있다. 그런데 『동국여지승람』에서는 신숭겸과 춘천과의 관련성을 다른 지역보다 가장 우선적으로 인정하면서도 군이 신숭겸을 곡성 출생이라고 밝혀 두었던 것일까?

그 까닭은『고려사』와『동국여지승람』의 편찬 방법의 차이에서 찾을 수 있을 것 같다. 『고려사』는 조선의 중앙정부에서 기전체의 서술로 완성된 책이다(1451). 그러므로 지방의 미세한 내용이나 사정을 잘 알 수가 없었을 것이다. 이에 비하면 지리지인『동국여지승람』(1481, 1530)은 그보다는 더욱 향토적인 입장에서 서술되었으며, 따라서 향토 사정에 더 밝은 편찬 방침이 이루어졌기 때문일 것이다.『동국여지승람』에 수록된 다양한 지역적 사정은 다른 문헌에서 볼 수 없었던 많은 중요한 자료들을 보완해 주고 있다. 그렇다면『동국여지승람』에서는 당대인들에게 춘천인으로 알려졌던 신숭겸이지만, 그의 출생지는 곡성이었고 그의 본관은 평산이라는 사실을 지리지의 입장에서 알리고자 했던 서술태도에서 비롯되었다고 보여지는 것이다. 다시 말하면 신숭겸은『고려사』에 기록된 바와 같이 춘천인이지만, 그의 보다 근본인 출생지는 곡성이며 그가 본관으로 받은 곳은 춘천이 아닌 평산이라는 사실을 강조하고자 했던 것으로 여겨지는 것이다. 그리하여 신숭겸과 관련된 상세한 내용은 춘천에서 기록하되 그와 관련된 내용의 일부는 해당 지역에서 서술했던 것이다.

그리고 이러한 향토에 대한 지식의 범위가 확대되는『여지도서』(1757~1765)의 편찬시기에 와서는 신숭겸과 곡성과 관련 있는 내용이 더욱 풍부해지고, 그 내용의 관련성도 깊어지고 있다. 그러므로『여지도서』에는 신숭겸의 출생지가 비래산이며, 그와 관련된 지명이 석정·주마대·사대 등이 있었다고 기록하게 되었던 것이다. 또한『동국여지승람』은 세종대에 편찬된 지리지 이후에 변경된 사항을 보완하기 위하여 편찬되었던 양성지 등과 같은 학자들에 의한 관 주도의 지리지라면, 『여지도서』는 국가적인 차원에서 새로운 지리지를 편찬하려는 목적은 같았으나 각 읍에 읍지 편찬 규식(規式)을 하달하여 각 군현에서 편찬하여 도

에서 모은 읍지를 그대로 합편했기 때문에 항목구성은 일정하나 내용의
상세함과 소략함, 글씨, 지도 등이 군현에 따라 상이한 그다지 여과 없
는 지방의 실상을 알려 주는 성격이 강하였다. 그러므로 『여지도서』 곡
성조에 신숭겸과 그와 관련된 지명들이 『동국여지승람』 보다 구체적으
로 수록된 것은 당연하다고 할 것이다. 따라서 신숭겸의 출생과 관련이
있는 지역이 아니라면, 그와 연관된 내용을 읍지에 수록할 수가 없었을
것이고, 이러한 현상은 조선의 문화가 중앙 중심에서 지방으로 폭을 확
대해 가는 과정에서 아주 자연스럽게 나타난 것으로 보아야 할 것이다.

이와같이 지방문화의 확산과 역사 이해의 관련성을 고려한다면, 현재
남아 있는 신숭겸의 출생과 관련된 지역 설화를 검토해 보아야 할 것이
다. 신숭겸 관련 설화는 죽음과 관련된 것이 대구, 묘소와 관련된 것이
춘천에 있다. 그의 출생과 관련된 설화는 곡성에서 찾아 볼 수 있다.

> 이 지방에는 이곳 출신인 신숭겸과 유팽로의 말무덤전설 등이 전한
> 다. 고려건국에 공이 큰 신숭겸은 목사동면 구룡리 뒷산 비래봉의 정기
> 를 받아 태어났다. 신숭겸이 보성강의 용탄여울에서 목욕을 하는데 큰
> 바위굴에서 용마가 나오고 있었다. 그는 즉시 이 말을 타고 5리 정도의
> 거리인 유봉리의 산을 날았다. 이로부터 그 산이름을 신유봉(申遊峰)이
> 라 부르게 되었고, 용마가 나온 바위는 용암이라고 부르게 되었다.
> 뒤에 신숭겸이 왕건을 대신해 죽게 되자, 용마는 땅에 떨어진 신숭겸
> 의 머리를 물고 고향 인접지인 태안사의 뒷산에 와서 3일간을 울다가
> 굶어죽었다고 한다. 이곳에 장군의 무덤을 만들었는데, 매년 3월 16일
> 산제와 함께 신숭겸의 제사를 지내고 있다.[19]

위의 내용은 신숭겸의 출생과 관련된 대표적인 설화이다. 현재 곡성
군 목사동면 구룡리에 있는 평산신씨에 구전되어 오는 설화 가운데 채
록된 일부분이다. 이와 관련하여 구전되고 있는 다른 설화를 살펴 보도

---

19 『한국민족문화대백과사전』, 곡성군, 설화·민요.

록 하자.[20]

    -용탄 : 신숭겸이 목욕하던 곳
    -용바위(용암) : 학독과 같은 구멍이 여럿 있는 바위. 화살 자국이라
    고도 하고 말 발자국이라고 도 한다. 그 아래에 沼가 있는데 보름날
    이면 백마(용마)가 나온다고 하여 그 백마를 잡아서 산 정상으로 가
    서, 활을 먼저 쏘고 말을 타고 목표 지점으로 갔는데, 화살이 온데
    간데 없어졌다. 그래서 이 백마를 목을 잘라 죽여 버렸다. 그런데 잠
    시 후 화살이 날라왔다. 백마는 화살보다 빠른 용마였던 것이다.
    -계마석 : 삼태리에 있는 돌. 신장군이 말을 매어 두던 바위.
    -철갑바위 : 신장군이 철갑옷을 벗고 무술을 하던 곳. 화(고)장산에
    있다. 일설에는 이 곳에 중 요한 무기나 물품들을 두었는데, 일반인
    들이 그것을 만지려고 하면 붙어서 떨어지지 않았다고 한다. 신장군
    이 이를 풀어주거나 하였다는 것이다.
    -비각 : 용산단에 있는 것과 같은 비각이 태안사 입구에 있다.
    -태안사 : 구룡과는 재 하나로 연결되어 있다. 신장군의 장군단이 태
    안사의 뒷산 봉두산(동리산)의 아래에 있었다.
    -장군단 : 태안사의 뒤에 있는 제단인데 신장군이 사냥하고 쉬었던
    곳이라고 한다. 일설에는 신장군이 전사하고 그 목을 후백제군이 잘
    라 갔는데, 그 목이 왕건의 목이 아니라는 것을 알고 버리자 신장군
    의 애마가 그 목을 물어와서 이 곳에 울었다고 한다. 그러자 태안사
    의 스님들이 그 목을 잘 보살펴 태안사의 뒤인 장군단에 모셨다고
    한다.
    -구룡 : 숭(순?)산(비래산이라고도 하는데, 비래는 이 지역 말로 돌을
    의미하는 '비리', 즉 비래 산은 돌산)아래 있는 신장군의 출생지. 숭
    산은 천자들의 출생지를 말함.
    -용산재 : 신숭겸이 탄생한 곳
    -신유봉 : 신유봉이라고도 하며 현재는 시루봉이라고도 불린다. 장정
    몇 명만 올라가면 산 봉 우리를 점령할 수 있다. 그만큼 뾰족한 봉

---

20 신종국(제보자, 019-393-0909), 곡성군 목사동면 구룡리.

　　우리로 방어하기 좋은 지역
　　-용산단 : 신숭겸의 태를 묻었다는 곳
　　-신공정 : 신숭겸이 물을 마셨다는 우물

　　위의 설화는 채록된 내용과 다른 부분도 있지만, 곡성에 남아 있는 신숭겸과 관련된 성장 설화들이다. 이 내용들은 현재까지도 1천여년이 넘도록 이 지역에서만 남아 있다는 것은 신숭겸이 곡성출신이라는 사실을 입증하는 것으로 여길 수 있는 근거가 된다고 보고 싶다. 앞에서도 말한 바와 같이 점차 지역(향토)의 역사가 중앙의 역사와 평등한 관계가 되어 가는 당연한 과정에서 '『고려사』-」『동국여지승람』-」『여지도서』-」현재 구비전승'의 단계로 보아 곡성을 신숭겸의 출생지로 보는 것에 크게 무리가 없을 것으로 여겨진다.

Ⅲ. 신숭겸의 출신 신분과 성장

　　신숭겸의 출생지가 곡성이라고 한다면 그 지역에서 신숭겸의 출신성분은 어떠하였으며, 또 어떻게 성장하였을까? 신숭겸의 신분에 대해서는 일반적으로 『고려사』 신숭겸열전의 '체격이 장대하고 용맹이 있었다'는 기록으로 遊俠人으로 보고자 하는 경향이 강하다. 그리하여 신숭겸을 '신체적 조건과 무용을 바탕으로 기장(장군)에 이르렀던 전문적인 군인'[21] 일반농민 출신,[22]으로 떠돌이 유랑민[23]이 되었다가 군공으로 출세

---

21 조인성,『태봉의 궁예정권』, 푸른역사, 2007. 145쪽. 하현강, 한국중세사연구, 일조각, 1988. 32쪽.
22 김갑동,『나말려초의 호족과 사회변동』, 일지사, 1990. 200~201쪽.
23 한정훈,「유랑민 출신의 개국공신 신숭겸」,『10세기 인물열전』, 푸른역사, 2002. 187~198쪽. 정청주, 앞의 책, 125쪽.

한 인물로 보는 견해가 대부분이다.

한편 신숭겸의 신분을 호족[24]으로 보는 견해도 있다. 특히 이인재는 신숭겸의 초명이 '能山'이라는 점에 주목하여 당시에 '能'자가 들어가는 인물들을 조사하여 그들의 신분이 상층부였음을 밝히면서 『고려사』에는 '能'자를 사용하는 인물이 모두 19명 나오는데, 이들은 모두 나말여초 기사에서만 이름이 나오고 그 이후에는 나오지 않는데 '能'자를 사용한 인물들은 모두 상당한 지위에 있던 인물들로 보고 신숭겸(능산)도 여기에 해당된다고 보는 견해이다. 이 '능'자에 대한 해석은 기존의 신숭겸을 농민으로 보는 견해의 근거로 사용했던 '능'[25]자를 실증적으로 재해석한 점이라는 데서 주목할만 하다.

필자도 신숭겸의 신분에 대하여 뚜렷한 토착적 기반이 있었던 인물로 보지 않았으나,[26] 당시에는 기존의 통설에 의한 것이었다. 그 뒤 현지 답사와 사료의 해석을 달리 하면서 신숭겸의 출신성분의 적지 않은 재지적 기반을 가진 호족일 것으로 추정하게 되었다. 그러한 근거는 앞에서 예를 든 곡성군 목사동면 일대의 신숭겸과 관련된 설화들을 근거로 한다. 앞에서 예시한 설화들의 근거자료로서의 신뢰도는 높지 않다고 할 수 있다. 그러나 한편 『여지도서』에 나오는 비래산의 존재는 지금도 실증되는 것으로 보아 일정한 정도 믿을 만한 가치가 있는 것으로 여겨진다.

설화에 따르면 곡성에서의 신숭겸은 말을 가질 수 있었고, 활을 쏠 수 있는 계층이었다. 그리고 자신의 말을 매어 놓을 수 있는 계마석을 별도로 소유할 수 있는 계층이었다. 그리고 과장이 있다고는 하여도 신숭겸은 태안사와 일정한 관련이 있는 집단의 출신이었다. 당시의 사찰들은

---

24 이재범, 『고려건국기사회동향연구』, 경인문화사, 2010, 43쪽. 이인재, 앞의 글, 68~69쪽.

25 김갑동은 신숭겸의 초명이 능산이고, 이름 또한 한식이 아니라는 점에서 농민출신으로 보았다(김갑동, 앞의 책, 201쪽).

26 이재범, 『후삼국시대궁예정권연구』, 혜안, 2007. 100쪽.

어떤 형태로든지 지역세력들과 관계를 형성하고 있었는데, 신숭겸과 태안사[27]도 예외는 아니었을 것이다.

그렇다면 신숭겸의 곡성에서의 세력범위는 어느 정도 였을까? 설화에 따라 그가 활을 쏘고 말을 달리던 목표지점, 그의 애마가 그의 목을 가져와 안치했다는 장군단, 그의 태가 있는 용산재 등의 지역을 포함하면 지금의 목사동·죽곡 등을 포함한 3~4개면 정도일 것으로 추정된다. 특히 이 지역에는 섬진강의 중요한 津의 하나인 압록이 포함되어 신숭겸 계력이 수상으로 진출할 수 있는 출구 역할을 하였을 것으로 여겨진다. 이러한 여러 정황으로 보아 신숭겸은 곡성에서 출생하여 일정한 재지기반을 갖고 있었던 호족으로 추정하여도 크게 무리가 없을 것이다.

이러한 곡성의 호족적 기반에서 출생하였던 신숭겸은 어떻게 하여 후삼국시대라는 전란기에 성장을 하게 되었을까? 이에 대하여 많은 연구자들이 그의 長大함과 뛰어난 武勇이 배경이 되었을 것이라고 한다. 전란기에 있어서 군공을 세워 출세하였다는 것이다. 일부의 연구자들은 그가 유망을 하다가 군공으로 궁예에게 발탁되어 기장이 되었다고 서술하기도 한다.

그러나 필자는 신숭겸의 출세를 그의 지역적 기반과 관련하여 이해하고자 한다. 신숭겸의 세력기반이 있는 지역은 섬진강의 요충지로서 궁예 정권과 후백제, 신라의 세력이 긴박하게 대립하고 있었던 지역이었다. 신숭겸은 이 일대의 호족으로 자신이 궁예의 편에 서게 되었던 것으로 판단된다. 그 시기는 견훤이 무주에서 전주로 도읍을 옮기던 무렵(900)으로 추정할 수 있다. 이 무렵이면 궁예의 세력이 왕건을 앞세워 서남해

---

27 대한불교조계종 제19교구 본사 화엄사의 말사이다. 742년(경덕왕 1) 신라 하허삼위신승(何許三位神僧)이 창건하고, 919년(태조 2) 윤다(允多)가 132간을 중창했다. 개산조(開山祖)인 혜철국사(慧徹國師)가 이 절에서 법회(法會)를 열어 선문구산(禪門九山)의 하나인 동리산파(桐裏山派)의 중심사찰이 되었다.

안으로 진출하게 된다. 903년이 되면 견훤은 나주를 상실하게 되고, 이어서 광주마저 견훤의 사위인 지훤이 패하여 잃게 되는 것이다. 그렇게 되어 후백제는 서해안으로 진출할 수 있는 통로를 잃게 되어 섬진강을 확보하기에 힘쓰게 되며 그 무렵 압록을 중심으로 한 신숭겸세력이 경계지역에서의 힘의 균형을 유지하게 하는 중요한 정치적 위치를 점하게 되는 것이다. 그리고 이 무렵 왕건을 통하여 신숭겸과 궁예의 관계가 시작이 되었던 것으로 여겨진다.[28]

신숭겸이 궁예정권에서 출세를 어떤 방법으로 어디만큼의 고위 신분이나 직위에 올라가게 되었는가 하는 내용은 자료 부족으로 알 수가 없다. 궁예정권에서 그가 최고로 올라갔던 직위가 기장이라는 사실만은 고려 태조와 함께 역성혁명을 할 때의 직위가 기장이었다는 사실로 알 수있을 뿐이다. 신숭겸이 실세로 부각되기 시작한 것은 어떻든간에 왕건의 역성혁명이 성공한 이후부터이다.

그렇다면 당시에 신숭겸과 춘천은 어떤 관련이 있어서 춘천인으로 알려지게 된 것이었을까? 우선 신숭겸의 묘소가 춘천에 있다는 것을 지적할 수 있다. 당시 왕을 대신하여 전사한 신숭겸에게 최대의 대우를 했을 것임은 분명하다. 현재의 묘소에서 확인할 수 있는 바와 같이 1인 3묘로 하면서 일설에는 고려 태조가 자신의 묘소로 삼고자 하였던 지역을 신숭겸에게 주었다고 하는 데서 신숭겸은 춘천인이라는 인식이 생길 수도 있을 것이다. 더욱이 신숭겸이 사망했을 당시에는 이미 평산이라는 본관을 하사하였고, 그 지역의 300결에 이르는 광대한 토지를 궁위전이라고 하사를 하였다. 그런데도 불구하고 춘천에 묘소를 지정했다는 것은 또 다른 이유가 있을 것으로 추정해 볼 수 있다.

그런데 궁예정권하에서의 춘천의 지역세력가는 박유가 있었다. 이에

---

28 만약 신숭겸을 곡성에서 태어난 농민으로 유망을 하였던 인물이라고 한다면, 그의 사후에 성황신으로 받들여지지는 않았을 것이다.

대해서는 태조를 도와 고려개국 초기에 활동이 컸던 왕유에게 주목을
해보고 싶다.

　　왕유의 본명은 박유, 자는 문행, 광해주인이다. 성질이 곧고 경서와
사기에 통달하였다. 처음에는 궁예에게 벼슬하여 員外가 되었다가 東宮
記室에 이르렀다. 궁예의 정치가 어지러운 것을 보고 出家하여 山谷間에
숨어 살다가 태조가 왕위에 올랐다는 것을 듣고 와서 태조를 뵈니 예우
로서 맞이하여 이르기를 "이치와 도리를 다하려고 어진 사람을 찾았는
데 이제 경이 오니 傅巖과 위수가[渭濱]의 선비를 얻은 것과 같다." 하
고, 冠帶를 내려주고 기요의 직무를 처리하게 하였으며, 드디어 성을 왕
을 사하였다.29

　위의 내용을 보면 박유는 춘천의 호족이었던 것으로 추정된다. 경서
와 사기에 통달하였다는 점으로 보면 신숭겸과는 성향이 다른 문인적
기질이 강했던 것 같다. 신숭겸 등은 궁예의 정복활동을 도우며 기장으
로서 함께 전장을 누볐던 데 비하면, 박유는 문사로서의 역할을 했을 것
으로 보인다. 그런데 박유가 궁예와 갈라진 이유는 무엇이었을까? 자료
에서는 궁예의 정치가 어지워졌다고 표현하고 있는데, 그 어지러워진 내
용은 무엇이었을까? 그 원인은 박유의 관직에서 찾을 수가 있을 것으로
보인다. 박유의 지위가 동궁기실이라고 하였는데, 동궁기실은 왕의 측근
에 있는 고위직이지만 결국 박유는 춘천에서의 재지기반을 상실하고 중
앙집권의 관료화 되어 가는 과정에서 상호 대립적 위치에 있게 되었을
것으로 추정할 수 있다. 이 공백의 상태에서 춘천에 기장으로 그 지역에
파견되어 새로운 재지기반을 확보하게 된 인물을 신숭겸으로 추정하고
자 하는 것이다. 다시 말하자면 박유와 궁예의 대립관계에서 생긴 공백
기간에 춘천 지역을 기반으로 새롭게 등장한 인물이 신숭겸이었을 것으

---

29 『고려사』 권92, 왕유전.

로 추정해 보는 것이다.

그리고 그 뒤 태조가 역성혁명에 성공하자 박유는 태조에게 귀부를 하였고, 태조는 자연스럽게 춘천을 그 대가로 다시 박유에게 주었던 것으로 보인다. 이와 함께 신숭겸에게는 평산을 본관으로 삼고, 그 일대지역을 자신의 지지기반으로 삼을 수 있게 하였던 것 같다. 그리고 그러한 사정이 바로 『동국여지승람』에 평산을 본관으로 삼게 하였다는 내용이 근거가 될 수 있을 것이다. 마찬가지로 신숭겸의 본관이 평산인데도 불구하고 춘천인으로 인식되게 한 이유도 될 것 같다.

본관제는 태조 23년(940)에 토성분정과 관련하여 역분전을 전국적으로 실시함으로써 제도화되었다고 알려져 있다. 그러나 이때에는 전국적으로 제도화하였다는 의미이며, 그 기준이 인품이라는 점을 보면 신숭겸과 같은 개국공신들의 경우는 이미 시행되고 있었던 것으로 이해해도 무리가 없을 것으로 보인다.

그러나 신숭겸은 춘천에 기반을 닦은 뒤에 궁예와 충돌을 일으키게 되는 것 같다. 그 이유는 아마도 궁예의 정권이 점차 중앙집권화가 강화되면서 발생하게 되었던 것 같다. 그 원인은 신숭겸의 호족적 성향이 궁예의 중앙집권에 반발하였기 때문이 아니었을까? 결국 신숭겸은 기장 집단들과 함께 궁예정권과의 결별을 꾀하고 왕건과의 결탁을 꾀하였다. 이들의 공통점은 자신들의 재지기반이 있었던 호족적 성향이라는 점이다. 아울러 고려 태조와의 결합도 이러한 호족적 성향의 연합이라는 점에서 이해가 가능할 수 있을 것으로 여겨진다.

이들이 궁예를 배반했던 시기는 궁예가 904년 마진을 선포하면서 중앙집권으로 선회하고 철원에 대규모의 도성을 축성하면서 많은 호족들에게 피해를 주게 되자 왕건을 중심으로 호족들과 연합하여 전제적 성향의 궁예정권을 전복하게 된 것으로 추정해 볼 수 있다.

Ⅳ. 신숭겸과 고려건국

신숭겸이 본격적으로 국정의 중심에 들게 되는 것은 918년 6월 왕건이 주도한 역성혁명의 성공에 의해서였다. 이때 정변의 적극적 주체자인 신숭겸·홍유·배현경·복지겸은 모두 騎將이었다. 궁예정권의 군사조직에 관해서는 구체적으로 알 수가 없다. 그러나 기병이 매우 중요한 역할을 담당했을 것이다. 그리고 역성혁명의 현장 당시의 상황을 보면 어느 정도 사정을 알 수 있다.

6월 을묘일에 이르러 기장(騎將) 홍유(洪儒)·배현경(裵玄慶)·신숭겸(申崇謙)·복지겸(卜智謙) 등이 몰래 모의를 하여 밤에 태조의 집에 찾아가 함께 태조를 추대할 뜻이 있음을 말하였다. 태조가 굳게 거절하며 허락하지 않자 부인 유씨(柳氏)가 손으로 태조에게 갑옷을 입히자 여러 장수가 며 돕고 끌어안아 밖으로 보냈다. 영인(令人)이 바삐다니며 큰소리로 "왕공이 이미 의기(義旗)를 들었다."라고 소리를 질렀다. 이에 바삐 뛰어와 귀부한 자가 이루 헤아릴 수 없었다. 먼저 궁문에 이르러 북을 크게 두드리며 기다리는 자도 만여명이나 되었다. 궁예가 이를 듣고 놀라서 말하기를 "왕공이 얻었으니 나의 일은 끝났다"라고 하면서 어찌할 바를 모르고 미복(微服)으로 북문으로 도망갔다. 나인(內人)이 궁을 깨끗이 하여 맞이하였다. 궁예는 암곡에 숨어 있다가 배고픔이 심하여 보리이삭을 끊어 먹다가 부양민들에게 해를 입었다.[30]

위의 내용으로 보면 고려의 역성혁명은 의로운 거사로 서술되고 있다. 그런데 여기에 직접적으로 참가하고 있는 사람들의 신분은 그다지 높아 보이지 않는다. 그리고 그들은 혁명의 성공 이후에도 높은 관직을 받고 있지 않다. 궁예의 축출에 지대한 영향력을 행사했던 신숭겸 등 4 공신은 이후 새왕조의 정치적 주도세력으로 나서지 않았다. 개국공신 제

---

30 『고려사』 권1 세가 태조.

1등 서열 제1위였던 홍유조차 대상이라는 관계를 받았을 뿐, 태조 원년 주요관서의 장 차관을 임명할 때 이들은 어떤 자리도 차지하지 않았다. 그럼에도 불구하고 이들은 태조의 측근세력으로서 태조를 위협하는 세력들을 견제하는데 주요한 역할을 하였다. 한편 신숭겸같은 이는 마침내 공산전투에서 왕건을 대신하여 스스로 죽는 운명을 선택하였다.[31]

한편위 네사람이 정변의 도화선을 일으킨 것은 분명하지만 정변을 성 공시킨 세력은 아니었다는 것이다.[32] 또한 위 기사를 보면 정변을 성공 으로 이끈 세력은 왕건의 인망을 믿고 역성혁명을 지지하는 사람들과 궁문에서 기다리고 있던 일만여 명이었다. 이들 역성혁명을 지지하였던 사람들 가운데 궁예정권에서 고위직에 있었을 것을 초정되는 인물들은 그다지 많지 않다. 위 기사에서 찾아지는 관직들이 영인과 나인 등으로 그다지 높은 신분층의 인물들로 보이지 않는다. 그렇게 본다면 역성혁명 의 참가자들은 궁예정권하의 하급 병졸이나 일반 민중으로 보는 것이 타당하다.[33]

당시 궁예가 지향했던 정치체제는 중앙집권적 전제주의를 지향하여 국가와 왕실의 권위와 실력을 쌓기 위하여 많은 노력을 기울이던 상황 으로 호족들과의 갈등이 심화되어 있었다. 또한 하층민들에게도 많은 노 역이 가해져 불만이 쌓여 가던 시기였다. 그러므로 신숭겸 등 4공신이 직접 왕건을 부추겨 역성혁명에 참여하게 한 것은 호족적 기반을 갖는 중간층으로서의 궁예정권 축출에 나섰다고 볼 수 있는 것이다. 그리고 그러한 자신들의 처지가 중앙의 고위 관직을 갖는 것보다는 지방의 재 지기반에 확보에 더 주력하였기 때문이었던 것으로 추정할 수가 있다.

---

31 이인재, 앞의 글, 71쪽.
32 하현강, 「고려건국의 경위와 그 성격」, 『한국중세사연구』, 198. 33쪽.
33 이인재, 앞의 글, 71쪽.

V. 공산전투34와 신숭겸의 죽음

고려 건국후 신숭겸의 활동에 대해서 소개된 자료는 보이지 않는다. 고려 건국 후 요직을 맡지 않았기 때문에 기록상에서 많은 누락이 있었을 것이다. 아마도 신숭겸은 내직 보다는 실전을 담당하는 장수로서 외직에서 태조와 많은 시간을 보냈던 것으로 추정된다. 그가 삼탄에서 기러기를 쏘았다는 기록들은 신숭겸과 태조가 아주 밀접하게 연결되어 있고, 그러한 공간이 왕실이 아닌 야전일 것이라는 짐작을 하게 한다. 신숭겸의 왕건 측근으로서의 역할은 매우 중요하였다. 그러나 신숭겸이 특히 고려 건국과정에서의 역사적 역할보다도 927년 후백제군의 공격으로 사지에 빠진 고려 태조 왕건을 대신하여 장렬하게 전사한 공산전투에서의 활약이 후세에 신숭겸을 기억하게 만든 가장 유명한 사건이었다.

공산전투는 고려 측이 인질로 잡고 있던 견훤의 조카 진호가 사망한 926년 4월 이후 급박해진 상황에서 발발되었다. 927년 전반기에는 고려군이 후백제군에 비하여 우위에 있었다. 그 해 1월 왕건이 후백제가 장악하고 있던 용주(예천)를 공격하였고, 3월에는 근품성(문경)을 함락시켰다. 4월에는 해군장군 영창과 능식을 보내 강주(진주)를 쳤고, 돌산(여수) 등 4개군으로부터 항복을 받았다. 7월에는 재충과 김락을 보내 대량성(합천)을 공격하여 후백제의 장군 추허조 등 30여 인을 잡기도 하였다. 그 영향으로 8월에는 강주 고사갈이성(문경)의 성주 홍달이 귀순하였고, 백제의 여러 성주도 항복하였다. 이렇게 고려군이 낙동강 상류지역에서 압박을 해오자 이에 대한 부적제의 강력한 대응이 취해졌다.

---

34 공산전투는 왕건이 참패한 전투로 여러 연구물에서 찾아 볼 수 있으나 그 가운데 서도 류영철(『고려의 후삼국통일과정연구』, 경인문화사, 2005, 111~124쪽.)이 연구가 현지 답사의 결과를 이용하여 전투의 진행과정을 소개하는 등 세밀한 고증과 답사를 근거로 한 연구가 돋보인다.

927년 9월 마침내 견훤은 근품성을 불사른 뒤 신라의 고울부를 습격하였고, 경주교외까지 육박하였다. 그러자 신라왕은 왕건에게 구원을 요청하였고, 왕건은 시중 강공훤에게 군사 1만명을 주어 구원하게 하였다. 그러자 견훤은 갑자기 신라 도성 점령을 감행하였다. 도성에 들어간 후 백제군은 경애왕을 자진케 하였고, 왕비를 능욕하였으며, 경순왕을 세우고 물러났다. 그러자 왕건은 신라에 대하여 경애왕의 죽음을 애도하고 견훤과 정면 대결을 벌이게 되었다. 이 전투가 바로 공산(팔공산) 桐藪 전투였다.

이 전투는 정기 5천을 거느리고 왕건이 직접 전투에 나섰지만, 고려군의 일방적인 패배로 끝났다. 이 전투에 대해 『고려사』에서는 "태조가 공산 동수에서 견훤과 싸워 불리하게 되어 견훤의 군대가 태조를 포위하였는데 형세가 심히 위급하였는데, 이때 신숭겸이 대장으로 있었는데 원보 김락과 더불어 힘껏 싸우다가 전사하였다"라고 기술하였다. 이 기록만으로도 당시 상황을 짐작할 수 있지만, 동사강목의 기록은 긴박한 실정을 잘 알려주고 있다.

> 고려왕이 친히 정기 5천을 거느리고 공산(공산은 지금 영천군 서쪽에 있니 속칭 太祖旨라고 한다. 혹은 대구에도 있다고도 한다. 동수에서 견훤을 맞아 크게 싸웠으나 이기지 못하였다. 견훤의 군사가 몹시 급하게 왕을 포위하였는데 숭겸의 모습이 왕을 닮았으므로 대신 왕의 수레(御駕)를 타고 김락과 더불어 힘을 다하여 싸우다 죽었다. 견훤의 군사는 그를 고려왕으로 알고 목을 베어 가지고 갔으며 고려왕은 겨우 몸만을 모면하였다. 견훤이 승리한 기세를 타고 대목군(지금의 인동 속현 약목이다. 일설에는 지금 목천이라고도 한다.)을 취하여 전야 노적한 곡식을 모두 불살랐다.[35]

---

35 『동사강목』 권5하 정해년 동 11월.

이렇듯 공산전투는 『고려사』에서나 다른 곳에서 전투 상황 등에 관하여 잘 설명을 하고 있지 않다. 공산전투는 왕건이 크게 패배한 전투이지만, 여기서의 신숭겸의 죽음으로 역사상 반드시 기억해야 되는 전투가 되었다. 공산 전투는 후백제에 의하여 후삼국이 통일 될 수도 있었던 고려가 참패한 전투이다. 이 전투에서 신숭겸은 옷을 바꾸어 입고 왕건 대신에 전사하여 충성의 가장 높은 경지의 자세를 보였다.

VI. 신숭겸에 대한 추숭사업

공산전투에서 보였던 신숭겸의 전사는 한국사에서는 그 사례를 찾아보기가 드문 충절과 관련된 대사건이었다. 이와 비슷한 경우로 삼국사기에 중국을 김춘추와 함께 다녀올 때 김춘추에 대신하여 고구려 군사에게 죽은 온군해 정도가 있을 정도이다. 그러나 실제로 중국에서는 옷을 바꾸어 입고 왕(유방)을 살린 기신의 충성이 하나의 전술로까지 크게 인정되고 있다. 마찬가지로 신숭겸의 경우에도 그의 사후에 크게 추숭사업이 이루어졌다.

1. 고려 태조 당대의 추숭사업

신숭겸의 추숭사업은 그의 사후에 본격적으로 이루어지지만, 신숭겸은 당대에 고려의 역성혁명이 성공한 뒤 바로 공신책봉이 되었다. 918년 7월에 개국일등공신에 녹적이 된다. 그러나 태조가 신숭겸에게 보인 추숭사업은 무엇보다도 자신을 대신해서 죽은 데 대한 보답이었다. 태조는 신숭겸의 시신을 수습하여 가장 예를 갖추어 장례를 치루도록 하였다. 그러나 목이 잘린 신숭겸의 시신 수습에 어려움이 있었다. 단지 유검필이 "신숭겸의 발 아래에 사마귀와 같은 무늬가 있는데 북두칠성과 같았다"라는 정보에 의하여 시신을 수습하여 木工으로 하여금 얼굴을 새겨 만들게 하고 조복을 입혀 춘천에 안치하였다. 일설에는 도굴을 염려하여 봉분을 3개를 하고, 그 가운데 하나는 황금으로 얼굴을 만들어 매장하였다고 한다. 그럭 춘천을 매장지로 선정한 것은 춘천이 출신지라는 설과 함께 춘천이 태조가 선정해 두었던 자신의 미래의 장지였기 때문에 신숭겸에 대한 예우로 하사하였다고도 한다. 그리고 공산전투 현장과 가까운 대구광역시 동구 지묘동에 智妙寺를 축조하여 명복을 빌게 하였다. 신숭겸에게는 장절공이라는 시호를 내렸다. 그리고 김락의 동생 철과 신숭겸의 동생 능길, 아들 보에게 모두 원윤에 임명하는 예우를 갖추었다.

2. 배향공신과 「悼二將歌」

왕조국가에서 충성은 국가를 유지하는 커다란 질서였다. 그리하여 임금이 사망하면 종묘에 신주를 모시고 해당 왕에게 특히 충성하였거나 큰 공적이 있는 인물들의 신주를 종묘에 모셨다.

신숭겸에게도 이러한 배향공신에 책봉하여 그가 왕을 대신하여 죽은 사실과 업적에 대한 예우를 하였다. 태조대의 배향공신은 배현경·홍유·복지겸·신숭겸·유검필·최응 등이었다. 고려에서는 994년(성종 13)에 비로소 태조묘에 앞의 6인을 배향하였다. 그리고 거란의 침입을 물리친 1027년(현종 18) 4월 왕이 대묘를 참배하고 선대 왕과 왕후들의 존호를 더 높였다. 특히 신숭겸과 김락에 대해서는 1120년(예종 15)에 개최한 팔관회에서 신숭겸과 김락의 모양을 깎아 만든 偶像을 보고 예종 자신이 직접 지었다고 하는 시 「悼二將歌」가 『평산신씨 고려대사장절공유사(平山申氏高麗大師壯節公遺事)』에 전하고 있다. 그 내용은 다음과 같다.

主乙完乎白乎 心聞際天乙及昆 魂是去賜矣中 三烏賜敎職麻又欲 望彌
阿里刺 及彼可二功臣良 久乃直隱 跡烏隱現乎賜丁

님을 온전케 하온/마음은 하늘 끝까지 미치니/넋이 가셨으되/몸 세우
시고 하신 말씀/직분(職分) 맡으려 활 잡는 이 마음 새로워지기를/좋다,
두 공신이여/오래 오래 곧은 자최는 나타내신져.

「도이장가」를 예종이 짓게 된 배경은 이러하다. 예종이 서경의 팔관
회(八關會)에 참관하였을 때 허수아비 둘이 관복을 갖추어 입고 말에 앉
아 뜰을 뛰어다녔다. 이상히 여겨 물으니, 좌우에서 다음과 같이 그 경
위를 설명하였다. 그 둘은 신숭겸과 김락(金樂)으로, 태조 왕건(王建)이
견훤(甄萱)과 싸우다가 궁지에 몰렸을 때 왕건을 대신해서 죽은 공신이
다. 그래서 그 공을 높이고자 태조 때부터 팔관회에서 추모하는 행사를
벌였다. 태조는 그 자리에 두 공신이 없는 것을 애석하게 여겨, 풀로 두
공신의 허수아비를 만들어 복식을 갖추고 자리에 앉게 하였다. 그랬더니
두 공신은 술을 받아 마시기도 하고 생시와 같이 일어나서 춤을 추었다
는 것이다. 이러한 설명을 듣고 예종이 감격해서 한시와 함께 이 작품을
지었다고 한다.36

3. 신숭겸 자손의 초입사 허용

고려에서는 신숭겸의 자손만이 아니라 태조를 도와 건국사업하였던
인물들에 대한 포상을 하였다. 포상의 내용은 종과 솥에 이름을 새겨 영
원히 보관하도록 하였다. 또한 증손가 현손에 이르기까지 벼슬 없는 자
에게 첫 벼슬을 주었고, 관직이 있는 자는 한 등급 승진을 시켰다.37
그리고 충선왕이 즉위하면서 태조시대의 공신들과 배향공신들의 후

---

36 한국민족문화대백과사전, 도이장가.
37 『고려사』권75 선거3 범서공신자손 문종 6년 10월.

손과 함께 전사자들의 후손에 대하여 특례를 주었다.

> 태조시대 공신의 친5대 현손 아들과 외5대 현손의 아들과 대대 배향
> 공신의 친5대 현손의 증손과 외5대 현손의 증손, 그리고 태조시대에 국
> 가를 보위하고 전쟁에서 죽은 김락, 김철, 신숭겸과 거란병을 퇴각시킨
> 서희, 하공진, 노진, 양규 등의 친손자와 외손자 및 현손 중 각각 1명에
> 서 첫 벼슬을 허락한다.[38]

위의 특례의 대상이 되는 인물들은 태조공신과 배향공신, 그리고 태
조시대의 후삼국통일전쟁에서 사망한 인물과 거란병을 격퇴한 서희 등
의 인물들의 후손에 대한 우대 조처를 취하고 있는 것이다. 이처럼 신숭
겸은 태조시대의 공신이자 국가보위를 위하여 전사를 한 유일한 인물로
계속적으로 추모의 대상이 되고 있는 것이다.

4. 조선 건국과 숭의전

고려를 멸망시킨 조선은 마전(경기도 연천군 미산면)에 1397년(태조
6)에 태조의 명으로 묘(廟)를 세웠다. 이와 관련된 내용을 찾아 보면 다
음과 같다.

> 숭의전-군 서쪽 5리에 있는데, 본조 태조 원년에 예조에 명하여 마
> 전현에 사당을 짓고, 고려 태조·혜종·성종·현종·문종·원종·충렬왕 및
> 공민왕을 제사하게 하고 祭田을 주었다. 세종 7년이 되어 유사들이 말하
> 기를, "나라의 종묘에도 다만 五室을 제사하는데, 전조의 사당은 八位를
> 제사하니, 예에 맞지 않는다 하므로 태조 현종 문종 원종만 남겨놓고,
> 봄 가을 二仲朔으로 香祝을 보내어 제사했다. 문종 2년에 고려의 후손
> 王循禮를 찾아서 그 제사를 맡아 지내게 하고, 그 사당 이름을 숭의전이

---

38 『고려사』 권75 선거3 범서공신자손 충선왕 즉위년 즉위교서.

라 하여 왕순례를 副使로 삼았다. 복지겸·홍유·신숭겸·유금필·배현경·
서희·강감찬·윤관·김부식·김취려·조충·김방경·안우·이방실·김득배·정
몽주 등을 배향했다.[39]

위의 내용을 보면 조선 전기에 신숭겸을 다른 고려의 공신들이나 충
신들과 구분하여 추숭하고 있지는 않다. 그러나 숭의전이라 하여 고려에
대하여 충성을 다한 인물들로 조선시대에 있어서도 충의의 귀감이 되도
록 하자는 의도로 설치하고 있는 것이다.

그 뒤 중종 때 1512년(중종 7) 여름에 작은 소를 잡아 제사지내게 했
고, 선조 때는 고려조 왕씨(王氏) 후예로 참봉을 제수하여 전각(殿閣)의
수호와 제사를 지내게 하였다.

영조는 1731년(영조 7) 승지를 이곳에 보내 제사지냈으며, 1789년(정
조 13)에는 이 건물을 고쳐 지었다. 처음에는 사(使, 종3품), 수(守, 종4
품), 영(令, 종5품), 감(監, 종6품), 여릉참봉(麗陵參奉, 종9품)의 관리를 1
인씩 두었으나 뒤에 와서 사와 수는 없앴다.

일제강점기에도 조선총독부가 이를 계승하였으나 6·25로 전각이 소
실되었다. 그 뒤 1973년 왕씨후손이 정전을 복구하였고, 국비 및 지방보
조로 1975년 2월에는 배신청 13평을, 1976년 1월에는 이안청 8.7평, 이
듬해 2월에는 삼문(三門)을 신축하였다.[40]

5. 신숭겸과 祠院 건설

신숭겸에 대한 추숭사업은 조선 후기에 이르러 본격적으로 재평가되
고 있다. 신숭겸과 관련된 지역에 사원이 건설되고 있는 것이다. 신숭겸
과 관련이 있는 지역에 사원이 건축되면서 그의 충성심과 관련된 내용

---

39 『신증동국여지승람』 권13 마전군 사묘.
40 『한민족문화대백과사전』, 숭의전.

들이 재부각되기에 이른 것이다.

앞에서도 말했던 바와 같이 신숭겸과 직접 관련된 지역들은 출생지인 곡성, 신숭겸의 호족적 재지기반이자 묘소가 있는 춘천, 그리고 신숭겸의 본관지이며 300결 이상의 궁위전이 있는 평산이다. 이를 신숭겸의 성장과 관련하여 시대별로 정리해 보면 다음과 같다.

곡성에는 1589년(선조 22) 지방유림의 공의로 신숭겸(申崇謙)의 학문과 덕행을 추모하기 위해 창건하여 위패를 모셨다. 임진왜란과 정유재란으로 모든 건물이 불타고 사우와 위패만 보존되어 오던 중, 1603년에 사우를 중수하고 1665년에 서원의 규모를 갖추어 건물을 중수하였다. 그뒤 1695년(숙종 21) '德陽(덕양)'이라고 사액되어 선현배향과 지방교육의 일익을 담당하였다. 그뒤 대원군의 서원철폐령으로 1868년(고종 5)에 훼철되었다가 1934년 지방유림에 의하여 복원되어 지금에 이르고 있다. 경내의 건물로는 3칸의 사우(祠宇), 3칸의 연서재(燕序齋), 3칸의 신덕재(愼德齋), 내삼문(內三門), 3칸의 강당, 2칸의 전사청(奠祀廳)과 비각(碑閣)·외삼문(外三門)·고직사(庫直舍)·중수비(重修碑) 등이 있다. 사우에는 신숭겸의 위패와 영정이 봉안되어 있다. 연서재와 신덕재는 각각 동재와 서재로서 향사 때 제관들의 숙소 겸 학문의 강론장소로 사용되고 있다. 강당은 서원의 여러 행사나 유림의 회합장소로 사용되며, 전사청은 제향 시 제수(祭需)를 마련하여 보관하는 곳이다. 내삼문은 성인문(成仁門)이라 하여 중앙의 신문(神門)과 양쪽 협문으로 되어 있으며, 고직사는 관리인이 주거하고 있다. 매년 음력 2월 중정(中丁)과 8월 중정에 향사를 지내고 있다. 제품(祭品)은 7변(籩) 7두(豆)이며, 재산으로는 대지 1,000여평, 전답 4,000여평, 임야 3정보 등이 있다. 덕양서원과 함께 비래산, 계마대, 사대, 신유봉, 독서당유지, 용산단, 용산재 등이 있다. 용산단은 1868년(고종 5) 후손 신명희가 신헌, 판서 신석희 등과 의논하여 1897년에 축조하였다.[41]

춘천에는 도포서원에서 1650년(효종 1)에 지방유림의 공의로 신숭겸
(申崇謙)·신흠(申欽)·김경직(金敬直)의 학문과 덕행을 추모하기 위해 창
건하여 위패를 모셨다. 선현배향과 지방교육의 일익을 담당하여 오던 중
1868년(고종 5)에 흥선대원군의 서원철폐령으로 훼철된 뒤 복원하지 못
하였다. 문헌들은 춘천향교에 귀속시켰으나 6·25 때 소실되었으며, 위
패는 서원 뒷산에 매장하였다.

평산에는 삼태사사, 동양서원, 태조봉 등의 유적이 있다. 삼태사사는
鐵像이 보관되어 있었던 사원으로 1744년(영주 20년)에 사액되었다. 동
양서원은 1650년(효종 1)에 세워진 서원으로 1687년(숙종 13)에 사액되
었다.

대구에서는 1981년 7월 1일 대구광역시기념물 제1호로 지정된 표충
사가 있다. 고려 태조 때 개국공신 장절공(壯節公) 신숭겸이 순절한 곳이
다. 927년(태조 10)에 신라를 위기에서 구하려고 태조 왕건과 함께 후백
제군을 상대로 대구 공산(公山)에서 싸웠으나 크게 졌다. 이 싸움에서 왕
건의 목숨이 위기에 처하자 왕으로 변장하여 김락(金樂)과 같이 싸우다
왕건을 대신해서 전사하였다. 이를 틈타 왕건은 장졸로 변장하여 적의
포위망을 뚫고 단신으로 탈출하였다. 왕건은 신숭겸의 죽음을 애통하게
여겨 그의 시신을 거두어 광해주(光海州 : 지금의 춘천)에 예를 갖추어
묻어주었다. 전사한 자리인 이곳에는 지묘사(智妙寺), 미리사(美理寺)를
세워 명복을 빌게 하는 한편, 일품전지(一品田地) 삼백무(三百畝)를 하사
하여 이를 수호하게 하였다. 그뒤 지묘사는 고려가 멸망하면서 함께 폐
사되었다. 1607년(선조 40)에 경상도 관찰사 유영순(柳永詢)이 폐사된 지
묘사 자리에 표충사(表忠祠), 표충단, 충렬비를 세워서 신숭겸의 혼을 위
로하고 충절을 추모하였다. 그뒤 조정에서는 1672년(현종 13)에 이 서원
에 사액(賜額)을 내려 관리하도록 하였다. 1871년(고종 8)에 흥선대원군

---

41 유재춘, 앞의 글, 139쪽.

의 서원철폐령으로 표충사가 없어진 뒤부터는 후손들이 재사(齋舍)를 새로 지어 지켜오고 있다. 지금도 표충사 앞쪽 동화사와 파계사로 갈라지는 고개를 왕건의 정예군이 크게 패하였던 고개라 하여 파군재라 부른다. 파군재 남쪽 산기슭의 봉무정 앞에 있는 큼직한 바위는 왕건이 탈출하여 잠시 앉았다고 해서 독좌암이라 부르며, 표충사의 뒷산은 왕산(王山)이라 부른다. 이밖에도 대구에는 이 싸움에서 유래된 안심, 해안, 반야월 등의 많은 지명이 남아 있어 당시 격전지였음을 알 수 있다. 「고려 태사장절 신공충렬비 병서(高麗太師壯節申公忠烈碑 幷序)」의 내용은 전해지고 있으나, 비는 훼손되었다.

율리사는 충청남도 서천군 비인면 율리에 있는 조선 후기의 사우인데, 평산신씨(平山申氏) 7인을 배향하면서 고려의 개국공신으로 평산신씨의 시조인 신숭겸(申崇謙)을 모셨다. 그 밖에 평산신씨로 고려시대의 신현(申賢)·신혼(申琿)·신연(申演)·신기(申淇)와 조선 시대의 신철(申澈)·신오(申澳) 등 7인을 배향한 사우로, 1851년(철종 2) 신씨 후손들과 지방 유림이 창건하였다. 이 사우는 1871년(고종 8) 흥선대원군의 서원철폐령으로 헐렸던 것을 1918년에 복원하였다. 본래 신숭겸 單亭이었으나 복원되면서 7인을 배향하게 되었다. 현재 사당과 강당 겸 재실, 내·외삼문이 있고, 외삼문 안쪽 우측에는 사우가 철폐되면서 1869년에 세운 "율리 세덕사 유허비'가 있다. 충청남도 문화재 자료 제303호로 지정되어 있다.

경상남도 문화재자료 제234호로 지정된 경백사 (景白祠)는 경남 사천시 용현면 온정리 에 있다. 경백사는 1926년 신상·신항·신건 등 3명이 협력해서 세운 사당이다. 고려의 개국공신인 신숭겸과 그의 후손이자 고려 후기 학자인 신현, 성리학자인 이색, 그리고 벼슬을 탐하지 않고 학문에 전념했던 원천석에게 제사를 지내고 있다. 사당 안에는 신숭겸의 영정을 모시고 있고, 해마다 3월에 평산 신씨 문중과 지방의 유학자들이 제사를 지낸다.

6. 신숭겸 추숭사업의 특징

신숭겸 추숭사업의 특징은 시기적으로 지역적으로 특징을 갖는다. 시기별로는 현재까지 가장 오랫동안 추숭되고 있다는 사실이다. 문중에서 개인을 추모하는 행사는 지금도 전해오고 있지만, 신숭겸에 대한 추숭은 문중에서보다도 국가적으로 또는 지방 유림들에 의하여 건의되고 진행되어 왔다는 특징이 있다. 고려의 개국공신으로서 태조를 대신하여 전사하였다는 신숭겸의 충성은 이견이 없이 받아들여졌다는 것이다. 그리하여 고려의 공신 후손들의 예우를 정하는 기준이 되기도 했고, 그 공로는 왕조가 바뀌어 조선에서 숭의전을 건설할 때도 반영되었던 것이다. 그리고 조선 후기에 들어서도 신숭겸과 관련이 있는 지역에서는 사원의 건립 등으로 그에 대한 추숭사업이 계속하여 이어져 왔던 것이다. 신숭겸에 대한 이해는 시대와 지역을 초월하여 충성의 대명사로 계속되어질 것이다.

Ⅶ. 결론

신숭겸은 곡성에서 출생한 재지기반을 갖는 이 지역의 호족으로 추정되지만, 그는 당대인들에게는 춘천인으로 기억되었다. 그리고 그 기억은 중앙 정부에서 편찬한 고려사에 기록되었다 그러나 그러한 기억은 후대로 가면서지방의 기억들이 확대되어 중앙으로 전파되면서 지방지에 수록되어 곡성 출생설이 유력하게 되었다.

신숭겸은 任俠 출신으로 알려졌으나, 그보다는 일정한 호족적 기반을 가지고 있었던 문무 겸비의 장수였던 것 같다. 그는 성장하여 궁예의 휘하 장군으로 왕건이 서남해안을 경략할 때인 903년 무렵에 궁예정권에 합류하였던 것으로 볼 수 있다. 그러나 궁예가 국호를 마진으로 바꾸면서 강력한 중앙집권국가를 수립하려 하였고, 또한 호족들을 관료화하려 하자 자신들의 재지기반이 파괴되는 호족들이 크게 반대하여 궁예정권과 충돌을 하게 되었다. 신숭겸이 춘천과 관계가 성립된 시기는 이 무렵으로 추정된다. 춘천 호족이었던 박유가 궁예와 알륵이 생겨서 피신을 하게 되자 공백상태에 있던 춘천을 신숭겸이 맡게 되었던 것 같다. 그리고 신숭겸이 태조 대신 전사를 하게 되자 그 묘소로 춘천이 선정되었던 것 같다.

신숭겸의 충의는 조선시대에도 이어져 계속적인 추숭사업이 행해지고 있다. 그 특징은 시간과 공간을 초월하여 현재에까지 이어져 오고 있다는 것이다. 특히 조선후기에 신숭겸에 대한 추숭사업이 사원의 건립으로 확충되고 있다. 그 까닭은 양난을 겪은 충효를 근간으로 하는 성리학의 보급을 확대하면서 충의의 절대 상징이라고 할 수 있는 신숭겸에 대한 추숭사업이 강화되었던 것으로 파악되었다. 신숭겸은 고려시대에는 개국공신이자 태조대신 사망한 국가 기업을 잇게 한 공로로서 존경을 받았고, 조선시대에는 한 고조를 대신하여 사망한 기신과 같은 충의의 상징으로서 인식되었다. 신숭겸의 절의는 왕조가 교체되었어도 변함 없이 존경과 흠모의 대상이었다.

장절공 신숭겸 장군의 영웅화와 신격화
-전설과 제의를 중심으로-

나 경 수 (전남대 국어교육과 교수)

목 차

Ⅰ. 서 론

장절공 신숭겸 장군(?~927)은 전남 곡성 출신으로서 고려시대 개국공신이다. 몇몇 기록에는 춘천 출신으로 나와 있으며,[1] 춘천지역에 많은 역사적 인물이 있음에도 불구하고 신숭겸을 능가할 정도로 다양한 설화가 구전되는 예를 찾기 어렵다.[2] 그러나 춘천지역에서 신숭겸의 출생에 관한 이야기나 성장전설이 전승되고 있지 않다. 출생과 성장 관련 지명 및 전설은 곡성지역에서만 한정적으로 구비전승되고 있다.[3] 홍성, 강릉,

---

1 『고려사』 92권 열전 제5 홍유조, 조선조에 발간된 『춘천읍지』 등 참조.
2 이학주, "신숭겸 설화의 영웅적 형상화 연구", 강원민속학 20, 강원민속학회, 2006, 316쪽.

장성 등에서 홍길동을 두고 다투어 왔지만, 현재 홍길동의 연고권이 장
성으로 귀착된 까닭도 바로 지명과 출생 및 성장전설이 장성에만 전승
되고 있기 때문이다. 전설은 일명 기억되는 역사다. 전설의 전승집단은
지연 또는 혈연 중심이 일반적이다. 곡성에 전승되고 있는 신숭겸 관련
전설은 지연성이 강하다. 특히 출생과 성장담은 물론 관련 증거물로서
지명과 지형, 지물 등이 전승될 수 있는 배경은 전승주체의 집단적 무의
식에 따른 동류의식으로 간주할 수 있으며, 이를 달리 말하면 지연적 연
대감이라 할 것이다.

역사적 실존인물인 신숭겸은 고려의 개국공신이자 왕을 대신하여 전
사한 인물로서 그에 대한 많은 기록물 등 관련 정보가 전한다. 그러나
기록물과 달리 구전 정보는 불확실한 대신에 전형성과 대표성을 가진다.
신숭겸 관련 전설도 주인공 신숭겸의 대표적인 전형적 성격(typical
character)을 창조한다. 전설은 사실을 전하기보다는 사실을 만드는 역할
을 하는 것이다.

신화는 제의적 상관물이다. 그러나 신화시대를 경과한 후에 전설 역
시 제의적 상관물 또는 무형적 증거물이 된다. 예를 들면 태안사에서 신
숭겸의 목무덤에 매년 재식을 올렸던 것도 목무덤전설과 관련이 있으며,
곡성에서 신숭겸을 성황신으로 모셨고, 평산 태사사에서는 신숭겸의 철
상을 봉안하여 지역민들이 제사를 모셨던 것도 신숭겸의 출신 및 사성
전설과 유관하다. 전설과 마찬가지로 제의 역시 인물 기억의 한 사례가
되는 것이다.

전설은 영웅화에 기여하고, 제의는 신격화에 기여한다.[4] 신숭겸은 역

---

3 본 연구를 위해 신숭겸 장군과 관련된 현장조사를 곡성(2015년 3월 21일, 3월 28
  일, 6월 6일, 9월 13일, 9월 19일), 춘천(2015년 6월 4~5일), 대구(2015년 8월
  13~14일) 등에서 실시했다. 대표적으로는 곡성의 덕양서원, 춘천의 장절사, 대구
  의 표충사 등에서 문중 대표인 도유사를 비롯해서 많은 제보자를 만났지만, 신숭
  겸의 탄생과 성장에 관한 이야기는 곡성에서만 들을 수 있었다.

사적으로 건국영웅으로서의 위용을 가졌다. 신숭겸전설은 역사의 서사
문학적 전환을 통해서 신숭겸의 영웅적 면모를 부각시키는 사회문화적
기재(器材)로서 회자되고, 덕양사를 비롯하여 여러 층위의 제의는 사후
의 신숭겸을 종교문화적 의식 속에 현전적 인물로 등장시켜서 재생·영
생토록 하는 신격화의 방식이 된다.

곡성의 덕양서원   곡성의 덕양사

  그의 시호 장절공(壯節公)은 생사의 날카로운 양날 위에 위급하게 서
있는 듯, 비장감 도도한 지시적 의미를 발산하며 지금까지 소통되어 왔
다. 신숭겸만큼 고려조는 물론 조선조를 관통하면서까지 다양한 추숭의
형태가 전하는 예도 찾기 어렵다.[5] 살아서는 영웅이요, 죽어서는 신격이
아무나 되는 것은 아니다. 신숭겸을 두고 "공 같은 분은 이른 바 살아서
기다리지 않아도 존재하며, 죽어서도 끝내 없어지지 않는 분"이라 한 행
장의 기록은[6] 결국 살아서는 영웅이요, 죽어서는 신격으로 추앙받는 사
실을 의미한다 하겠다. 효자비와 열녀비를 세우는 까닭은 효자나 열녀가
극히 드물기 때문이다. 더구나 사회적인 집단적 인지구조 속에 영웅으

──────────
  4 나경수 외 2인, "전남의 인물전설연구(2)-송징전설의 변용 '송대장군가'", 『한국민
    속학』25, 민속학회, 1993, 400~407쪽.
  5 이해준, "申崇謙의 願刹과 朝鮮時代 墳庵", 『인문과학연구』42, 강원대학교 인문
    과학연구소, 2014, 250쪽.
  6 신묵, "장절공 신숭겸 대장군 행장".

로, 또 신격으로 확고한 위치를 잡기위해서는 공감의 층위가 두터워야만 가능할 수 있다. 이러한 공감의 사회문화적 반영으로 꼽을 수 있는 것이 바로 전설과 제의라 하겠다.

사회문화적 영웅화 방식인 전설과 신격화의 방식인 제의는 신숭겸의 성가에 걸맞게 시대적, 지역적 한계를 넘어 풍부하게 찾아진다. 뿐만 아니라 계층과 사상을 초월하여 편재하고 있다. 따라서 본고에서는 신숭겸의 영웅화 방식인 전설과 신격화 방식인 제의에 대해 유례를 중심으로 살펴보면서 이들이 사회문화적으로 어떠한 의미획득에 기여를 해왔는지에 대해 살피고자 한다. 더 나아가 영웅화와 신격화가 동시에 실현되는 하나의 문화적 상황에 대한 전승적 의미를 알아보고자 한다.

II. 신숭겸 전설의 유형과 영웅화

1. 화소의 유형과 영웅성

1) 말 화소의 영웅성

말은 이동이나 운송용뿐만 아니라, 전쟁용, 사냥용, 의전용, 축력용으로 사용되었으며, 오늘날 스포츠나 레포츠용 등으로도 쓰이고 있다. 제1차 세계대전 때까지도 말은 인류가 이용할 수 있는 가장 기동력이 탁월한 탈것이었다. 본래 말은 기원전 1,000여년 경 유목지대였던 스키타이 지역에서 양떼를 몰고다니고 또 좋은 목초지를 빨리 찾기 위해서 가축으로 길러졌다고 한다. 그러나 농업의 안전성에 비해서 유목은 위험도가 높은 산업이었다. 중앙아시아에 분포한 유목사회에서는 식량의 조달을 위해 농업사회를 넘보았으며, 이때 기동력이 좋은 말이 전투와 약탈을 위해 활용되었다.[7]

15세기 말, 포르투갈에서 배를 이용하여 해상무역을 시작한 이래 점차 서양은 해상권을 장악하면서 세계를 제패한 바 있다.[8] 그러나 이보다 3세기 앞선 12세기에 육상에서는 징기스칸(Genghis Khan, 1162~1227)으로 대표되는 몽고군이 기마병을 앞세워 세계제국인 원나라를 건설했다. 그 이전 중국대륙에 세워졌던 오호십육국의 역사까지 소급하면 기마병의 위력은 훨씬 전으로 소급될 수 있으며, 북쪽의 기마민족을 막기 위해 중국에서 만리장성을 만들기 시작했다는 것까지 소급하면 말의 기동력을 이용한 정복국가의 역사는 길고 강했던 것을 알 수 있다. 이렇듯 말이 세계사의 판도를 바꿀 정도로 크게 활용되었던 것은 군사용이었다. 역사드라마를 보더라도 동서양을 막론하고 장군은 말을 탄다. 말은 장수의 외형적 지위를 표상하는 징표이다. 우리나라에서는 주몽신화로까지 말 화소가 소급된다.

"홍유는 궁예 말기에 배현경, 신숭겸, 복지겸이 함께 기병대장(騎將)이었는데 이들이 밀모하고 밤에 태조(왕건)의 집으로 찾아갔다."[9]는 『고려사』의 기록에서 신숭겸이 기병장이었다는 사실을 알 수 있다.

신숭겸전설에서 말은 여러 각편들에 나오고 있다. 곡성의 목사동면과 오곡면 사이를 흐르는 보성강(일명 대황강)에는 물속에 솟아나온 듯한 용암이 있다. 바위 밑으로 큰 굴이 있는데 그 속에서 용마가 나와 신숭겸의 애마가 되었다 한다. 용암 주변에는 말발자국 바위가 남았다. 그

7　江上波夫, "遊牧文化發展", 『世界考古學』(東京 : 平凡社, 1966), p.52.

8　바스코 다 가마(Vasco da Gama, 1469~1524)를 선장으로 하는 포르투갈 함대가 동양의 향신료를 교역할 수 있는 항로를 개척했던 1497년~99년 이후에, 그의 선단은 1502~3년, 1524년 2차례에 걸쳐 인도로 항해했다. 이를 통해 동서양의 해상교역이 활발해졌으며, 크게 부를 축적한 서양은 동양뿐만 아니라 세계 각처에 식민지를 경영하면서 세계의 주도권을 잡아갔다. KBS 1TV, "바다의 제국 1편 욕망의 바다", 2015. 1. 29(목) 참고.

9　"裔末年 與裴玄慶申崇謙卜智謙 同爲騎將 密謀夜詣太祖"『고려사』 제92권 열전 제5. "洪儒".

앞에는 말구시(말밥통) 바위도 있다. 또 신숭겸이 무술을 닦았던 신유봉 (申遊峰)과 관련하여 용마를 시험했던 내용의 말 화소가 나온다. 태안사 뒷산에서 활을 쏘아 쏜살과 용마의 빠르기 시합을 했는데 용마가 빨랐 다는 이야기다. 또 전설 증거물로 곡성에는 '신장절공계마석(申壯節公繫 馬石)'이라고 음각이 되어 있는 돌기둥도 있다. 대구 팔공산 전투에서 잘 린 신숭겸의 머리를 가지고 용마가 곡성 태안사까지 와서 결국 태안사 뒷산에 신숭겸의 목무덤을 만들게 되었다는 전설도 말 관련 전승이다.

신숭겸의 말은 단순히 말만은 아니다. 수식어로서 용이 붙어 있는 용 마다. 다음에 설명할 용 화소와도 연결이 되지만, 용은 최고를 의미하는 수식어로 곧잘 쓰인다. 곡성에 전해오는 임진왜란 때의 의병장 유팽로 (柳彭老, ?~1592) 장군의 전설에서 비교가치를 볼 수 있다.

> 근디 유팽로 장군도 역시 말을 가지고 있는데, 유팽로 장군이 가지고 있는 것은 준마여. 준마(駿馬). 준마라는 건 말마 변에 요 요 요렇게 쓰 도만. 준자, 준마. 아까 신숭겸 장군은 용마(龍馬)라고 그랬지. 유팽로 장 군은 준마를 가지고 있었어.[10]

금산전투에서 전사한 유팽로 장군의 머리를 물고 곡성 합강리까지 왔 던 말은 말무덤에 묻히고, 현재 의마총(義馬塚)으로 불리고 있다. 장군의 사회적 평가에 따라 애마의 등급이 정해지는 것이라면 전설 속에 나오 는 준마와 용마의 비교는 두 장군에 대한 지역민들의 존경심의 높이를 판단할 수 있는 자료도 된다.

---

10 김일기, "유팽로 장군의 마부", 전라남도 곡성군 곡성읍 읍내 14길, 2013. 2. 25., 『한국구비문학대계』, 한국학중앙연구원.
  http://gubi.aks.ac.kr/web/VolView2.asp?datacode=06_02_FOT_20130225_KID_KI G_0010&dbkind=2&hilight=유팽로&navi=검색;유팽로(제목)

2) 용 화소의 영웅성

용은 수신, 수호신, 수송신, 우신, 초복신, 지신(支神), 입신출세, 제왕, 예시자, 양성(陽性)의 대표, 남근, 대나무와 소나무의 은유, 수류산맥(水流山脈), 상서와 풍운조화, 벽사 등 여러 가지의 상징과 기능을 가진 상상적 동물이다.[11] 서양에서 용을 뜻하는 드래곤(dragon)이 부정적으로 인식되는 것에 반해서, 동양에서는 긍정적 동물로 인식되어 왔다. 불교에서는 불법승을 수호하는 팔부상 중 하나며, 한자문화권에서도 용은 존귀한 의미를 지닌다.

한국의 고대신화에서도 용의 용례가 흔히 나온다. 주몽신화에서 해모수는 오룡거를 타고 하늘과 땅을 오갔다. 혁거세의 부인이 된 알령은 계룡이 낳았다. 수로신화에서 허황옥과 탈해신화에서 탈해는 바다를 건너올 때, 용의 호위를 받았다. 마한의 무강왕신화에서도 용이 나오지만, 고려의 왕건신화에서도 그 출계를 용왕과 연계시키고 있으며, 후백제 견훤의 출생전설에서도 생룡리(生龍里)를 비롯한 마을이름과 황룡강 등의 지명에서도 용이 쓰인다.[12] 특히 신화시대를 경과한 후인 조선조에 와서도 "용비어천가"가 지어지는 것을 보면 용은 이미 신화소로서의 의미를 지니고 있는 상서나 존귀의 대표격인 셈이다.

신숭겸 장군의 용산단과 용산재가 있는 마을 이름은 구룡리다. 구룡리는 신숭겸 장군의 탄생지로 알려진 마을이다. 인근에는 용사리(용암마을, 사당마을)와 용봉리라는 이름의 마을들이 있다. 풍수지리와 관련되기도 하지만, 이들 지명에서 사용되고 있는 용은 신숭겸의 은유이기도 하다.

한편 앞서 말한 용암이 있는 보성강에는 용소(龍沼), 용탄(龍灘) 등의 지명도 있다. 용소와 용탄으로 불리게 된 내력이 신숭겸전설에 나온다.

---

11 김선풍 외, 『열두띠 이야기』(서울 : 집문당, 1995), 155~159쪽.
12 나경수, 『호남의 문화예술과 민속』(서울 : 민속원, 2015).

곡성에서 무예를 닦던 신숭겸이 목욕을 했던 곳을 용소라고 부르며, 그 근방의 여울을 용탄이라 한다. 이들 지명에 나오는 용 역시 신숭겸의 은유로 볼 수 있다. 이들은 신숭겸을 용에 비정하고 있는 사례며, 더구나 신숭겸의 애마를 굳이 용마로 부르며 용마가 나온 바위를 용암으로 부르는 것 등도 모두 신숭겸을 용에 견줄 인물이라는 서사적 은유가 부가된 예로 보겠다.

용 화소와 관련된 용탄, 용암 등 곡성의 전설지   말 화소와 관련된 곡성의 계마석

3) 활 화소의 영웅성

활은 인류가 오래 전부터 사용해온 사냥도구인 한편, 화학무기가 등장하기 전까지 가장 강력한 원거리용 무기로 사용되어왔다. 동이(東夷)라는 말에서 이(夷)가 큰『大』활『弓』을 가진 종족을 가리킨다는 속설이 있을 정도로 우리 민족과 활과의 친연성은 강한 편이다. 고구려 유적인 무용총의 벽화에 몸을 돌려 활을 겨누는 마상의 장수가 생동감 있게 보이는 까닭도 여느 민족이 느끼는 궁시에 대한 감각과 달리 문화사 속에서 일정 가치를 획득하고 있기 때문일 수 있다. 오늘날 올림픽을 비롯해서 세계대회에서 양궁이 괄목할만한 성적을 내는 까닭을 이러한 유전학적 전통에서 찾는 사람들도 있다.

우리의 오랜 문화사 속에서 활은 무장(武將)의 능력을 가늠하는 중요한 지수의 하나로 채용되어 왔다. 무장으로서 우리나라의 역사에서 효시

격이라 할 수 있는 주몽이라는 이름은 당시 부여사람들이 명궁을 부르는 보통명사에서 비롯되었다고 한다. 명장으로 이름난 장보고도 활을 잘 쏘는 사람이었다. 그의 아명이 궁파(弓巴) 또는 궁복(弓福)으로 기록된 까닭도 현대어로 치면 활을 잘 쏘는 사람을 지칭하는 활바, 또는 활보였기 때문이다. 이조를 건국한 이성계도 신궁으로 알려진 명장이었다.

신숭겸전설에서 활 역시 신숭겸의 영웅성을 부각시키는 화소로 등장한다. 용마 화소에 포함되어 있는 쏜살과 용마의 빠르기 시합도 그렇지만, 소위 사성전설에서도 활이 등장하며, 하늘을 나는 세 마리 기러기 중에서 세 번째 기러기의 왼쪽 날개를 쏘아 맞춘 솜씨는 신궁이 아니면 불가능할 정도라서 영웅성 획득의 강력한 화소가 된다. 기마민족의 후예로도 알려진 우리 민족의 영웅관 속에는 활을 잘 쏘는 것도 포함되어 있으며, 그런 점에서 신숭겸 역시 이러한 궁사영웅의 반열에 속한다 하겠다.

2. 전설의 유형별 영웅화

1) 탄생담과 영웅화

조동일은 영웅의 일생구조를 7개 항으로 구분하여 제시한 바 있다.[13] 그러나 전설현장의 실태로 보자면 소설과는 달리 한 영웅의 일생담이 일관되게 한편의 작품으로 전해지는 경우가 없는 것은 아니지만, 대체로 단편적 일화 형태로 산재하고 있어 이들을 수습하여 영웅의 일생을 재구해야 하는 경우가 많다.

특히 신숭겸과 같이 활동무대가 여럿이었던 경우는 사건에 따라서 해당 지역과 관련된 일화 중심의 이야기가 전설현장에 보다 집중적으로 전승되고 있다. 예를 들면 곡성에서는 탄생과 성장, 대구에서는 팔공산 전투에서 전사했던 내용, 그리고 춘천지역에는 조묘와 관련된 이야기가

---

13 조동일, 『한국소설의 이론』(서울 : 지식산업사, 1977).

우세하다. 따라서 신숭겸에 대한 전설적 이해를 위해서는 여러 지역에서 전승되어온 단편적 전설들을 수합하여 영웅성을 드러내는 주제적 배치가 필요하다.

또한 전설은 완전한 서사형태를 가지지 못한 경우도 많다. 장군바위, 말발자국, 형제봉 등 특정 지명이 독립적으로나 부가적으로 인물전설에 배치되는 예도 많다. 아래 신숭겸 탄생담과 같이 서사적 완결성을 갖추지 못하고 있지만, 이런 유형의 이야기도 전설로 간주하는 까닭은 바로 이 같은 이유 때문이다.

> 신숭겸 장군은 (관련된 얘기 좀)[14] 신숭겸 장군은 에 목사동면 아홉 구자, 용 용자, 구룡리 (석곡면인가요?) 아니, 그는 목사동면. 목사동면, 아홉 구자, 용 용자, 구룡리. 구룡리가 그 산, 능 산줄기가, 산 산줄기가 용이 꿈틀거리는, 아홉 마리 용이 꿈틀거리는 그런, 그런 명당이다 했어. 그 그 명당 밑이서 태어났어. 아홉 용이 꿈틀거리는 명당. 그리서 아홉 구자, 용 용자, 구룡리여 그게. 지금도 산세가 좋아요. 거 지금도 용산단(龍山壇), 용산재(龍山齋)라고도 허고, 용산단이라고도 허는데, 용 용자 뫼 산자. 용산단, 용산재, 그렇게 두 가지로 쓰이는데, 용산단이라고.[15]

조동일 식으로 말하자면 영웅은 고귀한 혈통을 가지고 태어난다. 신숭겸은 고귀한 혈통이라고 할 만한 탄생담은 없다. 다만 혈연은 아니지만 지연으로 보자면 고귀한 혈통에 비견될 수 있는 지기를 받고 태어난다. 풍수지리적 문맥에서 용자(龍子)에 비견될 수 있는 성통(聖統)을 받고 태어난 것이다.

앞에서 설화 속 용 화소가 이미 영웅성을 내재하고 있다는 사실을 확

---

14 ( )는 조사자. 이하 같음.
15 김학근, "명당에서 태어난 신숭겸 장군", 전라남도 곡성군 곡성읍 곡성로 855, 2012. 12. 31., 『한국구비문학대계』, 한국학중앙연구원(다른 이야기가 연동되어 있어 웹페이지 생략).

인한 바 있지만, 신숭겸은 탄생뿐만 아니라 지속적으로 전설 속에서 용
과 관련된다. 무예를 닦는 과정에 나오는 용마, 용탄, 용소, 용암 등도
그렇지만, 왕과 닮은 얼굴, 즉 용안을 닮은 얼굴을 가졌다는 것도 탄생
담의 용자 모티프가 지속되면서 영웅성을 견인하는 역할을 하고 있는
것으로 볼 수 있다.

곡성의 신숭겸 생가터로 알려진 용산단   곡성의 용산재

2) 성장담과 영웅화

무장 신숭겸이 장군이 되기 위해 무예를 닦았다는 이야기는 곡성지역
에만 전승되고 있다. 곡성에만 이러한 유형의 전설이 전승되고 있는 현
상은 매우 자연스럽고 당연한 일이다. 왜냐하면 이러한 유형의 전설은
신숭겸이 곡성에서 태어나 성장했다는 사실을 확인시켜주는 구전자료일
수 있기 때문이다. 앞에서 말했던 것처럼 신숭겸전설의 용화소와 출신지
역의 용 관련 지명은 신숭겸 탄생, 특히 영웅탄생의 은유적 표현이다.

신숭겸의 성장전설은 여러 가지 지명, 단편적인 일화, 그리고 광포전
설의 합성으로 이루어져 있다. 특히 전설적 증거물인 지명 등과 결착되
어 전하고 있다는 점에서 지역적 연고성이 강하게 작용하고 있다.

신숭겸의 성장전설은 크게 네 유형으로 구분된다. 이들 중 세 유형은
서사적 완결성을 가졌으며, 나머지 하나는 여러 지명화소들이 합성되어
영웅성을 부각시키는 내용이다.

첫 번째는 용마획득담(龍馬獲得譚) 유형이다. 신숭겸이 용탄의 용소에서 목욕을 하고 있는데 바로 옆에 있는 용암 밑에서 용마가 나타난 것이다. 신숭겸은 잽싸게 바위 밑에서 나온 용마에 올라타 무술을 연마하여 큰 장수가 되었다. 옛날이야기나 역사소설 속에 나오는 명마, 준마, 천리마, 적토마 등도 모두 영웅적인 장수에게 필수적이지만, 신숭겸이 얻은 용마는 특히 수중의 땅속에서 용출하였기 때문에 용마라 이름하였으며, 전장에서의 동반자일 뿐만 아니라 죽음까지 동반한 분신이기도 했다.

두 번째는 궁마시험담(弓馬試驗譚) 유형이다. 신숭겸이 타고 다니던 용마가 얼마나 빠른지를 시험하기 위해 화살을 쏘아 시험을 했던 내용이다.

　　직선거리는 한 일 킬로나 될랑가 몰른디. 이 신유봉에서 화장산 몽당에 있는 큰 왕솔나무를 향해서 활을 쏘았다 그거여. 근디 그것이 그렁께 아까 개국 공신이 되기 전 얘기여. 말하자면 국가에 나가서 활동하기 전 여기 연습할 때여. 대황강인데 대황강을 드나들면서 왔다 갔다 하면서 그 전쟁 연습을 허는디, 활을 잘 쏘는디, 신유봉에 있는 화장산 정상에 있는 소나무에다 활을 쏘게 되는데, 이 신숭겸 장군이 용마를 가지고 있었다요. 용마. 근디 용마가 이것이 참 저 잘 달리는 용마겠지. 근디 용마 보고 뭐라고 허냐면,

　　"내가 지금 여기서 활을 쏠테니, 니가 만약에 이 화살을 쏘아갖고 화살보다 머냐 도착 히야지, 화살보나 늦으면 너 내가 너를 데리고 다닐 수 없어."

　　그렁께 말이 끄덕끄덕 하드래.[16]

16 김일기, "용마보다 더 빠른 신숭겸 장군", 전라남도 곡성군 곡성읍 읍내14길, 2013. 2. 25., 『한국구비문학대계』, 한국학중앙연구원.
　　http://gubi.aks.ac.kr/web/VolView2.asp?datacode=06_02_FOT_20130225_KID_K IG_0002&dbkind=2&hilight=신숭겸&navi=검색;신숭겸(제목)

문경에 있는 견훤의 아차산전설류와 유형을 같이 하는 이야기로서, 장수전설에 흔히 나오는 광포전설의 유형에 속한다.

세 번째 유형은 신성불가침담(神聖不可侵譚) 유형이다. 화장산에 있는 장군샘과 철갑바위전설이 여기에 속한다. 곡성 죽곡면 화장산에는 신숭겸이 무술을 닦으면서 마셨다는 장군샘이 있다.

> 화장산 중턱에 있는 우물로써 신숭겸장군이 산에서 무예를 닦다가 목이 마르면 마시던 샘이다. 금으로 만든 복지깨(물그릇)이 항상 물위에 떠 있었다고 하는데 이상한 것은 어떤 사람이 이 금복지깨로 물을 마시다가 금복지개가 입에 붙어서 떨어지지 않고 3일만에 떨어졌다고 전하기도 한다.[17]

철갑바위전설은 화장산에 있는 바위에 얽힌 전설이다. 신숭겸이 무술을 닦으면서 철제로 만든 갑옷을 숨겨두었다가 꺼내 입곤 하던 곳이었다.

> 화장산에 가면은 바우가 큰 놈 이렇게 있는디, 꼭 저 거시기 저 뭐라고 헐까 그 벽장 같이 요렇게 생겼데. 형태가. 근디 거기따가 신숭겸 장군 옷을 그 바우 속에 벽장에 넣고 탁 닫어 놨데. 그렇께 그 밑에 하족에 살고 있는 아까 저 뭐 신씨 집에 머슴이 셋이나 산디, 셋 중에 상머슴이 힘이 좋은디, 그 걸 못 올라가, 나도 올라거야겠다고 그 바우를 올라간게 손이 딱 붙어 갖고는 사흘 동안 안 떨어져서 말여, 안 떨어져서 그냥 울고불고 했다가 나중에 사흘 뒤에사 포도시 손이 떨어져갖고 그랬다는 뭐 간단한 이야기가 있고 말여.[18]

17 http://blog.daum.net/scs3773/5052.
18 김일기 "신숭겸 장군의 옷이 든 철갑바위" 전라남도 곡성군 곡성읍 읍내14길, 2013. 2. 25., 『한국구비문학대계』, 한국학중앙연구원.
http://gubi.aks.ac.kr/web/VolView2.asp?datacode=06_02_FOT_20130225_KID_KIG_0006&dbkind=2&hilight=신숭겸&navi=검색;신숭겸(제목)

바위와 샘으로 비록 대상은 다르지만, 석탈해신화에서처럼 불가침의 신성성을 강조하는 내용이다. 철갑바위전설은 다음과 같은 이본으로 전해지기도 해서 흥미롭다.

> 화장산은 죽곡면에 있는 해발 525m의 산으로 신숭겸장군이 이곳에서 무예를 익혔으며 당시 입었던 갑옷을 숨겨두었다는 바위(鐵甲岩)가 있는데 어느날 나무꾼 총각이 이 옷을 발견하여 호기심에 입어 보려 하자 바위에 몸이 달라붙어 3일만에 떨어졌다 하며, 일제시대에 왜경들이 "전설이란 허무한 것이다." 하여 망치로 바위를 부수니 갑자기 천둥번개가 치고 풍우가 몰아치니 혼비백산하여 돌아갔다 하는 얘기가 전해지고 있다.[19]

신성불가침의 화소가 일제강점기의 왜경을 혼비백산하게 만드는 호국담으로까지 확장하고 있다. 무등산에 김덕령 장군이 두 바위 사이를 훌쩍 뛰어넘던 뜀바위가 있는데, 이곳에서 일제강점기에 일본군 하나가 나도 할 수 있다고 하여 뛰어넘으려다 떨어져 죽었다는 설화가 전하고 있어 이러한 유형의 후속담도 전국적으로 많을 것으로 보인다.

네 번째 유형은 지명군화소담(地名群話素譚) 유형이다. 서사적 구성력은 약하지만, 여러 지명들이 화소로서의 자격을 가지면서 하나의 전설로 통합되는 이야기를 소위 지명군전설이라 부를 수 있다.[20] 생가터라는 용산단과 부근의 독서당지(讀書堂址), 보성강에 있는 용암, 용탄, 용소, 목사동면의 마을들 이름인 구룡리, 용암리, 용봉리, 용사리 등, 신유봉과 그곳에 있는 사대(射臺)와 치마대(馳馬臺), 산아래에 있는 칙간바위, 그리고 화장산에 있는 철갑암(鐵甲巖), 장군천(將軍泉), 삼태리에 있는 계마석(繫馬石) 등은 지명이면서 신숭겸이 탄생하고, 공부하고, 무술을 연

---

19 http://blog.daum.net/scs3773/5052
20 나경수, "지명군전설의 현장적 접근", 『전설과 지역문화』, 의재 최운식박사 화갑기념논총 간행위원회, 2002, 359~382쪽.

마하던 상황을 파노라마처럼 재현할 수 있는 일종의 지명군전설로서 자리하고 있다.

3) 사성전설

고려 태조는 호족들과 훈신들을 자신의 편으로 확고히 규합하기 위해 다중혼과 사성전략을 사용했다. 특히 개국공신들에 대해 성을 지어주는 사성 사례가 전설을 낳는 계기가 되었던 바, 신숭겸의 본래 이름은 능산(能山)이었다. 그러나 왕건이 신숭겸의 탁월한 활솜씨를 장하게 여기며 감탄하여 성을 내리고 상을 내린 내용이 『신증동국여지승람』에 처음으로 보인다.

> 신숭겸은 원래 전라도 곡성 사람인데 태조가 성을 주고 평산을 본관으로 하게 하였다. 속설에 숭겸이 일찍이 태조를 따라 사냥하다가 삼탄에 와서 점심을 먹었다. 그때 기러기 세 마리가 공중에 떠돌았는데 태조가, "누가 쏘겠는가?" 하니, 숭겸이, "신이 쏘겠습니다." 하였다. 태조가 활과 화살, 안장 갖춘 말을 주었는데, 숭겸이 말하기를, "몇 번째 기러기를 쏘리까?" 하니, 태조가 웃으며, "세 번째 기러기의 왼쪽 날개를 쏘아라." 하였다. 숭겸이 명령에 따라 쏘았는데 과연 그대로 맞히니 태조가 장하게 여겨 감탄하면서 명하여 평주로 본관을 삼게 하고, 기러기를 쏜 근처의 밭 3백결도 함께 하사하여, 대대로 그 조세를 받아먹게 하였으며 인하여 그 땅을 궁위(弓位)라 이름하였다. 나머지는 춘천(春川) 편에 자세하다.[21]

왕건은 자신을 왕으로 추대했던 4공신에게 모두 사성을 하였는데, 본래 이들은 성이 없었다.[22] 고려시대에는 성이 없으면 과거에 응시할 수

---

21 『신증동국여지승람』 제41권 황해도(黃海道) 평산도호부(平山都護府) 인물조.
22 여름 6월 장군 홍술(弘述), 백옥삼(白玉三), 능산(能山), 복사귀(卜沙貴), 이는 홍유(洪儒), 배현경(裴玄慶), 신숭겸(申崇謙), 복지겸(卜知謙)의 젊을 때 이름인데,

없도록 한 제도도 있었다. 이런 고려시대의 형편으로 볼 때 임금이 성을 내린다는 것은 개인으로서 뿐만 아니라 문중으로서도 역시 대단한 영예가 아닐 수 없다.

그러나 이러한 영예와 포상은 응분의 대가요, 그 대가에 응당할 사유 충족 및 영웅성을 양각화하기 위해서 훗날 신궁전설이 만들어져 회자되었을 것이며, 결국 조선조에 편찬된 『동국여지승람』에 처음 등재되기에 이르렀을 것이다. 즉 『삼국사기』나 『고려사』에는 없는 삼안좌익(三雁左翼)의 신궁 모티프가 부가된 전설이 만들어지면서 새로운 한편의 사성전설이 탄생하게 되었으며, 이후 여러 기록물에 등재되고 또 구전되기에 이르렀을 것으로 보인다.

4) 대사전설

신숭겸이 왕건을 구하기 위해 대신 전사한 팔공산 전투 이야기는 신숭겸전설에서 백미에 속한다. 위급에 처한 주군을 위한 장렬한 전사는 비장을 넘어 숭고한 일이다. 이런 까닭에 고려조는 물론 조선조를 통해서도 신숭겸은 숭경의 대상이 되었다. 왕을 대신해 죽은 위왕대사(爲王代死) 또는 위군대사(爲君代死)라는 전설의 내용은, 죽음을 무릅쓴 혁명거사를 통해서 궁예를 몰아내고 왕건을 왕으로 추대했던 역사적 공훈과도 짝을 이루어 신숭겸의 영웅성을 더욱 부각시킨다.

신숭겸이 팔공산전투에서 산화한 내용은 『고려사』를 비롯해서 수많은 기록에도 보이며, 또한 지금까지 즐겨 구비전승되고 있다. 그러나 신숭겸의 전사와 관련하여 역사와 전설은 다소간 차이를 보인다. 즉 위왕전사(爲王戰死)와 위왕대사(爲王代死)의 차이가 그것이다.

네 사람이 몰래 모의하고 밤에 태조의 사저에 와서 말하였다. 『삼국사기』 열전 제10 "궁예".

왕이 이 소식을 듣고 크게 노하여 사절을 시켜 조문과 제사를 치르게 하고 친히 정예 기병 5천을 거느리고 공산 동수(公山桐藪)에서 훤을 맞아 큰 싸움을 진행하였는데 형세가 불리하게 되었다. 훤의 군사가 왕을 포위하여 사태가 매우 위급하였다. 고려 대장 신숭겸(申崇謙)과 김락(金樂)이 힘을 다하여 싸우다가 희생되고 각 부대들은 패배를 당하였으며 왕은 겨우 몸만 피하였다.[23]

위 내용을 포함하여 『고려사』의 다른 기록이나[24] 『고려사절요』에서도[25] 신숭겸이 왕을 대신하여 죽었다는 내용은 없다. 『신증동국여지승람』에서도 신숭겸과 김락은 전사하였고, 왕건은 겨우 살아서 몸만 피했다는 내용이다.[26]

신숭겸이 왕건을 대신해서 전사했다는 내용은 강원도관찰사 손순효가 쓴 『장절공유사』나 남평현감 신묵이 짓고, 심통원이 발문을 쓴 『장절공신숭겸대장군행장』에 나온다.[27] 아래는 행장에 있는 전사에 관련된 기록이다.

태조가 이 소식을 듣고 사신을 보내어 위로하며 제사하게 하고서, 정예한 기병5천을 친히 거느리고 공산 동수에서 견훤을 맞아 크게 싸웠으나 승리를 거두지 못하고 견훤의 군사가 도리어 태조를 포위하니 형세가 몹시 위급하였다. 이때에, 대장이던 공의 얼굴이 태조와 흡사하였는데, 그 형세가 막다른 지경에 이르렀음을 깨닫게 되자, 공이 몸으로써 대사(代死)할 것을 자청하면서 태조를 애수에 숨게 하고, 마침내 어거(御車)에 갈아타고 김락과 더불어 힘껏 싸우다가 전사하였는데, 견훤의 군사가 공을 태조로 여기고, 그 머리를 잘라서 창에 꿰어 돌아가니, 포위

23 『고려사』 제1권 세가 제1 "태조" 정해 10년(927) 9월.
24 『고려사』 제92권 열전 제5 "홍유".
25 『고려사절요』 제1권 태조신성대왕 정해 10년(927) 9월.
26 『신증동국여지승람』 제46권 강원도(江原道) 춘천도호부(春川都護府) "우거" 『신증동국여지승람』 제26권 경상도(慶尙道) 대구도호부(大丘都護府) "고적".
27 『장절공유사』는 1479년, 『장절공신숭겸대장군행장』은 1565에 나왔다.

했던 군사가 조금 풀리어 태조는 거우 단신으로 위기를 모면하였다. 태조가 본진에 돌아와서 곧 공의 시신을 찾았으나 머리가 없어졌으므로 이를 분간할 수 없었더니, 대장 유검필 등이 말하기를, "신장군의 왼발 아래에 사마귀의 무늬가 있었는데, 북두칠성과 같았습니다." 하는지라 이로써 증험하여 과연 찾아내었다.

위급했던 전장상황 자체는 『고려사』와 유사하지만, 몇 가지 첨언된 세부적 일화가 있다. ①신숭겸의 얼굴이 태조와 흡사하였다. ②대신 죽을 것을 자청하면서 태조를 애수라는 곳에 숨게 하였다. ③임금이 타는 수레에 갈아탔다. ④견훤의 병사가 신숭겸의 머리를 잘라 돌아갔다. ⑤태조 등이 신숭겸의 왼발 아래 북두칠성과 같은 사마귀로 머리 없는 시신을 찾아냈다.

허목(許穆, 1595~1682)이 편찬한 『미수기언(眉叟記言)』과 안정복(安鼎福, 1712~1791)의 『동사강목(東史綱目)』 등 기록에도 위 행장과 유사한 내용이 실리는데, 약간의 착오가 발견되기도 한다.

충성은 신하의 의리이니, 이름을 남기고 인(仁)을 이룩한 것이 백세의 사표라 이를 만하다. 사당에 배향하여 봄가을로 향사를 올리니, 이는 참으로 『예기』 제법(祭法)에 이른바 '큰 환란을 막고 국사에 사력을 다한 자'에 대한 보답이라 하겠다. 『고려사』 열전에 보면 "견훤이 왕을 급박하게 포위해 들어오자, 장군 신숭겸은 그 모습이 왕을 닮았었는데, 왕의 수레를 타고서 장군 김낙과 함께 사력을 다해 싸우다가 전사하였다. 왕은 이 두 사람이 왕을 위해 절사(節死)하였다 하여 두 사람의 자제를 불러다 모두 원윤(元尹)으로 삼았다. 또 숭겸에게는 특별히 시호를 장절(壯節)이라 하고, 후에 태사를 더 증직하였다." 하였다.[28]

위 허목은 『고려사』 열전에 위와 같은 내용이 나온다고 했지만, 사실

---

28 허목, 『미수기언』 기언 제16권 중편 사(祠) "도산사기(道山祠記)".

이 아니다. 행장의 내용과 일치한다.

> 고려 임금 건이 진훤과 공산에서 싸워 패하여서, 대장군 신숭겸과 원
> 보 김낙이 죽었다. 고려왕이 친히 정기(精騎) 5천을 거느리고 공산 동수
> 에서 훤을 맞아 크게 싸웠으나 이기지 못하였다. 훤의 군사가 몹시 급하
> 게 왕을 포위하였는데, 숭겸의 모습이 왕을 닮았으므로 대신 왕의 수레
> 를 타고 김낙과 더불어 힘을 다하여 싸우다 죽었다. 훤의 군사는 그를
> 고려왕으로 알고 목을 베어 가지고 갔으며 고려왕은 겨우 몸만을 모면
> 하였다. 훤이 승리한 기세를 타고 대목군을 취하여 들판에 노적한 곡식
> 을 모두 불살랐다. 숭겸은 광해주 사람으로 장대하고 무용이 있었다. 죽
> 었을 때는 그의 왼쪽 발에 북두칠성처럼 있는 검은 사마귀를 징험하여
> 그 시체를 찾아내었다. 고려왕이 애도하고 장절(壯節)이라 시호를 내리
> 고, 지묘사를 창건하여 그의 명복을 빌게 하였다.[29]

위 『동사강목』의 기록은 행장의 내용을 거의 그대로 인용하고 있다.
실기 또는 행장의 내용이 유학자들 사이에 유통되면서 전설화의 과정을
거치게 되었고, 이에 따라 민간에서도 역시 구비전승되는 계기가 되었을
것으로 보인다. 이는 일종의 의고적 인유라는 방식을 통한 전설화 양상
의 일종으로 보인다. 왜냐하면 다음의 신숭겸행장의 기록이 참고된다.

> 기신(紀信)이나 울지경덕(尉遲敬德)의 무리 같은 것은, 비록 한(漢)나
> 라, 당(唐)나라에 공을 세웠으되 공(公)의 풍성(風聲)에 비긴다면 오히려
> 이만 못할 것이다.

이대 대해 조선조 후기 학자 조재삼(趙在三, 1808~1866)의 『송남잡
지(松南雜識)』에는 좀더 구체적인 내용이 기술되어 있다. 즉 의고적 인
유의 근거를 중국의 역사나 불경을 통해서 밝히고 있다.

---

29 『동사강목』 제5 하 정해년 경애왕 4년 왕 김부 원년.

　신숭겸은 팔공산 전투에서 고려 태조가 견훤에게 거의 붙잡힐 뻔했을 때, 당시 스물 넷의 나이로 용모가 태조와 비슷하다는 이유로 자리를 바꾸어 대신 죽었다. 마치 제나라 경공의 봉추보와 한나라 고조의 기신과 같은 듯하다.[30]

　역사에서 말하기를 황창은 왼쪽 발 복판에 사마귀가 있으니 그 아내는 귀인의 상이라고 증언하였다. 불경에 황벽의 발 복판에 큰 사마귀가 있더니 그 어머니가 신선이 되었다는 내용이 있다. 고려의 신숭겸은 왼발에 북두성 같은 사마귀 일곱 개가 있었다.[31]

신숭겸의 전사지로 알려진 대구의 순절단

대구의 표충사

5) 조묘전설

　신숭겸은 두 유형, 두 종류의 무덤이 전한다. 하나는 곡성 태안사 뒷산에 있는 단묘형태의 목무덤이며, 다른 하나는 춘천에 있는 분묘형태의 목없는 무덤이다. 태안사의 단묘는 구비전설인데 반해서 춘천의 분묘는 기록에 나온다. 『신증동국여지승람』 춘천도호부편에 신숭겸의 묘소가

---

30 『송남잡지(松南雜識)』 10책 인물류. 같은 책 기술류의 "동모(同貌)"조에서는 "『춘추좌전』에 제나라의 봉추보가 경공과 생김새가 같은 까닭에 안 전투에서 공과 수레의 자리를 바꾸었다는 기록이 보인다. 한나라의 기신은 고조와 생김새가 같은 까닭에 팽성의 전투에서 불에 타죽었다. 송나라의 왕덕은 모습이 예조와 비슷했던 까닭에 모함을 당하였다. 우리나라의 신숭겸은 고려 태조와 생김새가 같은 까닭에 공산에서 패전하자 왕 대신 죽었으니 같은 생김새도 취할만한 것이 못된다."고 썼다.
31 『송남잡지(松南雜識)』 10책 기술류 "심상(心相)".

있다 하였으며, 행장에는 좀더 자세한 내용이 나온다.

　　태조가 본진에 돌아와서 곧 공의 시신을 찾았으나 머리가 없어졌으므
로 이를 분간할 수 없었더니, 대장 유검필 등이 말하기를, "신장군의 왼
발 아래에 사마귀의 무늬가 있었는데, 북두칠성과 같았습니다." 하는지
라 이로써 증험하여 과연 찾아내었다. 이에 목공에게 명하여 머리와 얼
굴을 새겨 만들게 하니, 마치 생시의 모습과 같았다. 조복을 갖추어 자
리에 앉게 하여 태조가 친히 제의를 행하고 통곡하였으며, 유사에게 명
하여 장지에 옮기게 하여 이에 광해주 소양강 비방동에 예장하였다.

　위 행장에서는 왕건이 목공을 시켜 신숭겸의 머리를 목상(木像)으로
만들었다고 했다. 그러나 뒷날 목상이 금상(金像)으로 바뀌면서 전설적
변형이 일어난다. 금두가 기록상 처음 나타나는 것은 춘천 묘역에 있는
김조순(金祖淳, 1765~1832)이 지은 신도비이다.

　　높다랗게 솟은 봉분이 세 개가 있는데, 세상에 전해오기를 태사가 전
사하였을 때 그의 머리를 잃어 고려태조가 태사의 얼굴을 금으로 주조
하여 시체에 합쳐 장사를 지내면서 혹시 몰래 이것을 건드는 사람이 있
을까 두려워하여 봉분을 셋으로 만들어 잘 분간할 수 없게 한 것이라고
도 하고, 혹은 생각하기를 태사가 본래 부인이 있어 합장한 것이라고도
하나 연대가 오래되고 문헌을 상고할 수 없으므로 매번 제향할 때에 가
운데 봉분에 나가 참배하고 행사하니 이는 그저 소중함을 헤아릴 뿐이
요, 혹은 왼쪽인지 오른쪽인지 전혀 알 수 없는 것이다.

　그러나 동일한 신도비에서 신숭겸의 두상에 대해 다른 내용이 나온다.

　　태조가 겨우 목숨을 모면하고 다시 싸우던 곳으로 돌아와서 공의 시
신을 찾으려 하였으나 이를 분간할 수가 없더니, 공의 왼발 아래에 북두
칠성 같이 일곱 개의 사마귀가 있었으므로 이로 증험하여 찾아내었으며,

이에 목공을 시켜 머리와 얼굴을 새겨 만들어 자리에 앉게 하고 심히 통곡하면서 예를 갖추어 장사하였다.

얼핏 보자면 김조순이 당착을 일으키고 있다고 느껴진다. 동일한 대상에 대해 앞에서는 금두라 하고, 뒤에서는 목두라 하고 있기 때문이다. 그러나 자세히 보면 김조순이 결코 당착을 일으킨 것이 아니다. 장군의 두상을 금으로 만들었다는 것은 그의 글에 명시되어 있듯이 "세상에 전해오기를(世傳)"에 근거한 기술이다. 세전이란 구비전승의 다른 말이다. 대신 두상을 나무로 만들었다는 것은 위에서 든 행장에서 얻은 정보다. 즉 구비전승과 기록전승의 차이를 그는 여과없이 신도비에 새겨 넣었던 것이다. 지금 구비전승되는 전설에서도 나무가 아닌 금으로 머리를 만들어 안장했다고 전한다.

에, 그 양반 묘가 지금 춘천 가 계신디, (춘천. 고려 때 장군이신가요?) 에, 고려 때. 그 때 그 왕건이 적군에 잽히가지고 죽게 생깄 인게 대신 죽었잖아. 비슷허니 얼굴이 닮았인게 대신 목을 바쳤어. 그서 목이 없이 묘를 썼다고 그리요. 그래가지고 지금 그 춘천 거그 인제 시제 때 몇번 갔지만 가서 보면은 똑같은 묘를 셋을 히났어, 짜란히. (아, 왜요?) 아 근게 거가 들어보니까. 그렇게 인제 목을 짤러서 없어지니까 거 왕건이 인제 묘를 쓰라고 험서, 천하에 참 충신이니까 그 그때 당 당대에 그 풍수를 최고를 히갖고,

"조선 팔도를 다 대님선 좋은 자리를 봐가지고 묘를 써줘라."

허고. 목이 없으니까 그냥 없는 채로 헐 수는 없고, 금으로 목을 만들었다야, 금으로, 금두상으로. 금이라는 건 그 전부터 돈이 되는 거 아녀. 근게 진짜 시방 그 명당 묘는 셋 중으 가운덴지 가상은지 이쪽인지 모른다고. 그 그걸 방지허기 위해서 셋을 짜란히 썼어. (누가 파갖고 가는 거를 막을려고?) 에, 에. 막을라고.[32]

---

32 신상철, "봉분이 세 개인 신숭겸의 묘", 임실군 신평면 용암리 94-1번지 북창마을, 2010년 7월 10일, 『한국구비문학대계』, 한국학중앙연구원.

기록물에 목두상이 구비전승에서는 금두상으로 바뀌어 있을 뿐만 아
니라, 분묘 3기를 쓴 내력까지 여기에 부회하고 있다. 즉 금두상 도굴을
방비하여 어느 묘에 금두상이 묻혀 있는지 모르도록 가묘 2기를 추가하
여 3기의 분묘를 조성했다는 이야기다.[33]

목두상도 그렇지만, 금두상은 구전되는 사이에 평가절상을 위해 부가
된 것이 분명하기 때문에 현전하는 신숭겸묘 3기 조성 원인에 대한 합
리적 설명으로 믿기 어렵다. 따라서 김조순도 의심나는 모든 내용에 대
해 판단을 중지하고 두 가지 모두 신도비에 실어놓았던 것이다.

춘천의 장절공 묘소(목 없는 묘)　　　　　　　춘천의 장절사

춘천의 목 없는 무덤과는 달리, 곡성 태안사 뒷산에는 신숭겸의 목만
묻힌 무덤이 전한다. 일명 장군단이라고도 부르는 단묘형태로서 다음과
같은 전설이 전한다.

　　팔공산에서 대구 팔공산에서 신숭겸 장군이 그 대사정신, 그러니까
　　그 왕건이를 대신해서 왕건이 옷을 입고 가갖고 쌈을 허다 대신해서 죽
　　었잖습니까. 그런거는 잘 아시잖아요. 그때 인제 그때 죽었을 당시 목을

http://gubi.aks.ac.kr/web/VolView2.asp?datacode=07_09_FOT_20100710_KEY_SS
C_0013&dbkind=2&hilight=신숭겸&navi=검색;신숭겸(제목)
33 도굴은 고려시대에도 있었다. 고려시대에 익산에 있던 기준의 쌍릉이 금을 노린
도굴꾼에 의해 도굴된 사건이 있었다. 『고려사』 124 열전 37 폐행 2 "정방길".

처버린거요. 그때 당시 죽으면 목 처버리지 않습니까. 목이 어디로 가버린거요. 목이 가버려 가지고 그 신숭겸을 묻을 때, 시신을 묻고 목을 만들어서, 해가지고 묻었다고 그런 얘기가 있지 않습니까. 근디 그 목을 묻고 말이 신숭겸 장군이, 신숭겸 장군에 대한 거기에 가면 용마 뭐 또 또 그 뭐 그런거이 여러 가지가 많애요. 거기 가면은 장군천이라든가 이런 것들이 많습니다. 산에 같은디 가면은. 거기서 인자 말허고 같이 무술을 닦고 허던 그런 지역이기 때문에 거기까지 물고 왔다고 그래요. 그거를 갖다가 그 말이 막 이렇게 거기까지 왔으니까 지쳤을 것 아니것어요. 먹지도 못하고, 또 전장에 가면 말이 칼 맞아버리잖아요. 그래가지고 거기 와서 인자 죽었는데, 그 머리를 거기다가 스님 스님들이 그것을 발견허고, 거기다 묻어 가지고, 이따 거기 우게 그 태안사 우에 올라가면 중들이 제사를 지낸 자리가 있어요. 지금은 고놈을 평산 신씨들이 거기를 좋게 따듬어 가지고 지금은 단을 만들어 놨습니다.[34]

전국적으로 의마총(義馬塚)이 산재해 있다. 그러나 대부분 임진왜란이나 병자호란 때 참전했던 장군들의 의마총이다.[35] 신숭겸의 목무덤전설은 이들 의마총전설에 대해 시원적 권위를 지닌다 해도 과언이 아니다. 그런 점에서 신숭겸의 용마는 의마가 확실하지만, 후대적 현상으로서 의마총을 만들던 관습과는 달리 신숭겸에서는 의마총 자체가 없다. 대신 태안사 뒷산에 목무덤과 매년 태안사 스님들이 재식을 올리는 유형적, 그리고 무형적 유산이 전설의 증거물로 전하고 있다. 태안사의 목무덤전설에 다음과 같은 호환전설이 부회되어 흥미를 끈다.

---

34 박정하, "신숭겸 장군의 무덤", 전라남도 곡성군 곡성읍 읍내리 775, 2013. 2. 18, 『한국구비문학대계』, 한국학중앙연구원.
   http://gubi.aks.ac.kr/web/VolView2.asp?datacode=06_02_FOT_20130218_KID_PJ
   H_0003&dbkind=2&hilight=신숭겸&navi=검색;신숭겸(제목)
35 전남 곡성 유팽로(柳彭老, 1554~1592) 장군, 전남 강진 황대중(黃大中, 1551~
   1597) 장군, 전남 나주 이용제 장군, 경북 김천 이언의(李彦儀, 1600~1637) 장군,
   경북 울진 장대룡 의마총, 경기 파주 이유길 장군, 충북 청주 박동명 장군 등의 의
   마총이 유명하다.

말이 이 목을 물고 와서 태안사 뒤에 어따 묻었는데, 거그는 안 가봤
어 잉. 그것도 제사를 태안사 스님들이 잘 지내주다가, 제사를 안 지내
버렸데. 긍게 호랭이가 와 갖고 스님을 물어갔다 그것여. 왜 그랬냐면은
신숭겸 장군 머리가 거그가 묻어 있은디, 제사 잘못 지냈다고 허니까.
그래서 그 뒤로 그 뒤로 제사를 지내준다 그런 말도 있는디, 지금 정식
으로 제사를 지내는 것 오곡면 덕양서원에서 지내고, 저그 목사동면 용
산단, 용산재, 집 재 자 잉. 용산재에서 지사 제사를 지내고 있습니다.[36]

정결해야 할 제사를 부정하게 모셨다거나 결제를 했을 때 신성에 의
해 징치를 당한다는 구전이 많다. 태안사 스님들에도 역시 결재징치(缺
齋懲治)의 굴레가 구전에 의해 씌워진 예로 보겠다.

곡성의 원래의 모습으로 다시 조성한 장군단
(2015. 6. 6)

곡성의 태안사에서 개수한 장군단
(2015. 3. 21)

---

36 김일기, "호랑이가 물고 간 스님", 전라남도 곡성군 곡성읍 읍내14길, 2013. 2.
  25., 『한국구비문학대계』, 한국학중앙연구원.
  http://gubi.aks.ac.kr/web/VolView2.asp?datacode=06_02_FOT_20130225_KID_KI
  G_0007&dbkind=2&hilight=신숭겸&navi=검색;신숭겸(내용)

Ⅲ. 신숭겸 제의의 유형과 신격화

1. 국가 차원의 제의와 신격화

1) 태조실의 배향과 신격화

종묘와 사직은 국가라는 존재의 두 축이다. 건국신화에서 천부(天父)와 지모(地母)가 국가의 두 축인 사례와 통한다. 천부는 성(性), 지모는 식(食)의 상징이다. 성은 종족유지를 가능하게 하고, 식은 개체보존을 가능하게 한다. 따라서 성과 식은 존재론적인 두 축이다. 동양의 음양론적 쌍분체계로 보자면 성은 하늘에서 받고, 식은 땅에서 얻는다.

국가의 주인은 시대를 따라 바뀌어 왔다. 천주(天主)의 시대에서 군주(君主)의 시대로, 그리고 종래에는 민주(民主)의 시대로 바뀌어 왔다. 제정일치의 신권사회에서는 천신이 주인이었지만, 전제군주사회가 되면서 국가의 주인은 곧 왕이었다. 예를 들어 신도들이 기도할 때 "주여!"라고 하는 말은 "주인이시여!"라는 뜻이듯이, 신하들이 왕을 향해 "주상"이라고 불렀던 것 역시 "가장 높이 계시는 주인이시여!"라는 뜻이다. 민주사회가 된 이 시대에 정치인들이 가장 수사적으로 많이 사용하는 말이 "국민!"이다. 민주란 다름 아닌 국민이 주인인 국면이다.

국가를 가정으로 치환하고 보면 종묘는 부성이요, 사직은 모성이다. 아버지 날 낳으시고, 어머니 날 기르시는 관용적 표현과 일치한다. 종묘는 온 백성의 주인이며 대표단수인 왕실을 잇도록 해주는 국가유지신이며, 사직은 백성을 먹고 살 수 있도록 해주는 토지곡령신이다. 이 둘이 없으면 국가가 탄생할 수도 없으며, 지속할 수도 없다.

종묘 중에서도 태조묘는 가장 중요하다. 국가 탄생의 시원이기 때문이다. 고려조에 왕건을 모신 태조묘는 따라서 건국한 국가의 수호를 비는 중요한 종교적 성소였다. 이러한 개국 및 국가수호신격인 태조를 모시는 태조묘에 개국공신들을 함께 모셨다.

태사 개국 무열공 배현경(太師開國 武烈公 裴玄慶), 태사 개국 충열공 홍유(太師開國 忠烈公 洪儒), 태사 개국 무공공 복지겸(太師開國 武恭公 卜智謙), 태사 개국 장절공 신숭겸(太師開國 壯節公 申崇謙), 태사 개국 충절공 유검필(太師開國 忠節公 庾黔弼), 태부 희개공 최응(太傅熙愷公 崔凝)[37] 등이었다.

여러 사람과 더불어 개국공신으로서 신숭겸이 태조묘에 배향된 것은 결국 종묘에 대한 국가적 기대인 건국신적 자격을 얻은 것이다. 조선조에 와서도 고려의 종묘격인 숭의전에 역시 고려의 공신들을 함께 배향한 것은 왕조는 다르지만, 신숭겸을 비롯한 개국공신들의 국가수호와 충성심에 대한 기대심리가 배경이었을 것으로 본다. 신숭겸 등은 왕조를 달리하면서도 종묘에서 계속 배향되는 신격지속의 영예를 누릴 수 있었던 것이다.

2) 무차대회와 팔관회의 신격화

고려를 지탱하는 공식종교는 불교였다. 정교일치를 통한 강력한 통치기반 확보와 이념강화를 위해 고려왕조는 국민종교였던 불교에 대한 의존도가 높았다. 외침이 있었을 때 팔만대장경을 만들어 국가수호를 하고자 했던 것만 보더라도 고려불교의 세속정치적 성격은 확연하다.

태조 왕건은 재위 23년에 국가가 안정되자 개경에 신흥사를 중건하여 공신당을 조성한다. 공신당 속에는 삼한공신을 동서의 벽 양쪽에 그려 붙였다.[38] 소위 벽상공신이라는 말은 여기에서 나왔다. 한편 신흥사에

---

37 태조묘에 모셔진 최응은 개국공신은 아니지만, 궁예에게서 왕건의 목숨을 보전케 해준 장본인이라는 점에서 역시 개국공신들만큼 국가적으로는 중요한 인물로 평가를 받았을 것이다. 『고려사』 열전 궁예조 참조.

38 『고려사』 제2권 세가 제2 태조 경자 23년(940), 是歲 重修新興寺 置功臣堂 畫三韓功臣於東西壁 設無遮大會一晝夜 歲以爲常.

공신당을 만든 까닭은 벽상공신을 상설적으로 모시고자 한 까닭도 있었지만, 공신들을 위한 불교적 천도제인 수륙재, 즉 무차대회(無遮大會)를 열고자 하는 것이었다. 왕건의 훈요십조에도 나오지만 연등회와 팔관회는 고려의 가장 큰 국가적 제전이었다. 왕건이 신흥사를 열어서 따로 개설하도록 했던 무차대회는 일종의 공신들을 위한 수륙재의 역할을 했을 것으로 보인다.

수륙재는 중국의 양나라 무제 원년(502년)에 처음 시작되었다 한다. 고려조에 수륙재는 광종 22년(971년)에 수원 갈양사에서 혜거국사가 처음 시행한 후 조선조까지 계속되어 왔다.[39] 그러나 왕건이 신흥사에 공신당을 세우고 벽상공신들을 위해 무차대회를 열었던 것은 성격적으로 보아 비록 수륙재라는 말은 사용하고 있지 않지만, 수륙재적 성격이 강하다.[40] 더불어 이와 관련하여 팔관회에서 신숭겸이 모셔졌던 사례다.

신사일에 팔관회를 열었다. 왕이 여러 가지 유희를 구경하였는데 거기에는 국초의 공신 김락(金樂), 신숭겸(申崇謙) 등의 우상(偶像)이 있었다. 왕이 이 우상을 보고 감개한 마음으로 시를 지었다.[41]

태조가 매양 팔관회를 베풀어 여러 신하들과 더불어 교환(交歡)할 적마다 유독 전사한 공신들이 반열에 있지 않는 것을 측은히 여기고, 유사에게 명하여 공(公)과 김락(金樂)의 상을 짚으로 묶어 만들게 하여, 조복을 입혀서 반열에 따라서 앉게 하고 임금이 더불어 함께 즐기면서 이에 술과 음식을 내리기를 명하니, 술이 문득 닳아 마르고 가상이 일어나서

---

39 耘虛龍夏, 『佛敎辭典』(서울 : 東國譯經院, 1981), 486쪽.
40 무차대회는 다른 말로 수륙무차평등재의(水陸無遮平等齋儀)라고도 한다.
41 『고려사』 제14권 세가 제14 예종 15년(1120), 『장절공신선생실기』에 동일한 상황이 다음과 같이 기록되고 있다. "예종대왕이 경자년 겨울에 서도를 살피면서 팔관회를 열었는데, 두 가상이 있어 붉은 관복을 갖추고 홀을 쥐었으며, 금으로 장식하고 말에 올라 힘차게 뛰어 뜰을 돌았다. 임금이 이상히 여겨 물으니 좌우에서 말하기를 이는 신성대왕(왕건)이 삼한을 통일할 때 대신 죽은 공신 대장군 신숭겸과 김락이라 하며 곧 그 본말을 아뢰었다."

춤을 추되, 마치 살아 있을 때와 같았는데 이로부터는 음악을 연주하는
자리에 배치하여 이를 상례로 삼게 하였다.[42]

태조 왕건이 열었던 팔관회에 신숭겸과 김락 등 전사한 장수를 위한
의식이 마련되었고, 이러한 팔관회 예식은 예종 때에도 계속되었다. 예
종이 서경 팔관회를 목도하고 지은 도이장가는 바로 신숭겸과 김락 두
장수의 죽음을 애도하는 내용이다. 예종이 죽은 신숭겸을 만날 수 있었
던 것은 바로 현신의 물화적 방법인 신상 덕분에 가능했던 것이었다.

　여조가 팔관회를 베풀었을 때 신상(神像)이 자리에서 일어나 춤을 춘
이적이 있었고 예종이 서도를 순찰할 당시 또 신상이 말을 탄 이적이 있
었는데, 그때마다 살아있는 사람 같았으므로 대대로 그 일을 기적으로
전해 오고 있으니, 공 같은 분은 이른바 삶을 기다리지 않고 존재하며
죽음을 따라 없어지지 않는 자가 아닌가. 예종은 시가를 지어 그 일을
찬미하기도 하였다.[43]

신상의 제작뿐만 아니라 신상을 위한 축제형 연희는 의례적 성격이
짙다. 이는 소위 신유(神遊)의 방법이며, 오신(娛神)과 오인(娛人)이 맞물
리는 연희형 의례인 것이다. 우리말에 신을 놀린다는 말이 있는데, 이는
국어사전에도 나오지 않는 말로서 신을 희롱한다는 뜻이 아니다. 신이
즐겁게 놀도록 해준다는 뜻이다. 팔관회에서는 신숭겸과 김락의 신상을
제작하여 그들을 즐겁게 놀게 해준 일종의 의례적 난장이 열렸던 것이다.

　수륙에서 전사한 병졸들을 위하여 명복을 빌고 추천하는 것은 그들을
재액과 난관을 초탈하고 안락한 불국토로 승천시키기 위함이다. 후세에

---

42 신묵, "장절공 신숭겸 대장군 행장".
43 『상촌선생집』 제27권 신도비명(神道碑銘) 고려태사장절신공충렬비(高麗太師壯節
申公忠烈碑) 병서.

수륙재를 설행하는 것은 옛 팔관회의 의미를 이은 것이다.[44]

  중국의 팔관재도 죽은 이를 위한 위령제의 성격을 띠고 있었지만, 중국에서는 특히 전쟁을 겪은 후에 조정과 민간에서 자주 수륙법회를 거행하여 전쟁에서 죽은 망령들을 구제하였다는 점을 상기할 때, 진흥왕 33년에 외사(外寺)에서 설행된 팔관회는 바로 수륙재였음을 알 수 있다.[45]

  팔관회와 수륙재의 성격적 유사성 또는 동질성에 대한 위 논의를 참고해보자면 태조 왕건이 개경 신흥사 공신당에서 열었던 무차대회 역시 팔관회 및 수륙재적 성격이 완연하다.

  무차대회와 팔관회에서 신숭겸이 모셔진 사례는 또 다른 의미에서 신숭겸의 신격화를 뜻하는 것으로 보겠다. 의례 속의 등장인물(character)은 신격(divinity)을 지닌다. 신숭겸은 우상의 형태로 세시의례인 팔관회를 통해서 거듭남으로서 신처럼 영속적 삶을 누리고 있었던 셈이다.

2. 지역 차원의 제의와 신격화

1) 곡성 성황사와 신격화

  우리나라 성황신앙은 고려시대에 중국에서 받아들였지만, 여러 가지 변곡을 많이 겪어왔다. 중국에서도 본래 성황신앙은 『예기』등 공적 사전(祀典)에 기원을 둔 것이 아니라, 민간신앙으로 시작해서 결국 공적신앙이 된 것이었다. 성황신앙이 우리나라에 들어오면서도 공적신앙과 민간신앙이 양존했으며, 이러한 현상은 조선시대까지도 계속되었던 것으

---

44 이능화(윤재영 역), 『조선불교통사』(하), 박영사, 1973, 291쪽. 所以爲水陸戰死士卒 追薦冥福 以所超脫災厄難關 昇天安樂利土也 後世之設水陸齋者 既古八關會之遺意也.
45 전경욱, "수륙재의 기원과 역사적 전개양상", 『법성포수륙대재 복원사업결과보고서』, 전통예술복원 및 재현 문화체육관광부지원사업, 2009.

로 알려져 있다.[46] 그러나 조선조 초부터 유학사상 및 중화문화에 기반
한 국가창립을 위해 사전을 정비하면서 중국 명나라의 예제, 특히 홍무
예제에 따른 공적신앙을 정비하여 사전을 마련하였다. 성황제도 여기에
포함시키게 된다.[47] 그러나 이러한 사전 정비를 위한 활발한 어전에서의
논의에도 불구하고, 고려조와 마찬가지로 조선조에 와서도 민간에서는
여전히 음사로 간주되었던 민간의례가 성황사에서 계속되고 있었던 사
례는 많다.[48]

곡성과 가까운 순창, 옥과에도 성황사가 있고, 이곳에서 모두 고려조
역사적 실존인물들이 성황신으로 모셔졌다는 것도 공통적이다. 곡성의
신숭겸, 순창의 설공검(1224~1302), 옥과의 조통 등 모두 그 지역 출신
으로서 성황신으로 모셔졌다.

> 고려 신숭겸. 춘천편에 상세하다.·세간에 전하기를, "신숭겸은 죽어서
> 현의 성황신이 되었다." 한다.[49]

세 지역 중, 위 『신증동국여지승람』에서 보듯이 국가의 공식적 문헌
에서 볼 수 있는 것도 곡성의 성황신 신숭겸뿐이다. 『여지승람』에서도

---

46 박호원, 『한국 마을신앙의 탄생』(서울 : 민속원, 2013), 269~314쪽.
47 최종석, "여말선초 명(明)의 예제와 지방 성황제(城隍祭)의 재편", 『역사와 현실』
   72, 2009, 232쪽.
48 윤동환, "삼척 읍치성황제의 지속과 변화", 『실천민속학연구』 16, 실천민속학회,
   2010, 439쪽., 이해준, "순창 읍치성황제의 변천과 주도세력", 『역사민속학』 7, 한
   국역사민속학회, 54쪽., 김도현, "강원도 민속 조사 자료와 의의-성황사 내 중수
   현판을 중심으로-", 『강원문화사연구』 15, 강원향토문화연구회, 2010, 96쪽., 김
   도현, "강원지역 읍치 성황제의 고찰", 『조선사연구』 14, 조선사연구회, 2005,
   133~159., 최종석, "조선 전기 음사적 성황제의 양상과 그 성격-중화 보편 수용의
   일 양상-", 『역사학보』 204, 역사학회, 2009., 김철웅, "조선시대의 성황제", 『사
   학지』 35, 단국사학회, 2002.
49 『신증동국여지승람』 제39권 전라도 곡성현 "인물".

장절공 신숭겸이 곡성현성황신, 김홍술이 의성성황신이, 소정방이 대흥
성황신이라고 하고 있을 뿐, 순창과 옥과의 성황신에 대한 언급은 없다.
더구나 시대적으로도 신숭겸이 가장 앞선다. 토성으로서 신씨가 살고 있
었던 곡성에서 신숭겸을 성황신으로 추봉하자,[50] 인근 순창과 옥과에서
도 모방적인 숭모사업의 일환으로 성황사에 동향인물 또는 동성인물을
배향했을 수 있겠다.

단편적 기록이기 때문에 성황신 신숭겸에 대한 제의는 어떠했는지 알
수 없다. 그러나 인근 옥과와 순창의 사례로 보자면 공식종교로서 지방
관이 치제하던 성황사의 제의와는 별도로 민간 차원에서 이루어지던 성
황신앙이 실재하지 않았을까 싶다.

그러나 곡성의 성황사에서 신숭겸을 성황신으로 배향했던 것이 언제
부터였는지 알 수 없다. 시대는 물론 위치 역시 문제가 될 수 있다. 곡성
은 본래 욕내현으로서 현재 곡성군 죽곡면 당동리에 치소가 있었지만,
고려말 왜구로 인해서 현 곡성읍으로 치소를 옮겼다.[51] 당동리의 유적
에 대한 발굴이 이루어져 신앙유적으로 볼 수 있는 건물지(폐사지)를
확인했지만, 이를 성황사로 확정할만한 근거를 발견하지는 못한 것으로
보인다.[52]

2) 평산 태사사와 신격화

평산 태백산성에 고려 개국공신의 철상을 모신 태사사가 있었다. 이
에 대한 고려조의 기록이 확인되지 않기 때문에 언제부터 있었는지는

---

50 변동명, "申崇謙의 谷城 城隍神 推仰과 德陽祠 配享", 『한국사연구』 126, 한국사
연구회, 2004, 103~105쪽.
51 金東洙, "谷城郡의 沿革", 『谷城郡文化遺蹟學術調査』, 전대박물관·곡성군, 1996,
25~26쪽.
52 김정현, "곡성 당동리 폐사지 발굴조사", 『동원학술논문집』 7, 국립중앙박물관, 한
국고고미술연구소, 2005, 151~171쪽.

알 수 없지만, 조선조의 여러 기록으로 미루어보자면 고려초부터 있었던 것으로 짐작할 수 있다. 또 미술사적으로 볼 때 고려초부터 우상 제작의 사례가 많은 것으로 보아 신숭겸 등의 철상도 고려조 초에 만들어졌을 가능성이 높다.[53] 신숭겸의 철상에 대한 최초의 기록은 선조 때다. 다음 은 선조가 유영순(1552~1630)과 나눈 대화의 일부다.

> "있습니다. 성 안에 전조(前朝) 장절공 신숭겸의 철상이 아직도 남아 있습니다."
> 하였다. 상이 이르기를,
> "철상이 지금도 남아 있더란 말인가?"
> 하니, 아뢰기를,
> "있습니다. 지금도 고을 사람들 중에 사사로이 기도하는 자들이 가끔 음사를 하므로 신이 그의 자손을 불러 경계하기를 '너희 조상의 유상(遺 像)이 아직 보존되어 있으니 너희들은 사당을 짓고 제사를 지내라.' 하 고, 이내 회문을 돌려 재력을 마련해서 사당을 세웠습니다. 이는 신숭겸 은 신의 어미의 조상으로 그 자손들이 평산에 많이 있었기 때문입니다."
> 하였다.[54]

성안에 신숭겸의 철상이 남아 있는데 민간에서 음사의 기도대상이 되 어버린 것을 못마땅하게 여겨 사당을 건립하여 안치토록 하였다는 이야 기다. 몇 위의 철상이 있는지 또는 그 전에 사당이 있었는지 없었는지 등 기대하는 기본적인 정보가 미약하다. 다만 평산신씨의 외손인 유영순 이 발의하여 주변의 평산신씨 재력가들이 출연하여 사당을 새로 세운 정황은 확실하다. 또한 이 사당은 위 대화가 있는 1596년도보다 얼마 전 에 지어졌음도 확실하다. 당시 출연금은 낸 사람 중에는 신경진(申景禛, 1575~1643)과 신익성(申翊聖, 1588~1644) 등의 이름이 거명되고 있다.

---

53 진홍섭, 『묵재한화』(서울 : 대원사, 1999).
54 『선조실록』 선조 29년(1596년) 12월 19일.

이들 내력을 포함하여 신숭겸의 철상이 모셔진 태사사에 대해 보다 정확한 정보를 주는 자료는 인조의 셋째아들인 인평대군(麟坪大君, 1622~1658)의 기록이다.

평산산성 밑에 이르렀다. 일찍이 이 산성은 변한의 옛 도읍으로서 형세가 뛰어나게 기이하며, 안에는 장절공 신숭겸의 철상이 있다는 말을 들었다. 역관 변승형과 사자관 유의립 등을 보내어 두루 살펴보고 오게 했는데, 그들이 말하였다.

"산성은, 동쪽으로 저탄(猪灘)에 임하고, 서쪽으로 대로에 당하고 있으며, 사방에 마주 보이는 봉우리가 없어서 경치가 아름다울 뿐만 아니라, 형세가 웅장하기 짝이 없었습니다. 정사(精舍)의 동쪽에 과연 장절공의 사당이 있는데, 사당에는 정당(正堂)·중당(中堂)이 있고, 밖으로 담이 있었습니다. 정당 한가운데에 신숭겸의 상을 안치하고 좌우에는 복지겸, 유검필의 상을 안치했는데, 모두 무쇠로 주조한 것이었습니다. 세 사람은 모두 고려조의 개국원훈인데, 오직 신숭겸만 평산 사람입니다. 그러나 유검필·복지겸 두 장수도 지위와 덕망이 서로 같기 때문에 지방 사람이 사당을 세우고 이곳에 세 분을 함께 배향시켰다 합니다. 연대가 멀어져서 잡초에 파묻혀 있는 것을, 신숭겸의 후예인 상국 신경진과 도위 신익성이 시주하여 중수했다 합니다."[55]

사당은 정당과 중당 두 채가 있고 담으로 둘러싸여 있다. 본채인 정당 안에는 신숭겸이 복지겸과 유검필을 좌우에 거느린 3존의 철상이 있다. 신숭겸의 후예인 신경진과 신익성이 출연하여 중수했다. 이때 신익성은 사당을 중수하면서 제문을 쓰기도 했다.[56] 본래 사당이 있었지만, 오래

---

55 인평대군, 『연도기행』 하 일록(日錄) 병신년(1656, 효종 7) 12월 13일.
56 신익성, 『樂全堂集』 卷之十五 祭文 壯節公鐵像祠宇重修祭文, "運訖鷄林。祥開青木。公乃奮起。挈裴提卜。應期佐命。雲龍施澤。蓋代之勳。殉主之節。日月常鮮。風雷爲烈。惟技用神。鴻田受籍。留此儀形。金軀厖碩。匪隱而顯。春秋牲璧。庶有寧宇。載祀八百。興發以新。後人之責。程工量材。刻壤易石。座右諸公。莫稽名迹。與公肩比。想皆勳德。虔告事由。冀竝移席。翊聖等逖邇先懿。凜乎如昨。遙傳祝

되어 당우가 없어져 잡초 속에 묻혀 있던 것을 유영순의 발의에 따라 문중에서 시주를 하여 중수를 하게 되었다. 따라서 중수 후에 문중에서 제사권을 가졌을 것으로 보인다.

정조대에 이르러 이 사당에 사액을 하게 된다. 처음 삼태사사라 하였다가[57] 이듬해 태사사로 이름을 바꾼다.[58] 그 까닭은 철상 3존이 존재하는 것으로 알았지만, 이듬해 철상 4조인 있다고 밝혀졌기 때문이다. 정조는 처음 삼태사사의 편액을 내리면서 다음과 같이 하명한다.

"삼한을 통일하는 공을 도운 사람들이 이 세 공이다. 평산부의 태백산성에 그 모습을 본떠 만든 동상이 있어 사당을 세워 제사지냈었는데, 이의 중건을 아조에서 행하였다. 그런데 아직까지도 사액을 내리지 않았다. 종백(宗伯)이 문임(文任)을 겸하고 있으니 사호(祠號)를 지어 올리고 길일을 잡아 이 호를 걸도록 하라. 호를 거는 날 승지를 보내어 치제하되, 일찍이 무장(武將)을 지낸 바 있는 장절공의 자손 가운데에서 보내라. 제문은 친히 지을 것이고, 제품(祭品)은 두주(斗酒)와 생 돼지를 쓰라. 이어 풍악『茄鼓』으로 분위기를 돋우도록 하라."

민간 음사의 대상이던 철상에 대해 문중을 중심으로 사당을 중수하여 제사를 모시다가 국가에서 편액을 내리고 승지를 보내 치제하는 등 제의주체가 국가로 바뀌고 있는 과정을 본다. 위 정조의 하명 중 제문을 직접 쓰겠다는 말은 실천이 되었다.[59]

辭 °采切感怍 °不昧者存 °庶幾來格".

57 『정조실록』 45권, 20년(1796) 8월 4일 "신숭겸·유검필·복지겸의 사당에 사액하고 치제를 명하다".

58 『정조실록』 47권, 21년(1797) 8월 1일, "평산 태백산성의 사우를 태사사라 호칭하고 4인을 동시에 제사하게 하다."

59 정조, 『홍재전서』 제24권 제문(祭文) 6, "고려 장절공 신숭겸, 충절공 유검필, 무공공 복지겸, 무열공 배현경의 철상을 모신 평산부 태백산성의 사당에 편액을 내릴 때 치제한 글".

緬惟麗肇 고려건국 생각하니
厥有三傑 세분호걸 계셨구나
翼翼元勳 이루어낸 원훈일랑
孰與壯節 장절공과 뉘비길까

이렇게 시작된 제문은 "고려 장절공 신숭겸, 충절공 유검필, 무공공 복지겸, 무열공 배현경의 철상을 모신 평산부 태백산성의 사당에 편액을 내릴 때 치제한 글"이라는 서문과 일치하지 않는다. "세분 호걸" 즉 3태사를 지칭하면서도 시의 서에서도 그렇고 내용에서도 신숭겸, 유검필, 복지겸. 배현경 순으로 배열되고 있다. 아마 정조 20년(1796) 처음 치제할 때의 제문에는 배현경이 없었으나, 정조 21년 배현경을 추배하기로 결정을 본 후 시문집 편찬과정에서 추가했을 수도 있겠다.

그러나 배위만 문제되는 것이 아니다. 정조의 사액을 전후하여 태백산성의 태사사에 대한 다른 정보가 기록으로 전한다.

> 해주부의 동쪽으로 5리쯤에 산성이 있는데, 그 중간에 장절공 신숭겸의 철상과 철마(鐵馬)가 있었다.[60]
> 본부 동쪽 5리 가량에 태백산이 있고, 성안에 장절공 신숭겸의 철상과 철마(鐵馬)가 있다.[61]

위 기록들에 의하면 신숭겸 철상 말고도 철마가 봉안되어 있는 것으로 되어 있다. 산성 등에 말의 조형물이 신체로 봉안된 예는 이미 삼국시대부터 있었으며, 지금까지도 서해안과 남해안의 도서해안지역 마을 당집에서 흔히 찾아볼 수 있다.[62] 태사의 철상 봉안과는 다른 차원에서

---

60 김창업, 『연행일기』 제1권 임진년(1712, 숙종 38) 11월 6일.
61 김경선, 『연원직지』 제1권 출강록(出疆錄) 임진년(1832, 순조 32) 10월 23일.
62 강봉룡, "한국 서남해 도서연안지역의 鐵馬信仰", 『도서문화』 27, 목포대학교 도서문화연구원, 2006, 113~122.

민간의 마신앙이 추가되었을 수도 있겠다.

한편 정조가 사액한 3년 뒤에 태백산성에 있는 태사사를 직접 방문한 적이 있는 정약용은[63] 그가 보았던 태사사의 모습을 다음과 같이 기술하고 있다.

> "가경(嘉慶) 기미년(己未年, 1799, 정조23) 봄에 칙서(勅書)를 맞는 일로 내가 평산부(平山府)에 있을 적에 한가한 날에 풍천수 이민수, 장연수, 구강 등과 함께 태백산성을 유람하였는데, 성 안에는 삼태사의 사당이 있으므로 함께 배알하기로 언약하였다. 삼태사란 신숭겸, 복지겸, 유검필이다. 사당 문을 열고 보니 철상이 세 구 있는데 모두 천박하여 참 모습이 아니었고 또 그 사이에 여자의 소상(塑像) 두 구가 있는데 노란 저고리 붉은 치마에 얼굴에는 분을 바르고 입술은 붉은 칠을 한 것이 요괴스럽고 바르지 못하였다. 이민수가 말하기를, '이런 곳에 어떻게 절을 할 수 있느냐.' 하고 드디어 문을 닫고 나왔다."[64]

태사사 철상들 사이에 노란 저고리와 붉은 치마를 입힌 두 여자의 소상이 놓인 것을 보고 요괴스럽다 판단했으며, 절을 할 수 없다는 의견에 동의하고 동행과 더불어 문을 닫고 나와버린 경험담을 적었다. 개성 덕물산의 최영장군사당이나 나주 금성산의 금성산사에 살아 있는 처녀를 바친 기록들이 있지만, 태사사에는 여자의 소상을 봉안하고 있다. "노란 저고리 붉은 치마에 얼굴에는 분을 바르고 입술은 붉은 칠을 한" 모습이 무신상을 연상시킬 뿐만 아니라, 요괴스럽다고 판단하고 있는 것, 그리고 이 글이 제사를 논구하면서 음사 타파를 주제로 하고 있다는 점 등

---

63 정약용, 『다산시문집』 제3권 시(詩), "태백산성 동루에서 풍천도호 이민수와 장연 도호 구강 두 도호와 마시다(太白山城東樓 同豊川 李民秀 長淵 具絳 二都護飮)".
64 정약용, 『목민심서』 예전(禮典) 6조 제1조 제사(祭祀) "혹시 고을에 음사(淫祀)하는 잘못된 관례가 전해 오는 것이 있으면 사민(士民)들을 깨우쳐 철훼(撤毀)하기를 도모할 것이다."

을 종합해볼 때, 무속인들이 태사사에서 무신상을 모시고 일정한 의례를 수행하고 있었던 것이 아닌가 싶다. 정조가 내린 제문에도,

> 肅淸遺像 엄숙하고 맑은동상
> 有範其鐵 쇠를부어 만들었네
> 邑人士女 고을사는 남녀백성
> 歲時香飶 명절마다 제사하네

라고 하여 민간에서도 태사사에서 제사를 모시고 있는 풍속을 언급하고 있다. 더구나 제문 마지막에 정조는 태사사의 제의 목적을 다음과 같이 적고 있다.

> 賁以華扁 빛난편액 걸어두고
> 侑以肥腯 보답하는 살찐희생.
> 簫鼓在庭 사당뜰에 피리와북
> 星輪交掣 성륜처럼 서로끄네.[65]
> 福我民社 농부농사 복을주사
> 禾稼如栗 밤톨같은 벼이삭을.
> 其永報祀 길이길이 보은제사
> 維億日月 억만세월 이어지리.

편액을 걸고, 희생을 바치고, 풍악을 울려 제사하니 밤톨같은 크기의 벼이삭이 열리도록 해달라는 기원을 담았다. 민간에서 추구하는 농경신적 기원대상으로 본 것이며, 여기에 국가나 관이 아닌 민간이 참여를 하여 이러한 기원을 하게 된다면 풍요다산을 낳게 하는 여신, 즉 지모신의 성격을 가진 여인상을 합배했을 수도 있겠다.

---

65 성륜(星輪) : 관계용 기구, 서유구(정명현, 김정기 역), 『임원경제지 본리지 03』(서울 : 소와당, 2009), 350~352쪽.

고대에 소조나 주조의 인물상은 매우 희귀한데 더욱이 철조 인물상이 현존한다면 한국조각사 연구에 막중한 자료가 되겠으나 현존 여부는 미지수다. 근래에 출판된 북한 관계 자료에 의하면 6·25 동란으로 성내의 시설이 파괴되고 비석만이 남아 있다고도 하고 도록에 의하면 일부 파괴된 태백산성 성벽의 사진이 실려 있을 뿐 그 안부를 알지 못한다.[66]

지금 태사사를 찾아볼 수 없다는 것이 안타까울 뿐이다. 한국조각사 뿐만 아니라 역사학, 민속학, 문화재학 등에 있어서도 중요한 자료가 될 수 있는 현장과 유물에 대한 접근이 차단된 현실이어서 안타깝다.

Ⅳ. 영웅화와 신격화의 전승적 의미

지리적 원근으로 보면 곡성군 출신 신숭겸은 후백제의 견훤세력과 가까운 것이 당연해보이지만, 사회적 인연으로 보자면 왕건가와 가까울 수도 있었다. 신라말 불학과 유학이 번성하면서 도당파가 많아졌다. 도당유학파들은 후삼국의 새로운 판도에서 견훤보다는 친왕건적 성향이 두드러졌다. 최승우가 도당유학자로서 유일하게 견훤의 휘하에 들어갔던 것도[67] 하나의 반증이 되지만, 도당승려들의 경우도 왕건과 가까웠다. 특히 장흥의 가지산문과 곡성의 동리산문의 경우는 친왕건적 성격이 훨씬 강했다.

왕건이 전략적으로 고승의 포섭을 통해서 서남해안의 접근을 시도했다는 시각으로 볼 때,[68] 특히 도당승려들이 왕건과 가까웠던 정황을 읽

66 진홍섭, 『묵재한화』(서울 : 대원사, 1999).
67 배재훈, "입당 유학생 최승우와 후백제 견훤 정권", 『신라사학보』 26, 신라사학회, 2012, 239쪽.
68 강봉룡, "羅末麗初 王建의 西南海地方 掌握과 그 背景", 『도서문화』 21, 목포대 도서문화연구소, 2003, 362쪽.

어낼 수 있다. 장흥 보림사를 기반으로 하는 가지산문의 보조선사 체징 (體澄, 804~880)은 구당파 승려였다. 그의 제자 형미(洞微, 864~917) 역시 당나라에서 유학을 하고 돌아와 왕건의 확실한 후원자 역할을 하였다.[69]

　고려초에 곡성의 태안사는 송광사와 화엄사까지도 말사로 거느릴 정도로 대찰이었다. 839년에 태안사를 창건한 혜철(惠哲, 785~861)은 당나라 유학파였다. 신라말 구법승들은 대체로 장보고의 선단을 이용하여 도당하였다. 동리산문을 이룬 혜철의 문도는 도선(道詵, 827~898), 경보 (慶甫, 868~947), 여선사(如禪師), 윤다(允多, 864~945) 등 수백 인에 이른다. 특히 이들 중 왕건(877~943)과 거의 동시대를 살았던 윤다는 동리산문의 제3대 조사로서 오랫동안 태안사에 머물렀으며, 영암 출신인 도선은 영암 무위사의 형미와 함께 왕건을 도와 고려 창업에 큰 후원자가 되었다. 나말여초에 서남해 해상권은 장보고에게서 왕건에게로 넘어간다. 장보고에 신세를 졌던 도당파들은 왕건가와도 가까웠다. 혜철에 이어 도선과 경보 등 도당파 역시 이러한 인연으로 왕건가와 가까웠으며, 이들의 영향을 받았을 윤다 역시 왕건과 친연성이 강했다.[70] 해상세력의 후원에 힘입었을 태안사가 친왕건적 성향을 가졌다면, 이러한 분위기는 자연히 지역민들에게 영향을 미쳤을 것이며, 태안사와 지척의 거리에 살았던 신숭겸 역시 예외일 수는 없었을 것이다. 신숭겸 사후에 태안사 뒷산에 목무덤을 만들고 재례를 받들었다는 사실도 또한 태안사와

---

69 강봉룡 위의 논문, 364쪽.
70 한국정신문화연구원, 『한국민족문화대백과사전』, "윤다", "후삼국을 통일한 고려의 태조는 사신을 보내어 대궐로 청하였다. 그가 도착하자 왕은 기뻐하면서 의빈사(義賓寺)에 머무르게 하였다. 이 때 임금에게 국가의 행복이 무엇이고 백성의 행복이 무엇인가를 언제나 잊지 않아야 함을 강조하였다. 그 뒤 왕은 홍왕사(興王寺) 황주원(黃州院)에 머무르게 하고 극진히 보살폈으나, 곧 왕의 허락을 얻어 동리산으로 되돌아갔다."

신숭겸의 친연성 측면의 연결고리를 증명해주는 하나의 사례로 볼 수 있겠다.

신숭겸은 역사적으로 두 사건의 중심에 선다. 하나는 왕건을 추대하여 고려를 탄생시킨 개국공신이라는 점이며, 다른 하나는 팔공산전투에서 견훤군에 포위된 왕건을 살려내기 위해 전사했다는 점이다. 이러한 그의 이력은 고려조뿐만 아니라 조선조를 통해서까지 개인적인 명성은 물론이고, 명문가로서의 기틀이 되었다. 특히 왕을 위해 대신 죽었다는 위왕대사(爲王代死)의 공훈은 전제군주사회에서 장수된 자의 행동강령이자 충절문법으로 꼽히기에 충분했다.[71] 이러한 사회적 평가를 받아온 신숭겸은 전설 속에서는 영웅으로, 제의 속에서는 신격으로 자리를 잡으면서 후대에 이르는 전승기류(傳乘氣流)를 타고 앉았다.

전설은 한마디로 말하면 기억되는 역사이다. 기억은 기록과 상대적이며, 따라서 부정확하다는 속성적 한계를 가진다. 기록의 고정성과 정확성에 비해서, 기억은 가변성과 불확정성이 클 수밖에 없다. 그러나 가변성과 불확정성이 반드시 부정적인 측면만 있는 것은 아니다.

전설은 전승집단에 의해 공유된다. 공유되기 위해서는 전승집단이 공

---

71 다른 얘기는 하지만, 존재 위백규는 조선조 말에 양반가로 신분을 바꾼 사람들 중, 장절공 신숭겸과 문성공 안향의 문중 족보를 구입한 사례를 대표적으로 들고 있는 바, 이는 문신 안향, 무신 신숭겸을 우리나라의 대표적인 양대 문중으로 꼽고 있는 사례로 볼 수 있다. 위백규, 『존재집』 제3권 소(疏) 봉사, "여덟째, 사대부 중에 이익만 좋아하고 염치없는 자들은 족보를 보수한다며 핑계 대고 자기 할아버지와 아버지의 이름을 깎아내서 시골의 부유한 사람에게 내다 팝니다. 교활하고 부유한 자들은 오늘 한양에 올라가 좋은 족보를 한 권 구입하면, 다음 날 고을 성안에 들어가 온 집안의 군역을 면제받습니다. 이 때문에 충훈부충위(忠勳府忠衛)가 시골 마을에 즐비합니다. 그리하여 포구나 항구에 사는 신(申)씨 성을 가진 사람들은 모두 장절공 신숭겸을 조상으로 받들고, 점촌(店村)의 안(安)씨들은 모두 문성공 안향의 후손들이니, 차례로 이러한 못된 짓을 흉내 내어 모두 음덕을 입는 후손이 되었습니다."

감할 수 있는 평가와 일치해야 한다. 뒤집어 말하면 전승집단이 받아들일 수 있도록 또는 생각하는 바대로 바꿀 수 있다는 것이다. 구비문학의 하나인 전설은 공동작이며, 따라서 전승집단은 곧 전설작품을 공동으로 창작하는 주체가 된다. 주체가 결정하는 대상이 재탄생하게 되는 셈이다. 창작뿐만 아니라 전승 역시 마찬가지다. 공감을 토대로 하지 않으면 전승력이 떨어진다. 전승집단에 의해서 지속적으로 전승되기 위해서 그들의 공감은 필수적이다.

신숭겸전설이 시대와 지역을 넘어서 전승되어 왔다는 것은 그만큼 그 전설의 내용에 대해 집단적 지지와 공감을 받아왔다는 사실을 방증한다. 역사적 인물을 대상으로 전설이 만들어지고 통용될 때, 그것은 역사적 사실(事實)에 얽매이는 것이 아니라, 새로운 사실(寫實)을 만들어내는 힘을 가진다. 전설은 창조된 역사이지 고정불변의 역사가 아니다. 역적으로 몰려죽은 김덕령에 대해서, 국가에서 신원을 하기 훨씬 전에 호남사람들은 이미 "만고충신 김덕령" 등 수많은 전설과 심지어 『김덕령전』이라는 소설까지 만들어 그를 영웅으로 현신시켜놓고 있었다.[72]

이렇듯 집단적 기억의 방식인 전설은 있었던 사실(史實)보다는 바라는 바를 그려내는 사실(寫實)이며, 따라서 신숭겸전설 역시 전승주체의 의식적인 지향이 무엇이었는지를 읽어내는 것이 필요하다. 전설은 집단적 의식을 투사한 형상화된 서사이기 때문에 형상화된 요소와 구조를 통해서 반대로 투사의 욕구와 전략을 읽어낼 수 있는 것이다.

기록에는 없는 또는 기록에 있더라도 내용을 달리하며 전설은 만들어진다. 신숭겸과 관련하여 여러 영웅의 징표를 보여주는 전설적 화소들이 채용되는 예도 많고, 또 광포전설과 같이 널리 알려진 영웅담에 부회하여 신숭겸전설로 자리매김을 하는 예도 많았다. 한편 역사적 기록에 근

---

72 나경수, "김덕령의 역설적 삶과 의의", 『남도민속연구』 22, 남도민속학회, 2011, 75~109쪽.

거하면서도 이를 약간 내용을 바꾸거나 부분적으로 구조적 단위
(structural units)를 첨가하여 서사로 꾸며내는 경우도 있다. 이러한 사례
들은 영웅의 면모를 드러내기 위한 서사적 전략에서 비롯된 것이며, 역
사적 인물을 전설적 인물로 확장시켜 영웅성을 부각시키고자 하는 전승
집단의 의도가 반영된 것들이다.

　신과 인간의 차이 중 하나는 신은 영생한다는 것이다. 니체는 신은 죽
었다고 선언했지만, 신이 죽은 것이 아니라 믿음이 죽었다는 뜻이며, 종
교의 종언을 선언하고자 한 주관적 주장이다. 인간의 삶은 유한하며, 죽
은 후에는 잊혀지게 된다. 그러나 잊혀지지 않고 영원히 기억될 수 있다
면 인간으로서는 죽었지만, 사회적으로 재생부활을 한 셈이다. 죽은 사
람에 대해 사회적 부활을 통해 길이길이 영생토록 하는 방법이 곧 지속
가능한 제의의 주격으로 자리매김을 하는 것이다.

　신숭겸은 역사적 인물이다. 그러나 귀감이 되는 삶을 살았던 사람이
며, 귀감이 되는 죽음을 맞았던 사람이기도 하다. 귀감이 되는 인물에
대해 사회는 두 가지 방법으로 그를 추모한다. 생전 모습을 그릴 때는
전설을 만들어 영웅화를 시키며, 죽은 후를 그릴 때는 제의를 마련하여
신격화를 시키는 것이다. 신숭겸은 개국공신으로서 태조묘에 합사되는
영광을 누렸다. 건국조는 신화적 문맥 속에서 문화영웅의 반열에 든다.
김관의의 고려건국설화는 따라서 건국신화로서의 자격을 가지게 되며,
건국의 문화영웅(culture hero) 왕건과 함께 태조묘에 배향된 신숭겸 역
시 문화영웅의 자격을 공유한 것으로 평가된 셈이다. 더구나 고려조를
통해서 가장 성대한 국중대회로 열린 팔관회에서 신숭겸은 신상(神像)의
모습으로 부활하여 신유의 복락을 누렸다.

　뿐만 아니라, 고향인 곡성에서는 성황신으로 받들어졌으며, 관향을 얻
은 평산에서는 철상신체(鐵像身體)의 모습으로 태사사에 주신으로 모셔
져 주민들의 제사를 받았다. 특히 정약용이 직접 목격했던 태사사의 철

상들 사이에는 무신상으로 보아 대차가 없을 두 여신상이 놓여 있었다. 조선에 성황사를 비롯하여 관제를 모시던 사당에 무속인들이 제사를 모신 예도 많았다. 완도의 호국신사와[73] 지리산 성모사의 예가 그 전형이겠지만,[74] 최근 밝혀진 바에 의하면 여수 돌산의 경우에 읍치제를 모시던 성황사에 마치 평산 태사사의 그것과 유사한 여신상이 봉안되고 있는 사례가 현재도 발견되고 있다.[75]

진정한 신격화는 한시적인 왕조체제에 의해 지탱되는 것보다는 왕조에 상관없이 동질적 자격을 가지는 국가의 기반적 주체로서 민중들에 의해 신격으로 추앙을 받았을 때, 진정한 그리고 영원한 신격화의 완성이 이루어진다고 할 수 있다. 신숭겸을 모신 태사사에 무신상이 함께 한다는 것은 결국 지배계층에 의해 이루어진 신숭겸의 신격화가 피지배계층인 민중들에 의해서까지 수용되는 전승 현상을 보여주는 사례로 볼 수 있겠다.

V. 결론

장절공 신숭겸 장군은 명확한 역사적 인물이면서도 역사에 머물지 않고, 사회문화적 전승력을 확장, 강화하는 전설 속 등장인물 및 여러 층위의 다양한 제의현장에서 모셔지는 신격으로의 자격을 획득했다. 건국영웅으로서의 위상 및 위왕대사의 충절은 사회문화적 인물해석의 방식

73 나경수, 나경수 외 2인, "전남의 인물전설연구(2)−송징전설의 변용 '송대장군가'", 『한국민속학』 25, 민속학회, 1993, 404~406쪽.
74 나경수, "무속 타파의 유불 유착 사례로서 지리산성모상 훼철과 그 후 복원의 아이러니", 『남도민속연구』 28, 남도민속학회 2014, 47~105쪽.
75 나경수, "유교적 신격과 무속적 신격의 공생 현장−여수 돌산 군내리 당집과 당제를 중심으로−", 『남도민속연구』 30, 남도민속학회, 2015, 153~186쪽.

인 영웅화와 신격화를 낳기에 충분했다.

신숭겸의 영웅화는 전설을 통해서 이루어지고 있다. 신숭겸전설에서 핵심적 화소(core motif)로 쓰이고 있는 말, 용, 활 등은 모두 무용 상징이자 영웅 징표로 오랜 서사적 전승물 속에 자리를 잡아왔다. 또 성장전설, 사성전설, 대사전설, 조묘전설 등도 모두 신숭겸의 영웅화에 기여한다. 무예를 닦는 성장전설의 내용은 초인적 영웅의 면모를 보이고 있으며, 사성전설에서 삼안좌익(三雁左翼)의 신궁술은 영웅적 무사로서의 능력을 현창한다. 또 팔공산전투에서 왕을 대신해서 죽는 위왕대사(爲王代死)는 충신으로서의 영웅성을 강조하고 있고, 춘천의 목없는 무덤과 곡성의 목무덤은 결핍해소의 설화적 방식을 통해 신격화로의 통로를 열어 놓고 있다.

한편 신숭겸의 신격화는 여러 형태의 제의를 통해서 이루어지고 있다. 국가 차원에서도 제의를 올리지만, 지역 차원에서도 제의의 대상이 되고 있다. 건국조인 태조의 신당인 태조묘에 신숭겸은 배향되었다. 건국을 이루어낸 신화적 문화영웅과 한 자리에 배향된다는 것은 국조신앙의 대상과 함께 했다는 것이며, 고려조 최대의 축제인 팔관회에 신상(神像)의 모습으로 등장하는 것 역시 지속가능한 제의에서 신격을 획득한 사례로 꼽을 수 있다. 뿐만 아니라 신숭겸은 탄생지인 곡성에서 성황신으로 모셔졌으며, 사성지인 평산에서는 태사사에 주신격으로 좌정하고 있는 등 지역민들 사이에서도 신격을 인정받고 있다. 특히 태사사나 성황사가 민간신앙인 무속신앙과 연계될 수 있는 내용을 보여주고 있다는 점에서 민중의 지속성만큼 신격의 지속성이 성취된 예로 볼 수 있다.

전설과 의례는 현실세계와 구별되는 일종의 꾸며진 세계다. 일종의 민속이라는 점에서 환타지에 의존하는 현상이다.[76] 특정한 역사적 인물

---

76 A.Dundes, *Interpreting Folklore*(Bloomington : Indiana University Press, 1980), pp.34~37.

이 전설 속에 등장하고, 의례로 모셔지는 현상은 전설과 의례 장치를 통해 오래오래 기억하자는 사회적 약속이며, 관습적 장치라 하겠다. 즉 현실세계가 구속을 받을 수밖에 없는 시간과 공간의 한계를 초극하여 존재의 시공을 확장시키는 전승방식의 일종이라 하겠다.

참고문헌

김경선, 『연원직지』.
김창업, 『연행일기』.
서유구(정명현, 김정기 역), 『임원경제지 본리지 3』, 서울 : 소와당, 2009.
신묵, "장절공 신숭겸 대장군 행장".
신익성, 『樂全堂集』.
신흠, 『상촌선생집』.
안정복, 『동사강목』.
위백규, 『존재집』.
정약용, 『다산시문집』.
정약용, 『목민심서』.
정조, 『홍재전서』.
조재삼, 『송남잡지(松南雜識)』.
허목, 『미수기언』.
『고려사절요』.
『고려사』.
『신증동국여지승람』.
『춘천읍지』.
한국정신문화연구원, 『한국민족문화대백과사전』.

강봉룡, "羅末麗初 王建의 西南海地方 掌握과 그 背景", 『도서문화』 21, 목포대
　　　도서문화연구소, 2003.
_____, "한국 서남해 도서연안지역의 鐵馬信仰", 『도서문화』 27, 목포대학교 도
　　　서문화연구원, 2006.
金東洙, "谷城郡의 沿革", 『谷城郡文化遺蹟學術調査』, 전대박물관·곡성군, 1996.

김도현, "강원도 민속 조사 자료와 의의-성황사 내 중수현판을 중심으로-",『강원문화사연구』15, 강원향토문화연구회, 2010.

_____, "강원도지역 읍치 성황제의 고찰",『조선사연구』14, 조선사연구회, 2005.

김선풍 외,『열두띠 이야기』, 서울 : 집문당, 1995.

김정현, "곡성 당동리 폐사지 발굴조사",『동원학술논문집』7, 국립중앙박물관, 한국고고미술연구소, 2005

김철웅, "조선시대의 성황제",『사학지』35, 단국사학회, 2002.

나경수 외 2인, "전남의 인물전설연구(2)-송징전설의 변용 '송대장군가'",『한국민속학』25, 민속학회, 1993.

나경수, "김덕령의 역설적 삶과 의의",『남도민속연구』22, 남도민속학회, 2011.

_____, "무속 타파의 유불 유착 사례로서 지리산성모상 훼철과 그 후 복원의 아이러니",『남도민속연구』28, 남도민속학회 2014.

_____, "유교적 신격과 무속적 신격의 공생 현장-여수 돌산 군내리 당집과 당제를 중심으로-",『남도민속연구』30, 남도민속학회, 2015.

_____, "지명군전설의 현장적 접근",『전설과 지역문화』, 의재 최운식박사 화갑기념논총 간행위원회, 2002.

_____,『호남의 문화예술과 민속』, 서울 : 민속원, 2015.

박호원,『한국 마을신앙의 탄생』, 서울 : 민속원, 2013.

배재훈, "입당 유학생 최승우와 후백제 견훤 정권",『신라사학보』26, 신라사학회, 2012.

변동명, "申崇謙의 谷城 城隍神 推仰과 德陽祠 配享",『한국사연구』126, 한국사연구회, 2004.

耘虛龍夏,『佛敎辭典』(서울 : 東國譯經院, 1981), 486쪽.

윤동환, "삼척 읍치성황제의 지속과 변화",『실천민속학연구』16, 실천민속학회, 2010.

이능화(윤재영 역),『조선불교통사』(하), 박영사, 1973.

이학주, "신숭겸 설화의 영웅적 형상화 연구", 강원민속학 20, 강원민속학회, 2006.

_____, "순창 읍치성황제의 변천과 주도세력",『역사민속학』7, 한국역사민속학회

_____, "申崇謙의 願刹과 朝鮮時代 墳庵",『인문과학연구』42, 강원대학교 인문과학연구소, 2014.

전경욱, "수륙재의 기원과 역사적 전개양상",『법성포수륙대재 복원사업결과보고서』, 전통예술복원 및 재현 문화체육관광부지원사업, 2009.

조동일.『한국소설의 이론』, 서울 : 지식산업사, 1977.

진홍섭, 『묵재한화』, 서울 : 대원사, 1999.
최종석, "여말선초 명(明)의 예제와 지방 성황제(城隍祭)의 재편", 『역사와 현실』
72, 2009.
_____, "조선 전기 음사적 성황제의 양상과 그 성격-중화 보편 수용의 일 양
상-", 『역사학보』 204, 역사학회, 2009.
江上波夫, "遊牧文化發展", 『世界考古學』, 東京 : 平凡社, 1966.
A. Dundes, Interpreting Folklore, Bloomington : Indiana University Press, 1980.

나말여초 신숭겸 관련 지역의 검토
-신숭겸의 생애를 중심으로-

배 재 훈(한국학중앙연구원 전임연구원)

I. 서론

신숭겸은 나말여초의 변혁기에 활약한 중요 인물 중의 한 명이다.[1] 그

---

1 신숭겸에 대한 연구에는, 이해준, 「申崇謙의 願刹과 朝鮮時代 墳庵」, 『인문과학
  연구』 42, 2014; 이재범, 「申崇謙의 生涯와 死後 追崇」, 『사림』 44, 2013; 유재
  춘, 「春川 소재 壯節公 申崇謙遺蹟地의 조성 경위와 특징」, 『인문과학연구』 37,
  2013; 李學周, 「신숭겸 설화의 영웅적 형상화 연구」, 『江原民俗學』 20, 2006; 변
  동명, 「申崇謙의 谷城 城隍神 推仰과 德陽祠 配享」, 『韓國史研究』 126, 2004;
  李仁在, 「羅末麗初 申崇謙의 生涯와 死後評價」, 『江原文化史研究』 6, 2001; 閔
  丙河, 「申崇謙과 公山桐藪 戰鬪」, 『軍史』 29, 1994 등이 대표적이다. 그 외 이학
  주, 「신숭겸 관련 콘텐츠가 가지는 관광문화축제의 속성 및 계승」, 『東方學』 32,

는 궁예정권의 기병 장군[2]으로 언급되며, 왕건을 추대하여 고려 건국의 일등공신이 되었고,[3] 사후에는 태조의 배향공신[4]이 되었다. 그럼에도 불구하고 그의 군사·정치적 기반에 대한 당대의 언급은 거의 찾아 볼 수 없다. 그와 함께 기병 장군으로 왕건을 추대한 배현경은 행오(行伍) 즉, 병졸에서 대광(大匡)이라는 고려 최고의 관계까지 올랐다는 기록이 존재한다.[5] 이런 평가는 그와 유사한 행보를 보인 신숭겸에게도 적용될 수 있을 것이다. 그는 아마도 자신의 군사적 능력을 통해 입신한 인물이었을 것이다.

그의 출생지로 알려진 곡성에는 아마도 친인척들이 살았을 것이다. 하지만, 그들은 신숭겸의 성장에 도움이 되지 못했다. 당시에 활약한 대

2015; 김보광, 「고려 성종·현종대 太祖配享功臣의 선정 과정과 의미」, 『사학연구』 113, 2014; 신성재, 「고려와 후백제의 공산전투」, 『한국중세사연구』 34, 2012 등의 연구도 신숭겸을 비중 있게 다루고 있다. 한편으로 신숭겸 관련 사적을 집대성한 平山申氏大宗中 편, 『平山申氏千年史』, 2011과 신숭겸 관련 연구와 자료를 모은 강원대학교 중앙박물관·강원대학교 인문과학연구소 편, 『춘천 소재 장절공 신숭겸장군 유적지 자료집』, 2013; 평산신씨 대종중, 『대구 소재 장절공 신숭겸장군 유적지 자료집』, 2013도 의미 있는 자료라 할 수 있다.

2 이에 대한 서술에서는 통상 기장(騎將)으로 나타난다. 이것이 마군 장군(馬軍將軍)으로 언급되는 경우도 있다. 이를 특정한 단위를 이루는 기병 부대의 지휘관 정도로 볼 수 있을 것이다. 기병은 기마 능력이 요구되는 특수 병종이며, 이를 지휘했다는 것은 그가 핵심 엘리트 부대의 지휘관임을 의미한다. 반면, 이를 하급 무장이라 본 견해도 있다(이재범, 『슬픈궁예』, 푸른역사, 1999, 237쪽). 대호족과의 상대적인 차이는 있겠지만, 이를 하급 무장 정도로 보기는 힘들 듯하다. 이들은 고려의 건국 이후에도 기장(혹은 마군 장군)으로 활약하고 있기 때문이다.

3 『고려사』 권1, 세가 제1, 태조 1년 즉위조. 태조를 설득하는 역성혁명의 주도자들이 모두 기병 장군으로 나타나고 있음을 주목할 필요가 있다.

4 태조 왕건의 배향공신은 성종대에 배현경(裵玄慶)·홍유(洪儒)·복지겸(卜智謙)·신숭겸·유금필(庾黔弼) 등 5명이었다(『고려사』 권3, 세가 제3, 성종 13년). 이후 현종대에는 최응(崔凝)이 추가 배향된다(『고려사』 권5, 세가 제5, 현종 18년).

5 『고려사』 권92, 열전 제5, 諸臣 배현경.

부분의 인물들은 자신의 조상들이 대대로 세습하던 경제적 기반이 있던 촌락이나 성을 배경으로 성장했다. 이들은 대대로 호족의 지위를 누렸으며, 주로 촌락 단위의 작은 정치체를 기반으로 인근 지역을 병합하면서 세력을 확대했다.6 그러나 신숭겸은 이들과 달랐다.7

이 시점까지 신숭겸이 활약한 지역은 후고구려-태봉-고려로 이어지는 한반도의 중북부에 한정된다. 그는 신라 변방의 장수, 즉 앞서의 배현경과 같이 행오의 병사에서 출발하여 군공을 통해 장수의 지위를 얻은 인물이었다. 그러나 이 지역과 곡성 사이에는 물리적인 거리 차이와 해당 지역을 현실적으로 지배한 견훤으로 인한 정치적 장벽이 존재하고 있었다. 따라서 지역적인 연고가 그의 성장 배경이 되었을 수는 없다.

한편, 태조로부터 궁위전을 하사받은 평산도 그의 활동과 관련하여 중요한 의미를 지니는 지역이었다. 그러나 『삼국사기』나 『고려사』 기록 내에서 신숭겸과 평산을 연결시킬만한 고리는 발견되지 않는다. 그럼에도 불구하고 이 지역은 그와 후손들의 관향이 되었다. 따라서 평산과 신숭겸의 관계 역시 아직 적절한 설명이 이루어지지 않았다고 할 수 있다. 양자의 사이에도 풀어야 하는 수수께끼 같은 의문들이 산적해 있다.

그의 묘소가 위치한 춘천 역시 오늘날 우리에게 만만치 않은 고민거리를 던져준다.8 『고려사』의 기록에 의하면, 신숭겸은 광해주(光海州) 즉

---

6 호족은 나말여초에 대두한 지방 세력이다. 일반적으로는 재지적 성격이 강조되지만, 해당 지역에 파견된 관료, 군사지휘관, 초적 집단의 우두머리 등을 포함하는 경우도 있다. 여기에서는 호족에 대한 제한적 의미를 적용하고자 한다. 이에 대한 논의는 鄭淸柱, 『新羅末高麗初 豪族研究』, 一潮閣, 1996; 申虎澈, 『後三國時代 豪族研究』, 개신, 2002 등에서 잘 정리되어 있다.

7 최근에는 기존의 연구에서 출신지로 언급되었던 곡성을 신숭겸의 재지적 기반이라 보는 견해가 제기 된 바 있다(이재범, 앞의 논문, 2013). 곡성에서 일정한 재지적 기반을 갖추었다고 해도, 그가 활약한 지역과 활동한 정권의 특성상, 그것이 영향을 미치는 것은 불가능했을 것이다.

8 기존 견해에서 춘천은 그가 군사적으로 성장한 지역으로 언급된다(鄭淸柱, 앞의

오늘날의 춘천 사람이라고 한다.9 그런데 위의 기록에 그의 묘소에 대한 언급은 없다. 이 역사서는 문종 1년(1451) 완성되고, 단종 2년(1454) 간행되었다.10 한편, 한 세대 정도 뒤에 만들어진 지리서인 『동국여지승람(東國興地勝覽)』11에는 신숭겸이 죽어 곡성의 성황신이 되었다는 기록12과 그가 원래 곡성 사람이라는 기록,13 그가 춘천에 우거했고 묘 역시 이곳에 위치했다는 기록14이 나온다. 여기에 덧붙여 그가 사망한 대구 공산에서의 전투에 대한 설명이 미리사(美理寺)15 항목에서 이루어지기도 한다.16

적어도 15세기 중후반의 조선사회는 신숭겸에 대해서, 그가 토지와 관향을 사여 받은 평산도호부, 출생지이자 그를 성황으로 모신 곡성현, 그가 한 때 우거한 바 있고 묘소가 있는 춘천도호부, 순절한 대구도호부 등으로 정리하는 사회적 합의가 있었던 것으로 보인다. 여기서 별다른 논란이 없는 것은 순절한 장소로 언급되는 대구도호부일 뿐이다. 나머지 지역은 현재까지도 그와 관련한 논란이 그치지 않고 있다.

한편으로 이러한 각각의 장소에는 그와 관련된 기념물과 제의의 공

책, 1996, 124~126쪽). 이 경우 문제는 과연 신라 하대의 춘천에 신숭겸과 같은 인물이 성장할만한 군사조직이 존재했는가? 하는 점이다.

9 『고려사』 권92, 열전 제5, 諸臣 신숭겸.

10 같은 시기 완성된 『세종실록지리지』에는 오직 평산도호부에 대한 항목에서만 신숭겸이 언급되고 있다(『세종실록』, 지리지 황해도 평산도호부).

11 『동국여지승람』은 신증 부분이 덧붙여져 『신증동국여지승람』의 형태로 전하지만, 이 부분은 별도의 항목으로 표기되어 있어 확인이 가능하다. 한편, 『동국여지승람』은 성종 9년(1478)에 완성된 『팔도지리지』에 『동문선』에 실린 각종 시문을 합쳐 편찬한 것이다.

12 『신증동국여지승람』, 권39, 전라도 곡성현.

13 『신증동국여지승람』, 권41, 황해도 평산도호부.

14 『신증동국여지승람』, 권46, 강원도 춘천도호부.

15 『신증동국여지승람』에 선행하는 『고려사절요』 기록에는 '美利寺'로 기록되어 있다(『고려사절요』 권1, 태조 신성대왕, 태조 10년).

16 『신증동국여지승람』 권26, 경상도 대구도호부.

간, 관련된 지명, 각종 설화 등이 생겨났다. 그 유형에는 묘소, 서원과
사우, 순절과 탄생을 기리는 '단', 신격화된 신앙 대상으로서의 '성황'
등 다양한 요소가 포함된다. 이는 고려 건국의 일등공신이자[17] 장절(壯
節)이라는 시호로 표상된 그의 충절(忠節)에 대한 추숭이 그만큼 지속적
으로 강렬하게 이루어졌음을 의미한다. 자연히 그에 대한 연고성을 두고
복수의 지역이 서로 경쟁하는 경우도 있었다.

19세기 초반까지의 정보를 다루고 있는 이긍익의 『연려실기술별집(燃
藜室記述別集)』의 사전전고(祀典典故)에는 조선 각지의 서원과 사우에
대한 정보가 기록되어 있다. 이 중 신숭겸과 관련된 곳에는 춘천의 도포
서원(道浦書院), 평산의 동양서원(東陽書院)과 태백산성사(太白山城祠),[18]
대구의 표충사(表忠祠), 곡성의 덕양사우(德陽祠宇) 등 다섯 곳이 있다.[19]
이를 통해 춘천, 평산, 대구, 곡성 등 그의 행적과 관련된 모든 지역에서
숭앙 사업이 이루어졌음을 알 수 있다. 그리고 위의 각 지역은 신숭겸과
의 관계를 내세워 이에 대한 주도권을 서로 다투기도 했다.[20]

서원은 지역 유림의 발의, 즉 향론에 의해서 세워졌고, 그 중요성에
대한 대외적 인식, 즉 국가적 인정을 통해 사액을 받기도 했다. 이중 도
포서원을 제외한 네 곳이 사액을 받았다. 신숭겸에 대한 열렬한 숭앙 의
식과 그에 대한 국가의 인정이 이를 가능하게 했을 것이다. 그는 국왕에

---

17 신숭겸에게 내려진 공신호는 '벽상호기위(壁上虎騎衛) 태사(太師) 개국공(開國公)
   삼중대광(三重大匡) 의경익대(毅景翊戴) 광위이보(匡衛怡輔) 지절저정공신(砥節
   底定功臣)'이다. 이로 보아 사후 여러 차례 봉작 및 공신호가 덧붙여졌을 가능성
   이 있다.
18 태사사(太師祠), 삼태사사(三太師祠), 사태사사(四太師祠) 등으로 불리기도 했다.
   사액을 삼태사사로 받았으나 실제 배향된 인물은 네 명이었기 때문에 이에 대한
   문제 제기가 있은 이후 태사사로 고쳐 불렀다. 본래 네 명의 태사를 합사하였으므
   로, 지역 내의 명칭은 사태사사였던 것으로 보인다.
19 『燃藜室記述別集』 권4, 祀典典故.
20 변동명, 앞의 논문, 2004, 86~90.

대해 신하가 보여줄 수 있는 최고의 충절을 보여준 인물이었다. 그리하여 그와 연관된 각 지역의 유림은 이런 인물을 통해 자신들이 살아가는 지역이 그의 충절을 되새기며, 이를 숭상하는 고장임을 대내외적으로 과시할 수 있었다.

아울러 조선의 통치자들은 통치의 원리로 충과 효를 중시하였다. 따라서 그와 관련된 인물을 발굴하고 홍보하는 것은 국가의 중요한 사업 중의 하나가 되었으며, 이를 통해 국가의 대내적 안전성을 높일 수 있다고 생각했다. 그럼에도 불구하고 이전 왕조의 무장(武將)이었던 인물이 이렇게 여러 곳의 서원[21]에 배향되고, 그것이 국가에 의해 인정받은 예는 드물었다. 서원 자체가 일종의 교육 기능과 담론의 형성에 기여하는 기구였던 만큼, 그에 배향되는 인물은 주로 유학을 기반으로 하는 지식인 집단에 속하는 경우가 많았기 때문이다.

이는 그가 고려 역대 국왕의 사우를 모은 경기도 마전(오늘날의 연천군)의 숭의전(崇義殿)에 공식적으로 배향된 것에서도 확인되는 점이다.[22]

---

21 본래 서원 및 사우라 해야 하나 여기서는 통칭하겠다. 사우 역시 서원으로 성격이 바뀌는 경우가 있으며, 사우의 이름이 그대로 남더라도 양자의 기능은 사실상 거의 동일했다.

22 숭의전의 최초 설치는 태조 1년(1392) 왕우(王瑀)에게 마전군(麻田郡)을 주고, 귀의군(歸義君)으로 봉하여 왕씨(王氏)의 제사를 받들게 한 것에서 시작하였다(『태조실록』 권1, 태조 1년 7월 28일, 즉위교서). 이후 태조의 진영과 주물로 만든 상(像)을 이안하여 태조묘로 삼았으며, 태조 6년(1397)에는, 고려 태조의 사당을 새로이 영건하였다(『태조실록』 권12, 태조 6년). 초기에는 태조의 사당으로 시작하였던 것이 혜종(惠宗)·성종(成宗)·현종(顯宗)·문종(文宗)·충경왕(忠敬王, 원종)·충렬왕(忠烈王)·공민왕(恭愍王) 등이 추가되어 8명의 국왕 제사를 받드는 사당이 되었다. 이후 종묘 오실의 제도를 넘었다고 하여, 태조·현종·문종·원종 등 4실을 유지하며, 그 배향공신으로 복지겸·홍유·신숭겸·유금필·배현경·서희(徐熙)·강감찬(姜邯贊)·윤관(尹瓘)·김부식(金富軾)·김취려(金就礪)·조충(趙冲)·김방경(金方慶)·안우(安祐)·이방실(李芳實)·김득배(金得培)·정몽주(鄭夢周) 등 16인을 배향했다. 관련 연구에는 한정수, 「조선 초기 崇義殿 설치와 四位 享祀—16位 功臣從

숭의전에 배향된 인물들은 고려 당대로 한정되는 의미와 존숭의 대상이 아니었다. 이들은 조선에서도 통용될 수 있는 충절의 사표와 같은 인물이었다. 이렇게 신숭겸은 숭의전에 모셔진 태조의 배향공신이 되어, 고려에 이어 조선까지 천여 년 동안 국가적 존숭과 제의의 대상이 되었다. 따라서 그에 대한 존숭은 고려의 당대적인 의미에 머무르지 않고, 조선으로 이어졌던 것이다.

이러한 상황은 오늘날까지도 현재 진행형이라 할 수 있다. 그러므로 그에 대한 숭앙과 존숭은 실로 민족적인 차원에 이르렀다고 할 수 있다. 각지에 산재하는 신숭겸 관련 유적들은 여전히 신숭겸의 충절을 되새기는 장소로 그 높은 가치를 인정받고 있으며, 이를 통해 새로운 세대에 대한 교육과 체험의 장이 되고 있다. 신숭겸이 전통시대의 역사 속 인물로서 '제한된 역사적' 의미를 넘어서 현재적 의미를 가지고 되새겨지고 있는 것이다. 그리고 이러한 적극적 활동에는 그와 관련된 지역에 위치한 유적과 기념공간들이 그 중심에 있다.

현 시점에서 그러한 장소들에 어떠한 역사적 의미가 있으며, 어떠한 현재적, 혹은 미래적 가치가 있는 것인지를 반문하는 작업이 필요한 이유가 바로 거기에 있다. 무엇보다 후삼국시대를 살아간 당대인으로서의 신숭겸은 해당 지역에 자신의 자취를 거의 남길 수 없는 여건이었다. 그의 사후, 그리고 고려가 건국된 이후 그에 대한 국가적 차원의 기념 행위가 나타나게 되었고, 이것이 그를 기억하고 현실의 공간으로 소환하는 도구로서 작용하기 시작했다. 그리고 여기에는 다양한 행위 주체들의 적극적인 움직임이 감지된다.

祀의 성립」, 『朝鮮時代史學報』 67, 2013와 김인호, 「조선전기 숭의전의 설치와 역사인식」, 『史學硏究』 78, 2005를 참고할 수 있다. 최근에는 복원에 대한 논의도 진행 중이다. 그에 대해서는 이종찬·곽동엽, 「연천 숭의전지(崇義殿址) 추정복원에 관한 연구」, 『대한건축학회 학술발표대회 논문집』 32, 2012이 제시된 바 있다.

본 연구는 이와 같은 지역들이 갖는 신숭겸과의 연관성을 중심으로
한 것이다. 아울러 그것이 갖는 나말여초의 당대적 맥락과 역사적 의미,
그 이후의 숭앙 사업에서의 '기억'과 '소환'이 작동하는 과정에 주목하
고자 한다. 이를 위해 그와 관련된 각 지역을 차례로 검토할 것이다. 이
러한 작업을 통해 신숭겸에 대한 지난 천여 년 간의 적극적인 기억 행위
와 그 소산이 갖는 문화사적, 문화재적 의미 역시 고찰될 수 있기를 기
대한다.

Ⅱ. 전라남도 곡성, 출생 관련 논의

곡성은 신숭겸의 탄생지로 지목된 곳이다. 그런데 조선 초기에 형성
된 기록임에도 불구하고, 『고려사』와 『신증동국여지승람』에는 그의 출
자와 관련하여 서로 다른 견해가 제시되어 있다. 일단 『고려사』에서는
그를 '광해주인(光海州人)'이라 하였으며, 『신증동국여지승람』에서는 평
산 지역의 인물로 그를 소개하면서 본래 출신이 곡성임을 언급하고 있
다.[23] 신숭겸의 출생지에 대한 논의는 이처럼 복잡한 지점에 위치했다.
본 장에서는 이러한 그의 곡성 출자 문제를 검토하고, 곡성에서 이루어
진 신숭겸에 대한 '기억'과 '존숭'에 대해서 논의해보겠다.

신숭겸은 고려 초기의 무장이다. 따라서 그에 대한 전기는 『고려사』
에 입전된 것이 가장 권위 있는 것이라 할 수 있다. 그런데 앞서 언급한
바와 같이 『고려사』 열전에서 신숭겸은 '광해주인'이라 언급되었다. 『고
려사』의 편찬 사업은 태조가 조준(趙浚)과 정도전(鄭道傳)에게 수찬을

---

23 『신증동국여지승람』, 권41, 황해도 평산도호부. 1479년 신숭겸의 외손 손순효가
   쓴 「장절공유사(壯節公遺事)」에도 곡성 출신임이 명시되어 있다(孫舜孝, 「遺事詩
   附」, 『平山申氏千年史』, 平山申氏大宗中』, 2011).

맡긴 것으로 시작했다.[24] 이후 여러 차례의 개수를 거쳐 문종 1년(1451)에 최종적으로 완료되어 김종서 등이 이를 문종에게 바쳤다.[25] 이후 이에 대한 인간(印刊)은 단종 2년(1454) 시작되어,[26] 세조 2년(1456)에 끝나 이 시점에는 보급이 논의되었다.[27]

이처럼 『고려사』의 편찬 사업은 국가적 관심 속에서 이루어졌으며, 그와 연관된 정치적 문제 등으로 인하여 여러 차례 개수를 거쳤다. 그렇다면 15세기 중반 조선의 지식인 사회에 있어서 고려의 개국 공신이자, 태조 왕건의 배향공신인 신숭겸의 출자는 일단 광해주로 정리된 것이라 할 수 있다.[28] 이 광해주가 곧 오늘날의 춘천이다. 그런데 광해주라는 지명은 신라 말에서 고려 초기인 태조 23년(940)까지 제한적으로 사용되었다. 고려 사회가 유지된 대부분의 기간 동안 오늘날 춘천 지역에 해당하는 명칭은 춘주(春州)였다.[29] 신숭겸의 출자로 『고려사』의 편찬자들이 춘주가 아닌 광해주를 내세운 이유가 무엇일까?

신숭겸 이외에 나말여초 춘천 지역의 유명 인물로 왕유(王儒)가 있다.[30] 왕유의 본명은 박유(朴儒)인데, 훗날 왕씨 성을 사여받았다. 그는 궁예 때에 입신하여 동궁기실(東宮記室)에 올랐지만, 궁예 정권 후반기에는 산곡에 숨어 혼란이 그치길 기다렸다고 한다. 그러던 중 918년 왕건이 고려를 건국하자 다시 세상에 나와 주로 문한직을 수행했다. 그런

---

24 『태조실록』 권2, 태조 1년 10월 13일.
25 『문종실록』 권9, 문종 1년 8월 25일.
26 『단종실록』 권12, 단종 2년 10월 13일.
27 『세조실록』 권3, 세조 2년 2월 20일.
28 민병하는 이러한 입장에서 광해주(춘천) 출신설을 주장한 바 있다(閔丙河, 위의 논문, 1994, 79쪽). 다만, 그로부터 오래지 않은 시점에 춘천으로의 이거가 있었고, 본래의 세거지는 곡성이었을 것으로 보았다. 후술하겠지만, 그를 춘천의 지방세력이라 보기는 힘든 부분이 많다.
29 『고려사』 권58, 지 제12, 지리 제3 春州. 광해주를 태조 23년 춘주로 개칭하였다.
30 『고려사』 권92, 열전 제5, 諸臣 왕유.

왕유 역시 '광해주인'으로 출자가 기록되어 있다. 두 사람이 거의 같은 시기를 살아온 인물인 것을 고려할 때, 이는 두 사람과 관련된 사적이 태조 23년 이전에 끝나는 것을 고려한 서술이었을 가능성이 있다.

한편, 태조의 후비인 예화부인(禮和夫人) 왕씨(王氏)는 그 출자가 춘주인(春州人)으로 대광 왕유(王柔)의 딸인 것으로 기록되어 있다.[31] 그렇다면 예화부인은 태조 23년 광해주가 춘주로 개칭된 이후에 후비가 되었을 것이다. 이는 시기 상으로 매우 늦다. 그리고 당시 태조의 나이를 고려할 때 후비를 얻기 적합한 시점은 아닐 수 있다. 그러나 태조 후비로 예화부인보다 앞서 기록된 동산원부인(東山院夫人) 박씨(朴氏)[32]의 경우, 아버지인 박영규(朴英規)는 936년 이후 태조의 조정에 참여한 인물이다.[33] 따라서 동산원부인과 태조의 혼인은 936년 이후에 있었을 것이다. 이로 보아 태조가 예화부인 왕씨를 후비로 맞아들인 것도 940년 이후 어느 시점일 가능성이 있다.

『고려사』의 신숭겸 열전의 '광해주'라는 표기는 '춘주'로 기록해도 되는 것임에도 불구하고, 그 역사적 배경을 살리기 위해 선택된 듯하다. 그런데 이보다 이른 시기의 기록인『세종실록지리지』에서 신숭겸은 평산 항목에서만 언급되고 있다. 앞선 기록을 충분히 검토할 수 있는데도 이러한 결과가 나온 것은 무엇 때문일까?『고려사』의 찬술에 신숭겸의 후손 중 한 명이 매우 깊숙이 관여한 바 있다. '신개(申槩)'가 바로 그 인물이다.[34] 이 경우『고려사』의 '광해주인'이라는 표현은 신숭겸의 후예인 신개의 검토를 거친 주장일 가능성이 높다.

당시 우의정이었던 그가 제아무리 감춘추관사(監春秋館事)의 직을 겸했다고 해도,『고려사』 전반을 다루는 것은 어려웠을 것이다. 그러나 조

---

31 『고려사』 권88, 열전 제1, 后妃 태조 후비 예화부인 왕씨.
32 『고려사』 권88, 열전 제1, 后妃 태조 후비 동산원부인 박씨.
33 『고려사』 권92, 열전 제6, 박영규.
34 『세종실록』 권97, 세종 24년(1442) 8월 12일.

상 중 입전된 인물이 있는 이상, 그 부분을 검토하지 않았다는 것도 상식적이지 않다. 그렇다면 『고려사』의 편찬자와 후손인 신개는 그의 춘천 출신설을 지지했던 것으로 볼 수 있다. 이런 신개는 고려시대부터 중앙정계에서 활동한 평산 신씨의 일파로 조선시대까지 그 정치적 영향력을 유지한 집안에 속한다. 그리고 이들은 곡성의 분파[35]와는 그 입장이 달랐던 것으로 보인다.[36]

『고려사』의 공식적인 기록에도 불구하고, 한 세대쯤 후대에 기록된 『신증동국여지승람』에는 신숭겸의 출자와 관련하여 전혀 다른 견해가 피력되어 있다. "원래 전라도 곡성 사람인데 태조가 성(姓)을 주고 평산을 본관으로 하게 하였다",[37] "세간에 전하기를, '신숭겸은 죽어서 현의 성황신(城隍神)이 되었다' 한다",[38] "신숭겸의 묘, 부의 서쪽 10리에 있다",[39] "처음 이름은 능산(能山)이다. 장성하여 무용(武勇)이 있었다. 배현경 등과 더불어 태조를 추대하여 일등공신(一等功臣)의 호(號)를 받았다",[40] "고려 태조가 정예 기병 5천으로 공산 아래 미리사(美理寺) 앞에서 견훤을 맞아 크게 싸우니, 장군 김락(金樂)과 신숭겸이 죽고 여러 군대가 패배하여 태조는 겨우 몸을 피하였다"[41] 등의 기록이 전하고 있는 것이다.

---

35 곡성 신씨는 16세기까지 곡성을 관향으로 내세웠던 것으로 보인다. 『국조문과방목(國朝文科榜目)』에는 곡성을 관향으로 하는 조선 전기 과거 합격자로, 신복륜(申卜倫, 1454년 등과)와 신대수(申大壽, 1546년 등과)가 언급되고 있다(『國朝文科榜目』, 단종 2년 갑술 알성시 및 명종 19년 갑자 식년시). 그러나 이들이 고려시대 이후에 곡성으로 이주를 한 것인지, 아니면 신숭겸이 출향하던 시점부터 계속해서 토성으로 살아온 것인지에 대해서는 어느 쪽이든 확신하기 어려운 부분이 있다.
36 변동명은 이를 후백제와의 전투에서 신숭겸을 잃은 그의 일족들이 곡성과 같은 지역을 시조의 출신지로 내세우기를 꺼려하였기 때문으로 보았다(변동명, 앞의 논문, 2004, 88쪽).
37 『신증동국여지승람』 권41, 황해도 평산도호부 인물조.
38 『신증동국여지승람』 권39, 전라도 곡성현 인물조.
39 『신증동국여지승람』 권46, 강원도 춘천도호부 총묘조.
40 『신증동국여지승람』 권46, 강원도 춘천도호부 우거조.

『신증동국여지승람』에 전하는 기록을 모두 검토해보면, 신숭겸에 대한 일대기가 그려진다. 그는 전라도 곡성에서 출생하였다. 초명은 능산으로 훗날 태조에 의해 신(申)씨 성을 사여 받고 평산을 본관으로 삼았다. 신숭겸은 이후 춘천에도 잠시 거주하였으며, 대구 공산 전투가 벌어진 미리사 앞에서 전사하였다. 사후에 무덤이 그가 우거했던 춘천에 마련되었으며, 곡성에서는 성황신으로 모셔지기도 했다. 이처럼 『신증동국여지승람』은 신숭겸에 대해 당시까지 존재한 어느 기록보다 상세한 정보를 제공하고 있다.[42] 또한 그의 생애와 관련하여 중요한 대부분의 지명을 언급하고 있다.

『신증동국여지승람』의 편찬자들은 앞서 기록된 『고려사』의 내용을 충분히 검토했음에도 불구하고, 그와는 다른 전라도 곡성 출신설을 주장하고 있다. 이 내용들은 모두 『신증동국여지승람』의 『동국여지승람』 부분에 기록된 내용이다. 『동국여지승람』을 기준으로 하면 양자의 기록 시점은 대략 30년 정도 차이가 난다. 그런데 『신증동국여지승람』에서 신숭겸의 출자가 언급되는 부분은 평산도호부의 인물조이다.

『동국여지승람』의 기초가 되는 『세종실록지리지』의 평산도호부에서 언급된 인물은 신숭겸이었다. 별다른 언급이 없이 이 서술이 이어졌다면 신숭겸의 출자는 아마 『신증동국여지승람』 내에서는 평산으로 정리되었을지도 모른다. 따라서 『세종실록지리지』의 내용을 그대로 받아들이지 않고, 여기에 전라도 곡성 출신임을 밝히는 적극적인 서술을 했다는 것은 신숭겸의 출자를 곡성으로 정리할 필요가 있다는 적극적인 인식

---

41 『신증동국여지승람』 권26, 경상도 대구도호부 고적조.

42 『신증동국여지승람』의 편찬 과정에서 신숭겸의 '행장' 등이 검토되었을 가능성도 있을 것 같다. 다만, 편찬자들은 『동국여지승람』과 거의 비슷한 시기에 형성된 「장절공행장」이나 「장절공유사」 등의 기록을 그대로 답습하지는 않았다. 서술 항목에 따라 다소 분산된 감이 있지만, 이 서술은 분명히 하나의 일관된 서술 흐름에 따른 것으로, 그 배경이 되는 기록이 존재했을 가능성은 충분히 긍정될 수 있다.

때문이었을 것이다.

아울러 방대한 인문지리서인 『신증동국여지승람』의 구조상 세부 항목은 각기 다른 편찬자에 의해 독립적으로 저술되었을 가능성이 있다. 그러나 저술 이후의 작업에서는 서로 상충되는 부분에 대한 조정 작업이 있을 수 있다. 그렇다면 『신증동국여지승람』 내의 각 기록은 신숭겸의 일대기에 대한 정리를 기반으로 하는 것일 가능성이 있다. 따라서 편찬자들은 기존에 신숭겸의 출신지로 알려졌던 춘천도호부 출자 내용을 '우거'로 판단하고, 그의 묘소만을 인정하는 태도를 보였다.

『고려사』가 『고려실록』이라는 역사 기록을 중심으로 편찬된 반면,[43] 『신증동국여지승람』은 철저하게 당대에 수집·정리된 자료를 활용했다. 그렇다면, 후자는 15세기 중반 해당 지역에서 통용된 신숭겸에 대한 기억이 정리된 것이라 볼 수 있을 것이다. 평산도호부 항목에서 그가 곡성 출신임이 언급된 반면, 곡성현 항목에서는 그의 출신과 관련된 내용은 볼 수 없다. 오직 그가 성황신이 된 사실을 확인할 수 있을 뿐이다. 반면, 춘천도호부 항목에서는 그에 대한 정보가 인물이 아닌 우거조에 기록되어 있으며, 그 외 묘소의 위치가 언급될 뿐이다. 오히려 신숭겸의 생애에 대한 가장 충실한 언급은 평산도호부 항목에서 이루어진다.

평산도호부에 그와 관련된 사적이 후대에까지 전하였던 것은 무엇 때문일까? 이는 곧 평산이 그에게 주어진 사패지(賜牌地) 혹은 식읍이며, 그곳을 기반으로 평산 신씨 후예들이 대대로 살아온 것에 기인한 것일 가능성이 높다. 곡성은 그가 출생하고 성장한 곳이고, 고려조의 개국공신으로서 중요성을 인정하여 그를 성황신으로 모시는 곳이다. 그러나 아

---

43 『태조실록』은 거란 침입 때에 불타고, 현종 이후에 다시 만든 것이다(『고려사』 권 95, 열전 제8, 黃周亮). 따라서 엄밀히는 현종대의 남아 있던 관련 기록을 중심으로 재구성한 것이라 할 수 있다. 현종대의 칠대 실록에 대해서는 김광철, 「고려 초기 실록 편찬」, 『石堂論叢』 56, 2013 및 金成俊, 「高麗七代實錄編纂과 史官」, 『民族文化論叢』 1, 1981 참고.

마도 약관 이전의 나이에 동생[44]과 함께 곡성을 떠났을 그가 곡성 내에서 언급되는 수준에는 일정한 한계가 있었을 것이다. 또한, 곡성은 견훤의 영역이었고, 신숭겸은 후백제군에 의해 죽임을 당했다. 따라서 그에 대한 반발심 또한 존재했을 것이다.

이런 이유로 황해북도 평산에는 조선 전기까지도 그와 관련된 기록이 풍부하게 전해지고 있었을 것이다. 이 지역에는 『세종실록지리지』나 『신증동국여지승람』 모두에서 토성으로 '신씨'가 확인된다. 이는 당시까지 신씨가 해당 지역에서 상당한 영향력을 발휘하고 있었음을 의미한다. 그리고 그 지역 내에 뿌리내린 평산 신씨는 자신의 조상인 신숭겸의 출자를 곡성으로 정리하고 있었다. 따라서 곡성 출신설은 당시 이에 대한 가장 권위 있는 해석으로 받아들여졌을 것이다.

『신증동국여지승람』 단계의 곡성에는 그를 성황신으로 모신 성황당(성황사)은 존재했지만, 그와 관련된 구전 등은 아직 형성되지 않았던 것으로 보인다. 하지만, 고려 시대 충절의 대표자 격이었던 그의 출신이 『신증동국여지승람』 단계에서 정리되면서, 그와 관련된 갖가지 설화들이 해당 지역 내에서 점차 정착하게 되었던 것으로 보인다.[45] 이는 종래 신숭겸의 친족집단 내에서 제한적으로 공유되던 정보가, 이 시점에 들어서면서 곡성 사람들의 공동 기억으로 재정립된 것에 기인한 것이다. 그에 따라 조선시대에는 그에 대한 추숭 작업이 용산단의 설치, 덕양사의 성립 등으로 이어질 수 있었다.[46]

---

44 『고려사』 권92, 열전 제5, 諸臣 신숭겸. 이 기록에는 신숭겸의 사후 그의 아우인 능길(能吉)을 원윤으로 등용했다는 기록이 있다.

45 신숭겸과 관련된 곡성 지역의 전승들은, 이재범, 앞의 논문, 2013, 128쪽에 자세히 정리되어 있다.

46 하지만 곡성에는 그런 경향에 반하는 돌출점도 존재한다. 태안사에 설치된 장군단(將軍壇)이 바로 그것이다. 장군단의 설치는 전해오는 전승을 기준으로 하면, 적어도 후삼국 시기에는 형성되었을 것으로 보인다(조희웅 등, 『호남 구전자료집 4』 곡성군, 박이정, 2010, 죽곡면설화1, 신숭겸장군1). 한편으로 그것은 곡성 내에 존

반면에 『세종실록지리지』 단계에서 이미 춘천의 평산 신씨는 망성으로도 존재하지 않는 성씨가 되었다. 그렇다면 춘천 지역에 신씨는 본래부터 존재하지 않았고, 신숭겸은 경제적 기반을 평산에 둔 채, 휘하 군대의 주둔지인 춘천에 잠시 거주하고 있었을 가능성이 있다. 이 경우 『신증동국여지승람』의 우거조 수록이 어느 정도는 이해될 수 있다.

따라서 그가 대구(공산)에서 사망하고 묘소가 조영된 후, 어느 정도의 시점이 지난 시기까지 그의 가족은 춘천에 거주하였을 것이다. 그러나 이후 춘천에서는 박유나 왕유 같은 유력자들이 등장한다. 신숭겸의 후손들은 이런 재지세력이 대두하자, 기반이 확고하지 않은 춘천을 떠나, 태조가 하사한 대규모의 토지가 있는 평산으로 거주지를 옮겼을 것이다. 묘소의 관리는 그에 딸린 사찰이 담당하였으므로, 이들은 정례적인 예법에 따른 방문만으로도 후손으로의 역할을 수행할 수 있었을 것이다.

이 경우 평산 신씨의 후예들이 춘천에 다시 자리 잡게 되는 것은 한참 뒤의 일이었을 가능성이 높다. 그리고 춘천 묘소에 딸린 사찰과 그에 대해서 국가가 내린 토지는 이들이 새로이 춘천에 자리 잡는 데에 도움이 되었을 가능성이 높다. 그렇다면 신숭겸과 평산은 어떠한 관계 속에 있는 지역일까? 어떻게 하여 태조는 곡성 출신인 신숭겸에게 평산의 대

재하는 신숭겸 가문의 입장이나 뜻을 표명하는 것으로 읽혀지는 측면도 있다. 그렇게 보면 적어도 고려 전기 정도에는 장군단이 만들어지고, 태안사에 의해서 정례적 제의와 보호가 있었을 것으로 이해될 수도 있다. 한편, 태안사는 나말여초 동리산문의 거찰이자 중심지였다. 또한 그 3조인 광자대사(廣慈大師) 윤다(允多)는 왕건의 지지와 전폭적인 지원을 받으며 동리산문의 이름을 크게 떨친 인물이었다. 그런 사찰에 신숭겸을 기리는 장군단이 설치된 것 역시 상당히 의미 있는 지점이라 생각된다. 이는 이미 그 시점에 신숭겸의 고향으로서의 곡성이 주목되었을 가능성이 있음을 의미하는 것일 수 있기 때문이다. 아울러 태안사의 승려들은 장군단에 대한 제의를 지금까지 천여 년간 이어오고 있다고 한다. 이처럼 후손들이 개입되지 않고 이루어진 장군단에 대한 제사와 관리는 비교적 최근에야 그 사실이 확인된 것이다.

토지를 하사하고, 그곳을 관향으로 삼게 하였던 것일까? 다음 장에서는 평산과 관련된 문제를 검토하도록 하겠다.

Ⅲ. 황해북도 평산, 군사적 성장과 사성

신숭겸의 후예인 평산 신씨는 자신들의 관향으로 황해북도 평산을 내세우는 집안이다. 『신증동국여지승람』에는 평산과 신숭겸이 맺게 되는 인연에 대한 전승이 한 가지 실려 있다. 그 내용은 고려 태조를 따라 사냥을 나온 신숭겸이 점심 중 지나가는 기러기의 왼쪽 날개를 신궁의 솜씨로 맞추었다는 것이다. 이에 활쏘기를 지시한 태조는 그에게 평주를 본관으로 삼게 하고, 그 주변 땅 300결[47]을 하사하여, 대대로 그 조세를 수조하게 하였다. 그리하여 그 땅을 궁위(弓位)라 하였다는 것이다.[48]

두 사람이 함께 기러기 사냥을 갔을 수도 있고, 그 과정에서 기러기의 왼쪽 날개를 맞추었을 수도 있었을 것이다. 그러나 그에 대한 보답으로 밭 300결을 수조지로 내리는 행위[49]는 과하다는 느낌이 든다.[50] 한편으

---

47 이는 경작이 가능한 수조지 300결을 의미한다. 오늘날의 수치로 환산하면 대략 140만 평 정도에 해당한다(계산 참고는 한국인물사연구원 편저, 『필수역사용어해설사전』, 도서출판 타오름, 24쪽). 이는 경작지의 면적만을 의미한다. 실제 이 면적의 토지가 평산 지역 내에서 위치한 모습은 거대한 전장이었을 가능성이 높다.

48 『신증동국여지승람』권41, 황해도 평산도호부. 신숭겸이 대외적 활동을 공식적으로 시작한 것은 궁예 정권 시기이기 때문에, 궁위전은 활과 관련된 고사가 아닌 궁예(弓裔)를 의미할 수도 있다. 그러나 이는 평주를 본관으로 하는 조치와 결부되어 그에게 지역적 기반을 마련해준 것이 합리적 이해일 듯하다. 그러므로 이를 개국 이후의 조치로서 공신집단에 사여된 훈전(勳田)의 성격을 띠는 것으로 보는 것이 옳을 것이다. 한편으로 개국공신에 대한 훈전은 태조 이후 경종 대에도 사여된 바 있다(『고려사』권78, 식화지 제1, 功蔭田柴).

49 이러한 수조지 사급은 수조권만을 염두에 둔 것으로 이해된다(魏恩淑, 「전시과 체제」, 『고려 전기의 경제구조』신편한국사 14, 국사편찬위원회, 2002, 31~32쪽). 하

로 기병 장군으로 강력한 군사적 기반이 있는 인물에게 평산의 대토지
를 경제적 기반으로 제공하는 것 역시 주목할 점이다. 만일 그가 공산전
투에서 사망하지 않았다면, 이를 기반으로 하여 강력한 대호족 중의 한
명으로 성장할 수도 있었을 것이다.

태조대의 인물 중 평산을 기반으로 하는 세력에는 신숭겸 외에도 유
금필(庾黔弼), 박지윤(朴智胤), 박지윤의 아들로 형제 사이인 박수문(朴守
文)·박수경(朴守卿) 등이 있었다. 흥미로운 점은 이들이 모두 태조와 혼
인 관계를 맺고 있다는 점이다. 대대로 이어진 박지윤 가문 여성과 태조
와의 혼인을 고려할 때 박지윤 가문은 평산 지역을 기반으로 하는 강력
한 재지 호족임을 알 수 있다.

반면, 유금필은 주로 전쟁터에서 그 자신의 가치를 증명한 인물이었
다. 그런 유금필도 신숭겸과 함께 태백산성사에 배향되었다. 그리고 이
러한 측면은 신숭겸 역시 마찬가지이다. 신숭겸의 고향은 곡성이었다.
반면에 그가 활동한 지역은 한반도 중북부 지역, 당시에는 신라의 최북
방에 해당했다. 이러한 지역적 유리 상황은 그가 가진 출신지에서의 지
위나 배경이 현실의 공간에서 제약될 수밖에 없는 상황을 낳았다.

이 과정에서 신숭겸은 자신과 함께 복무한 신라 변방의 사병 및 장수
집단의 인물들과 일종의 임협 집단을 형성했던 것으로 보인다. 이들은

지만 이는 고려 사회가 토지겸병, 농장의 확대 등으로 진행하기 이전의 상황이었
을 것이다.
50 경종 2년 3월 개국 공신 및 향의 귀순 성주 등에게 내린 훈전은 50결에서 20결 사
이였다. 한편, 충숙왕 12년에는 공신에게 내린 공음전을 비롯한 대규모 사패지에
대한 조정을 실시하여, 100결을 넘을 수 없게 하였다(상기 진술은 모두, 『고려사』
권78, 식화지 제1, 功蔭田柴). 이를 통해 볼 때 300결은 그에게 주어진 것이 아니
라, 이미 그가 영향력을 미치던 지역이 수조지로 인정된 것일 가능성이 있다. 그러
나 그의 정치적 영향력을 고려할 때 이는 개국 이후의 조치로 전례 없는 규모로
사패된 것일 가능성도 있다. 한편, 충숙왕대의 기록을 통해 볼 때 이 역시 어느 시
점 이후로는 규제되었을 가능성이 높다.

신라에 의해 각처에서 모집된 병력이었을 것이다. 그 중 신숭겸은 곡성, 배현경은 경주 출신의 인물이었다. 그럼에도 불구하고 이들은 신라의 북방에서 군사적으로 성공했다. 그것은 이들이 기존의 호족과는 다른 집단임을 의미한다. 아마도 이들은 패강진과 같은 변방의 군진에서 성장한 세력이었을 것이다.

이들은 변방에서의 크고 작은 전투를 거치면서 서로 신뢰를 쌓아갔고, 그 조직 내에서 성장했다. 그런가 하면 이들은 정치적 입장도 같이했다. 신숭겸과 배현경 등은 태조가 궁예를 몰아내는 역성혁명에 나서도록 함께 설득했던 인물이다. 이들은 궁예 정권에 참여하기 전부터 정치적 입장을 같이하는 세력이었을 가능성이 높다. 한편으로 신라 말기 이들 변방 군진의 방수 병력[51]은 일정한 복무 기한을 채운 뒤에도 자신들의 출신지로 돌아가는 것이 불가능한 상황에 처했다. 그 사이 신라 사회가 큰 변화를 맞이하게 되었던 것이다.

변방에 대한 군사적 지원은 점차 약화되었으며, 이들은 재지에서 사실상 독립적인 군사 세력이 되어야 했다. 신숭겸이 주둔했던 북방은 발해 및 신라, 그리고 당의 몰락으로 인해 통제에서 벗어난 북방민족과 유이민 집단의 활동 터전이 되었다. 이들에게서 신라의 북방영토를 지키는 일은 '방어'의 의미도 있었지만, 한편으로 그 담지자들에게는 생존과 결부된 일이기도 했다.[52] 이들은 외부적 도움을 기대할 수 없는 상황에서 자체적인 결집을 강화하고 이를 기반으로 자기 집단을 유지하는 한편, 북방으로 사민되어 그 영토를 개간하는 역할을 수행했던 농민층을 보호

---

51 군진을 방수하는 병력을 '방수군'이라 보는 견해도 있다. 이에 관련한 논의는 배재훈, 「견훤의 군사적 기반」, 『新羅文化』 36, 2010, 169~170쪽을 참고. 그러나 사료상으로 확인되는 것이 아니므로, 이에 대해서는 신중해야 할 필요가 있다.

52 한편, 유금필은 북방민족을 군사적으로 결집하여 자기 세력화하는 것에 성공했던 것 같다. 그는 936년의 일리천 전투에서 흑수(黑水), 달고(達姑), 철륵(鐵勒) 등 외족들의 정예한 기병을 지휘하였다(『고려사』 권2, 세가 제2, 태조 19년(936)).

했던 것으로 보인다.

신라의 패강진은 이러한 북방의 진출로에 위치했다. 그리고 중앙에서의 관심과 지원이 약화되어가는 가운데, 이들 군진은 점차 재지적 기반을 강화하여 이를 보충해야 하는 형편에 처했다.[53] 이런 상황은 889년, 신라 전국토에 걸친 대규모 반란 사태를 접하면서 극적인 상황에까지 치달았을 것이다.[54] 간헐적이나마 유지되었던 중앙에서의 군사적·경제적 지원이 끊겼을 것이며, 중앙 정부의 명령 역시 하달되지 못했을 가능성이 높다.

이러한 상황에서는 최고 지휘관 역할을 수행하는 두상대감(頭上大監)[55]을 비롯한 각급 장수들의 부임 역시 쉽지 않았을 것이다.[56] 신라 중앙의 고위 귀족이었던 두상대감은 위험한 경로를 거쳐 군사적 위험이 상존하는 북방의 진으로 이동하기 어려웠을 것이고, 그런 모험을 하고 싶은 생각도 없었을 가능성이 높다. 이런 상황은 휘하의 부대를 이끄는 각급 군사 지휘관들도 마찬가지였을 것이다. 따라서 자연스럽게 주둔 부

---

53 애초부터 패강진을 둔전병적인 성격으로 유지된 군진으로 본 견해도 있었다. 李基白, 「高麗太祖時의 鎭」, 『歷史學報』 10, 1958, 232쪽.

54 889년부터 본격화된 농민반란에 대해서는 趙仁成, 「新羅末 農民反亂의 背景에 대한 一試論 -農民들의 世界觀과 관련하여-」, 『신라말 고려초의 정치사회 변동』, 신서원, 1994를 참조.

55 두상대감은 패강진의 최고 책임자로『삼국사기』에 등장한다. 그러나 이 명칭은 훗날 도호(都護)로 바뀐 듯하다. 「황룡사구층목탑찰주본기(皇龍寺九層木塔刹柱本記)」에는 경문왕 12년(872) 패강진의 최고 책임자로 도호가 있었음이 확인된다. 위의 금석문에는 872년 당시 패강진도호였던 중아간(重阿干) 김견기(金堅其)가 등장한다(「皇龍寺九層木塔刹柱本記」). 또한, 진성왕 4년(890)년에 만들어진 「성주사대낭혜화상백월보광탑비(聖住寺大朗慧和尙白月葆光塔碑)」에는 패강도호 함웅(咸雄)이 확인된다(「聖住寺大朗慧和尙白月葆光塔碑」).

56 이 시기의 신라는 내륙 교통이 거의 불가능해졌다. 당으로 파견된 사신이 대당교역 항구에 도착하지 못하는 일이 있었으며, 관료들이 임지에 부임하지 못하는 상황도 발생했다.

대는 군공이나 인망을 중심으로 재편되었을 것이다.

이즈음에 궁예의 후고구려 집단이 패강진에 진출한다. 이들이 신라의 지방군으로서 그에 충성을 바치는 관료집단으로 이루어졌다면, 궁예는 이 정예화된 군대가 지키는 지역을 손에 넣지 못했을지도 모른다. 그러나 상황은 그와는 다르게 진행되었다. 이 지역은 822년에 발생한 김헌창의 난에도 가담하지 않았고, 김헌창을 오히려 궁지에 빠뜨리는데 큰 역할을 수행했던 곳이다.[57] 적어도 그 시점까지 신라의 북방 군진으로 패강진은 두상대감의 통제 아래에 잘 동작하고 있었다. 그러나 궁예가 도착한 시점의 상황은 달랐다.

전국적인 혼란이 시작된 889년 이후 상황은 매우 극적으로 변했겠지만, 신라 하대 지방 통제력의 이완은 그보다 이른 시기부터 지속된 경향이었다. 그리고 그 중심에 앞서 지적한 김헌창의 난이 있다. 그렇다면 889년 이후의 상황 전개는 그럼에도 불구하고 형식적, 의례적으로 유지되던 중앙의 패강진에 대한 통제가 유명무실해지는 시점인 것으로 볼 수 있다. 무엇보다 중앙에서 파견된 고위 장교 집단에 의한 직접적인 통제가 불가능해졌다는 것이 큰 문제였을 것이다.

890년 패강도호로 「성주사대낭혜화상백월보광탑비」의 건립에 참여하는 함웅을 마지막으로 패강진 책임자의 명칭은 확인되지 않는다. 그러나 패강진은 그 자체가 별도의 군사조직이었던 만큼 주변 군소 호족의 도전 정도에는 자체 조직을 잘 방어할 수 있었을 것이다. 그런 가운데 패강진은 그 내부의 조직과 군사력, 백성들을 거의 유지한 채로 한반도 중부 지역을 석권해 나가던 궁예 세력에 귀부했던 것으로 보인다.

신라 중앙정부가 패강진을 통제하지 못하던 시점, 패강진의 내부 세력을 규합하고 이를 하나의 단위체로 유지했던 인물은 누구였을까? 그것이 혹시 신숭겸은 아니었을까? 패강진의 중심 지역으로 언급되는 곳

57 『삼국사기』 권10, 신라본기 제10, 헌덕왕 14년.

이 바로 평주(平州), 곧 평산이었다.[58] 그리고 이 지역은 훗날 신숭겸과 그 후손의 관향(貫鄕)이 된다. 아울러 태백산성사에 배향된 인물 중 사실상 주벽(主壁)이 되는 것도 신숭겸이다.[59] 이것이 시사하는 바는 무엇일까?

여기서 다시 신숭겸에게 주어진 평산의 궁위전을 떠올릴 필요가 있다. 그것은 평산 지역에서 군사적으로 활동해온 신숭겸에게 사여된 경제적 기반이었을 가능성이 높다. 그리고 신숭겸 사후 그의 후손들은 이를 기반으로 하여 크게 성장할 수 있었다. 무엇보다 평산은 수도인 개성과 가까운 지역이었다. 이런 곳에 경제적 기반을 마련하였다는 것도 신숭겸의 후손들에게 주어진 혜택의 하나였다. 그들은 경제적 기반은 평산에 두고, 관직 생활은 개경에서 하는 등 고려의 '양반'으로서의 삶을 여유 있게 보낼 수 있는 기반을 갖게 되었을 것이다.

이러한 상황은 신숭겸과 함께 왕건을 설득한 복지겸 역시 마찬가지이다.[60] 『신증동국여지승람』에 의하면 복지겸은, "태조(太祖)를 추대, 개국

---

58 李基東, 「新羅 下代의 浿江鎭」, 『韓國學報』 4, 1976, 9~10쪽. 이기동은 패강진의 패강을 예성강으로 보는 입장에서 평주(평산)가 교통의 요지이자, 군사적 요충지임을 고려하여 이러한 판단을 내렸다. 평산은 신라 경덕왕(景德王) 때 영풍(永豊)군으로 개칭되는데, 이는 곧 고구려의 대곡군(大谷郡)이었다. 이후 이곳에 대곡진(大谷鎭)이 설치된 사실이 확인되는데(『삼국사기』 권9, 신라본기 제9, 선덕왕 4년), 이로 보아 대곡진의 설치 시점에는 군의 명칭이 이전의 것으로 되돌려졌음을 알 수 있다. 또한, 이기동은 이 대곡진을 패강진의 본영(本營)으로 보았다. 이후 이 지역은 고려 때에 평주(平州), 조선에 들어서 평산(平山)으로 개칭되었다.

59 이러한 상황은 조선시대 태백산성사의 상황을 전하면서 신숭겸의 철상을 우선적으로 언급하는 것 등에서도 확인할 수 있다(『숙종실록』 권61, 숙종 44년(1718) 1월 20일).

60 복지겸은 그의 후손들이 관향으로 삼은 당진 면천 지역이 해안 지역에 위치한다는 이유로 그간 주로 해양세력에서 성장한 호족으로 언급되었다(김갑동, 「羅末麗初의 沔川과 卜智謙」, 『韓國中世社會의 諸問題』, 2001; 이인화, 「沔川 卜智謙 전설의 민속지리학적 재검토」, 『한국사진지리학회지』 17~3, 2007). 그러나 기장나 마군 장군 등으로 언급되는 인물이 해양세력이었을 것 같지는 않다. 그는 궁예나 왕건

공신이 되어 본주의 토지 3백 경(頃)을 하사받아 자손이 대대로 이를 먹고 살았다"[61]고 한다. 경과 결의 표현 차이는 있지만 서로의 기록은 대동소이하다. 그러므로 신숭겸에게 주어진 궁위전 역시 그가 기러기를 쏘아 맞추어 받게 된 토지라기보다는 궁예를 몰아내고 개국공신이 되면서 받은 토지였을 가능성이 높다.[62] 따라서 이 토지들에 대해 이후로도 오랜 기간 동안 수조권의 보호를 받았을 것이다.

아울러 평산의 태백산성에는 앞서 언급한 태백산성사라는 사우가 있었다. 이 사우는 본래 고려 때에 세워졌다. 성곽 안에 사우를 모신 독특한 경우인데, 더 흥미로운 것은 그 안에 신숭겸·유금필·복지겸·배현경 등의 철상(鐵像)을 안치했다는 점이다.[63] 유금필은 평산 출신인 것으로 되어 있다. 하지만, 신숭겸의 예에서 확인할 수 있듯이, 그것이 유금필이

휘하에서 수군으로 활동한 적이 없었다. 무엇보다 그가 신숭겸·배현경·홍유 등의 기병 장군들과 함께 활동했다는 점을 적극적으로 고려해야 할 것이다.

61 『신증동국여지승람』 권19, 충청도 면천군.

62 태조의 즉위 교서에는 훈전 등의 토지 사여와 관련된 기록은 존재하지 않는다(『고려사』 권1, 태조 1년 8월).

63 태조의 철상 역시 만들어졌는데, 숭의전에 보관하다 왕릉에 매납한 것이 발견되어, 국내에도 소개된 바 있다(기쿠타케 준이치, 「고려시대 裸形男子倚像－고려태조 왕건상 試論－」, 『美術史論壇』 21, 2005; 국립중앙박물관, 『북녘의 문화유산』, 2006). 철상(鐵像)이라 기록되어 있지만, 실제 재질은 청동이다. 반면, 태사사에 모신 철상은 무쇠로 주조한 것이라 한다(『송계집(松溪集)』 권7, 燕道紀行 下, 日錄, 丙申 12월). 같은 기록에 신숭겸을 중앙에 나머지 철상을 그 좌우에 두었다는 내용이 있다. 철상의 제작은 주로 종교적 상징물의 재현을 위한 것이었다. 태조 왕건의 상을 철상으로 제작한 것은 그에 대한 존숭이 매우 극진하였음을 의미하는 일로 이해된다. 따라서 이들 네 명의 철상 제작 역시 비슷한 입장에서 진행되었을 것이다. 이는 곧 고려 초기의 네 태사가 고려 사회에서 얼마만큼이나 추앙되는 존재인지를 드러내는 것일 수 있다. 한편으로 주조철불의 제작은 신라 말에서부터 시작된 것으로 고려 전기까지 크게 유행하였다. 신숭겸을 비롯한 인물들의 철상 역시 고려 전기에 제작되었을 것으로 추정되며, 왕건상의 모습을 고려했을 때 별도의 의복을 입히는 방식의 나형상(裸形像)일 가능성이 높다.

평산에서 태어난 것을 의미하는 것은 아닐 수 있다.

신숭겸과 배현경은 곡성과 경주 등 출신지에서 멀리 떨어진 곳에서 군사적으로 성장했다. 복지겸도 당진의 면천 지역이 출신지로 언급되고 있어, 마찬가지 상황이었던 것으로 보인다. 유금필도 뛰어난 군사적 능력으로 두각을 나타낸 인물이다. 그의 출신지는 평산으로 언급되는데, 그 서술 방식은 『세종실록지리지』에서 신숭겸을 평산에서 다루는 것과 유사하다. 따라서 그 역시 신숭겸 등과 마찬가지였을 가능성이 있다.

평산은 그 군사적 중요성 때문에 대곡진이 설치된 곳이며, 대곡진은 패강진의 본진 혹은 그 일부였다고 한다. 따라서 태백산성사는 평산을 중심으로 활약한 패강진 출신의 무장들을 모신 사당이었을 것이다. 그리고 태백산성은 그 시기 패강진의 중심 군영이었을 가능성이 있다. 그렇다면 행오에서 대광이 되었다는 배현경의 예는 이들 모두에게 해당하는 일이었을 가능성이 높다. 그리고 이들은 군사 활동에서 정치적 선택, 주군을 선택하는 일 등 거의 모든 점에서 일사분란한 행동을 보인다. 이런 움직임은 앞서 언급한 바와 같이 이들이 일종의 임협 집단을 형성했기 때문일 것이다.

궁예는 효공왕 2년(898) 이 지역에 진출해 패서도(浿西道) 및 한산주 관내의 30여 성을 빼앗고, 송악군에 도읍을 정하게 된다.[64] 889년의 혼란이 덮친 뒤 9년이 지난 시점이었지만, 패강진 지역은 강력한 상비군, 혹은 둔전병이 배치된 지역이었다. 따라서 이를 궁예가 7월 한 달만에 모두 빼앗았다는 『삼국사기』의 기록은 궁예에 대해서 호의적으로 접근하여, 그를 주군으로 모시기로 한 이들 임협 집단의 움직임에 의한 것일

---

64 『삼국사기』 권12, 신라본기 제12, 효공왕 2년. 패서도에 속하는 주현의 귀부 기록
   은 효공왕 8년에도 등장한다(『삼국사기』 권12, 신라본기 제12, 효공왕 8년). 상식
   적으로 볼 때 효공왕 2년에는 개성에 가까운 지역이, 동왕 8년에는 그보다 먼 지
   역의 주현이 귀부했을 것이다.

가능성이 높다. 그러나 이들은 궁예가 자신들의 뜻과는 다른 움직임을 보이자 함께 왕건을 설득하고, 그를 새로운 국왕으로 내세워 역성혁명을 성공시켰다.[65]

그런 뒤에도 이들은 다른 호족과는 달리 왕건이 군사력을 필요로 하는 장소면 어디든 파견되어 군사 활동을 벌였다. 신숭겸은 지근거리에서 왕건을 호위하는 역할을 수행했던 것으로 보이는데, 때로는 반란의 기미를 읽어내고 이를 왕건에게 알리기도 하였다.[66] 그리고 태조가 군사적 위기에 빠져 죽을 고비에 있을 때에는 목숨을 버리기까지 하면서 그를 보호하였다. 임협의 입장에서 상호 관계는 상대가 대의를 지키고, 서로에 대한 신뢰를 보여주는 가운데에서 유지되었다. 그런데 이들이 받아들인 첫 주군은 사실 궁예였다.

898년 패강진 지역을 중심으로 역사의 전면에 드러난 이 군사 집단은 궁예가 보여준 대의를 수용하고, 그에 대한 적극적인 지지를 표명했던 것으로 보인다. 이 시기의 궁예는 "사졸과 고락을 같이하며, 주거나 빼앗는 일에 이르기까지도 공평무사하였다. 이에 따라 여러 사람들이 그를 마음속으로 두려워하고 사랑하여 장군으로 추대하였다"[67]라는 표현에서 볼 수 있듯이 대중의 적극적인 지지를 받았던 인물이었다. 거기에 혼란한 신라를 대체할 나라를 세우겠다는 뜻도 가지고 있었으니, 889년 이후의 혼란을 목도한 이들에게는 말세의 혼란을 바로잡을 인물로 부족함이 없어 보였을 것이다.

정개(政開) 원년의 개원을 즈음한 시기, 궁예는 미륵신앙에 도취되어 부인을 죽이고, 장수나 관리에서 평민에 이르기까지 죄 없이 사람을 죽이는 일을 자주 벌였다. 이러한 궁예의 태도 변화에 궁예정권의 2인자였

---

65 이재범은 이들이 궁예정권에서 정치적으로 소외된 것에 왕건 추대의 원인이 있다고 보았다(이재범, 앞의 책, 1999, 237~238쪽).
66 『고려사』 권1, 태조 1년 9월.
67 『삼국사기』 권50, 열전 제10, 궁예.

던 왕건마저 나주로 피신하는 사태가 벌어졌다.[68] 당시의 상황은 이미 임협 집단으로서의 궁예정권의 모습은 사라진 이후였다. 상호 신뢰가 무너졌기 때문에 이들은 상대에 대한 지지를 철회하였고, 그를 이을 인물로 왕건을 선택하고 기민하게 움직였다.

918년 6월, 홍유·배현경·신숭겸·복지겸 등 네 사람은 왕건을 설득하고, 궁예에 대한 반기를 들었다. 이미 지배집단 내에서 신망을 잃은 뒤였으므로 궁예는 큰 저항도 벌이지 못하고 몰락하였다. 그렇게 왕건의 고려가 건국되면서, 이들은 개국 1등공신으로 책록된다.[69] 그리고 종래 홍술(弘述)·백옥삼(白玉三)·능산(能山)·복사귀(卜砂瑰) 등으로 불렸던 이들에게 홍유·배현경·신숭겸·복지겸 등의 이름과 성씨가 사성되었다. 그리고 그러한 지위에 걸맞게 식읍의 사여 역시 이루어졌을 것이며, 신숭겸은 그 과정에서 평산의 토지를 사여받았다. 그가 평산을 대표하는 인물로, 선택되어진 것이다.

태백산성사에 신숭겸이 주벽의 위치를 점했던 것 역시, 평산을 중심으로 하여 성장한 군사 집단의 대표로서 신숭겸이 주목받았음을 의미한다. 태백산성사의 철상들은 고려 때에 만들어져 봉안되었는데, 이후 지역 내에서 성황신과 같은 지위를 누렸던 것으로 보인다. 따라서 이 철상이 국가적 관심을 잃게 된 것에는 그것을 음사(陰祀)로 규정되었기 때문일 가능성이 있다. 그러나 국가적 관심이 사라진 이후에도 태백산성사의 신숭겸 등에 대한 제사는 유지되었으며, 철상 역시 지역민들에 의해 보호받았다.

한편, 평산 지역의 유림과 신숭겸의 후손들은 이와는 별개로 동양서원(東陽書院)을 세워 신숭겸에 대한 제의와 그 뜻을 기리는 작업을 수행했다. 따라서 동양서원의 초기 건립 의도에는 일정 부분 음사화된 태백

---

68 『삼국사기』 권50, 열전 제10, 궁예.
69 『고려사절요』 권1, 태조신성대왕, 태조(918) 1년 8월.

산성사에 대한 견제의 의미가 포함되어 있었을 것으로 추정된다. 하지만 태백산성사가 재정비되고, 사액된 이후에는 양측 모두에 관심을 갖게 되었을 것이다.

고려의 건국으로 이들의 역할이 끝난 것은 아니었다. 왕건이 세운 '대의'의 결행, 아마도 그것은 삼한(후삼국)의 통일이었을 것인데, 이의 실현을 위한 멀고 먼 길이 노정되었던 것이다. 그리고 이 때문에 평산에 지역적인 기반과 연고를 마련한 신숭겸이었음에도 불구하고, 기병 장군으로서의 역할에서 벗어나지는 못하였다. 특히 신숭겸은 높아진 위상에도 불구하고, 왕건의 친정이 있을 경우, 그를 호위하는 군대를 지휘했던 것으로 보인다. 그리고 대체로 이 시점 정도에 그는 춘천과 관계를 맺었던 것으로 보인다.

Ⅳ. 강원도 춘천, 우거와 묘소

이미 2장에서 춘천과 신숭겸과의 연관에 대한 고찰을 어느 정도 진행한 바 있다. 춘천은 궁예와 왕건 아래에서 기병 지휘를 담당했던 신숭겸이 휘하의 병력을 통솔하며 머무르던 일시적인 주둔지였다는 것이다.[70] 이는『신증동국여지승람』에서 언급되는 '우거'에 대한 이유를 고민하는 가운데 나온 나름의 결론이다. 본 장에서는 이에 대해서 좀 더 깊은 논의를 진행해 보고자 한다.

『고려사』열전은 신숭겸의 출신을 '광해주인'이라고 못 박았다.[71] 하

---

70 변동명은 전라도 곡성 출신의 신숭겸이 언제인가 강원도 춘천으로 이주하였으며, 거기에서 궁예의 휘하로 들어가 활동하였을 것으로 보았다(변동명, 앞의 논문, 2004, 86쪽). 이재범 역시 신숭겸을 곡성에서 나서 춘천에서 세력을 확장하던 중, 궁예세력을 만나 새롭게 이식된 세력으로 보았다(李在範,『後三國時代 弓裔政權 硏究』, 혜안, 2007, 75~76쪽).

지만 이의 해석은 다양한 편이다. 그렇다면 같은 시기 활동한 것으로 보이는, 신숭겸을 제외한 왕건 추대 기병 장군들의 출신은 어떻게 표현되어 있을까? 우선 홍유는 '의성부인(義城府人)'이라 되어 있다. 의성부는 광해주와 마찬가지로 고려 초에 잠시 사용된 지명으로 이후 현으로 격하되었다. 고려 초에 의성부로 읍격이 올라갔던 것에는 개국공신인 홍유의 출생지라는 점이 고려된 것으로 보인다. 홍유는 고려의 통일 이후 사망한다. 통일 완수 전에는 의성으로의 접근이 쉽지는 않았을 것이기 때문에 홍유 역시 출생지의 기반을 통해 영달한 인물은 아니다.

다음으로 배현경은 『고려사』 열전의 기록 속에 '경주인(慶州人)'이라 나타난다.[72] 경주는 935년 경순왕의 고려 귀순 이후 신라의 왕도에서 격하되어 쓰이기 시작한 명칭이다.[73] 배현경은 통일 완수 이후에 사망했다. 따라서 경주인이라는 것은 그가 자신의 고향으로 쉽게 접근이 가능해진 이후에 불린 것이며, 사실상 고려 통일 이후의 경주를 의미한다. 그 역시 후삼국이 분립되어 있던 시점에는 고향인 경주의 어떠한 물적·인적 토대도 활용하기 힘든 상황이었다. 더군다나 그는 경주의 유력한 성씨가 아닌 백옥삼이라 불린, 성씨조차 없었을 가능성이 높은 인물이었다.

한편, 복지겸은 출신 관련 기록이 전무하다. 졸년도 확인되지 않는다. 개국공신에 무공공(武恭公)이라는 시호를 받고 태조묘에 배향까지 된 인물이지만,[74] 그와 관련된 정보는 제한적이다. 앞서의 예를 고려해보면 그는 아마도 통일 이전에 사망했을 것이다. 복지겸에 대한 기록은 『신증동국여지승람』 단계인 15세기 후반에 가서야 확인된다. 그가 면천군(沔川郡, 당진시 면천면)의 인물조에 "신라 말엽에 복학사(卜學士)라 일컫는

---

71 『고려사』 권92, 열전 제5, 諸臣 신숭겸; 『고려사절요』 권1, 태조신성대왕, 태조 10년(927)에도 같은 내용이 재확인 된다.
72 『고려사』 권92, 열전 제5, 諸臣 배현경.
73 『고려사』 권57, 지 제11, 지리 제2 경상도 東京留守官慶州.
74 『고려사』 권92, 열전 제5, 諸臣 복지겸.

자가 당 나라로부터 본군으로 와서 살면서 바다 도적을 물리쳐 죽이고, 머물러 남은 백성들을 모아 보전한 적이 있었는데, 지겸은 그의 후손이다. (중략) 본주의 토지 3백 경(頃)을 하사받아 자손이 대대로 이를 먹고 살았다"75라고 수록되었기 때문이다.

앞서의 추론이 옳다면, '본주의 토지 300경'은 그가 개국공신이 된 이후에 받은 것으로 보인다. 그리고 그 시점의 면천군은 경덕왕 이래의 명칭인 혜성군(槥城郡)으로 불렸다. 개국공신의 고향이었다면 읍격의 상향 조치가 의성부의 예처럼 확인될 듯한데 그렇지 않다. 신라 말 이래로 계속해서 혜성군으로 불린 것이다. 이는 그가 삼국통일 이전에 이미 사망했기 때문일 것이다. 그리고 이 지역 역시 그가 실제 나말여초에 활동한 지역과는 유리된 곳이라 할 수 있다.

개국공신으로 중요성이 높았던 인물들임에도 불구하고, 『고려사』 열전에서 제시되는 이들 네 명에 대한 정보는 매우 제한적이다. 그러나 한 가지, 이들이 태어나고 성장한 지역과는 격리된 채, 군사적으로 성장했다는 점은 공통적으로 확인된다. 의성과 경주는 신라의 영역이었으며, 혜성군은 후백제와 태봉, 그리고 고려 사이에서 군사적 우열에 따라 귀속이 자주 변경되었던 지역이다.76 아울러 혜성군은 대호족 박술희의 지역적 기반이었다. 따라서 복지겸 역시 지역적 기반을 가진 호족은 아니었을 것으로 보인다. 따라서 918년을 전후한 사성 시점에 내려진 관향은 출신지와 달랐을 가능성이 높다.

상기의 검토를 통해보면, 『고려사』의 '광해주인'이라는 판단이 신숭

---

75 『신증동국여지승람』 권19, 충청도 면천군.

76 이에 대해서는 김명진, 「고려 태조 왕건의 아산만 일대 공략과정 검토」, 『지역과 역사』 30, 2012 참조. 왕건은 이 지역에 대한 영향력을 강화하기 위해 탕정군(충남 온양)에 성곽을 쌓았다(『고려사절요』 권1, 태조신성대왕, 태조 11년(928). 당시의 공사는 유금필이 맡아 진행하였다. 탕정의 성은 고려군의 최전방으로의 의미를 가졌던 것으로 보인다.

겸과 관련된 신뢰할 수 있는 자료들을 근거로 하여 만들어진 것은 아님을 알 수 있다. 아울러 그것이 기반한 고려 초기의 실록 기사는 견훤의 영역이었던 곡성과의 연관성을 부정하는 형태였을 가능성이 높다. 태조 대의 역사를 포함하는 '칠대실록'의 편찬 작업은 훈요십조(訓要十條)의 기록 등 후백제 지역에 대한 배제를 노골화하는 등의 요소가 있었다. 그 가운데 건국 공신들의 출신지도 일부 조정되었을 가능성이 있다.

이런 점에서 '광해주'의 신숭겸 묘소는 그것이 형성된 이후 뭇사람의 주목을 받아온 것이었다. 그러므로 곡성 출신의 사실을 감추고, 그 연관성을 희석하는 데에 매우 효과적으로 활용될 수 있었을 것이다. 한편으로 선대에 대한 기록이 부재한 상황에서 묘소와 출신지를 연관시키는 사고 역시 후대의 기준으로는 합리적인 추론이라 할 수 있다. 그런데 춘천에도 이 지역을 연고로 하는 강력한 호족 세력이 존재했다.

태조 대에 왕씨성을 사성 받은 박유(朴儒)는 『고려사』의 기록 내에서 신숭겸과 마찬가지로 광해주 출신이라 기록되어 있다. 앞서 검토한 바와 같이 그는 궁예 정권에서 동궁기실까지 올랐으나, 정권 후반에는 산속에 은거하였다.[77] 은거한 장소로 그가 고른 곳은 아마도 재지적 기반이었던 광해주, 곧 오늘날의 춘천이었을 것이다. 문한관 정도로 보이는 그에게 고려왕실이 왕씨 성을 사여한 것은 곧 그의 정치적 기반이 춘천에 있었고, 그 영향력이 결코 작지 않았기 때문인 것으로 보인다. 그런데 태조 대에 활동한 춘천의 호족이 박유 혼자만은 아니다.

앞서 검토한 바 있는 태조의 후비인 예화부인 왕씨의 아버지, 대광 왕유(王柔)가 있기 때문이다.[78] 박유와는 달리 왕유는 그의 딸을 납비했다. 왕유에 대한 정보는 예화 부인 왕씨의 기록에서 확인되는 대광이라는 관등과 왕유라는 이름뿐이다. 그러나 태조의 혼인은 각 지역 유력 호족

---

77 『고려사』 권92, 열전 제5, 諸臣 왕유.
78 『고려사』 권88, 열전 제1, 后妃 예화부인 왕씨.

과의 연합을 위한 것으로, 이를 고려 할 때 왕유도 춘천을 중심으로 활동하는 대호족이었을 가능성이 높다.

이렇게 춘천에는 재지의 유력자들이 존재했다. 그러나 한편으로 신숭겸은 휘하에 상당한 수의 기병을 포함한 군사력을 가진 인물이었고, 개국공신으로 고려 사회 내에서의 영향력도 컸다. 그가 광해주 출신이라면 이러한 개인적인 역량을 통해 광해주를 중심으로 하는 대호족으로 성장하였을 가능성도 있다. 하지만 이미 알려진 바와 같이 신숭겸의 행적에서 그러한 흐름은 발견되지 않는다.[79] 후대의 기록이지만 『신증동국여지승람』에 그가 춘천에 우거했던 과거의 '기억'이 일부 전해지고 있을 뿐이다.

춘천은 북한강을 통한 한강 수운을 이용하기 편리한 지점에 위치하고 있다. 아울러 이 지점은 육지 방면으로 북상하여 태봉의 수도였던 철원을 공략하려는 세력을 견제하기에 유리하다. 그런 점에서, 궁예정권 초반 그의 군사적 경쟁자로 북원(원주)에 자리 잡았던 양길(梁吉)을 견제하기에 유리한 지점이기도 했다. 또한 이 지역은 후삼국 통일을 위한 전투가 활발했던 전장에서 멀리 떨어진, 비교적 후방에 위치한 지역이다. 따라서 궁예와 왕건 등은 이곳에 병력을 주둔시켜 두었다가 가을 이후의 공세에 활용할 수 있었을 것이다. 춘천은 주변에 경작지는 드문 반면, 고산지대의 고위평탄면 등이 존재한다. 따라서 이를 기반으로 하여 목마장 등을 운영하기에 좋은 곳이었다.[80]

---

79 그에게 이런 의도가 없었을 수도 있으나, 그럴만한 여건이 주어지지 않았을 가능성도 있다. 신숭겸이 927년에 사망했다는 점을 고려할 필요가 있다.

80 조선시대 강원도에는 국마(國馬)를 기르는 목마장이 이천(伊川)·평강(平康)·회양(淮陽)·금성(金城)·김화(金化)·낭천(狼川)·양구(楊口)·인제(麟蹄)·홍천(洪川)·춘천(春川)·횡성(橫城)·원주(原州)·영월(寧越)·평창(平昌)·정선(旌善) 등에 분산되어 있었다(『세종실록』 권18, 세종 4년 12월 28일). 여기에 춘천과 그 인근 지역 역시 포함되어 있음을 확인할 수 있다.

신숭겸의 우거도 혹시 그러한 목적으로 이루어진 것은 아니었을까? 말을 키우기 적합한 환경은 기병을 군사력의 핵심으로 활용한 궁예나 고려군에게는 매우 중요한 일이었다. 그리고 신숭겸은 곧 기장(騎將) 즉 기병을 이끄는 장군이기도 했다. 따라서 목마장을 둘 수 있는 유휴지, 무엇보다 건강한 말의 사육이 가능하도록 방목이 가능한 토지의 존재는 매우 중요했을 것이다. 아울러 고려시대 춘천에는 춘주도방호사(春州道防護使)가 설치되었다. 이러한 군사적 중요성 때문에 대몽항쟁기에는 춘천을 둘러싼 격렬한 전투가 벌어지기도 했다.[81] 한편으로 춘천에 일정한 군사력을 주둔시키는 것은 지역 내 호족의 동향을 감시하고 이들의 이탈을 막는 효과도 있었을 것이다.

이러한 추정을 따른다면, 신숭겸은 춘천 지역에 주둔 중인 자신의 부대를 이끌고, 왕건의 견훤 요격 작전에 참여한 것이라 할 수 있다. 이 부대는 긴급한 군사적 상황에 대처가 가능한 기동부대였다. 기병을 이끄는 신숭겸은 이 역할에 가장 적합한 인물이기도 했을 것이다. 따라서 친정에 참여한 오천의 군대는 왕건이 항시 동원할 수 있는 최정예 군대였을 것이며, 그 수장은 신숭겸이었을 가능성이 높다.[82]

공산전투의 패배로 신숭겸이 사망하고, 그가 거느리던 기병 대부분이 전사했다. 이는 춘천에 고려왕조가 주둔시킨 군사력의 몰락이며, 이제 막 춘천에 자리 잡고 영향력을 확대하던 신숭겸 가문의 몰락이기도 했을 것이다. 그 때문에 박유나 왕유 같은 유력한 호족 세력은 별다른 견제 세력 없이 이 지역을 기반으로 성장하게 된다. 신숭겸 사후 그의 가문에는 동생 능길(能吉)과 아들 보(甫) 등이 남았다.[83]

이들은 신숭겸의 충절에 대한 보상 차원에서 원윤(元尹)에 제수되었

---

81 『고려사절요』 권17, 고종 안효대왕 제4, 고종 40년.
82 실제 관련 기록에서 신숭겸은 대장(大將)으로 언급된다(『고려사』 권1, 세가 제1, 태조 10년).
83 『고려사』 권92, 열전 제5, 諸臣 신숭겸.

다. 그러나 원윤 정도의 지위로는 최고위의 지위에 해당하는 대광 왕유와 경쟁할 수 없었다. 무엇보다 기병 중심의 군사적 기반이 공산전투의 패배와 함께 사라지면서 그들과 경쟁할 수 있는 실력을 상실하였다. 결국 이들은 어느 시점 이후, 태조가 내린 경제적 기반이자 패강진 이래의 추종 세력들이 있는 평산 지역으로 이거하였을 것이다.

춘천에는 신숭겸의 묘소가 자리하고 있다. 묘소가 세워진 것은 그가 사망한 927년 이후였을 것이다. 그리고 인근에는 그에 딸린 사찰인 원당이 있었을 것이다.[84] 태조가 그의 묘소에 원당을 설치한 목적에는 사자에 대한 명복을 비는 것뿐 아니라 묘소의 관리도 있었을 것이다. 묘소 인근의 원당은 이후 분암 등의 형태로 바뀌어 최종적으로는 재실과 같은 공간이 된다.[85] 한편 원당에 기진된 토지는 사찰과 묘소의 관리에 소요되는 비용을 마련하기 위해 쓰였고, 상주하는 승려는 묘소의 관리와 도굴을 막는 역할을 수행했을 것이다. 아울러 원당에는 신숭겸의 영정을 모신 영당(影堂)도 만들어졌을 것으로 보인다.

신숭겸의 후손들은 춘천과 직접적인 연계가 없었음에도 불구하고, 묘소를 춘천에 두는 결정을 수용하였다. 여기에는 원당이 되는 사찰을 통한 묘소의 관리가 고려되었을 것이다. 한편으로, 신숭겸의 묘소가 춘천에 조영되는 시점까지는 그의 가족도 춘천에서의 정착을 고려했을지 모

---

84 이것이 혹, 지묘사였을 가능성도 있을 듯하다. 이해준을 비롯 전통적인 견해에서 지묘사는 대구의 순절단 인근에 세워진 것으로 이해되었다(이해준, 「장절공 신숭 겸의 願刹과 조선시대 墳庵」, 『춘천 소재 장절공 신숭겸장군 유적지 자료집』, 강원대학교 중앙박물관·강원대학교 인문과학연구소, 2013, 121~124쪽). 후예인 상촌 신흠의 「고려태사장절신공충렬비(高麗太師壯節申公忠烈碑)」 등 문중 관련 자료 역시 마찬가지의 입장이다. 그러나 원당은 왕실의 원찰과 같은 개념으로 접근할 수 있는 것이며, 묘소와 지근하여 설정되었을 것으로 보인다. 또한, 927년 단계에서 후백제군과의 전투가 끊이지 않고, 실질적으로는 신라의 영역인 대구에 신숭겸을 모시는 사찰이 세워지고 유지되는 것은 어려운 일이었을 것이다.

85 이해준, 앞의 논문, 2013, 참조.

른다. 그렇다면 그들이 춘천 지역에서 밀려나 평산으로 이동하게 되는 과정에는 왕유와 같은 춘천 호족의 압력이 작용했을 가능성이 높다. 그런 상황은 『신증동국여지승람』의 기록에서 '토성'이나 '망성' 어느 항목에도 신씨를 확인할 수 없는 것으로 나타난다.

한편, 묘소 인근의 사찰을 통해 이를 관리하는 체제는 조선이 성립한 이후로는 위기를 맞게 되었다. 원당 사찰의 유지는 숭유억불이라는 조선 전기의 사상적 목표에 어긋나는 것이었다. 더군다나 승려로의 출가를 막는 정책이 시행되면서, 문중 사찰의 의미를 갖는 원당의 승려 확보도 어렵게 되었을 것이다. 그리하여 이내 한계를 맞게 되고, 이의 운영을 새롭게 고민해야 하는 상황이 왔을 것이다.[86]

불교가 아닌 성리학적 원칙에 따른 시조묘 관리의 필요성이 제기되면서, 묘소 인근의 사찰지에 사우가 만들어졌던 것으로 보인다. 그리고 춘천 묘소를 중심으로 보면, 그것이 도포서원의 전신이었을 가능성이 높다. 또한, 묘소 관리의 현실적인 필요성은 일부 후손이 춘천 지역에 자리를 잡게 되는 이유 중의 하나가 되었을 것이다. 예전과 같이 사찰 및 승려를 통한 대리 관리가 불가능하게 된 상황이었기 때문이다. 아울러 사찰과 그에 딸려 제사와 관리 비용 등을 충당했을 토지, 묘소를 둘러싼 임야 등은 그의 후손들이 새롭게 춘천에 자리 잡게 되는 경제적 기반이 되었을 가능성이 높다.

이처럼 춘천과 신숭겸과의 관계는 그가 기병을 통솔하며, 춘천 지역에 주둔하게 된 것이 이유였을 가능성이 있다. 다른 한편으로 그의 가족 역시 그 시점에는 춘천에 거주하였을 것이며, 이 때문에 그의 사후 묘소

---

86 가문의 영당 등이 위치한 사찰과 사대부와의 관계는 이문건(李文楗)의 『묵재일기 (默齋日記)』 등에서도 확인된다. 성주의 안봉사(安峯寺)에는 성주 이씨 가문의 영당이 있었고, 사찰과 승려는 그에 대한 관리와 제사를 담당하고, 성주 이씨 가문은 그런 사찰의 갖가지 행정적·정치적 문제들을 해결해주었다. 그러나 이후 별도의 서원이 세워지고, 사찰과 성주이씨와의 관계는 청산된다.

가 춘천에 자리 잡게 되었을 가능성이 있다. 아울러 평산은 그가 군사적
으로 성장한 장소이자 관향이 된 곳이며, 곡성은 그가 태어나고 자란 곳
으로 사후 성황신으로 추숭된 곳이다. 아직까지 검토되지 않은 곳은 신
숭겸이 전사한 장소인 공산 동수가 있는 대구이다. 다음 장에서는 마지
막으로 대구와 신숭겸과의 관계를 검토해 보도록 하겠다.

V. 대구광역시 공산, 순절과 충의

지금까지 검토한 세 지역, 곧 곡성·평산·춘천이 신숭겸의 행적과 관
련하여 상당한 논란이 있는 것에 반하여, 적어도 대구는 그러한 측면에
서는 자유롭다. 이곳은 과거 공산전투[87]가 벌어진 공산 동수가 위치해
있는 지역으로 그와 관련되어서는 이론이 있기 힘들다. 그런데 흥미로운
점은 대구에서 이루어진 신숭겸에 대한 숭앙이 다른 지역 못지않았다는
점이다. 그리고 이러한 숭앙은 오늘날까지도 계속되어 순절단과 표충사
를 포함하는 신숭겸장군유적이 대구광역시의 기념물 제1호로 지정되기
도 했다.

공산전투는 927년 경주 인근의 고울부(高鬱府)까지 진출한 후백제군
에 위협을 느낀 신라가 고려에 구원을 요청하는 것에서 시작했다.[88] 그
러나 사신의 도착과 구원군의 파견 사이에는 시간적인 격차가 있었다.[89]

---

87 공산전투를 다룬 연구에는 閔丙河, 「申崇謙과 公山桐藪 戰鬪」, 『軍史』 29, 1994;
　　신성재, 「고려와 후백제의 공산전투」, 『한국중세사연구』 34, 2012 등이 있다. 그
　　리고 후백제의 입장에서 이를 다룬 연구로 문안식, 『후백제 전쟁사 연구』, 혜안,
　　2008, 153~161쪽을 참고할 수 있다.
88 『삼국사기』 권12, 신라본기 제12, 경애왕 4년.
89 왕건은 신라 구원을 위해 이미 구원 병력 1만 명을 지원한 상태였다(『삼국사기』
　　권12, 신라본기 제12, 경애왕 4년). 그러나 이 병력은 준비를 갖추느라 기일 내에

그 사이 경주는 견훤의 침공군에게 무너져 국왕인 경애왕이 핍박을 받아 자살하고, 유서 깊은 천년 신라의 수도는 회복 불능 수준으로 몰락하고 말았다.[90] 구원군의 파견이 신라를 대신한 '복수전'으로 바뀐 순간이었다.

후백제가 경주를 공략하기 위해 대규모의 병력을 체계적으로 동원한 반면, 이에 대응한 고려는 이렇다 할 준비 기간도 없이 신숭겸과 김락이 지휘하는 기병 오천을 중심으로 급히 군대를 꾸렸다. 거기에 국왕인 왕건이 직접 친정(親征)에 나섰다. 촌각을 다투는 상황이었으므로 식량을 비롯한 보급물자의 확보가 제대로 되었을 리 없다. 왕건은 최대한 빨리 신라 영토로 들어가 후백제군을 공격하는 계획을 세웠으며, 보급은 신라의 도움을 받을 수 있을 것이라 판단했던 것으로 보인다.

하지만, 왕건의 친정군이 신라 영토에 들어왔을 때는 이미 견훤이 경주를 유린한 뒤였다. 신라는 그 시점에 이미 패망한 것이나 마찬가지인 상황이었다. 따라서 그가 기대하던 보급 등은 이루어지지 못했을 것이다. 이에 왕건은 단시일 내에 전투를 끝내야 하는 압박을 받았다. 이에 그는 기동성이 뛰어난 기병 오천을 중심으로 후백제군의 진로에 위치하는 공산에서 견훤을 기다렸다.

왕건 휘하의 군대는 이미 후백제가 경주를 공략했다는 사실을 알고 있었다.[91] 적어도 그 시점에는 후백제에 의한 신라 병합도 가능한 상황이었다. 따라서 고려군의 사기는 높지 않았을 것이다. 아울러 신라의 지방관이나, 신라에 협조하는 지방세력가들도 그 사실을 알고 있었다. 그리고 그들은 앞으로 견훤이 신라를 합병할 것이라고 생각했을 가능성이

출전하지 못하였고, 결과적으로 견훤의 공세를 막지도 못했다. 이 병력은 시중 공훤(公萱)이 이끌었다.

90 『삼국사기』 권12, 신라본기 제12, 경애왕 4년.

91 『고려사』 권1, 세가 제1, 태조 10년. 왕건은 본격적인 전투에 앞서 사절을 보내 경애왕의 조문과 제사를 치르게 했다.

높았다. 그리하여 왕건은 이들의 협조를 얻는 데에 실패했다. 공산전투는 이런 제한 조건 속에서 벌어졌다.

후백제군에 비해서 모든 면에서 열세였던 고려군은 결국 이 전투에서 승기를 놓치며, 후백제군에게 포위되는 상황에 처하게 된다. 가망 없는 전투 속에서 신숭겸은 왕건을 구하기 위해 군대를 조직하고, 그의 퇴로를 확보하기 위해 마지막까지 싸우다 전사한다. 이 지점에 대한 『삼국사기』나 『고려사』의 표현은 무미건조하다. 후대의 기록처럼 기신(紀信)의 고사를 떠올리게 할 만한 영웅적 행동 등은 보이지 않는다. 다음은 그와 관련된 사료이다.

> 태조는 정예의 기병 5천을 거느리고 견훤을 공산 아래에서 기다렸다가 크게 싸웠다. 태조의 장수 김락과 신숭겸이 전사하고, 모든 군사가 패배하여 태조는 겨우 몸만 빠져나왔다(『삼국사기』 권50, 열전 제10, 견훤).
> 견훤의 군사가 왕을 포위하여 사태가 매우 위급하였다. 대장 신숭겸과 김락이 힘을 다하여 싸우다가 희생되고 각 부대들은 패배를 당하였으며 왕은 겨우 몸만 피하였다(『고려사』 권1, 세가 제1, 태조 10년).

조선 전기까지 국가의 정식 기록 속의 관련 내용은 상기의 두 기록의 범위를 벗어나지 못한다. 이로 보아 태조는 기병 5천의 별동대를 이끌고, 공산 아래에 매복하고, 경주에서 군대를 이끌고 나오는 견훤의 후백제군을 공격했던 것으로 보인다.[92] 매복전에서 작전의 승패 여부는 관련

---

92 이를 후백제군에 대한 추격전으로 보는 견해도 있다. 문안식은 양군의 첫 접전은 경주로 진출한 후백제군의 후방 척후들을 고려군이 공산 동수에서 공격한 것을 시작으로, 이후 영천 인근의 태조지에서 후백제군이 고려군을 격파하고, 후퇴한 고려군과 추격한 후백제군이 살내(箭灘)를 두고 대치하는 상태를 이룬 것으로 보았다. 이곳에서는 신숭겸과 김락이 이끄는 부대가 왕건의 친정군에 합류하여, 태조지의 패배로 잃은 병력을 보충할 수 있었다. 이후 고려군은 후백제군을 공격하여 미리사까지 진출하지만, 이후 파군재 근처에서 패전하였다고 한다. 이는 현지에

정보의 엄밀한 통제에 있었다. 그러나 고려군의 공산 진주 사실은 비밀로 엄수되지 못했다. 경주 함락 이후 친신라계 호족들은 일시적으로나마 견훤에게 우호적이었을 가능성이 있다. 고려군의 배치에 대한 정보는 아마도 이들을 통해 견훤에게 전달되었을 것이다.

병력에서 우위에 있었던 후백제군은 왕건의 기대와는 달리, 고려군을 포위하는 방향으로 진을 펼쳤다. 그 상황 속에서 신숭겸과 김락은 힘을 다해 싸웠지만, 전세를 돌이키지도 포위를 풀지도 못했다. 그러나 이들의 분전으로 왕건은 단기로나마 전장을 빠져나갈 수 있었다. 그리고 왕건이 빠져나간 이후로도 이들의 저항은 계속되었을 것이다. 군기 등이 제자리를 지켰다면, 왕건이 포위망 안에 있을 것이라는 확신을 적에게 줄 수 있었을 것이기 때문이다. 따라서 후백제군은 전장에서 이탈하는 소수의 도망병을 쫓는 것에는 관심을 보이지 않고, 포위망을 유지했을 것이다.

국왕에 의한 친정이었기 때문에 5천의 기병을 이끄는 군사적 결정은 왕건이 내린 것일 가능성이 높다. 그러므로 패전의 책임은 전적으로 왕건에게 있다고 할 수 있다. 『삼국사기』에 기록된 공산전투의 양상은 후백제군을 요격하기 위해 고려군이 공산 아래에서 기다린 것으로 나타난다. 이는 이동 중인 적군을 기습하기 위한 준비였을 가능성이 높다. 그러나 『고려사』의 기록을 통해 보면 실제 전투는 시작부터 후백제군에 의한 포위섬멸전으로 흘러갔던 것으로 보인다.

당시 상황에서 중요한 것은 왕건의 안위였고, 신숭겸의 전투 지휘 역시 그에 맞추어 진행되었던 것으로 보인다. 무엇보다 포위된 상태에서

___

전하는 구전을 중심으로 당시의 상황을 재구성한 것으로 보인다. 이상의 내용은 문안식, 앞의 책, 2008, 156~158쪽을 요약한 것이다. 반면, 민병하는 공산 전투의 진행에 대해 『삼국사기』와 『고려사』의 기록만을 인정하는 태도를 보였다(閔丙河, 앞의 논문, 1994, 49~50쪽). 본 서술 역시 그러한 입장에서 정사 기록을 중심으로 이루어졌다.

왕건이 탈출할 길을 뚫는 것이 우선이었을 것이다. 그리고 그것이 성공한 뒤에는 후백제군이 그렇게 탈출에 성공한 왕건을 쫓지 않게 하는 것이 중요하였다. 공산전투의 결과 최고지휘관인 신숭겸이나 부장인 김락이 모두 사망했다. 이로 보아 이들은 포위 상황에서도 지휘부를 그대로 유지한 채 전투를 지속했던 것으로 보인다. 따라서 전투의 종결은 포위망 안의 병력이 전멸하는 것으로 이어졌을 것이다.

왕건을 포위망 밖으로 내보기 위해 자신들의 목숨을 초개처럼 버린 이들의 태도는 사실, 일반적인 군신 관계에서 요구되는 그런 충절의 수준을 벗어나는 일로 보인다. 따라서 이를 왕건과 신숭겸, 김락 사이에서 맺어진 임협적 관계 속에서 찾는 것도 가능할 듯하다. 자신의 생명을 가벼이 여기고 의리를 중히 여기는 이런 태도는 임협이라 불린 고대적 가치 중의 하나였다. 이것이 바로 그들이 당시 활동하던 대부분의 호족과 구분되는 면이기도 했다.

태조 왕건에게 협력한 호족들은 자신들의 이익을 위해 반부를 거듭했다. 그리하여 왕건은 그들과의 관계를 강화하기 위한 수단으로 '혼인정책'을 펼치기도 했다. 그러나 신숭겸을 비롯한 인물들은 그러한 사적 관계가 없었지만, 왕건을 위한 희생도 마다하지 않았다.[93] 이러한 임협적 가치는 전란의 시기에 주로 나타났는데, 기신의 고사가 등장한 진한교체기나 도원결의로 알려진 유비와 관우, 장비의 관계도 그러한 맥락에서 접근할 수 있다.

한편, 오늘날 전해지는 기록과는 달리 당시의 전장 수습은 후백제군에 의해 수행되었다. 이는 927년 9월의 패전 이후 12월에 견훤이 보낸

---

93 왕건을 추대하여 고려를 개창하게 한 네 명의 태사 중 왕건과 혼인 관계를 맺은 것은 홍유뿐이다(『고려사』권88, 열전 제1, 后妃, 義城府院夫人洪氏). 그런데 홍유의 딸과 왕건의 혼인은 통일 이후에 있었다. 이는 통일 과정에서 이루어진 대호족과의 혼인과는 성격을 달리하는 것으로 보인다.

국서에서 확인된다.

　　그런데 족하는 나의 충고를 자세히 살피지 않고 뜬소문만을 듣고서
온갖 계책으로 왕위를 노리고 여러 방면으로 침노해 왔으나, 오히려 내
말머리도 볼 수 없었고 내 소털 하나도 뽑을 수 없었소. 초겨울에 도두
(都頭)인 색상(索湘)이 성산진(星山陣) 아래에서 항복했고, 이달 안에 좌
상(左相) 김락의 해골이 미리사(美利寺)⁹⁴ 앞에서 드러났으며, 죽인 것도
많고 사로잡은 것도 적지 않았소(『고려사절요』 권1, 태조 신성대왕, 태
조 10년).

　　위 사료는 공산전투를 통해 후삼국 정국에서 승기를 잡았다고 생각한
견훤이 그간의 전과를 나열한 국서의 내용이다. 견훤은 이를 통해 후백
제의 군사적 우위를 과시한 것이다.⁹⁵ 도두 색상이 성산진에서 항복한
것은 11월의 일이다. 그렇다면 후백제군이 김락의 시신을 수습한 것은
국서를 보낸 12월의 일이 된다. 전투가 11월에 벌어진 것에 비해서는 늦
은 것이지만,⁹⁶ 그 주체가 후백제라는 점은 확실히 드러난다.

─────

94 미리사는 화엄 십찰 중의 하나였다. 상기의 기록들을 통해볼 때 이 사찰은 팔공산
　자락에 위치했을 것이다. 또한, 그 앞에서 수천에서 수만에 달하는 군대의 전투가
　벌어진 곳이므로, 주변에는 상당히 너른 공간이 있어야 할 것으로 보인다. 오늘날
　이러한 조건에 부합하는 장소에는 부인사(符仁寺)와 파계사(把溪寺)가 있다. 파계
　사는 805년 심지(心地)와 관련된 창건 고사가 전하고 있어, 화엄십찰의 성립 이후
　에 창건되었을 가능성이 있다(「팔공산파계사사적기」). 그러나 한편으로 기존에 있
　던 사찰을 심지가 중창했을 가능성도 있다. 아울러 심지 관련 전승은 인근한 동화
　사의 전승을 끌어와 파계사에 덧붙인 것으로 보이는 측면이 있다. 하지만, 파계사
　에는 화엄십찰의 형성 시점, 혹은 나말여초에 형성된 것으로 보이는 유물은 전하
　지 않는다. 반면, 부인사에는 삼층석탑과 석등, 배례석 등의 통일신라 때의 것으로
　확인된 건축물이 존재한다. 위치 또한 산지의 험로를 주파한 병력이 집결하기 좋
　고, 사찰 앞에서 벌어진 전투를 지켜보기에 적당하다. 이 경우 견훤의 이동로는 오
　늘날의 팔공산로를 따른 방향이어야 할 것이다.
95 김갑동, 『고려의 후삼국 통일과 후백제』, 서경문화사, 2010, 209쪽.

그런데 여기에서 중요한 것은 김락보다 높은 지위에 있었던 신숭겸에 대한 언급이 나타나지 않고 있다는 것이다. 견훤이 신숭겸의 사망 사실을 알았다면, 그를 언급하지 않았을 리 없다. 신숭겸은 당시 왕건이 동원한 군대의 최고 지휘관이었으며, 김락보다 지위가 높았다. 또한, 고려를 건국한 일등공신이기도 했다. 이를 알았다면 견훤은 앞서 언급한 색상이나 김락보다 중요한 인물로 그를 언급했을 것이다. 그러나 그런 사실은 확인되지 않는다. 이는 후백제가 신숭겸의 전사 사실을 인지하지 못하였음을 의미한다.

후백제군은 공산전투 이후에도 주변 지역에 대한 공략을 멈추지 않았다. 그리고 이를 통해 구신라 지역 내에서의 견훤의 우위가 확실해졌다.[97] 견훤은 이런 상황 속에서 12월에 이르러야 전장의 수습을 시작했던 것으로 보인다. 그렇다면, 아마도 신숭겸의 시신은 그보다 먼저 고려군에 의해 수습되었을 것이다. 반면, 김락을 비롯한 나머지 전사자의 시신은 미처 수습되지 못했으며, 그간 외부에 노출되어 있었으므로 손상이 컸을 것이다.

이는 김락의 시신이 '백골'[98] 상태로 발견된 것에서도 확인할 수 있는 점이다. 왕건은 안전한 지점으로 피신한 뒤 신숭겸과 김락의 시신 수습에 노력을 기울였을 것으로 보인다. 그러나 김락의 시신은 찾지 못했고, 전쟁터에서 머리를 잃은 신숭겸의 시신만 겨우 찾을 수 있었던 것으로

---

96 『삼국사기』 열전에는 10월에 전투가 벌어진 것으로 되어 있으며(『삼국사기』 권50, 열전 제10, 견훤), 본기에는 11월에 견훤에 의한 경주 침공이 있었던 것으로 되어 있다(『삼국사기』 권12, 신라본기 제12, 경애왕 4년).

97 공산전투 이후 927년 9월에서 929년 11월까지를 후백제가 군사적으로 우위에 선 시기로 설정하는 견해가 있다(김갑동, 「後百濟 甄萱의 戰略과 領域의 變遷」, 『후백제 견훤정권과 전주』, 주류성, 2001, 205~210쪽).

98 견훤이 보낸 외교 문서상의 표현으로는 폭해(曝骸)로 되어 있다. 이는 백골이 되어 햇볕에 노출된 상태를 묘사한 것으로 보인다. 물론, 경우에 따라서는 실제 모습이라기보다는 외교적 수사로 상태를 과장한 것일 가능성도 있다.

보인다.[99] 이런 상황이었으므로 이후 신숭겸과 관련한 전승 속에 금두상과 관련된 이야기가 전해졌던 것으로 보인다.[100]

고려에 의한 공산전투 전몰자에 대한 추숭 사업은 대구와 공산 지역을 왕건이 안정적으로 점유하게 된 뒤의 일이었을 가능성이 높다. 하지만 고려와 후백제의 마지막 전투가 구미시 선산읍 인근의 일리천(一利川)에서 벌어지는 것으로 보아,[101] 공산 인근 지역은 당시까지도 여전히 전화에 노출되어 있었을 것이다. 따라서 통일 이전까지는 그 역시 쉬운 일이 아니었다. 이미 사후 9년 이상 경과한 시점이었으므로, 온전한 시신을 수습하는 것은 불가능한 일이었을 것이다. 따라서 이에 대한 기념과 제의는 전몰자 모두를 위한 것이어야 했다.

춘천의 묘소가 신숭겸 개인과 관련된 기억의 공간으로 조영된 반면, 공산의 기념 시설은 신숭겸과 김락, 그리고 함께 전몰한 장병을 기념하는 공간이어야 했다. 따라서 처음에는 공산전투의 전몰자들을 기념하는

---

99 신숭겸의 외손 손순효의 「장절공유사(壯節公遺事)」에는 신숭겸의 왼발 아래에 콩알같은 북두칠성 무늬가 있어 이를 통해 시신을 확인했다고 전한다(孫舜孝, 「遺事詩附」, 『平山申氏千年史』, 平山申氏大宗中』, 2011). 이 기록은 집안 내의 전승에서만 확인된다. 손순효의 글은 1479년 쓰여진 것으로 집안 내에서 가전된 것 중에서 가장 오래된 형태의 것으로 보인다. 비슷하거나 보다 이른 시기의 기록으로 「장절공행장(壯節公行狀)」이 있다(미상, 「行狀附跋」, 『平山申氏千年史』, 平山申氏大宗中』, 2011). 그러나 1565년에 덧붙여진 발문은 확인되나 최초 기록 시점의 확인은 불가능하다. 다만 내용은 서로 유사하다.
100 신숭겸과 금두상에 대한 전승은 신숭겸에 대한 사적이 해당 지역이나 후손 등에 의해 전해지는 과정에서 만들어진 것일 가능성이 높다. 이는 기신의 고사와 함께 신숭겸의 삶을 전기(傳記)화 하는 과정에서 추가된 것이며, 관우(關羽)의 묘소인 관릉(關陵)과 관련된 고사가 첨입된 것으로 보인다. 이러한 형태로 신숭겸 관련 전승이 정리된 것은 아마도 팔관회(八關會)의 연희를 위한 극화의 필요성에 의한 것이었을 가능성이 높다. 한편, 곡성 태안사의 장군단 조영은 관림(關林) 고사에 대한 대응으로 보인다.
101 『삼국사기』 권50, 열전 제10, 견훤.

시설이 들어섰을 것이다. 그리고 항시적 기념과 제의는 사찰을 통해 이루어졌던 것으로 보이는데, 그 역할을 수행했던 사찰이 아마도 지묘사로 불렸던 것으로 보인다.[102] 다만, 고려가 공산 지역을 완전히 영향력 아래에 넣게 되는 것은 통일 이후이기 때문에 기념과 제의와 관련된 시설이 건립된 시점은 936년 이후였을 것이다.

고려가 멸망하고 조선이 등장하면서, 고려의 후삼국 통일을 기념하는 기념 공간은 더 이상 큰 역사적 의미를 갖지 못하는 상황이 된다. 하지만, 새로운 국가가 주목하는 가치의 실현자로서 신숭겸의 위치는 조선의 건립 이후에도 큰 변화가 없었다. 그에 따라 이곳은 점차 신숭겸 개인을 기념하는 공간으로 탈바꿈하게 되었을 것이다. 그리고 이는 신숭겸이라는 숭고한 충절의 대명사가 된 인물을 통해 자기 지역의 대외적 위상을 높이고자 하는 지역 내 향론과도 결부된 것이었다.

무엇보다 고려 사회가 유지되는 동안 태조 왕건을 죽음에서 구해낸 신숭겸의 행동이 갖는 가치는 그 구성원 대다수가 기억하는 숭고한 이상으로 추구되었다. 그리하여 그는 고려 사회가 유지되는 수백 년 동안 국가적 차원에서 기념되고 그 활동이 강조된 인물이었다. 그러므로 그가 사망한 장소와 이를 기념하는 공간 등은, 조선이 건국된 이후에도 '충절을 위한 숭고한 죽음'을 기념하는 장소가 되었다. 그리고 그 과정에서 신숭겸의 사적, 즉 순절단이나 표충사 등은 대구 지역민의 정체성을 형

---

102 『고려사』나 『고려사절요』의 관련 기록을 통해 볼 때, 문맥상 지묘사의 건립은 사후에 바로 이루어진 것으로 보인다. 따라서 지묘사가 세워진 공간은 '공산' 지역이 아닐 가능성이 높다. 그렇다면, 지묘사는 신숭겸의 가족들이 거주하고 있었던 곳이거나, 묘소, 혹은 고려의 지배력이 미치는 제3의 장소에 세워졌을 것이다. 한편, 『신증동국여지승람』 대구도호부편에서는 지묘사나 전몰을 기념하는 공간 등에 대한 언급이 등장하지 않는다(『신증동국여지승람』 권26, 경상도 대구도호부). 그러나 불교 중심의 고려 사회의 특성을 고려할 때, 지묘사와 유사한 기능을 갖는 사찰의 존재는 긍정할 수 있다.

성하는 데에도 큰 역할을 했을 것이다.

한편으로는 전몰장병의 기념지가 신숭겸 개인을 기념하는 공간으로 변해간 것은 역사의 흐름에 따라 자연스럽게 이루어진 것일 가능성도 있다. 후삼국 통일의 영웅인 신숭겸은 고려의 역사 속에서 다양한 형태로 존숭된 인물이다. 그러므로 전몰장병 중 가장 주목을 끄는 인물이었을 것이다. 다수의 모호한 대상인 전몰장병보다는 구체적 인물이 갖는 힘이 있으므로, 그런 변화는 자연스럽게 이루어졌을 것 같다. 그리하여 본래 사찰에서 모셔지던 신숭겸의 영정은 사찰의 쇠락에 따라, 제의의 형식과 관념의 변화에 따라, 인근 지역을 떠돌다가 다시 오늘날의 순절단 권역의 표충사에 모셔지게 된다. 그리고 공산 지역은 왕건이 구사일생한 장소이자, 그것을 위해 신숭겸이 순국한 장소로 표상되었을 것이다.

이러한 상황은 신숭겸과 관련된 대부분의 지역에서 마찬가지였을 것으로 보인다. 고려 건국과 후삼국 통합의 영웅을 기념하는 국가적 제의와 행사, 기억의 보급과 강조 속에서 신숭겸은 고려인들 모두가 기억하는 인물이 되었다. 고려를 이어 조선이라는 새로운 옷을 입은 그들의 뇌리 속에서도 그 모습과 위치에는 큰 변화가 없었던 것으로 보인다. 무엇보다 조선이 강조한 충절의 표상으로서, 그들의 뇌리 속에 가장 강하게 자리 잡은 전대의 인물이 바로 신숭겸이었다. 그렇게 그는 전조(前朝)의 인물이지만, 계속해서 되풀이 하여 강조될 수밖에 없는 숭고한 가치를 대표하는 인물이었다. 그리고 그 가치는 오늘날에도 빛을 잃지 않는 것이다.

VI. 결론

신숭겸의 사적이 남아 있는 지역은 곡성, 평산, 춘천, 대구 등 네 곳이다. 여기에 연천의 숭의전을 더하면 다섯 곳이 된다. 이 지역들은 각기 전라남도, 황해북도, 강원도, 대구광역시, 경기도 등으로 한반도의 각 지역에 분산되어 있다. 이 중 숭의전은 고려의 멸망 이후 고려 역대 왕 네 명의 위패와 진영을 모은 곳으로, 신숭겸은 태조의 배향공신이자, 역대 고려의 명신으로 배향되어 있다. 따라서 숭의전이 위치한 경기도는 다른 네 지역과는 성격이 좀 다르다. 한편으로 위의 네 지역은 신숭겸의 생애와 관련하여 각기 다른 의미를 지니고 있다.

먼저 곡성은 신숭겸의 출생지로서의 의미를 지니는 곳이다. 하지만, 어느 정도 장성한 이후, 아마도 정남인 15세를 넘긴 어느 시점 정도에 신숭겸은 곡성을 떠났다. 그 이유는 그가 신라의 변방을 지키는 군대에 징발되었기 때문인 것으로 보인다. 이런 그가 복무했던 신라 북방의 군진이 위치했던 곳이 평산이었다. 그곳에는 신라가 패강 지역을 영유하기 위해 설치한 패강진의 본진인 대곡진이 위치했다. 신숭겸은 패강진 방어를 위한 군대에 동원되어, 일개 병졸에서 일약 기병부대의 지휘관으로까지 성장했다. 낮은 신분이었던 그였지만, 오랜 기간 쌓은 군공과 패강진 주둔 병사 집단 내에서 얻은 신망 등을 통해 군진의 향배를 정할 정도의 인물로 성장했을 것이다.

889년 연속된 기근과 공납의 독촉으로 촉발된 농민 봉기로 인하여 신라는 지방에 대한 통제를 완전히 상실하고 말았다. 이는 신라의 북방 변경에 위치하는 군진 지역에는 더 심각한 단절을 불러왔을 것이다. 그리고 고위 귀족들이 중심이 되는 고위 장교들의 공백을 메우며 성장한 인물 중에 신숭겸이 있었다. 이렇게 평산의 군진에서 함께 성장한 인물에 배현경·복지겸·홍유 등이 있었던 것으로 보인다. 이들은 군사적 활동과 정치적 향배에 이르기까지 같은 선택을 했는데, 그 모습은 일종의 임협 집단을 떠올리게 한다.

898년 무렵 궁예가 패서와 한산주 지역을 공략하는 과정에서 이들은 궁예의 휘하로 들어가게 된다. 이들은 전문적인 군사집단으로서 이후 궁예군의 주력을 차지했을 것이다. 그러나 궁예는 정권 후반에 이르러 이들의 신뢰를 저버리게 되었으며, 자신의 부인과 자식을 포함하여 수많은 사람들을 죽이는 광란의 모습을 보이기까지 한다. 이에 신숭겸·배현경·복지겸·홍유 등 기장 사인방은 궁예를 대신할 대안을 찾았고, 왕건을 설득하여 궁예에 대한 역성혁명을 일으키고, 고려를 건국하게 된다.

고려의 개국공신이 된 신숭겸은 왕건의 즉위 이후 신숭겸이라는 이름과 평산을 관향으로 사여받았다. 또한, 평산 지역의 상당한 토지도 식읍으로 받아 이를 자신의 경제적 기반으로 삼을 수 있게 되었다. 그러나 개국공신 1등임에도 불구하고 특정 지역을 중심으로 호족으로 변모하거나 태조와 혼인 관계를 맺는다거나 하는 모습을 보이지 않았다. 이는 배현경이나 복지겸 등도 마찬가지이다. 왕건을 추대한 네 명의 기장들 중 왕건과 혼인 관계를 맺은 것은 홍유가 유일했다. 그러나 그마저도 통일 이후에 이루어진 혼인이었다.

신숭겸은 궁예 휘하의 기장으로 활동하던 때부터 도읍인 철원을 방어하고, 남부 지역으로의 진출에도 유리한 춘천 지역에 주둔했던 것으로 보인다. 춘천과 그 인근 지역은 기병의 주둔에도 유리한 지역이었다. 이 지역에는 방목을 통해 말을 키우고, 기병을 훈련시킬만한 너른 목초지들이 있었고, 이런 조건은 기병이 주둔하는 데에는 큰 이점이 되었던 것으로 보인다. 아울러 춘천 지역에는 박유나 왕유와 같은 호족들이 있었고, 강력한 군대와 군권을 지니는 신숭겸의 주둔은 이들 세력을 견제하고 약화시키는 역할도 겸했을 것이다.

927년 후백제군의 경주 공략으로 촉발된 위기가 고조되고, 11월에는 후백제군에 의한 경주 침탈이 발생했다. 왕건은 오천 명의 기병을 직접 지휘하여 경주를 빠져 나오는 견훤을 공격할 계획을 세운다. 이때에 신숭겸은 김락과 함께 이 정예 기병을 실질적으로 이끈 대장이었다. 그러나 경주쪽에서 이동하는 후백제군을 공산에서 요격한다는 왕건의 계획은 전투 전에 이미 노출되고 말았던 것으로 보인다. 결국, 공산전투에서 고려군은 후백제군에 의해 포위·섬멸되었다.

이 전투에서 고려군은 승리가 아니라, 왕건을 후백제군으로부터 구하는 것이 우선인 포위섬멸전에 말려들었다. 신숭겸과 김락은 전력을 다해 포위망을 일부 뚫어 왕건을 탈출시킨 뒤, 그대로 본진을 유지하여 왕건이 본진에 그대로 있는 것처럼 보이게 했던 것으로 보인다. 그리고 최후로 그러한 본진을 지킨 인물 중에 신숭겸이 있었다. 그와 김락은 탈출에 나선 왕건에게 충분한 시간을 벌어주기 위해 가능한 최선을 다했고, 마지막의 순간에는 그들 모두가 목숨을 잃었다. 그렇게 하여 행오에서 장군으로, 거기에서 다시 고려의 개국 일등 공신이 되었던 한 인물은 대구의 공산에서 장렬한 최후를 맞게 된다.

하지만, 신숭겸에게 그것은 마지막 장이 아니었다. 왕건을 살리기 위해 행했던 그의 마지막 행동들은 유방을 구한 기신(紀信)의 행동처럼 임금을 위한 대사(代死)의 예가 되었다. 그는 고려시대뿐 아니라 오늘날에 이르기까지 자신이 모시는 주군, 혹은 서로 신뢰 관계에 있는 누군가를 위해 개인이 할 수 있는 가장 지극한 차원의 충절과 의리를 보여주었다. 아울러 신숭겸과 김락의 그러한 태도는 고대 사회에서의 임협적 가치와 맞닿아 있기도 하다. 단순히 임금과 신하의 관계였다면, 취하지 못했을지 모르는 행동들을 그들은 그 순간에 보여주었기 때문이다. 기신과 유방의 예가 그러하듯, 왕건과 신숭겸 역시, 난세의 개인과 개인 사이에 맺어진 강력한 신뢰 관계인 임협적 질서 속에 있었는지 모른다.

난세로서의 후삼국 분립은 고려의 왕건을 통해 극복되었다. 한편으로 그것은 7세기에 삼국을 통일한 신라의 그것과는 달랐다. 골품제에 얽매인 신라의 통합은 고대사회의 모순을 극복하지 못하였다. 신라 중심의 우월성은 신라의 고토와 타 지역의 구분, 신라가 이식한 신라문화의 공간과 그 외의 지역을 구분하는 차별적인 것으로 인식되었다. 반면에 고려의 통합은 한민족의 역사 공간을 하나의 질적 공간으로 통합하는 것에 성공했다.[103] 이후로 옛 삼국의 지역적 가치는 더 이상 국가 분열의 기치가 될 수 없었다. 그리고 그것은 성급한 결정으로 소수의 병력을 이끌고 무리한 전투를 벌인 왕건이 신숭겸에 의해서 그 위기를 벗어나지 못했다면 결코 성취할 수 없는 것이었다.

이렇게 하여 신숭겸은 고려의 건국 및 삼국의 통일 과정과 관련하여 가장 널리 회자되는 인물 중의 한 명이 되었다. 그리고 그를 추숭하기 위한 여러 가지 작업들이 행해졌다. 이 작업은 신숭겸을 기리는 원당을 짓는 것에서 시작하여, 영구적 형태의 철상을 제작하여 모시고, 묘소를 정비하고, 태어난 곳과 전사한 장소를 정비하는 것 등으로 이어져, 이를 통해 잊혀져 가는 기억들을 붙들어 이를 역사 속 실체로 만들어 갔다. 이러한 일들은 그를 '기억' 하고자 하는 적극적 행위로 읽혀진다. 그리고 한편으로는 서원과 사우를 짓고 그의 정신과 뜻을 잇고자 노력했다. 이로써 신숭겸의 생애와 뜻은 현재적 의미를 갖게 되었다.

구체적 장소와 유적은 진정성을 갖는 실체로 회자되는 것이다. 그러나 그를 통한 담론들이 더 이상 영향력을 갖지 못하는 것이 되는 순간에는 그 조차도 잊혀질 수 있다. 신숭겸이 갖는 역사적 의미는 매우 크며, 그에 대한 합의는 충분히 이루어졌다고 할 수 있다. 그러나 현시점에서 그에 대한 추숭과 그에 대한 기억 행위는 가문과 지역의 범위를 넘지 못하고 있다. 이는 유적의 '급'에 따라 그 가치를 재단할 수밖에 없는 현재의 상황에서는 어쩔 수 없는 부분이 있다.

지금까지 검토해온 바와 같이 신숭겸의 유적들은 한 지역 내에 한정되어 전유되고 있지 않다. 강원도와 전라남도, 대구광역시 등 적어도 3

---

103 후삼국의 분립 자체를 이런 신라사회의 모순을 개혁하기 위한 일종의 몸부림이라고 보는 견해도 있다(金甲童, 「新羅·高麗의 王朝交替와 郡縣制의 變化」, 『신라 말 고려초의 정치사회 변동』, 신서원, 1994, 179쪽).

곳의 광역자치단체가 신숭겸의 역사적 의미와 그 정신의 고결함을 인정하고 그에 대한 추숭 사업을 하고 있다. 따라서 그 범위는 이미 국가적 차원이라 할 수 있다. 그러나 한편으로는 각 지역 내에 분산된 개별 유적의 부분적이고 제한적인 의미보다는 이를 탄생과 절의, 사후의 추숭 공간 등으로 유기적으로 연계하여 활용하는 것도 하나의 방법일 수 있다.

이 경우 관련 유적들의 공간적 분산은 곧 이를 통한 지역간 통합의 가능성으로도 읽혀질 수 있다. 신숭겸이 대표하는 가치가 또 다시 국가 통합의 가치로 재조명 될 수 있는 기회인 것이다. 아울러 향후에는 평산 지역 역시 그러한 범위 내에 포섭하게 될 수 있는 날이 올 수도 있을 것이다. 고려시대 내내 그에 대한 존숭이 이루어진 태사사를 비롯, 관향으로서의 평산은 그간 정치적 제약으로 인하여 후손들의 기억 속에서도 제거되어 사실상 관념으로만 존재하는 유리된 '지역'이었다. 따라서 미답의 평산은 향후에는 남북의 공동 기억으로 재현될 수 있는 소중한 자원이 될 수 있을 것이다.

이처럼 신숭겸과 관련된 각지의 유적은 모두 그의 생애와 직접적으로 결부된 의미들을 지니고 있으며, 그 연계성이 매우 높다. 그리고 최소한 조선 전기까지의 구체적인 추숭에 대한 '기억'과 '행위', '공간'과 '기념물'들을 포함하고 있다. 따라서 각각의 장소가 지니는 역사성과 진정성은 비록 그것이 후삼국 시기나 고려의 '시대감'을 유지해오지는 못했다고 할지라도 여전히 큰 역사적 의미와 진정성을 지니고 있다고 보여진다. 바로 여기에 오늘날 우리가 신숭겸과 그와 관련된 지역, 그리고 그 유적들을 눈여겨 보아야 하는 이유가 있을 것이다.

참고문헌

〈단행본〉

강원대학교 중앙박물관 편,『춘천 소재 장절공 신숭겸장군 유적지 자료집』, 2013.

김갑동,『고려의 후삼국 통일과 후백제』, 서경문화사, 2010.

문안식,『후백제 전쟁사 연구』, 혜안, 2008.

申虎澈,『後三國時代 豪族研究』, 개신, 2002.

이재범,『슬픈궁예』, 푸른역사, 1999.

李在範,『後三國時代 弓裔政權 研究』, 혜안, 2007.

조희웅 등,『호남구전자료집 4』곡성군, 박이정, 2010.

鄭淸柱,『新羅末高麗初 豪族研究』, 一潮閣, 1996.

平山申氏大宗中 편,『平山申氏千年史』, 2011.

평산신씨대종중 편,『대구 소재 장절공 신숭겸장군 유적지 자료집』, 2013.

〈논문〉

기쿠타케 준이치,「고려시대 裸形男子倚像」,『美術史論壇』21, 2005.

김갑동,「羅末麗初의 沔川과 卜智謙」,『韓國中世社會의 諸問題』, 2001.

＿＿＿＿,「後百濟 甄萱의 戰略과 領域의 變遷」,『후백제 견훤정권과 전주』, 주류성, 2001.

김광철,「고려 초기 실록 편찬」,『石堂論叢』56, 2013.

김보광,「고려 성종·현종대 太祖配享功臣의 선정 과정과 의미」,『사학연구』113, 2014.

金成俊,「高麗七代實錄編纂과 史官」,『民族文化論叢』1, 1981.

김인호,「조선전기 숭의전의 설치와 역사인식」,『史學研究』78, 2005.

閔丙河,「申崇謙과 公山桐藪 戰鬪」,『軍史』29, 1994.

변동명,「申崇謙의 谷城 城隍神 推仰과 德陽祠 配享」,『韓國史研究』126, 2004.

신성재,「고려와 후백제의 공산전투」,『한국중세사연구』34, 2012.

李基東,「新羅 下代의 浿江鎭」,『韓國學報』4, 1976.

李基白,「高麗太祖時의 鎭」,『歷史學報』10, 1958.

李仁在,「羅末麗初 申崇謙의 生涯와 死後評價」,『江原文化史研究』6, 2001.

이재범,「申崇謙의 生涯와 死後 追崇」,『사림』44, 2013.

李學周,「신숭겸 설화의 영웅적 형상화 연구」,『江原民俗學』20, 2006.

이학주,「신숭겸 관련 콘텐츠가 가지는 관광문화축제의 속성 및 계승」,『東方學』

32, 2015.

이해준, 「申崇謙의 願刹과 朝鮮時代 墳庵」, 『인문과학연구』 42, 2014.

유재춘, 「春川 소재 壯節公 申崇謙遺蹟地의 조성 경위와 특징」, 『인문과학연구』 37, 2013.

申崇謙의 願刹과 朝鮮時代 墳庵

이 해 준(공주대 교수)

Ⅰ. 머리말

지역사 연구에서 '資料의 不足'은 항상 문제점으로 지적되어 왔고, 자료의 확보여부가 곧 지역사연구의 성패를 결정한다고 해도 과언이 아니다. 중앙중심의 관찬 사서들 중 지역 실정을 정확하게 기록한 자료는 거의 없는 실정이고, 있다고 하여도 중앙·지배층의 입장을 대변하는 것들이거나 부정적·단편적 사례로 지역사실들을 취급하는 경향을 보인다. 따라서 그러한 역사가 생성된 배경이나 변천 과정은 사장되게 마련이고, 그 때문에 지역의 역사가 지닌 다양성과 독자성에 대한 배려도 매우 소홀하다.[1]

---

1 이해준 외, 『조선시기 사회사연구법』(한국정신문화연구원, 1993); 전국향토사협의
 회, 「역사기록과 생활문화자료」(『향토사의 길잡이』, 수서원, 1995); 『지역사와 지

이처럼 지역의 역사 기록의 부족과 문제점에 직면하면서, 필자가 경험적으로 많이 활용하고 주목한 자료원이 바로 인물과 성씨관련 자료였다. 전통시대에 있어서 인물과 성씨의 역사는 지역사와 불가분의 관계로 연결되어 있고, 해당 시기와 후대 추숭시기의 지역사, 나아가 문화사 정리와 직결된 귀중한 성과를 인물·성씨 자료에서 얻어낼 수 있기 때문이었다.

다만 이들 인물자료는 추숭 과정에서 후대에 확대, 재생산된 자료의 경우도 적지 않고, 전승 주체, 전승 수준에 따라 편차와 순도가 매우 다르기 때문에 객관적 평가와 철저한 비판, 재해석이 필수적이다. 따라서 이에 대한 철저한 역사적 평가와 객관성 검증을 하기만 한다면, 지역의 역사 복원의 자료로써 활용가치가 매우 크다고 생각한다. 壯節公 申崇謙의 연구도 이러한 점에서 재조명과 검토, 활용이 기대되는 지역사연구의 중요 대상이라고 할 것이다.

壯節公 申崇謙(? ~ 927)은 충군 순절의 표상이며, 한국 역사상 인물 추존·추숭의 산 역사라 할 만하다. 먼저 그의 충군 행적은 후대에 "공같은 분은 이른 바 살아서 기다리지 않아도 존재하며 죽어서도 끝내 없어지지 않는 분"이라 칭송[2]되는 특별한 것이었으며, 아마 고려시대와 조선시대를 통 털어 신숭겸만큼 다양한 추숭의 형태가 전하는 경우도 드물 것으로 생각된다.

신숭겸에 대한 추숭은 고려시대 충절인에 대한 추숭의 전범으로 순절 직후 태조에 의한 지극지선한 추숭(시호, 태묘 제향, 지묘사, 묘소)이 이루어졌다. 예컨대 假像과 悼二將歌(인형극, 가면극), 지역신으로서 성황신의 모습, 조선시대 서원 사우 제향과 함께 신숭겸 추숭의 상징적 모습

역문화론』(문화닷컴, 2001). 그리하여 지역사 연구에서는 중앙의 기록자료 이외에 지역문화를 밝혀줄 다양한 자료원을 발굴하는 것이 관건이다. 유적이나 유물, 고문서, 그리고 쓰여 지지 않은 생활문화사자료와 구전자료들이 바로 그러한 대상이다.
2 申欽, 『象村先生集』 제27권, 「高麗太師壯節申公忠烈碑銘 幷序」.

이었다. 본고에서는 이중 특히 智妙寺로 상징되는 願刹과 墳庵의 사례를
주목하고자 한다.

Ⅱ. 고려초의 申崇謙 追崇

壯節公 申崇謙(? ~ 927)은 후삼국의 쟁패기에 고려의 대장군으로 태
조 왕건을 위하여 장렬하게 순절하여 충절의 상징이 된 인물이다. 신숭
겸은 궁예의 騎將이었다가 궁예의 폭정이 날로 심해지자 洪儒·裵玄慶·
卜智謙과 함께 혁명을 일으켜 궁예를 몰아내고 왕건을 왕으로 추대하여
개국일등공신에 봉해졌다.

그 후 927년 견훤이 경주로 쳐들어가 경애왕을 죽이고 갖은 만행과
약탈을 감행하자, 고려 태조는 이에 크게 분개하여 사신을 신라에 보내
어 조의를 표하고 친히 정예 기병 5,000명을 거느리고 대구의 公山 桐藪
에서 견훤과 격돌하게 된다. 이때 신숭겸도 대장으로 元甫·金樂과 같이
힘써 싸웠으나 이 전투에서 태조가 후백제군에게 포위되어 위급한 지경
에 이르게 되었다. 이에 신숭겸은 태조 왕건의 옷을 입고 마차를 타고
적진으로 돌진하여 결국 견훤군에게 잡혀 장렬하게 최후를 맞았고, 이로
써 태조 왕건은 포위망을 뚫고 위기를 벗어날 수 있게 되었다.

태조는 자신을 구하고 죽은 신숭겸의 죽음을 애도하며 시호를 壯節이
라 하고, 묘소와 순절단을 마련하고 智妙寺를 창건하는가 하면 假像을
만들어 추상한 일화 등등 지극한 추모의 정을 표하였다. 그리고 뒤를 이
어 태조 23년(940)에는 신흥사 공신당 벽에 장절공 영정을 모시고(개국
벽상공신), 혜종 1년(943)에는 태조묘정 상충사에 장절공 등 4공신의 철
상을 모셨다. 그리고 994년(성종 13) 4월에는 太師로 추증하여 太師開國
壯節公으로 太廟(태조의 사당)에 배향하였다.

신숭겸 관련의 당시 유적으로는 순절지인 대구에 조성된 순절단과 智妙寺 터가 전한다. 대구 동구 지묘동 523번지(신숭겸길 17)에 위치한 신숭겸장군유적(대구광역시 기념물 제1호)이 그것으로 태조는 그의 시신을 거두어 광해주(지금의 춘천)에 묻고 순절지인 이곳에는 순절단, 智妙寺를 세워 명복을 빌게 하는 한편 일품전지 300畝를 하사하여 이를 수호하게 하였다고 한다.

신숭겸 장군 순절단이 마련된 자리는 왕건이 위험에 처하자 왕건의 옷을 바꾸어 입고 왕을 피신시킨 후 싸우다 전사한 자리라고 한다. 태조는 이곳에 피 묻은 흙, 의복 등을 수습하여 묻고 순절단(일명 표충단)을 쌓았다고 한다.[3]

한편 태조는 공의 시신을 거두어 광해주에 禮葬하였으니 춘천 서면 방동리 816-1에 위치한 申壯節公墓域(강원도 기념물 제21호)이 바로 그 유적이다. 이 때 태조는 목공을 시켜 장절공의 두상을 만들어 장례를 치루었다고 전하며, 묘소의 도굴을 염려해 3개의 봉분을 지닌 특이한 묘역을 조성하였다. 그리고 方洞 전 9천보와 伊山 전 9천보를 하사하고 수호군 30호를 배치하여 지키게 하고 원당을 건립하여 명복을 빌도록 하였다고 한다.[4]

한편 이 묘역에 있는 「壯節公神道碑」(1805년, 金祖淳 찬, 申緯 서)에는 "높다랗게 솟은 봉분이 세 개가 있는데 세상에 전해오기를, 태사(太師, 곧 신숭겸)가 전사하였을 때 그의 머리를 잃어 고려 태조가 태사의 얼굴을 금으로 주조하여 시체에 합쳐 장사를 지내면서 혹시 몰래 이것을 건드리는 사람이 있을까 두려워하여 봉분을 셋으로 만들어 잘 분간

---

3 순절단은 고려시대에는 지묘사의 수호로 추숭과 보호가 이루어졌지만, 고려말 지묘사가 폐찰된 이후에는 명맥이 단절되었다. 그러다가 표충사가 건립되면서 다시 그 의미를 찾고 1819년 신의직이 무너진 제단을 중수하고 '고려장절신공순절지지'라는 순절비를 건립하였다.

4 『평산신씨성보』「壯節公遺事」(성화 15년, 1479년, 孫舜孝 찬)

할 수 없게 한 것이라고도 하고" 또 다른 사연이 있다고도 하나 "연대가 오래되고 문헌을 상고할 수 없어" 어느 것이 사실인지 알 수가 없다고 하였다.[5]

또한 태조는 팔관회 때 신숭겸과 김락 등의 전사한 공신들을 생각하고 假像을 만들어 열석시키고 술과 음식으로 대접하였다. 이것은 후대로 전승되어 예종 15년(1120) 10월 15일의 西京 八關會에서 예종이 이를 보고 신숭겸과 김락의 후손을 불러 시를 지어 내리고 충절을 기리는

님을 온전케 하온 / 마음은 하늘 끝까지 미치니 /
넋이 가셨으되 / 몸 세우고 하신 말씀 /
직분 맡으려 활 잡는 이 / 마음 새로워지기를 /
좋다 두 공신이시여 / 오래 오래 곧은 자최는 나타내신져[6]

라는 저 유명한 「悼二將歌」를 지었음은 너무나도 유명하다.

---

5 전해오는 구전에 의하면, 이 묘소는 한국 4대 명당지의 하나로 손꼽히는데, 이 자리는 원래 도선이 태조 왕건을 위해서 잡아놓은 명당이었지만 왕건이 자기를 대신해서 죽은 신숭겸에게 이 명당을 내주었다고도 하고 자신을 살리고 대신 죽은 장절공의 충성을 높이 산 태조가 도선으로 하여금 전국의 명당자리를 찾게 하였는데, 그 명당자리가 바로 이곳 춘천의 방동리였다고 하기도 한다. 또 금두상이 도굴될 것을 염려하여 이곳과 춘천 구월산, 대구 팔공산에 똑같은 묘를 만들게 하였으며, 이곳에는 봉분이 세 개인 특이한 묘를 만들어 어느 것이 공의 봉분인지 알 수가 없게 하였다 한다.

6 전신재는 이 모습을 [역사 속 강원인물]에서 사실적으로 묘사하면서 한국의 인형극과 가면극의 모습을 추적하고 이를 통해 우리 연극사에서 인형극이 가면극으로 변모한 사례로 지목하고 있다.

Ⅲ. 願刹 智妙寺의 건립

지묘사는 앞에서 잠시 언급한 것처럼 고려 태조가 신숭겸의 명복을 빌기 위하여 세운 사찰로 이에 대한 기록은 『高麗史節要』에

> 견훤의 군사가 매우 급하게 왕을 포위하여 대장 申崇謙·金樂이 힘껏 싸우다가 죽고, 모든 부대가 패배하니 왕은 겨우 단신으로 탈출하였다. …… 왕은 두 사람의 죽음을 매우 슬퍼하여 신숭겸의 아우 能吉과 아들 甫[藏], 김락의 아우 鐵을 모두 元尹으로 삼고 智妙寺를 창건하여 명복을 빌었다. 숭겸은 光海州 사람인데 용맹하고 장대하여 항상 태조를 따라 정벌하여 공이 있었다. 후에 壯節이라 시호하고 태조의 廟庭에 배향되었다.[7]

하고, 『高麗史』 열전에도

> … 태조가 위급해지자 숭겸은 당시 대장으로서 원보 김락과 더불어 힘껏 싸우다 전사하였다. 태조가 그의 전사를 매우 슬퍼하였으며 시호를 장절이라 하고, 그의 동생 능길, 아들 보천과 락의 동생 철을 모두 원윤으로 등용하고, 지묘사를 창건하여 그의 명복을 빌게 하였다.(崇謙初名 能山…太祖甚急 崇謙時爲大將 與元甫金樂 力戰死之 太祖甚哀之 諡壯節 以其弟能吉 子甫藏 樂弟鐵 並爲元尹 創智妙寺 以資冥福)[8]

라 하여 태조 왕건은 신숭겸의 죽음을 애통하게 여겨 그의 시신을 거두어 광해주(光海州 : 지금의 춘천)에 예를 갖추어 묻어주고, 전사한 자리인 이곳에는 智妙寺, 美理寺를 세워 명복을 빌게 하였음을 전하고 있다.

한편, 공의 18대손 신흠이 찬한 「太師開國壯節公行狀」(만력 33년,

---

7 『高麗史節要』 제1권 太祖神聖大王 10년(927).
8 『高麗史』列傳 5, 홍유 부 신숭겸전.

1605년, 선조 38)에는 순절지인 이곳에 원찰 지묘사를 개창하고 '一品田
地 各三百畝를 하사하고 海顏縣 貢油를 공납하게 하여 연등의 비용으로
삼았다'고 한다.

그러나 아쉽게도 지묘사의 창건과정, 규모, 향화의 실제에 대한 상세
한 기록은 더 이상 전해지지 않는다. 고려시대의 신숭겸에 대한 국가의
추숭과 예우가 특별하였음을 볼 때 지묘사의 규모나 국가의 재정지원은
매우 융숭하였을 것으로 추측될 뿐이다. 지묘사는 고려가 멸망하면서 함
께 폐사되어 조선시대에 들어와 그 명맥이 사라졌던 것 같다.

후대의 기록이기는 하지만 이러한 사정을 許穆(1595-1682)의 문집
『記言』에서 엿볼 수 있다. 즉 『記言』「道山祠記」에서,

> 달성도호부 판관 權大載(1620-1689)가 부임 후 곧바로 다스릴 계획을
> 세워 戒令 糾禁을 바로잡고, 父老들을 불러 이 고장의 옛 풍속을 물어보
> 다가 고려 장절공의 고사를 알게 되었다. 耆耇들이 전해 온 말에, 고려
> 풍속에 장절공의 죽음을 추모하여 매년 봄가을 좋은 날에 智妙寺에서
> 香火를 올려 제사한다 하고, 이어서 옛 싸움터를 가리키며 사실을 얘기
> 하는데, 어린이들도 다 그 내용을 알고 있었다. …… 이리하여 부로들이
> 매우 기뻐하며 곧 道山에다 사당을 세웠는데 이곳은 바로 옛날 桐藪라
> 불리던 곳이며, 그 옆에 있는 폐허도 고려 사람들이 향화를 올렸던 옛날
> 절터라고 한다.9

라 하여 지묘사의 옛터 위치와 함께 "고려 풍속에 장절공의 죽음을 추
모하여 매년 봄가을 좋은 날에 지묘사에서 香火를 올려 제사"했으며, 장
절공의 일화가 상세하게 전승되고 있음을 고로들의 이야기를 통해서 전
해주고 있다. 지묘사는 고려 멸망과 더불어 폐사되고 향화는 중단되었지
만, 조선후기에도 구전으로 충절행적이 회자되고 있었음을 알 수 있는

9 許穆, 『記言』 제16권, 원집, 道山祠記.

것이다.

이 순절지에는 선조 40년(1607) 신숭겸의 외예인 柳永詢이 경상도 관찰사로 부임하여 영남에 사는 공의 후손들과 협력하여 옛 지묘사 자리에 表忠祠를 건립하여 사액까지 받게 된다. 아마도 이 과정에서 조선전기 폐허화되었던 지묘사의 터전들이 포함되었을 가능성이 크다.

그런데 지난 2004년에는 영남문화재연구원에 의하여 智妙寺의 존재 사실을 확인할 수 있는 유구, 유물 등이 조사된 바 있다.[10] 이 조사를 통해서 지묘사의 흔적으로 보이는 유구 및 주혈, 와당 등이 다량 출토되었는데, 영남문화재연구원은 이는 지묘사 외곽의 일부 흔적만 발견된 것으로 좀더 광범하게 발굴조사를 벌일 경우 대웅전 터를 비롯한 지묘사의 형태 등 전모를 밝힐 수 있을 것으로 기대하였다. 그리고 연꽃무늬 등 문양이 새겨진 와당의 경우 제법 큰 사찰이나 관청 등 주요건물에 사용됐던 유물로 제작 시기 등을 볼 때 지묘사의 유물이 확실하다고 조사결과를 발표한 바 있다.

한편 美理寺에 대하여는 필자의 안목 부족으로 자료를 찾지 못하여 숙제로 남겨두었던 것인데, 홍성익 선생의 도움으로 다음과 같은 관련 자료를 확인하게 되었다.[11] 즉,

'左將 金樂은 美理寺 앞에 해골을 드러냈으며…'[12]
'左相 김락이 美利寺 앞에 쓰러져 죽었으며…'[13]

---

10 영남문화재연구원, 『2004년도 문화재 시굴조사 보고서』, 대구 신숭겸장군유적 정비부 지내 유적 문화재 시굴조사-고려시대 지묘사(2005).
11 홍성익, '장절공 신숭겸의 願刹과 조선시대 墳庵'에 대한 토론문'(2012. 12. 14, 강원대).
12 李丙燾 譯註, 『三國史記』下(乙酉文化社, 1991), 404쪽.
13 『高麗史節要』 제1권 태조신성대왕, [美利寺는 美理寺의 오기로 보인다] ; 權相老 編, 『韓國寺刹全書』上(東國大學校 出版部, 1979), 398쪽에서도 이와 유사한 내용이 실려 있다.

'美理寺 : 解顔縣에 있다. 해안을 혹은 美理라고도 한다. 고려 태조가 정예 기병 5천으로 공산 아래 미리사 앞에서 견훤을 맞아 크게 싸웠는데 장군 金樂과 申崇謙이 죽고 여러 군사들이 패배하여 태조는 가까스로 몸을 피하였다.'[14]

'美理寺 : 해안현에 있었는데 … 지금은 없어졌다.'[15]

등이 그것으로 신숭겸과 金樂 장군이 美理寺에서 함께 전사한 사실을 전하고 있다. 이로 보면 지묘사 이전에 이곳에 미리사가 존재하고 있었다는 사실을 알게 된다. 즉 미리사는 공산전투 이전에 창건되었던 사찰이었던 것이다. 신숭겸과 김락 장군이 전사한 곳이 미리사이고, 태조 왕건이 이곳에 다시 智妙寺를 건립하였던 것이다. 물론 미리사를 개칭한 것이라고도 볼 수 있으나, 사명이 병기되는 것으로 미루어 보면 다만 선후의 문제인 듯하다. 태조 왕건은 신숭겸 장군을 祝靈하기 위하여 먼저 창건되어 있던 미리사와 별도로 지묘사를 지어 원찰로 삼은 것으로 보인다.

지묘사는 크게 보면 조선시대의 분암과 같은 성격으로 보아도 무리는 아니다. 그러나 엄밀하게 본다면 두 가지 점에서 그 성격이 약간 차이가 있다. 그 하나는 창건의 주체가 국가라는 점과 둘째는 묘소가 아닌 충절을 기리는 유적인 순절단을 대상으로 만든 것이라는 점이다. 그런 점에서 신숭겸의 충절을 기리는 지묘사는 분암보다는 고려시대 만연하는 원찰의 선행, 시원 양식으로 의미가 더 주목되는 것이다. 홍성익이 지적하듯 지묘사는 신숭겸의 墓가 아닌 유적지인 壇이므로 이는 분암으로 보기보다는 원찰로 보는 것이 어쩌면 더 타당할 것이다. 그런 점에서 신숭겸의 단에 설치한 지묘사는 왕실 또는 세력가들이 목적하는 바를 불교의 힘을 빌려 이룩하고자 건립한 願刹 사례로 보는 것이 좋을 듯하다.

---

14 『국역 신증동국여지승람』 III(민족문화추진회, 1985), 553쪽.
15 변주승 역주, 『여지도서』 경상도 I(디자인흐름, 2009), 124-125쪽.

부연하면 지묘사는 충절신 신숭겸에 대한 국가의 예우이자 제향의 기구로 927년에 만든 원찰로서 고려시대 원찰의 시원, 선행사례로 시기가 가장 빠른 사례일 것이다. 고려 태조의 원당인 奉恩寺도 光宗 2년(951)에 건립되고, 어진을 모셨던 진전 사찰인 연산 개태사 등도 그 이후에야 마련되는 것이다.

이후 고려시대에 토호나 특권 세력들은 대부분 자신들의 願堂, 願刹을 갖고 있었는데, 이들 고려시대 원당은 특정 인물이 사원에 대해 창건, 중수, 시납 등으로 거의 독점적인 발원이나 운영에 참여하는 사원을 의미하고 있다.[16] 이들 원당, 원찰은 불교사회였던 고려시대에는 왕실을 비롯하여 관인 및 고승의 원당이 활발히 건립되었으며, 이러한 유제는 조선 초기 왕실의 원찰 건립으로 이어졌다.

Ⅳ. 申崇謙 墓域의 墳庵

權孝淑은「朝鮮時代 墳庵研究」에서 우리나라 역사상에서 최초의 분암 사례로 장절공의 智妙寺를 지적하여 특별한 관심을 불러일으키고 있다.[17] 즉 그는 安弘重의「追遠寺記」(1654년) 기록에서[18]

---

16 한기문, 『고려시대 사원의 운영기반과 원당의 존재양태』(경북대 박사학위논문, 1994).

17 권효숙, 「조선시대 분암연구」(한성대학교 대학원 석사학위논문, 2010).

18 安弘重의「追遠寺記」는 1654년에 쓰여 진 것으로 黃景源(1709~1787)의 『江漢集』,「坡州靈神禪院記」에 인용된 글이다.(黃景源, 『江漢集』, 권9 坡州靈神禪院記, 한국문집총간, 1999). 원래 추원사는 충청도 남포현에 있었던 분암으로 장수 황씨 황정직이 임진왜란 직후 아버지 松齋 黃葺의 묘소를 남포현 접동곡에 쓴 후 시묘를 마친 뒤 묘하에 절을 짓고 德海라는 승려로 하여금 묘역을 수호하게 한 것이었다 그러나 추원사가 없어지고 터만 남아 상세한 사정을 알 수가 없었는데 후손가에서 이 기문이 발견되어 그 내용이 『송재집』에 수록되어 전해진 것이다.

묘소를 수호하는 것으로 초동과 화재를 막는 것이 우선이니 이를 위해서는 마땅히 절을 지어 승려를 모으는 것 만한 것이 없다. 그래서 우리나라 풍속으로 장절공 신숭겸이 그 제도를 처음 만든 이래 유명한 이의 묘역에 절이 없는 곳이 없다(守護宅兆 禁止樵火 宜莫如置刹而募僧 故國俗 壯節公申崇謙 創開其制 名公塋域 無處無刹)

라 하여 장절공의 묘역의 사례를 묘소에 사찰을 세우고 승려로 하여금 묘소를 지키게 하는, 즉 조상의 묘역을 樵童과 火災로부터 막기 위하여 만든 '墳庵'의 시원으로 지목하고 있는 것이다.

'墳庵'이란 일반적으로 널리 알려진 용어가 아니다. 무덤가에 있는 암자라는 말이니 '선조의 묘역 주위에 건립하여 승려로 하여금 묘소를 수호하고 선조의 명복을 빌며 정기적으로 제를 올려주기 위하여 건립한 암자'로 정의하면 적절할 것이다.[19]

墳庵을 주목하는 가장 근본적인 이유는 무엇보다도 가문의 선조 묘소를 수호한다는 기능 때문이다. 그리고 분암의 외형과 건립당시의 모습은 분명 불교적 요소를 지니며 승려가 주재하고 있다는 점에서 분암의 전통은 고려적 유제인 願堂과 願刹의 모습을 전해준다. 그리고 이는 조선의 유교적 墓祭祀와 齋室 제도가 정착되기 이전의 과도기적 모습이었던 것이다.[20]

실제 고려시대 토호나 특권 세력들은 대부분 자신들의 願刹을 갖고 있었고, 앞의 안홍중의 글에서 '創開其制 名公塋域 無處無刹'하였다는 것이 바로 그러한 사정을 잘 대변한다고 할 것이다. 나아가 이러한 고려의 유제는 조선 초기 왕실의 원찰이나 능암 건립으로 이어지며, 그것이

---

19 이해준, 「광산김씨 분암 '영사암'자료」(『고문서연구』 25호, 한국고문서학회, 2004).
20 이범직, 「조선전기 유교, 불교사상의 연구동향과 과제」(『역사교육』 42집, 역사교육연구회, 1987); 이영화, 「조선초기 불교의례의 성격」(『청계사학』 10집, 청계사학회, 1993).

결국 일반 사대부가로 확산되어 조선전기에 일반화하는 것이다. 그런 점에서 본다면 고려시대의 신숭겸 묘역의 願堂이 그 기원이라고 보아도 결코 무리는 아니라고 생각되는 것이다.

그러면 좀더 상세하게 장절공 묘역의 분암 관련 기록을 살펴보기로 하자. 시기는 좀 후대이지만 앞에 소개한 孫舜孝 찬의 「壯節公遺事」(성화 15년, 1479년, 성종 10)에서는 태조가 자신을 구하고 죽은 신숭겸의 죽음을 애도하며 시신을 수습하고, 두상을 조각하여 광해주 비방동에 예장하면서

> 方洞 田 九千步, 伊山田 九千步와 수호군 30호를 배치하고 묘소 곁에 願堂을 건립하였다.

고 하였다. 또한 공의 18대손 신흠이 찬한 「太師開國壯節公行狀」(만력 33년, 1605년, 선조 38)에는 보다 상세한 기록이 보이는데, 즉

> 光海州 昭陽江 悲方洞에 禮葬하고 方洞 長椎의 一品田地 方九千步, 伊山縣 村內 一品田地 方九千步를 하사하여 제수 비용으로 쓰게 하고, 白丁 30호를 동내에 거주하면서 樵火를 금하게 하고, 묘소 옆에 願堂을 지었다.

고 하는 것이 바로 그것이다.

연이어 기록되는 같은 내용이지만, 춘천의 장절공 묘소 인근에 건립한 願堂은 분명 조선전기 다른 가문의 예시에서 보듯 분암의 기능을 담당한 것이었을 것이다. 그런 점에서 대구의 지묘사 보다는 춘천의 원당이 분암에 더 가깝다고 하겠다.

그러나 그렇다고 하더라도 앞에서 인용한 安弘重의 「追遠寺記」에서 "우리나라 풍속으로 장절공 신숭겸이 그 제도를 처음 만든 이래 유명한

이의 묘역에 절이 없는 곳이 없다(故國俗 壯節公申崇謙 創開其制 名公
塋域 無處無刹)"

라는 것이 문제이다. 분암의 기원을 고려시대로 보기 힘든 까닭이며, 조선
시대의 춘천묘소의 願堂 제도가 가장 먼저라고 보기는 어렵기 때문이다.

물론 이후 고려시대에 이 願堂의 이름이 무엇이었고 어떻게 운영되었
는지를 알려주는 자료는 역시 남아 전하지 않는다. 그러나 원당을 건립
하고 위토에 해당 하는 막대한 전답을 하사한 것, 그리고 특히 白丁 30
호를 동내에 거주하게 하여 묘소의 樵火를 막도록 한 것은 너무도 분명
한 사실로 고려시대 전 기간 변함없이 지속되었을 것이다.

그런데 아쉬운 것은 조선전기의 200여 년의 墓域 관련 사적이 거의
남아 전하지 않는 점이다. 다만 유일하게 남아 전하는 기록이 孫舜孝의
「壯節公遺事」(1479년, 성종 10)로 이 글의 말미에서 손순효는

    지난 기묘년(1459년, 세종 5)에 都事가 되어 공의 묘소에 치제한 이후
    이제 다시 무술년(1478년, 성종 9)에 관찰사가 되어 공의 절의를 우러러
    보고 사모하지만, 두려운 것은 이곳의 백성들(읍인)이 공의 묘소가 방동
    에 있는 것을 몰라 樵火가 미치고 공의 忠魂 壯魄이 草芥 중에 매몰될까
    염려

하면서 자료를 모으고 간추려 장절공 유사를 편찬한다고 하고 있다. 조
선개국 후 100여 년도 채 안된 시점이지만, 이러한 우려를 하고 있는 것
을 보면 고려시대와는 사뭇 다른 추숭 모습을 엿볼 수 있다. 아마도 이
런 사정은 2-3대가 지난 다음 시대로 이어졌을 것이고, 족보가 없음을
아쉬워하던 상촌 신흠이 춘천 적거 중에 장절공 묘소를 참배하면서 족
보 편찬을 추진하였고[21] 아들 申翊聖에 의하여 1636년 태인에서 『평산

---

21 『平山申氏 姓譜』, 申敏一 跋(1636년).

신씨 성보』를 발간하기에 이르렀던 것이다.

결국 장절공 후손들의 이러한 분위기가 바탕이 되어 효종 1년(1650) 박문수의 아버지인 朴長遠이 춘천부사로 내임하여 묘소 밑에 장절공의 위패를 모시는 서원을 건립할 때나, 숙종 24년(1689) 후예인 강원관찰사 申懷가 퇴락한 서원을 현재 위치로 이건 중수할 때에 묘역 수호에 관련한 기록들이 남아 전했더라면 좋았을 터이지만, 현재로서 당시의 자료는 더 이상 발견되지 않는다.

그런 가운데 이 보다 더 후대이기는 하지만, 저간의 사정을 전해주는 자료가 종중 재실에 보존된 『壯節公墓所守護節目』(27세손 建朝 序, 1898년, 무술)이다. 이 자료에 의하면 장절공 묘소의 수호는 천여 년 동안 수호해 온 곳으로 감관 1인, 묘직 1인, 수호군 30명이 정해져 있고 본동 주민들이 신역을 담당한다고 되어 있다. 그런가하면 춘추향사시의 唱生 3-4인은 도포서원 유생들이 겸행한다고 되어 있고, 뒤에는 구체적인 재정운영 내역도 첨부되어 있어 과거의 모습을 어느 정도 유추할 수 있게 한다.[22]

V. 墳庵의 변천과 齋室

다음으로 이러한 장절공 묘역의 墳庵이 '한국 분암의 시원'이라는 점과 관련하여 본고에서 유념하고자 하는 것은, 분암의 변천과 齋室 제도의 정착과정에 관한 논의이다. 즉 고려시대의 원찰 원당의 전통이 조선조에 들어와 (1) 왕실의 陵庵과 이를 확대시킨 (2) 사족들의 墳庵으로 전승되다가 결국 주자가례 등 유교의례가 정착되면서 (3) 사족가문의 齋室

---

22 이 자료를 보면 아마 이외에도 관련 자료들이 더 있었을 것으로 추정되는 바, 앞으로 관심을 가지고 자료를 수집 정리할 필요가 있다.

로 변화되는 것에 일련의 과정에 대한 정리가 그것이다.

墳庵을 주목하는 가장 근본적인 이유는 무엇보다도 가문의 선조 묘소를 수호한다는 기능 때문이다. 대체로 분암의 전통은 고려적인 유제인 願堂과 願刹의 모습을 전해주는 일면이면서, 조선의 유교적 묘제사와 재실 제도가 정착되기 이전의 과도기적 모습이라고 할 수 있다. 분암의 외형과 건립당시의 모습은 분명 불교적 요소를 지니고 있고 또한 모두 승려가 주재하고 있다. 구체적으로 기록되지는 않았지만, 당연히 불교적 의례가 행해졌음도 엿볼 수 있다. 그리고 화장제도가 일반화 되었던 고려시대에 그것은 어쩌면 당연한 것이라고도 할 수 있을 것이다.

그러나 조선시대에 들어와서 이러한 모습은 변모가 불가피했을 것이라 여겨진다. 특히 유교적 제사의례가 보급되면서 불교식 상장의례도 변모하였고, 불교적 의례도 비판의 대상이 되었기 때문이다. 그럼에도 불구하고 실제 당시의 여러 기록들을 통해 본다면 이러한 변화는 그렇게 간단하게, 그리고 단기간에 이루어진 변화는 아니었던 듯싶다. 조선전기의 사회상 속에서 우리는 儒・佛의 공존, 혹은 상호 보완적으로 공생하는 모습들을 자료상으로 적지 않게 확인이 가능하기 때문이다. 조선시기 유교와 불교문화의 교섭은 여러 형태로 나타나고 있었으니 예컨대 조선전기에 사찰에서의 儒生讀書 문제가 사회문제로 대두되어 조정논의가 일어날 정도로 유생들의 사찰 출입이 많았던 점을 들 수 있다.

그 모습을 바로 본고가 주목하는 陵庵, 齋庵, 墳庵의 사례들에서도 특히 잘 엿볼 수가 있다. 고려의 불교적 유제인 願刹 願堂은 조선 왕실의 陵庵(= 齋庵)으로 이어져 태조가 정릉을 수호하기 위하여 흥천사를 창건한 사례,23 태종이 誠寧大君의 분묘 근처에 암자를 지어서 중을 거주

---

23 『조선왕조실록』 세종 23년 11월 18일(신사)조. 여기서는 대사성 金伴 등이 왕의 숭불을 비판하는 상소를 올렸는데 이중 "…… 우리 태조 강헌 대왕께서는 비록 흥천사를 창건하였사오나, 본래 정릉(貞陵)을 위하는 齋菴으로 설치한 것이지, 부처

하게 하는 기사,[24] 그리고 같은 해 4월 4일(갑신) 조에는 高陽縣 북쪽 酸
梨洞에 있는 昭頃公의 분묘 곁에 大慈菴이라는 암자를 짓게 하고, 노비
20구와 전지 50결을 지급하는 기사가 보인다.[25]

명종 11년 9월 예조가 "이른바 陵寢이라고 하는 것은, 陵은 능의 塋
域 안을 가리키는 것이요, 寢은 丁字閣을 가리키는 것"[26]이라고 하여 왕
릉구역에 있는 丁字閣이 재실의 한 형태이며, 이를 관리하기 위한 陵庵
의 기록들은 수없이 나타난다. 그리고 이러한 경향이 일반 사대부 가문
에도 전이되었던 듯 세종 5년(1423) 10월의 실록기사를 보면,

> 예조에서 계하기를, "寺社를 새로 조성함을 금지하는 법이 육전에 실
> 려 있습니다. 그러나, 무식한 무리들이 社寺와 墳墓의 재실[齋庵]을 속
> 속 신조하고 있으니, 매우 온당치 못한 일입니다. 이제부터는 신축만이
> 아니라, 비록 옛 기지에 중건한다 하더라도 전지를 받들어 짓는 자가 아
> 니면 모두 죄를 주고 철거하도록 하여야 할 것입니다."라 하니, 그대로
> 따랐다.[27]

는 기사가 보인다. 물론 '무식한 무리들'의 소행으로 보고하기는 하였으
나, 대부분 이들은 신분이 높은 지배층들이었을 것이고, '社寺와 墳墓의

를 숭상하기 위하여 그리 한 것이 아니옵니다"라고 하고 있다.
24 『조선왕조실록』 태종 18년 2월 11일(임진)
25 『세종실록지리지』 경기도 고양현 조에 '大慈寺는 현의 북쪽에 있는데, 태종이 원
　경왕후의 막내아들 변한 소경공(卞韓 昭頃公)이 일찍 죽자, 그를 위하여 齋庵을
　墓 남쪽에 짓고, 禪宗에 소속시켜, 밭 2백 50결을 주었다'고 기록된다. 왕실의 이
　런 사례는 이밖에도 ① 세종 24년 통진현에 있는 撫安君의 齋庵은 병진년에 다시
　지은 것(『조선왕조실록』 세종 24년 5월 10일(기사)) ② 세종 29년 개성의 驪興君
　閔逗의 墳墓에 딸린 願刹 北神寺(『조선왕조실록』 세종 29년 7월 9일(기해)) 등을
　통해서도 엿볼 수 있다.
26 『조선왕조실록』 명종 11년 9월 3일조.
27 『조선왕조실록』 세종 5년 10월 13일조.

齋庵'을 새로 짓는 경향이 많았던 것이다.

이와 관련하여 고려시대 불교적 장례와 의례는 원당, 원찰을 일반화시켰지만, 유교적 상장례의 보급은 그러한 유제를 변모시켰을 것인데도 이러한 현상이 나타나는 이유는 무엇이었을까? 이와 관련하여 다음의 실록기사는 매우 시사적이다. 즉 조선개국 후 40년이 경과한 세종 14년 (1432)의 실록 기사에 "불교식으로 상을 치르는 자가 사대부 10명중 6-7명에 달하고 유교식으로 상을 치르는 자는 겨우 3-4명에 불과할 정도"였다고 하는 것이 바로 그것이다.[28] 이러한 상황 아래서 사대부가의 분암 건립사례들이 많았던 것이며, 명종 8년의 私奴 要光의 전가사변과 관련하여 승정원에 전교한 내용 중에 "근래 외방 사람들은 자기 부모의 분묘를 위하여 초막을 지어 지키게 하는데 종을 거처하게 할 수 없어 중을 거처하게 한다"는 기사도 나타난다.[29] 이는 서서히 조선전기 전형적인 墳庵의 모습과 경향을 보여준다.

그런가하면 사실 사찰 건립이나 불교는 금제 대상이었으나 망자에 대한 명복을 비는 致齋(追薦齋, 忌晨齋 등)는 규제가 심하지 않았다. 그리하여 조전기의 대부분의 사족들은 선조의 묘역 근처 또는 선영 아래에 분암을 설립하고 승려를 거주시켜 불교적인 재를 올려 망자의 명복을 빌고, 동시에 묘소를 수호하게 하였던 것이다. 그리하여 분암 기록사례들에서 보면, 수시로 분암에 출입하면서 유식과 교류를 하기도 하고, 저명한 유학자인 우계 성혼이나 율곡 이이가 분암의 승려들과 시문을 주고받는 것이라든가,[30] 퇴계 이황이 「樹谷庵記」에서

경술년(1550)에 일가가 모여 齋舍를 세워 제사를 받들 것을 의논하고 곡물을 저축하고 기와를 굽는 일을 孤山僧 雪熙로 하여금 주간하게 하

---

28 『조선왕조실록』 세종 14년 3월 5일 갑자조.
29 『조선왕조실록』 명종 8년 2월 22일(기사)조.
30 『우계선생속집』 哭栗谷墓 見其墳庵僧軸有詩, 『율곡선생전서』, 題墳庵僧軸.

였다.…… 오직 세상에서 이 재사를 만드는 자가 혹시라도 부처에 아첨
하고 복을 구하는 뜻에서 나온다면 이는 크게 잘못된 것이다. 지금 이
수곡암을 승도로 하여금 지키게 하는 것을 면할 수 없기에 승방을 설치
한 것이다. 그러나 堂을 주로 삼지 않고 승방을 부속으로 삼아 한결같이
선조를 받드는 의식에 엄격하고 공양하는 일은 일찍이 하지 못하게 하
였으니 무슨 혐의가 있으랴…[31]

라 한 것에서 그 일단을 읽을 수가 있다. 즉 16세기 중반에는 부처에게
복을 빌고자 하는 것이 아니라는 단서를 붙이고는 있으나 거의 모든 사족
들의 재사에 승려의 거주가 거의 일반화되어 있음을 보게 되는 것이다.

한편 墳庵 자료들은 시기와 지역의 차이가 없이 문집류 자료에 고르
게 나타나며, 이중의 대부분은 분암을 방문하여 지은 시문들이지만, 구
체적으로 '墳庵' 관련기록을 남긴 경우들도 있다.[32]

대표적으로 필자가 소개하는 광산김씨 분암은 충청도 연산을 기반으
로 하는 대표적인 사족가문의 자료이다. 이 가문은 사계 김장생과 신독
재 김집을 배출한 가문으로 성종 6년(1475) 永思庵이라는 墳庵을 건립하
여 선조의 묘역을 수호하고 있다. 이 집안에서는 암자의 중건과 심지어
는 개금 불사를 지원할 정도였으며, 산림학자인 신독재 김집에 의하여
기존의 분암자료들이 정리되었고, 『先祖創立高菴誌鐵券後錄』이라는 성
책문서로 보존되고 있다.

광산김씨 분암 자료들은 15세기에서 18세기 말에 이르는 오랜 유서를
기록한 자료로 다양한 모습을 보여주고 있다. 즉 재실의 제도가 유교적

---

31 『퇴계선생문집』권42 樹谷庵記. 수곡암은 현재는 수곡재사로 불리우지만 진성이
　씨 이황의 부와 숙부의 묘소 수호를 위하여 1555년 건립된 분암이었다.
32 李春英, 『體素集』「金氏墳庵記」(1596년), (金培琛) 世居府東北朱怡村 其祖生
　員 麟瑞以下墓 皆在蘆洞 有庵於其側 使僧徒守之 壬辰之亂 爲兵火所燒 今爲之
　改創云：宋時烈 『宋子大全』권 171「仁興君墳庵碑」(1651년) ; 以爲士大夫於丘
　墓之下 必立齋室 以爲祭祀時熟設之所 以致其潔蠲之誠.

으로 완비되어 가면서 상대적으로 분암과 분암에 거처하는 승려의 기능 축소, 분암 승려에 대한 침탈문제, 그리고 그로 인한 승려들의 유리 산망 현상 등까지 잘 보여주고 있다.

특히 1648년 김만증 등에 의하여 제사절목이 만들어져 재실운영의 구체적 규례가 시행되면서[33] 분암의 기능은 재실로 이전되고 점차 약화되는 운명에 처한다. 구체적으로 영사암의 승려들에 대한 鄕人들의 침탈이라든가, 심지어 자손들까지도 뜻을 알지 못하고 몇 안 되는 승도들에게 폐를 끼쳐 僧徒들이 '來卽去하고 聚者旋散'하여 장차 암자가 텅텅 빌 지경이라고 우려한다.

이에 승려를 위로하고 폐단을 없애기 위한 1705년 완의가 작성된다. 그 完議 내용에서 보듯이 "恤此寺之僧徒 則其於守護之事 大有助焉"라 하여 이 절의 승려들은 묘를 수호하는 일에 크게 기여하는 사람들임을 강조한다거나, 造泡·燻造·織屨·使喚 등으로 침탈하지 말고 만약 범할 경우에는 문중회의에서 경중으로 논벌하기로 결정하고, 또 이러한 사실을 僧徒가 즉시 문중에 고하지 않았다가 발각되면 승도 역시 중한 죄로 다스린다고 할 정도였다. 한편 1758년의 高井永思菴重修記에서 보듯이 사찰의 건립은 불가의 일이며, 따라서 그들이 재물을 모아서 이루어야 한다고 말할 수도 있지만, "然我先祖創建是菴 專爲守護丘墓之計 則爲後孫者 其可一任其頹이 而不動念哉"라 하는 것이 그 같은 변화를 잘 반영하고 있다.

그리고 분암의 승려들을 관의 침탈로부터 보호하려는 노력들이 보이는데, 예컨대 戊寅 10월 官家에서 倉材를 예인할 때에 僧徒들을 불러서

---

33 『愼獨齋遺稿』 권5, 「復題先世墳庵遺籍後」(1636년), 이후 김집은 王垈別祭立議, 王垈先祖墓守護立議, 門契立議 등으로 묘제의례를 구비하게 되고, 특히 고정암과 관련하여서는 1648년 金萬增 등에 의하여 별도로 『高井祭祀節目』(附 祭器田畓置簿冊)이 마련된다. 이로써 분암에 의한 선조 묘소 수호의 관행보다 묘제의례가 재실을 중심으로 구현되게 된다.

사역시키게 되자 가까운 지역의 宗人들이 각각 노비를 내어놓아 대신 그 역을 충당하는 것, 戊辰 3월 역시 官家에서 瓦役으로 승도들을 침탈하므로 부득이 京鄕의 집안 사람들이 연명으로 관가에 상서하여 면하게 하였다는 내용 등이 그러한 사례들이었다.

이제 이러한 자료 소개를 토대로 필자가 본고에서 분암자료를 통하여 규명하려고 하였던 재실과의 상관성 문제를 살펴보기로 하자.

대체로 16세기 후반이후 17세기 주자가례에 입각한 예제가 정착되면서, 특히 양란을 거치면서 북벌론과 함께 예론이 현실 타개의 방략으로 선택되면서 주자학의 가부장적 친족제도가 강조되면서 새로운 조선후기 친족체제가 정착, 일반화된다.[34] 17세기 중엽을 분기점으로 변화된 이러한 조선후기 친족체계 변화의 주된 골격은, 내외친(內外親)이 망라되는 양계 친족에서 적장자중심의 부계친족으로의 변화와, 제사상속 및 분재 상에서 장자우대의 경향, 족보의 친족수록 범위 축소, 입양제도의 변화 등으로 나타난다.[35]

그리고 이는 동족마을과 문중조직을 활성화시켜 이 과정에서 전래의 墳庵은 명분상, 기능상 조선후기의 齋室로 그 역할과 임무를 넘겨주어야 했다. 새로운 종법 및 친족체계 하에서 <先塋-族契-齋室>의 마련은 가장 기본적인 요소이었고, 이를 통하여 소종과 족회가 운영되었다.

그리고 이러한 유불 교류의 전통은 조선후기에 이르러서도 잔존하였으니, 사족 가문의 자제나 선비들이 암자나 사찰에서 과거 공부나 학문

---

34 최재석, 「조선시대 상속제에 관한 연구」(『역사학보』, 53-4집, 1972); 「조선시대의 족보와 동족조직」(『역사학보』 81집, 19779); 「조선시대 門中의 형성」(『한국학보』 32집, 1983); 「17세기 친족구조의 변화」(『정신문화연구』 24집, 1985); 이광규, 「이조시대의 재산상속」(『한국학보』 3집, 1976); 김용만, 「조선시대 균분상속제에 관한 일연구」(『대구사학』 23집, 1983).

35 이해준, 조선후기 '문중화' 경향과 친족조직의 변질(『역사와 현실』 48호, 한국역사 연구회, 2003)

연마를 하고, 또 모임을 가지는 경우가 많았다. 나아가 자신들의 선조 문집이나 족보의 판각 사업, 그런가하면 종이나 기와 제작, 건축 등등의 공역에 사찰의 스님들을 동원하기도 하였다.[36] 그런가하면 양반가문의 아녀자들이나, 노비들의 경우에 유교적인 교화와 덕목만으로 실생활의 문제를 해소할 길이 없을 때 사찰을 신앙 처로 의지하고 있다거나, 바로 그들의 시주와 지원으로 사찰의 경제가 운영되고 있었던 것이다. 어떤 의미에서 조선후기에는 절묘한 관계로 儒·佛의 공존, 혹은 상호 보완적 으로 공생하는 모습들이 적지 않았던 것이다.

Ⅵ. 맺음말

본고는 고려 이래의 조선시대의 인물 추숭에 관련하여 신숭겸의 사례 가 지닌 성격과 의미를 간략하게 정리하면서 특회 그의 묘역에 세워진 願刹이 조선시대 墳庵의 시원 사례인 점을 주목하였다.

무엇보다도 신숭겸의 추숭사례는 첫째 추숭의 주체가 다양하다는 점 에 특징이 있다. 대개 저명인물의 경우 공신이나 시호, 추증의 형태로 국왕이 주체가 되어 이루어지는 경우와 지역민, 후손이 주체가 되어 추 숭하는 경우가 있다. 그러나 이 모두가 합쳐진 사례는 극히 드문데, 장 절공 신숭겸의 경우는 국왕의 당대의 포장은 물론 지역민에 의한 지역 신(성황신)으로의 추숭, 사족 및 후손에 의한 서원 사우의 제향에 이르기 까지 아주 다양한 추숭의 주체가 있었다.

둘째로는 특별한 경우가 아니라면 대개의 인물 추숭은 한시적이거나 조선후기에 집중되어 이루어지는 경향이다. 그러나 신숭겸의 경우는 고 려 초부터 조선시대 전 기간에 이르기까지 지속적으로 이루어지며, 그

---

36 이해준, 「광산김씨 분암 '영사암'자료」(『고문서연구』25호, 한국고문서학회, 2004)

형태도 아주 다양하다는 점이 주목된다. 우선 본고에서 필자가 주목하는 원찰 지묘사, 그리고 장절공 묘역의 분암의 사례도 그러하지만, 「도이장가」로 상징되는 가면극, 고려시대의 성황신, 지역신의 존재, 조선후기 서원과 사우제향 등등이 바로 그러한 다양함을 보여준다.

셋째로 본고가 주목한 원찰과 분암과 관련하여 순절지에 마련된 智妙寺는 우리나라 願刹·願堂의 시원·선행사례이며, 신숭겸 묘역의 墳庵은 명칭과 규모, 기타 운영에 관련된 자료가 부족한 것이 아쉽지만, 최초의 분암 사례로서 분명 인정될 수 있다. 장절공 신숭겸의 智妙寺와 墳庵은 이후 願刹과 왕실의 陵庵 제도, 조선전기 사족들의 墳庵으로 발전되다가 재실로 발전하여 오늘에 이르게 된다.

장절공의 추숭은 고려초 태조를 도운 공으로 추존된 六太師[裵玄慶·洪儒·申崇謙·卜智謙·庾黔弼·崔凝]가 모두 같은 추숭 대상이었지만, 신숭겸의 자손들처럼 대를 이어 聞人達士를 배출하여 7백 년에 걸쳐 끊기지 않은 복록을 받은 것은 상촌 신흠이 '이는 아마 공 자신이 복록을 누리지 못했기에 착한 자에겐 복을 내리는 하늘이 틀리지 않게 정상적으로 갚음을 한 것'이라 지적하듯[37] 특별한 모습임을 다시 한 번 되새기게 된다. 본고에서 다루지 못한 고려시대 지역신과 성황신 숭배, 그리고 그 전통을 계승한 조선시대의 서원과 사우들에 대하여는 시간의 제약으로 다루지 못하였다. 이를 아쉽게 생각하며 이에 대하여는 별도로 연구를 진행하고자 한다.

---

37 申欽,『象村先生集』제23권 壯節公祠宇重修記.

참고문헌

한우근. 1976. 「조선왕조 초기에 있어서 유교이념의 실천과 신앙」. 『한국사론』 3 집. 서울대 국사학과. 147-228.

김갑동. 1993. 「고려시대의 산악신앙」. 『한국종교사상의 재조명』.

이해준. 1993. 「조선후기 문중활동의 사회사적 배경」. 『동양학』 23집. 단국대 동 양학연구소. 189-205.

한기문. 1994. 「고려시대 사원의 운영기반과 원당의 존재양태」. 박사학위논문. 경북대학교.

이규대. 1994. 「조선초기 불교의 사회적 실태」. 『국사관논총』 56집. 국사편찬위 원회. 127-157.

이영화. 1993. 「조선초기 불교의례의 성격」. 『청계사학』 10집. 청계사학회. 3-49.

정구복. 2000. 「한국 족계의 연원과 성격」. 『고문서연구』 16·17집. 한국고문서학 회. 109-134.

이해준. 2000. 「17세기 중엽 파평윤씨 노종파의 종약과 종학」. 『충북사학』 11-12 합집. 충북사학회. 331-350.

강원향토문화연구회. 2001. 『도포서원학술조사보고서』. 평산신씨대종중.

이해준. 2003. 「조선후기 '문중화' 경향과 친족조직의 변질」. 『역사와 현실』 48 호. 한국역사

연구회. 169-190.

이해준. 2004. 「광산김씨 분암 '영사암'자료」. 『고문서연구』 25호. 한국고문서학 회. 139-170.

변동명. 2004. 「申崇謙의 谷城 城隍神 推仰과 德陽祠 配享」. 『한국사연구』 126 호. 83-117. 영남문화재연구원. 2005. 『2004년도 문화재 시굴조사 보고서』. 대 구 신숭겸장군유적 정비부지내 유적 문화재 시굴조사-고려시대 지묘사.

권효숙. 2010. 「조선시대 분암연구」. 석사학위논문. 한성대학교.

이인재. 2002. 「나말려초 신숭겸의 생애와 사후 평가」. 『강원문화연구』 제6집. 27-42.

곡성의 장절공 신숭겸장군
관련 유적과 유물

최 인 선(순천대학교 박물관장)

Ⅰ. 머리말

장절공 신숭겸은 고려초의 무신으로, 궁예를 폐하고 왕건을 추대하여 고려 개국의 대업을 이루고 대구 공산에서 견훤의 군대에게 태조가 포위되자 그를 구하고 전사한 인물이다. 그에 대한 기록은 『고려사』, 『신증동국여지승람』, 『여지도서』 등의 사료 속에서 몇 줄에 그치고 있다. 그래서 그의 정확한 행적이나 활동, 특히 출신지에 대해서 명확히 밝혀지지 못하고 있다.

그러나 그의 사후 조정에서는 그에게 장절공이라는 시호를 내렸고, 그의 시신을 수습하여 춘천에 묘소를 정하여 장례를 치렀다. 또한 공산 전투가 이루어졌던 대구에는 지묘사(智妙寺)를 창건하였다. 그 후에도 태조묘(太祖廟)에 배향하였고, 특히 예종 15년(1120)에는 도이장가(悼二

將歌)라는 시를 지어 신숭겸과 김락에 대한 예우를 표현하였다. 조선후기에 이르러 곡성의 덕양서원(德陽書院, 1589), 대구의 표충사(表忠祠, 1607), 춘천의 도포서원(道浦書院, 1650), 평산의 태사사(太師祠, 1636(중창))·동양서원(東陽書院, 1642) 등에 배향되어졌다.

신숭겸에 대한 연구는 대부분 생애와 사후평가,[1] 공산전투[2]에 대해서 이루어지고 있다. 부분적으로 원찰과 분암,[3] 유적·유물[4]에 대한 검토가 이루어지고 있다. 최근 2012년에는 '춘천 장절공 신숭겸 장군 활동과 춘천 유적지 재조명'이라는 학술대회가 이루어지기도 하였다.[5]

잘 알려져 있는 바와 같이 신숭겸의 행적은 사료의 부족으로 명확히 보이지 않고 있으며, 특히 그의 출생에 대해서는 곡성설과 춘천설로 나누어져 어려움을 겪고 있다. 본고에서는 신숭겸의 출생에 대해서 살펴보고, 아울러 출생지로 알려진 곡성의 신숭겸 관련 유적과 유물을 살펴보고자 한다.

---

1 김태욱, 「고려 개국공신 신숭겸에 관한 검토」, 『春州文化』 제15호, 춘천문화원, 2000.
   이인재, 「나말여초 신숭겸의 생애와 사후평가」, 『강원문화사연구』 제6집, 강원향토문화연구회, 2001.
   변동명, 「신숭겸의 곡성 성황신 추앙과 덕양사 배향」, 『한국사연구』 제126집, 한국사연구, 2004.
   이재범, 「신숭겸의 생애와 사후 추숭」, 『사림』 제44집, 수선사학회, 2013.
2 민현하, 「신숭겸과 공산동수 전투」, 『군사』 29집, 국방부 국사편찬연구소, 1994.
   이주연, 「공산전투의 전개과정과 관련 지명 및 유적지 연구」, 한국전통문화대학교 대학원 석사학위논문, 2015.
3 이해준, 「신숭겸의 원찰과 조선시대 분암」, 『인문과학연구』 제42집, 강원대학교 인문과학연구소, 2014.
4 안선옥, 「전남 곡성 덕양사 연구」, 전남대학교대학원 석사학위논문, 2005.
   유재춘, 「춘천 소재 장절공 신숭겸유적지의 조성 경위와 특징」, 『인문과학연구』 제37집, 강원대학교 인문과학연구소, 2012.
5 강원대학교 중앙박물관·인문과학연구소, 『장절공 신숭겸장군 활동과 춘천유적지 재조명』, 2012.

Ⅱ. 신숭겸 장군의 출생지

신숭겸장군에 대한 기록은 『고려사』, 『신증동국여지승람』, 『여지도서』 등의 사료 속에서 찾을 수 있다. 그러나 신숭겸에 관한 최초의 공식기록 인 『고려사』에서도 고려 건국과정과 공산전투에서의 역할만 부각되어 있을 뿐 출신지, 가계, 수학과정, 관직 생활 등에 대해서는 거의 알려진 바가 없다.6 현재까지 신숭겸의 출생지에 관해서는 춘천설과 곡성설로 대별되고 있다.

그의 출신지를 춘천으로 보는 대표적인 기록은 『고려사』에서 찾을 수 있다.

> 崇謙, 初名能山, 光海州人. 長大, 有武勇. 十年, 太祖與甄萱, 戰於公山 桐藪, 不利. 萱兵圍, 太祖甚急, 崇謙時爲大將, 與元甫 金樂, 力戰死之. 太 祖, 甚哀之, 謚壯節, 以其弟能吉, 子甫, 樂弟鐵, 並爲元尹, 創智妙寺, 以 資冥福.7(신숭겸은 처음 이름이 능산(能山)이며, 광해주(지금의 강원도 춘천시) 사람이다. 체격이 크고, 무예에 뛰어나며 용맹스러웠다. 10년 (927)에 태조가 공산(公山 : 지금의 대구광역시 팔공산)의 동수(桐藪)에 서 견훤과 전투를 벌였는데, 전세가 불리하였다. 견훤의 군사가 태조를 포위하여 매우 위급한 상황이 되자 당시 대장이던 신숭겸은 원보(元甫) 김락(金樂)과 함께 힘껏 싸우다가 그 곳에서 전사하였다. 태조가 그의 죽 음을 매우 슬퍼하여 시호를 장절(壯節)이라 하고, 그의 아우 신능길(申能 吉)과 아들 신보(申甫), 김락의 아우 김철(金鐵)을 모두 원윤(元尹)으로 임명하였으며, 지묘사(智妙寺)를 창건하여 명복을 빌게 하였다.)

위의 사료에 의하면 그는 광해주인(光海州人)으로 기술되어 있다. 광

---

6 이인재, 앞의 논문, 28쪽.
7 『고려사』권92 열전 5, 신숭겸.
　고려사의 기록을 인용하여 신숭겸의 출생지를 춘천으로 보는 자료로는 『도포서원 중수기』에서도 확인할 수가 있다.

해주는 『고려사』 지리지에 의하면 춘주(春州), 즉 현재의 춘천이다.[8] 그가 중앙에 진출하는 데는 곡성보다는 춘천을 중심으로 하여 어느 정도의 세력기반을 형성하였다고 보는 점과 그의 묘지가 춘천에 선정되었기 때문에 춘천을 출신지로 보았다. 또한 곡성은 선대의 근거지로 보았다.[9] 그러나 춘천인이라고 했을 때는 단순히 그 지역을 출생지와 관련하여 해석하지 않는다. 어떤 인물을 '○○인'이라고 했을 경우에는 일정한 지역에서 기반을 가지고 여러 대(代)를 살았거나, 혹은 한 인물의 본관을 일컫는 경우도 많다. 그러므로 『고려사』에 신숭겸을 광해주인이라고 한 기록만을 근거로 신숭겸의 출생지를 춘천이라고 한 것은 좀 더 검토해 보아야 한다.[10]

신숭겸의 출신지로 거론되는 곡성을 출신지로 보는 대표적인 기록은 『신증동국여지승람』에서 찾을 수 있다.

> (1) 곡성 : 고려 신숭겸(申崇謙) - 춘천(春川) 편에 상세하다. 세간에 전하기를, "신숭겸은 죽어서 현의 성황신(城隍神)이 되었다." 한다. (비고) 사원 신숭겸 - 마전편에 있다. 본래 곡성에서 낳다.[11]
>
> (2) 평산 : 신숭겸(申崇謙) - 원래 전라도 곡성(谷城) 사람인데 태조가 성(姓)을 주고 평산을 본관으로 하게 하였다. 속설에 숭겸이 일찍이 태조를 따라 사냥하다가 삼탄(三灘)에 와서 점심을 먹었다. 그때 기러기 세 마리가 공중에 떠돌았는데 태조가, "누가 쏘겠는가?" 하니, 숭겸이, "신이 쏘겠습니다." 하였다. 태조가 활과 화살, 안장 갖춘 말을 주었는데, 숭겸이 말하기를, "몇 번째 기러기를 쏘리까?" 하니, 태조가 웃으며, "세 번째 기러기의 왼쪽 날개를 쏘아라." 하였다. 숭겸이 명령에 따라 쏘았는데 과연 그대로 맞히니 태조가 장하게 여겨 감탄하면서 명하여 평주로 본관을 삼게 하고,

---

8 『고려사』 권58 지리 3, 춘주.

9 민현하, 앞의 논문, 79쪽.

10 이재범, 앞의 논문, 121쪽.

11 『신증동국여지승람』 권39 곡성현 인물조.

기러기를 쏜 근처의 밭 3백 결도 함께 하사하여, 대대로 그 조세를 받아 먹게 하였으며 인하여 그 땅을 궁위(弓位)라 이름하였다. 나머지는 춘천(春川) 편에 자세하다. (비고) 사원 태사사(太師祠) - 태백산성에 있는데 고려 때 세우고 본조 정종 병진년에 사액하였다. 신숭겸·유검필·복지겸 - 이상은 철상(鐵像)이다.[12]

(3) 춘천 : 고려 신숭겸(申崇謙) - 처음 이름은 능산(能山)이다. 장성하여 무용(武勇)이 있었다. 배현경(裵玄慶) 등과 더불어 태조(太祖)를 추대하여 일등공신(一等功臣)의 호(號)를 받았다. 태조가 후백제의 견훤(甄萱)과 더불어 공산(公山)의 동수(桐數)에서 싸워서 불리하게 되니 견훤의 군사가 태조를 포위하여 매우 위급하였다. 신숭겸이 힘을 다하여 싸우다가 전사하니 태조가 슬퍼하였다. 시호는 장절(壯節)이다. 뒤에 태조의 묘정(廟庭)에 배향하였다. 또 평산부(平山府) 편에도 신숭겸의 이야기가 나온다. (총묘) 신숭겸의 묘 - 부의 서쪽 10리에 있다.[13]

위의 사료에 의하면 평산에서는 신숭겸의 출생지를 곡성이라고 하였고, 곡성에서는 죽어서 곡성현의 성황신이 되었으며 곡성에서 낳았다고 하였다. 『고려사』의 기록과 『신증동국여지승람』의 기록이 다르게 나타난 이유에 대해서 이인재와 변동명의 연구가 주목된다. 이인재는 동국여지승람의 찬자들이 신숭겸이 죽어서 곡성현의 성황신이 되었다는 곡성현의 전승기록을 근거로 신숭겸이 곡성출신이라는 서술을 했을 가능성이 있다고 하였다.[14] 변동명은 조선초기에 『고려사』를 편찬하면서 주로 이용한 것은 역대의 實錄과 같은 중앙의 자료를 이용하고, 지방에서 만들어진 자료를 이용하지 않아 곡성출신이라는 사실이 누락되었을 것이며, 성황신으로 곡성에서 추앙한 점으로 보아 신숭겸은 곡성출신이 확실하다고 보았다.[15]

---

12 『신증동국여지승람』 권41 평산도호부 인물조.
13 『신증동국여지승람』 권40 춘천도호부 인물조.
14 이인재, 앞의 논문, 29~30쪽.

조선후기의 문신이고 이조판서·우참찬을 역임하였던 문순(文純) 박세채(朴世采, 1631~1695)는 신숭겸의 선조가 곡성사람이었으나 어느 날 춘천에서 와서 우거(寓居)하였다고 주장하였다.[16] 신숭겸의 출생에 관한 박세채의 의견은 여러 연구자들에 의해 받아들여져 통설화되고 있다.

그리고 조선후기에 편찬된 『여지도서』[17]에서도 신숭겸의 출신은 곡성이라 하였다.

> (곡성)**비래산**은 순천 조계산에서 나온다. 장절공 신숭겸이 태어나 자란 곳이다. 현재까지 그 터가 남아있다.[18]

조선전기의 기록인 『신증동국여지승람』에서는 막연히 신숭겸의 출생지가 곡성이라 한 반면에 『여지도서』에 이르러 구체적으로 곡성의 비래산에서 신숭겸이 태어났고 자란 곳이라 하였다.

조선후기 순암 안정복(1712~1791) 역시 신숭겸의 출신지를 곡성이라고 추측하였다. 고려초에 곡성이 승평에 소속되었다가 뒤에 나주에 속하였으니 두 府를 광해로 호칭한 일이 있었을 것이다 하였다. 안정복이 살펴본 申氏譜에는 춘천을 광해주라 한 것에 대해서는 춘천이 협읍(峽邑) 즉 산협에 있는 고을로 '海'자에 합당치 않으니 이는 잘못이다[19]고 하였다. 이인재에 의하면 안정복은 『고려사』 열전에 서술된 광해주에 대해서는 알고 있었지만 어디인지는 확인하지 못하였다고 하였다.[20]

후대의 자료 가운데 「고려개국공신태사장절신공신도비」(1805)에서도

---

15 변동명, 앞의 논문, 86쪽.
16 박세채, 「별전」, 『장절공신선생실기목록』, 민족문화사, 1987, 21쪽.
17 1757년(영조 33)~1765년에 각 읍에서 편찬한 읍지를 모아 성책(成册)한 전국 읍지 (邑誌).
18 『여지도서』 곡성현 산천조.
19 『동사강목』 권5하 정해년, 동 11월.
20 이인재, 위의 논문, 30쪽.

"그의 선대는 백제 욕내군에서 비롯하였는데 사서에는 광해주 사람이라 하였다. 욕내군은 지금의 곡성현이요. 광해주는 바로 춘천부이니 아마도 곡성에서 춘천으로 옮겼을 것이다."[21]라 하여 신숭겸의 선대는 곡성현 사람이었다고 하였다.

그리고 1897년에 비래산 아래 구룡리에 유허비가 세워졌다. 신장군의 후손 신명희(申命熙)는 고종 무진년(1868)에 구룡리 등지에 살고 있는 村人 遺老들에게서 신숭겸 장군과 관련된 유적들 즉 비래산 도장동에 있는 독서당(讀書堂) 유지, 신공정(申公井,) 사대(射臺), 신유봉(申遊峰), 화장산에 있는 치마대(馳馬臺), 철갑암(鐵甲岩), 장군천(將軍泉) 등과 봉두산에 있는 장군등(將軍嶝), 보성강 중류에 있는 계마석(繫馬石), 용소(龍沼)·용탄(龍灘)의 목욕처 등을 들고 후손 신헌(申櫶)·신석희(申錫禧)와 함께 宗契의 재산으로 현재의 용산단 일부 園林과 田土를 구입하였다. 그리고 이로부터 30년 후인 1897년에 이곳에 유허비가 세워졌고, 1929년에 용산단이 설치되었다.

용산단 옆에 있는 「嶽降遺墟碑」에 "호남 곡성현에서 남으로 40리 쯤에 있는 화장산 동쪽 兩江洞에, 산봉우리가 우뚝 속았다가 너울거리면서 완연히 날아 오는 듯한데 이는 곧 飛來山이요. 그 아래 九龍里가 있으니 실로 우리 始祖 高麗太師 壯節公이 生長하던 遺墟이다."라고 하여 더욱 구체적으로 비래산 아래 '구룡리'라는 곳을 특정하여 신숭겸 장군의 출생과 성장지라 하였다. 그러면서 "德陽書院을 九龍里에 세우지 아니하고 구태여 邑에서 가까운 곳으로 한 것은 또한 前事의 소홀함이라 할 것이다."라 하여 1589년 곡성읍에 세운 덕양서원은 전사의 소홀 즉 출생과 성장지를 잘 못 파악한데서 비롯된 것으로 보았다. 16세기 후반까지도 신숭겸의 출생지가 곡성이라는 사실만 부각되었을 뿐 구체적인

21 「고려개국공신태사 장절공신도비명」, 『도포서원학술조사보고서』, 강원향토문화연구회, 2001. 116쪽.

곳을 가리키지 못하고 있었다는 것을 보여주는 대목이라 할 것이다. 용
산단과 용산재 구역에 처음 조성된 것이 「嶽降遺墟碑」이며, 여기서 처
음으로 신숭겸 장군의 태생지가 비래산 아래 구룡리라는 구체적 지명이
거명되었다. 1805년에 세워졌던 신도비까지 신숭겸 장군의 태생지는
'곡성'이라고만 전하다가 19세기 중엽인 1868년에 이르러서 비로서 '비
래산 아래 구룡리'라는 지역을 특정하게 되었다.

지방에서 내려오고 있는 자료들 가운데 현재까지 신숭겸의 출생과 관
련된 전설이 내려오고 있는 지역은 곡성이 유일하다. 신숭겸이 태어났던
나말여초시기부터 지금까지 출생에 관련된 전설이 오직 곡성지역에만
국한하여 전해오고 관련 유적들이 집중되고 있는 점으로 보아 신숭겸은
곡성출신이 확실하다고 판단된다.

앞에서 살펴본 『고려사』, 『신증동국여지승람』, 『여지도서』의 正史와
곡성지역에 전해 내려오는 전설과 그 전설이 깃든 유적을 통해서 보면
현재 곡성군 목사동면 일대 즉 구룡리 지역이 신숭겸의 출생지라고 볼
수 있다. 이러한 견해는 19세기 중엽부터 곡성지역에서 확고하게 자리
잡았다고 할 수 있다.

곡성의 토성은 조선전기부터 임(任)·신(申)·여(呂)·오(吳)씨[22] 등이 등
장하고 있다. 이러한 사정은 고려후기부터 곡성지역의 토반들을 살펴 볼
수 있는 좋은 자료들이다. 조선전기의 곡성 토성은 申, 林, 呂, 吳, 朴,
李 등 6성[23]이 보이며, 조선후기는 申(평산), 馬(장흥), 吳(해주), 安(순흥),
柳(문화), 李(성주), 趙(순창), 金(금산), 崔(전주), 呂(함양), 徐(이천), 張(흥
덕), 邕(순창), 鄭(초계) 등 32성[24]이 등장하고 있다. 이처럼 곡성지역의
토성은 조선후기까지 평산신씨가 주를 형성하고 있다. 곡성 지역에서 평

---

22 『세종실록』 지리지 곡성현 토성(土姓)조.
23 『신증동국여지승람』 곡성현 성씨조.
24 『여지도서』 곡성현 성씨조.

산신씨의 위치가 어느 정도 차지하고 있는지를 밝혀주고 있는 중요한 자료임이 분명하다. 한 지역에서 주를 이루고 있는 토반은 일시에 형성되기는 어려울 것이다. 고려후기부터 조선후기까지 곡성의 토반 가운데 평산신씨가 주를 이루고 있다는 것은 고려후기 이전부터 형성되었을 가능성이 아주 높아 보인다. 이러한 사실을 밝혀주는 직접적인 사료는 없지만 고려의 개국공신이었던 신숭겸 장군의 활동과 가장 관련이 깊다고 여겨진다. 이런 점을 감안해 보면 신숭겸은 곡성지역의 호족이었을 가능성도 높을 것이다. 그래서 곡성 태안사에 그와 관련된 설화와 유적이 존재하고 있는 점도 주목하지 않을 수 없다. 이 점은 후술하겠다.

Ⅲ. 신숭겸 장군의 관련 유적 검토

신숭겸 장군 관련 곡성유적은 「사진 1」과 같이 3구역으로 나누어 분포하고 있다. 그러므로 본고에서는 세 개의 권역으로 나누어 신숭겸 관련 유적을 살펴보고자 한다. Ⅰ구역은 신숭겸의 출생과 그가 성장하였던 곳과 관련이 깊은 곳이고, Ⅱ구역은 신숭겸의 용마가 공산전투에서 잘린 그의 목을 싣고 곡성 태안사에 와서 3일간 울었다고 하는 설화와 관련있는 곳이다. Ⅲ구역은 조선 후기 1589년(선조 22) 신숭겸을 배향하기 위하여 서원이 세워졌고, 1695년(숙종 21)에 사액을 받은 덕양서원이 위치한 배향지이다.

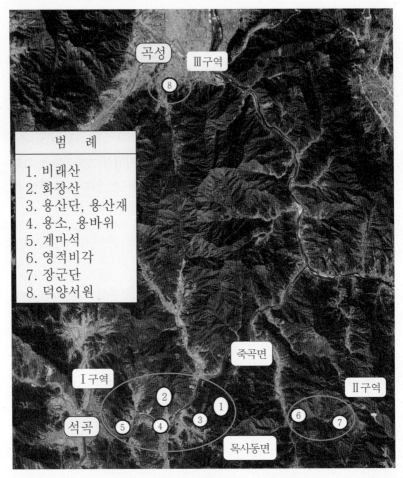

「사진 1」 곡성군 내 신숭겸 장군 관련 유적 현황

1. 탄생지와 성장 지역(Ⅰ구역)

곡성군 목사동면 비래산과 죽곡면 화장산 일대에 분포하고 있는데 이곳은 섬진강의 지류인 보성강(일명 大荒江)을 사이에 두고 그 동쪽에 비래산, 서쪽에 화장산이 있다. 이곳에 다음과 같이 신숭겸 장군의 탄생과 성장에 관한 설화가 전해오고 있다.

(1) 구룡리는 뒷산인 비래봉(飛來峰)의 지맥이 용처럼 아홉가닥이나
뻗어내려 붙은 이름으로 이 정기를 받아 태어난 신숭겸이 이곳에
서 5리쯤 떨어진 유봉리 산을 날아다니면서 무예를 익혔다 하여
'신유봉(申遊峰)'이라 했다 한다. 마을 앞 용바위에서 나온 용마
(龍馬)를 타고 무예를 닦았고 말고삐를 매었다는 '계마석'이 삼태
(三台)리 앞에 있다. 활을 특히 잘 쏘았는데 궁예의 막하장군이 되
었다가 왕건(王建)추대에 가담 해 견훤을 격퇴하기 위한 대구 팔
공산 전투에서 포위당하자 스스로 왕건으로 분장해 대신 전사했
다. 이때 그의 용마가 장군의 목을 물고 고향과 가까운 태안산 뒷
산에 나타나 3일간을 울었다.[25]

(2) 이 지방에는 이곳 출신인 신숭겸과 유팽로의 말무덤전설 등이 전
한다. 고려건국에 공이 큰 신숭겸은 목사동면 구룡리 뒷산 비래봉
의 정기를 받아 태어났다. 신숭겸이 보성강의 용탄 여울에서 목욕
을 하는데 큰 바위굴에서 용마가 나오고 있었다. 그는 즉시 이 말
을 타고 5리 정도의 거리인 유봉리의 산을 날았다. 이로부터 그
산이름을 신유봉(申遊峰)이라 부르게 되었고, 용마가 나온 바위는
용암이라고 부르게 되었다. 뒤에 신숭겸이 왕건을 대신해 죽게 되
자, 용마는 땅에 떨어진 신숭겸의 머리를 물고 고향 인접지인 태
안사의 뒷산에 와서 3일간을 울다가 굶어죽었다고 한다. 이곳에
장군의 무덤을 만들었는데, 매년 3월 16일 산제와 함께 신숭겸의
제사를 지내고 있다.[26]

위의 설화에서 보는 바와 같이 신숭겸은 비래산의 정기를 받아 목사
동면 구룡리에서 태어났고, 그곳에서 성장하였다. 비래산의 비래봉과 신
유봉, 용바위, 계마석 등의 유적은 현재 곡성군 목사동면에 위치한 비래

---

25 전라남도, 「신숭겸(申崇謙)과 신유봉(申遊峰)」, 『全南의 傳說』, 광주일보출판국, 1991,
102~103쪽.
26 『한국민족문화대백과사전』, 곡성군, 설화·민요, 1991.

산을 중심으로 분포하고 있다.

1) 비래산 내 유적

비래산은 목사동면 구룡리 용산단 뒤에 있는 산으로 해발 691m이다. 이 산의 봉우리를 비래봉과 신유봉(申遊峰)이라 하는데 신숭겸이 공부도 하고 무예를 닦은 주 무대이기도 하다. 주변에는 그가 공부를 한 곳으로 알려진 독서당지, 공부를 하면서 마셨던 우물인 신공정(申公井), 그가 화살을 쏘고, 말을 탔던 사대(射臺)가 위치해 있다. 전설에 의하면 비래산 사대에서 앞산 화장산을 향해 화살을 당기고 말을 달렸는데 장절공이 탄 말이 화살보다 먼저 도착했다고 한다. 얼마나 활을 잘 쏘고 말 타기에 능했가를 알 수 있다. 현재 유적들의 현황은 수풀이 우거져 파악하기 힘들다.

「사진 2」 비래산 전경

「사진 3」 신유봉 전경

「사진 4」 독서당지 근경

「사진 5」 신공정 근경

2) 화장산 내 유적

화장산은 보성강변 죽곡면에 자리한 해발 525m의 산으로 비래산과 마주하고 있다. 화장산 내에는 신장군이 무예를 연마할 때 말을 타고 달리던 정상부의 치마대, 훈련을 마치고 나면 이 바위 밑에 투구를 놓고 간직하였다는 철갑암, 그가 이곳에서 무예를 닦고 당시에 마셨던 샘터인 장군천 등이 남아있다. 현재 이곳 유적들도 수풀이 우거져 파악하기 힘들며, 철갑암, 장군천, 치마대 순으로 자리잡고 있다.

「사진 6」 화장산 전경 　　　　　「사진 7」 철갑암 근경

3) 용산단과 용산재

용산단과 용산재는 목사동면 구룡리에 위치하고 있다. 이곳은 신숭겸이 출생하고 성장했던 비래산의 아래 도장동(道藏洞)에 위치하고 있다. 이 곳에 자리를 잡게 된 배경은 신숭겸이 생장(生長)하여 문무를 연마한 곳이었고, 신숭겸 관련 고적이 남아 있었기 때문이다. 그래서 고종 무진년(1868)에 후손 신명희(申命熙)가 후손 輔國 신헌(申櫶)과 판서 신석희(申錫禧)와 서로 모의하여 원림 및 전토를 매입하고, 초목을 금하여 이를 수호해 오다가 30년 후인 고종 정유년(1897)에 유허비를 세웠다. 1929년 여름에 이르러 사인(士人) 양원모(梁遠謨), 이상린(李相麟) 등이 감모하여 발문을 해서 돈을 모아 비석 곁에 단을 쌓고 방(坊)의 이름에 따라 용산단(龍山壇)이라 하였다.

그 후 1960년 후손들의 의해서 용산재와 구룡문이 창건되었으며, 기념사업회를 설립하였다. 1981년 덕양서원과 함께 전라남도 지방기념물 제56호로 지정되었다.

현재 이곳에는 용산단, 제사를 모시는 용산재, 구룡문, 유허비, 동·서재, 전사청이 있으며 최근 2002년에 건립된 신숭겸장군의 동상이 배치되어 있다.

용산재의 전체 배치 모습은 전학후묘(前學後廟)의 형태로 2구역으로 나누어진다. 바깥쪽으로는 강당과 동·서재 등을 비롯하여 강학구역(講學區域)이 배치되어 있고, 안쪽으로는 사당을 중심으로 제향구역(祭享區域)이 배치되어 있다.

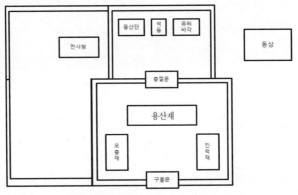

「도면 1」 용산단 및 용산재 배치도

「사진 8」 용산단 전경 (과거)

「사진 9」 용산단 전경 (최근)

① 용산단

용산단은 신숭겸 장군의 태생지로 그의 태를 묻었다는 곳이다. 용산단은 석축으로 3~4단을 축조하였고, 너비 276cm, 길이 276cm, 높이 120cm이다. 그 앞에 있는 상석은 너비 115cm, 길이 82cm, 높이 45cm, 자간 10cm이다. 그 상석에는 "高麗太師壯節申公功臣壇"이라고 새겨져 있다.

② 고려태사장절신공유허비(高麗太師壯節申公遺墟碑) 일명 '嶽降遺墟碑'

유허비는 용산단 바로 옆에 있는 비각 안에 2기가 배치되어 있는데 향우의 비가 1897년에 세워진 것이고, 향좌의 비가 1969년에 다시 세운 것이다. 비의 정면에는 2비 모두 세로로 "高麗太師壯節申公遺墟碑"라고 음각되어 있다.

그 원문과 번역문은 다음과 같다.[27]

高麗太師壯節申公遺墟碑文
湖南谷城治之南四十里華藏山之東兩江洞有山聳起而盤舞完如飛來者曰飛來之山山之下有九龍之里寔我始祖麗太師壯節公生長之墟也有申公井將軍之崠讀書之堂馳馬之臺古蹟歷然可指而謠俗多述其靈異焉噫公之貞忠大勳震耀日星開勝朝一統之業爲東方節烈之倡所以朝家之崇報士林之景慕愈久而愈勤凡遺躅之所在徹俎豆以享之碑刻以識之而至於嶽降之地則乃山川精靈之所鍾以生文武藝業之所寓以成奚但擬於東陽落雁之區桐藪立懂之處而已且公之靈雖如水在地無所不之而其春戀彷徨必於此而不於彼決矣而迄未有以表之其於神理人情伺如也德陽書院之下建於九龍而必傍於邑治亦前事之疎也後孫命熙深以爲恨謀於後孫輔國橞判書錫禧就故里遺墟買田畝林麓禁其樵牧而經紀宗財且議伐石立表忽一夜有大石突起於墟傍田間長丈餘人異之咸以爲天相神助適因德陽撤後壇碣之役力逐繼而未果焉越三十年而至丁酉秋宗議協同始克成碑而立之一碑之立其亦有時耶何未遑於千載而奄

27 『德陽書院誌』, 「嶽降遺墟碑銘」, 2000.

成於一朝也是碑也豈直爲吾宗之所瞻依凡官紳士民之過此者有不肅然而起
敬優然而興感不自知其頑廉而懦立者哉銘曰於奕我祖天挺人豪功盖三韓節
干九霄餘慶綿綿子孫千億神威赫赫伯仲關岳睠茲龍里陽陰解良馳馬有臺讀
書有堂渾渾長江資公韜略崔崔華山像公氣魄靈跡恍惚愀然如見二院旣撤白
祠云遠于何寓慕惟茲桑梓有蹶者石神其詔止龜頭穹崇爰示不朽千載在前百
世在後永言瞻想朝夕羹墻禮反其本樂樂其所自生光武元年丁酉　後孫判書　箕
善　謹撰

内務協辦　覛熙　謹書

「번역문」 고려태사장절신공유허비문 일명 '악강[28]유허비'

　　호남 곡성현에서 남으로 40리 쯤에 있는 화장산 동쪽 兩江洞에, 산봉
우리가 우뚝 속았다가 너울거리면서 완연히 날아 오는 듯한데 이는 곧
비래산(飛來山)이요, 그 아래 구룡리가 있으니 실로 우리 시조 高麗太師
장절공이 生長하던 遺墟이다. 신공정(申公井)·장군등(將軍嶝)·독서당(讀
書堂)·치마대(馳馬臺) 같은 고적을 역력히 지점할 수 있고, 謠俗(풍속을
읊은 노래)이 흔히 그 靈異함을 일러 주고 있다. 아! 公의 貞忠 大勳이
日星과 같이 찬란하던 前朝 一統의 基業을 열고 東方 節烈의 倡始가 됨
으로써 조정의 崇報와 사림들의 景慕함이 世代가 오랠수록 더욱 극진하
여, 무릇 유적이 있는 곳에는 조두(俎豆)를 갖추어 享祀하고 碑碣을 새
기어 기록하였는데, 악강(嶽降)한 이 고장으로 말한다면, 이에 山川 精靈
이 뭉치어 태어나고 文武 藝業이 곁들어 이루어진 곳이니, 어찌 다만 기
러기를 떨어뜨린 平山이나 忠勇으로 목숨을 바친 桐藪에 비길 뿐이리요.
더구나 公의 精靈은 물이 땅에 있음과 같아서 비록 가지 못할 곳이 없다
하더라고, 못 잊어하고 머뭇거려 떠나지 못하는 것은 반드시 여기요, 저
기가 아닐 것임이 틀림이 없거늘, 아직도 이를 表한 바 없었으니, 神理
로나 人情으로나 어떻다 하겠는가. 덕양서원을 구룡리에 세우지 아니하
고 구태여 邑에서 가까운 곳으로 한 것은 또한 前事의 소홀함이라 할 것
이다. 후손 命熙가 이를 매우 遺恨으로 여긴 나머지, 後孫 輔國 檍과 判
書 錫禧에게 議論하여 故里의 遺墟에 나아가 田土와 林野를 사 들이어
초목(樵牧)을 禁하고 宗財를 經紀하면서, 또한 돌을 다듬어 碑를 세울

---

28 사악(四嶽)의 신령이 위인을 태어나게 했다는 뜻.

것을 도모하였는데, 문득 어느 날 밤에 큰 돌이 遺墟 곁의 밭에서 불쑥 나타나니 길이가 십여 척이었다. 사람들이 기이히 여기어 혹은 하늘과 神靈이 도운 것이라 하였다. 이 碑로 말하면 어찌 다만 吾宗만이 우러러 첨의(瞻依)할 바이리요, 모든 官員과 士民들도 여기를 지나는 者 肅然히 존경하는 생각을 일으키고 優然히 감동하는 마음을 우러나게 하지 않음이 있으며 절로 貪慾한 者 淸廉하게 되고 懦弱한 者 뜻을 세울 줄을 알게 되지 않겠는가. 銘하여 이르기를 거룩하신 우리 先祖시여 하늘이 人傑을 내시었네 功勳은 三韓을 뒤덮었고 절개는 九霄에 닿았었네 끼쳐주신 慶福의 그지없음이여 子孫은 千이요 億이로다 神威의 뚜렷함이여 關羽와 岳飛에 伯仲하리로다 여기 九龍里를 살펴 보오매 解良에 陰하고 陽했도다 말 달리던 臺는 저기 있고 글읽던 堂은 여기 있도다 줄기차게 흐르는 저 강물은 公의 韜略을 도왔으리라 높고 빼어난 華藏山이여 公의 氣魄을 닮았도다 영검한 자취의 恍惚함이여 흠칫하여 뵈옵는 듯하도다 두 곳 書院은 이미 헐리었고 太白山 太師祠는 아득히 멀었도다 어디에다 이 마음을 달래리요 나고 자리신 옛마을 예 있도다 돌덩이가 벌떡 일어나니 神靈도 도움심이리라 螭首 龜趺(이수 귀부)의 우뚝함이여 오래도록 不朽함을 보임이로다 千年은 이미 지나갔지만 百世토록 두고두고 그지없으리라 길이 우러러 생각하노니 朝夕으로 갱장(羹墻, 사람을 몹시 앙모함)에 아른거리는 도다 禮는 그 根本을 못 잊어 함이요 樂은 所自生을 즐김이로다. 광무원년 정유(1897) 가을에 후손 판서 기선은 삼가 찬하고 내무협판(內務協辦) 석희는 삼가 書함.

　이 비는 1897년(광무원년)에 후손 신기선이 찬하고 신석희가 썼다. 비래산 아래 구룡리에서 장절공께서 태어났으며, 신공정(申公井)·장군등(將軍嶝)·독서당(讀書堂)·치마대(馳馬臺) 같은 고적이 있다고 하였다. 덕양서원을 구룡리에 세우지 아니하고 구태여 곡성읍에서 가까운 곳에 세운 것은 이러한 고적을 잘못 고증한 것이라 하였다.

　신기선(1851~1909)은 정언공파 29세손으로 호는 양원(陽園)이다. 1877년 그는 정시문과 전시에서 급제하여 교리와 문학을 지냈다. 1894년 갑오개혁 때 김홍집 내각에서 호조참판이 되고, 공무대신에 제수되었

다. 그 후 1896년 종 1품 학부대신에 임용되고 칙임관 1등에 서임되었
다. 1904년 대동학회장, 철도원총재, 장례원경, 제실회계감사원경, 의정
부 찬정, 수학원장 등을 역임하였다. 그의 대표적인 저서로는『농정신편
(農政新編)』과『유학경위(儒學經緯)』가 있다.

신석희는 조선 말기의 무신으로서 1864년 훈련정·경기중군 등을 역
임하였다. 그 뒤 1880년에는 전라도병마절도사를 지냈고, 갑신정변 직후
1884년 10월에는 좌변포도대장에 임명되었다. 1890년에는 한성부윤, 좌
변포도대장, 의금부지의금부사, 1893년에는 황해도병마절도사, 1894년
에는 충청도병마절도사, 1896년에는 내부협판, 내부대신서리사무, 1898
년에는 중추원일등의관, 경무사 등을 역임하였다. 또한 그는 1881년에
덕양서원 기적비를 수립하는데 도움을 주었다.

「사진 10」 용산단과 유허비 근경

「사진 11」 용산단 근경

「사진 12」 유허비각 근경

「사진 13」 유허비 근경
左 - 1969/右 - 1897

③ 강당

강당은 원래 정면 3칸, 측면 1칸 전후퇴의 건물에서 정면 5칸, 측면 1칸 전후퇴의 팔작지붕 건물로 증축하였다. 강당의 중앙에는 "용산재(龍山齋)"라고 적힌 현판이 걸려있다. 현재 강당의 우측에는 재관실, 좌측에는 도유사실이 있다.

④ 동·서재, 전사청

동재는 정면 3칸, 측면 1칸 전후퇴의 맞배지붕을 한 건물이다. 건물의 중앙에는 "진덕재(進德齋)"라고 적힌 현판이 걸려있다. 서재 또한 동재와 마찬가지로 정면 3칸, 측면 1칸 전후퇴의 맞배지붕을 한 건물이다. 건물의 중앙에는 "모충재(慕忠齋)"라고 적힌 현판이 걸려있다. 전사청은 정면 3칸, 측면 1칸 전후퇴의 맞배지붕을 한 건물이다.

⑤ 기타

외삼문은 정면 3칸의 맞배지붕의 솟을삼문이다. 정면 3칸 모두에 쌍여닫이 판장문을 달아 통로로 사용하고 있다. '구룡문(九龍門)'이란 현판이 걸려있다. 1960년에 설립되었다. 내삼문 또한 정면 3칸의 맞배지붕의 솟을삼문이다. 정면 3칸 모두에 쌍여닫이 판장문을 달아 통로로 사용하고 있다. '충절문(忠節門)'이란 현판이 걸려있다.

신숭겸장군동상은 용산재의 향우측에 배치되어있다. 2002년 11월 26일 대종중에서 춘천 묘역, 대구 표충사, 곡성 용산단에 3기의 동상을 걸립하기로 결의하였으며, 2004년 10월에 동상이 건립되었다. 동상의 뒤편으로 사안도와 충렬도, 장군의 약전이 배치되어 있다.

「사진 14」 강당 근경 (과거)

「사진 15」 강당 근경 (최근)

「사진 16」 신덕재 근경

「사진 17」 모충재 근경

「사진 18」 외삼문(구룡문) 근경

「사진 19」 내삼문(충절문) 근경

「사진 20」 신숭겸 장군 동상 근경

4) 용소, 용바위

용소와 용바위는 현재 목사동면 구룡리 보성강(대황강) 중류 비래봉
과 화장산 사이에 있다. 전설에 의하면 용소는 신숭겸이 타고 다니던 용
마가 나온 장소로 알려지고 있다. 용바위는 신숭겸이 목욕했던 바위와
표면에 발자국 흔적처럼 보이는 학독과 같은 구멍들이 많이 남아있는
바위들을 말한다. 현재 보의 건설로 수위가 올라서 예전과 같은 모습은
확인할 수가 없다.

「사진 21」 용소 전경

「사진 22」 과거 용바위 전경 　　「사진 23」 현재 용바위 전경

5) 계마석

계마석은 죽곡면 삼태리의 도로변에 위치하고 있다. 신숭겸이 무예를 닦으면서 말을 맸던 돌이라고 전한다. 규모는 현재 높이 365cm, 너비 47cm, 두께 40cm이며, 주형입석과 같은 형식이다. 계마석의 중하위에는 "壯節申公繫馬石"이라고 음각되어 있다. 이 돌은 현재까지 삼태리 마을의 수호신으로 신봉해 오고 있어 다른 사람들이 함부로 손을 대지 못한다고 한다.

「사진 24」 계마석 전경

6) 성황당(사) 터

곡성읍 묘천리 덕동 마을에 있다. 덕동은 곡성읍내에서 남쪽으로 1km 정도 떨어져 있는 마을이다. 마을 앞에 펼쳐진 충적지는 섬진강을 따라 전북 남원 서쪽으로 이어지고 있다. 마을 서쪽 논 가운데에는 작은 동산이 있는데 경지정리되면서 주변이 파괴되기는 했지만 정상부에 직경 6m 정도의 평탄부가 형성되어 있다. 이곳을 성황당 터[29] 혹은 고분[30]으

---

29 덕양서원 도유사 신현덕 자료.
30 『문화유적분포지도—곡성군』, 전남대박물관, 2004.

로 추정하고 있다. 『신증동국여지승람』 곡성현조에 "신숭겸은 죽어서 현의 성황신이 되었다."고 하였는데 바로 이곳에다 城隍堂(祠)를 설치하고 신장군을 성황신으로 모셨다고 보여진다. 우리나라의 성황신앙은 대체로 신라말 혹은 고려초의 어느 시기에 비롯되어 고려 인종대(1122~1146)에서 의종대(1146~1170)를 거치면서 전국으로 널리 확산되었다. 곡성지역 역시 고려 중기 정도에 성황당이 설치되었을 것으로 추정되며, 여기에 배향된 사람은 곡성 출신으로 곡성의 성황신이 되었던 신숭겸 장군이었던 것이다.[31]

「사진 25」 성황당(사) 터 (과거)　　　「사진 26」 성황당(사) 터 (현재)

2. 사후 관련지역－태안사 일대(Ⅱ구역)

태안사 일대의 전설에 의하면 이곳은 신숭겸이 유년기에 말을 타고 다녔던 곳이라 한다. 또한 신숭겸의 용마가 장군의 목을 싣고 와 울었다는 장소인 장군단과 신숭겸과 관련 있는 영적비가 있다.

1) 장군단

장군단(將軍壇)은 곡성군 죽곡면 원달리 봉두산(동리산) 중턱 즉 태안

31 변동명, 앞의 논문, 97~105쪽.

사 윗쪽에 위치하고 있는 제단이다. 이곳은 신숭겸 장군이 사냥하고 쉬었다고 전해지기도 하고, 그의 시신 일부가 묻혀 있다고 전해오기도 한다. 이러한 내용의 일부가 「장군단기」에 다음과 같이 나온다.

> … 공이 절사(節死)한 날 공의 용마가 어디선가 그 잃었던 두상을 얻어가지고 이곳 고향땅으로 들어와서 3일 동안을 절 뒤에서 슬피 울었다. 스님들이 듣고 나가보니 공의 두상이 늠름하여 생기가 있었다. 모두가 실색을 하고 깜짝 놀라 석함에 담아 땅을 잡아서 묻었는데, 용마도 자리를 옮겨가서 죽었다하니 참으로 명장의 양마였다. 스님들이 단을 쌓고 사사로이 제사를 지내는데 혹 삼가지 않으면 풍우 뇌전이 치므로 정성껏 제사를 받들지 않을 수가 없었다.[32]…

그리고 구룡리 등지에 "신장군이 대구 팔공산에서 전사하고 그 목을 후백제군이 잘라 갔는데, 그 목이 왕건의 목이 아니라는 것을 알고 버리자 신장군의 애마가 그 목을 싣고 와서 이 곳에서 울었다고 한다. 그러자 태안사 스님들이 그 목을 잘 보살펴 태안사의 뒤인 장군단에 모셨다고 한다."[33]는 전설 등이 전하고 있다. 「장군단기」는 후손 신현복이 1961년에 지은 것이며, 여기에 의하면 1934년(갑술년)에 태안사 스님들과 후손들이 이곳을 파보니 약 1장(丈) 아래의 지하에서 **석함**(石函)이 발견되었고 보존상태가 아주 양호하여 돌을 세워 표시했다가 1959년 마침내 '장군단'을 세웠다고 한다.

현재 장군단은 태안사에서 골짜기를 따라 도보로 5분정도 올라가면 장군단으로 올라가는 입구가 보인다. 입구의 정면에는 "高麗元勳功臣壯節公申崇謙將軍之壇 出入路"라고 새긴 입석이 있다. 이 입석은 길이 110cm, 너비 35cm, 두께 13cm, 자경 10cm이다. 이곳에서 5분정도 소로

---

32 『德陽書院誌』, 「將軍壇記」, 2000, 331~334쪽.
33 이재범, 앞의 논문, 128쪽.

「사진 27」 장군단 입구 근경과 입석

「사진 28」 장군단 전경

「사진 29」 장군단 근경 (전면)

「사진 30」 장군단 근경 (측면)

를 따라 더 올라가면 장군단이 나온다. 장군단은 석축 3단으로 조성된 정사각형 무덤형식이다. 규모는 한 변의 길이 250cm, 높이 105cm이다. 단 앞에 상석은 너비 110cm, 길이 78cm, 높이 24cm이고 '高麗太師壯節申公開國功臣之壇'이라고 새겨져 있다. 장군단의 오른편에 '高麗太師申公神壇'이라고 적힌 비석이 있다. 이 비석은 높이 110cm, 너비 35cm, 두께 13cm이다.

2) 영적비

영적비는 태안사 입구에 있는 비각 안에 있다. 비의 정면에는 "壯節公太師申先生靈蹟碑"라고 적혀있고, 나머지 3면에 걸쳐 비문이 새겨져 있다. 비의 뒤편에는 영적비각중수기(靈蹟碑閣重修記)가 있고, 이 중수기는 1961년 완산 최태일(崔泰鎰)이 기술하였다.

그 영적비의 원문과 번역문은 다음과 같다.[34]

壯節公太師申先生靈蹟碑文

恭惟我始祖壯節公貞忠大義貫金石耀日星昭載於國乘實家牒非駭兒孱孫
之所敢贅說也審矣但桐藪殉國之時喪其元而竟失所在故春川禮葬造金頭而
代之亦在狀與傳國人之所共知者也惟茲湖南之谷城實公嶽降之地故德陽之
院享尙矣而飛山之俎豆亦出於士林之欽慕耳至若馳獵藏修之蹟以其微細事
故縱不得形諸文字然故老相傳至今赫赫者豈無所徵而然也誠有一事之尊且
嚴者雖曰以言相傳在公立殣之日公之所乘龍聰含公之頭部南走屢百里入於
桑梓之鄉泰安寺後麓悲鳴三日緇徒往觀則卽公之頭面而凜有生氣遂具石函
而瘞之名其洞曰石藏名其嶝曰將軍因築壇壝奉行祭儀迄今恪遵而或有惰傲
爽失則有風雨雷電之異咸曰公之當日忠憤之氣鬱而未伸發見精祲云那是涉
於詭異故遠近聽聞信疑相半往在甲戌秋不肯鉉模與數三族人及闍梨若爾人
偕往壇所左右撥土則未及深而果有石函諦視則內面甚精好於是衆皆有悚惶
怵惕之心遂下土實之封之如舊及見寺僧之享儀則酒用一斗飯用大盂器豆菜
籩實亦與之稱焉以其在於佛家故雖不用上公之小牢豊潔則極矣而桑門傳世
之例也云鉉模竊伏惟公之勳塞天地聲振華夷上自學士大夫下至閭巷婦孺所
共稔知而宗仰者也雖在窮山荒谷方外之人誦慕則固然而至於芬苾薦享則旣
非朝家所命又非士林所囑而上下千年不懈益虔者豈無所據而然也豈無所受
而然歟此可以質鬼神無疑者也鉉模布告諸宗擬竪石于壇址書前面曰高麗太
師壯節申公神壇又竪一石于寺外通衢以述顚末而事巨力線以是爲憂儒門之
李君敬浩甫金君成大甫誠深慕賢詢議鄉黨出貲相役其義亦可尙也已鉉模不
揆僭妄敢構蕪辭庸誌于當世若後世使爲雲仍者迺知公之頭部不入於甄賊之
地而尙在胎鄉名山之　中少慰千秋萬歲羹墻之情也歟

　　　　　　　　　　　檀紀四二七0年丁丑重陽月　日　後孫　鉉模　謹撰

「번역문」 장절공태사신선생영적비문

　삼가 생각하옵건대 우리 시조 장절공(壯節公)의 곧은 충성과 큰 의리
는 금석도 뚫을만하고 해와 별처럼 빛나 나라의 역사책과 가정의 족보

---

34 『德陽書院誌』, 「靈蹟碑文」, 2000, 335~338쪽.

에 소연하게 실려 있으니 실로 어리석고 못난 자손들이 덧붙여 말할 필요가 없다. 다만 동수(桐藪)에서 순국(殉國)할 때에 그 머리를 잃어버리고 끝까지 찾아내지를 못했기 때문에 춘천(春川)에 예장(禮葬)을 할 때에 금두(金頭)를 만들어 대용을 했다고 행장이나 가전(家傳)에 전해져 내려와 나라사람들이 모두 아는 바이다. 이곳 호남의 곡성은 실로 공의 태생지이기 때문에 덕양(德陽)의 원향(院享)이 진즉부터 행해졌고 비래산(飛來山＝龍山壇)의 제향도 사람들의 흠모하는 마음에서 행해지고 있다. 그러나 말을 달리고 사냥을 하고 학문을 하며 행하던 일은 그것이 미세한 일이라 하여 문자에 나타나있지는 않지만 옛 노인들이 전하여 지금까지 뚜렷하게 알려지고 있으니 이것이 어찌 증거 없이 그렇게 되겠는가. 그 가운데 한 가지 참으로 존경스럽고 엄숙한 일이 있으니 이것이 비록 말로 전해온 말이라지만 사실이 다음과 같다. 공이 절사(節死)하는 날 공이 탄 용마(龍馬)가 공의 머리를 물고 남쪽으로 수백리를 달려와 고향땅에 들어 태안사(泰安寺)의 뒷 기슭에서 삼일(三日)간을 슬피 울어 스님들이 달려가 보니 바로 공의 머리를 물고 있었으며 얼굴엔 늠름한 생기가 있었다. 그래서 곧 석함(石函)을 만들어 묻고 그곳의 이름을 석장(石藏)이라하고 그 등성이를 장군등(將軍嶝)이라 했으며 단을 쌓고 제사를 지내게 되었는데 지금까지도 착실히 준행해오고 있다. 간혹 게을러 소홀히 하게 되면 풍우와 천둥 번개가 치는 이변이 있다. 모두가 말하기를 "공의 당일 충분(忠憤)의 기운이 쌓여 풀리지 못해서 이런 징상이 나타난 것이다"고 하였다. 그러나 이것이 괴이한 일이기 때문에 원근에서 듣는 자가 의신(疑信)이 서로 반반(半半)이다. 그런데 지난 갑술년(1934년) 가을에 불초 현모(鉉模)가 몇 족인과 스님 몇 사람을 대동하여 함께 단이 있는 곳으로 가서 좌우로 흙을 헤쳐 봤더니 깊지 않은 곳에 과연 석함(石函)이 있었고 내면이 아주 정하고 좋았다. 그래서 모두가 죄송스럽고 겁이 나서 즉시 흙으로 덮어 전과 같이 봉해두었다. 그리고 절에 스님들의 제사지내는 모습을 보니 술 한말과 밥 큰 그릇에 담아 하나와 콩나물 과일 등 알맞게 차려졌다. 이것이 불가(佛家)에서 하는 일이라서 비록 상공(上公)에게 차리는 소뢰(小牢, 羊을 잡아지냄)는 갖추지 않았지만 아주 충분하고 깨끗했다. 이것이 이 절에 대대로 전해 내려오는 예라고 했다.

현모(鉉模)가 가만히 엎드려 생각하옵건대 공의 공훈은 천지에 가득하고 성화가 화이(華夷)에 진동하여 위로는 학사 대부(學士大夫)로부터

아래로는 여염집 부녀자 어린애에 이르기까지 모두 잘 알고 우러르고
있다. 비록 깊은 산골에 있는 세속 밖의 사람까지도 칭송하고 사모하는
터이지만 제향을 올리는 일만은 조정에서 명한바가 아니고 또 사림의
부탁함도 없었거늘 전후 천년동안 게을리 하지 않고 더욱 정성을 드리
는 것은 근거가 없이 그러하겠는가. 전수받은 바가 없이 그러하겠는가.
이것은 귀신에게 물어봐도 의심이 없을 일이다. 현모가 모든 종족에게
알리고 단의 터에다 비를 세워 전면에 '고려태사장절신공신단(高麗太師
壯節申公神壇)'이라고 쓰고 또 비석 하나를 절 밖의 큰 길 가에 세워 그
전말을 새겼으면 했으나 일은 크고 힘은 약하여 걱정만 하던 차에 유문
(儒門)의 이군 경호보(李君敬浩甫)와 김군 성대보(金君成大甫)가 모현(慕
賢)의 성의가 깊어 돈을 내어 일을 도와주니 그 의리가 또한 가상하다.
현모가 참망(僭妄)함을 헤아리지 않고 외람되어 서투른 말을 엮어 당세
와 후세에 고하여 자손된 자로 하여금 공의 머리가 견적(甄賊)의 땅에
들어가지 않고 아직도 태생지 고향의 명산 속에 있음을 알아 조금 천추
만세의 사모하는 심정을 달래게하는 바이다.

서기 1937년 丁丑 구월 일에 후손 鉉模 삼가 기술하다.

「사진 31」 영적비각 전경   「사진 32」 영적비 근경

태안사의 장군등에 '장군단'이 설치되고 입구에 '영적비'가 세워져 있
다. 「장군단기」,[35] 「영적비문」, 『德陽書院』 舊誌에 따르면 장군등(將軍
嶝)은 태안사 승려가 단을 모아 복을 빌 되 천년을 하루같이 했다는 기

록이 있다[36]고 하였으며, 장군단 지하에서 석함이 발견되었다고 하였쭉.

이처럼 태안사 스님들이 오래 동안 신숭겸 장군을 위하여 제를 지내고 유구의 지하에 석함이 존재하고 있다는 사실은 무엇을 의미하고 있는지 궁금하지 않을 수 없다.

그동안 신숭겸 장군은 곡성지역에 토착적 기반이 별로 없었다[37]고 여겨져 오다가 최근에 상당한 정도의 재지적 기반을 가진 호족일 것으로 추정[38]하기에 이르고 있다. 신라 하대부터 고려 전기까지 호족과 불교의 선종과는 밀접한 관계를 형성하면서 발전을 하였으며, 호족들에게 많은 사상적 영향을 주었던 것으로 밝혀졌다.[39] 이 시기는 여러 사찰들이 그 지역의 호족들과 밀착하여 발전을 거듭해 가는 사료들이 발견되어 왔으나 태안사와 호족과의 관련은 그동안 사료가 발견되지 않아 논의 대상에서 제외되어 왔다. 관련 사료가 없는 상황에서 당연한 결과로 받아들여졌던 것이다.

앞에서 고려후기부터 조선후기까지 오래동안 곡성지역의 토성은 평산신씨였으며, 이들이 나말여초의 곡성을 대표하였던 호족으로 추정할 수 있다고 보았다. 신숭겸 장군과 태안사 혹은 그의 가문과 태안사는 통일신라시대 후반부터 밀접한 관련을 맺고 있었기 때문에 태안사에서 천 년이 넘게 신숭겸 장군을 위하여 제를 지냈음이 분명하다고 보여진다.

그리고 장군단 지표하에 있었다고 하는 석함은 무었을 의미하는 것일까. 실재로 존재하는지 현재로서는 확인이 불가능한 일이다. 하지만 이 시기 무렵 불교계에서는 스님들의 장례에 석관을 채용하고 있었던 사례

---

35 평산신씨대종중, 『평산신씨천년사』, 2011, 52~54쪽.
36 『德陽書院誌』, 331쪽.
37 하현강, 「고려건국의 경위와 그 성격」, 『한국중세사연구』, 일조각, 1988, 31~32쪽.
38 이재범, 앞의 논문, 130쪽.
39 대표적인 논문이 崔炳憲(「新羅下代 禪宗九山派의 成立」, 『韓國史研究』 7, 1980) 교수의 논고들이다.

가 확인되어 주목된다.

석관을 채용하여 스님들을 장례하였던 사례는 광양 옥룡사지 석관, 강원도 興法寺 眞空大師 石棺과 영월의 興寧寺址 石棺, 開城 內帝釋院 僧正 景廉 石棺 등 주로 10세기에 해당하는 시기에 집중적으로 나타나고 있다. 이들 석관의 규모는 1m 미만이어서 신전장은 어렵고 이차장(세골장)의 사례라 할 수 있다. 통일신라와 고려 전기에 활약하였던 승려들의 葬法은 당시 스님들의 비문을 통해서 알 수 있듯이 인도에서 유행하였던 火葬 보다는 우리 고유의 전통 장법이었던 임시 가매장하였다가 다시 장사를 지낸 二次葬이 더 유행하였던 사실이 밝혀졌다.[40] 이처럼 이차장을 하면서 석관을 채용하게 되었던 것이다.

신숭겸 장군은 927년 후백제군과의 공산전투에서 전사하였다. 태안사의 장군단 지하의 석함은 그 후에 시설되었을 것이다. 지하의 석함이 당시 승려들의 장례에 사용되었던 석관과 동일한 형식인지는 현재로서는 확인할 수 없다. 이처럼 석함의 형식이나 조성시기를 전혀 파악할 수 없는 상황에서 10세기 당시 승려들의 장례에 사용되었던 석관과 비교하는 것은 무리가 아닐 수 없다. 하지만 지하에 석함이 매장되어 있다는 기록이 사실이라면 10세기 당시의 장례법을 규명하는데 좋은 자료가 될 것이라 여겨진다.

3. 배향지역-덕양서원 (Ⅲ구역)

덕양서원은 신숭겸 관련 유적이 모여 있는 목사동면에서 떨어져 오곡면 덕산리에 위치하고 있다. 이 서원은 신숭겸장군을 배향하는 서원으로 1589년 곡성현감으로 부임해 온 후손 신옥이 후손들과 합의하여 창건하

---

40 최인선, 「光陽 玉龍寺 先覺國師 道詵의 浮屠殿址와 石棺」, 『文化史學』6·7合輯, 1997.

「사진 33」 덕양서원 전경

였다. 임진왜란과 병자호란 등의 양란으로
인하여 여러 번 중수를 거친 뒤 1695년 조
정에 상소하여 '덕양사(德陽祠)'라는 사액을
받았다. 그러나 1871년 대원군의 서원철폐
령으로 인하여 철폐되어 그 터만 남게 되었
다. 그 후 1934년 후손들의 발의로 덕양서
원을 다시 중건하였으며 1981년에 전라남
도 지방기념물 제56호로 지정되었다. 최근
에 이르러서 모든 건물들을 새롭게 중수하
였다. 덕양서원은 전남지역에서 가장 빠른
사액서원으로 알려져 있다.

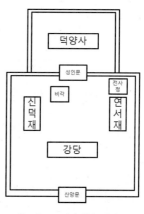

「도면 2」 덕양서원 배치도

서원의 전체 좌향은 정좌계향(丁坐癸向)이며 건물구성은 사당, 강당,
동재, 서재, 전사청, 내삼문, 외삼문, 관리사, 비각 등 총 9동으로 구성된
비교적 큰 규모의 서원이다. 서원의 전체 배치 모습은 전학후묘(前學後
廟)의 형태로 서원 경내는 크게 2구역으로 나누어진다. 바깥쪽으로는 강

당과 동·서재 등을 비롯하여 강학구역(講學區域)이 배치되어 있고, 안쪽으로는 사당을 중심으로 제향구역(祭享區域)이 배치되어 있다.[41]

1) 사당

사당은 정면 3칸, 측면 1칸에 전퇴의 구조를 갖는 겹처마 팔작지붕의 건물이다. 건물의 중앙에는 '덕양사(德陽祠)'라고 적힌 현판이 걸려있다. 전면 툇간(退間)은 완전히 개방하지 않고 툇마루를 설치하였다. 이러한 구조는 다른 서원에서는 찾아보기 힘든 사례이다. 사당 내부에는 '장절공태사신선생(壯節公太師申先生)'이라고 적힌 신숭겸의 신위가 모셔져 있다.

「사진 34」 덕양사 근경

「사진 35」 신숭겸 장군 신위 근경

「사진 36」 덕양사 현판 근경

---

41 전남대학교박물관, 『곡성군 문화유적 학술조사』, 1996.

2) 강당

강당은 정면 5칸, 측면 1칸에 전후퇴를 가진 겹처마 팔작지붕건물이다. 원래는 정면 3칸 측면 2칸이면서 홑처마 팔작지붕인 단층 강당이었으나 후대에 신축했다. 전면 툇간(退間)은 우물마루를 시설하였으며 안쪽으로는 현재 모두 방으로 꾸며져 있다. 강당의 중앙에는 "덕양서원(德陽書院)", "덕양강당(德陽講堂)"이란 2개의 현판이 걸려있다. 강당의 마루에는 6개의 제문이 걸려있다. 강당 내부 천장에는 "檀紀四千三百二十四辛未五月開基六月十三日立柱同月十七日午時上梁丁坐癸向 伏願上樑之後"라고 적혀있다. 그리고 벽면에는 사액제문, 사우중건기 등을 포함한 총 11개의 현판이 있다.

3) 연서재(東齋)

연서재는 정면 3칸, 측면 1칸 반에 전퇴의 구조를 갖고 있는 홑처마 팔작지붕을 한 건물이다. 전면 툇간(退間)에는 툇마루를 설치하였고 각각의 칸마다 띠살창호의 쌍여닫이문을 달았다. 건물의 중앙에는 '연서재(燕序齋)'란 현판이 걸려있고, 외벽으로는 연서재기 및 연서재중건기를 포함한 총 5개의 현판이 있다.

4) 신덕재(西齋)

신덕재는 정면 3칸, 측면 1칸 반에 전퇴의 구조를 갖고 있는 홑처마 팔작지붕을 한 건물이다. 연서재와 똑같이 전면 툇간(退間)에는 툇마루를 설치하였고 각각의 칸마다 띠살창호의 쌍여닫이문을 달았다. 건물의 중앙에는 '신덕재(愼德齋)'란 현판이 걸려있고, 좌측에는 도유사실, 우측에는 임원실이 있다.

5) 전사청

전사청은 국가에서 제사를 지내는 종묘나 문묘, 기타 전각이 있는 곳에는 제례 때 전사관이 집무하면서 제사준비에 소홀함이 없도록 점검하는 곳이다. 또한 제사를 지낼 때 제수품 등을 준비하는 건물이다. 현재이 건물은 정면 2칸, 측면 1칸의 맞배지붕을 하고 있고, 처마는 홑처마이다.

6) 서원기적비각

서원기적비각은 정면 1칸, 측면 1칸의 겹처마 팔작지붕으로 내부에비 1기가 있고, 비각의 4면은 홍살만을 꽂아 벽체를 대신하였다. 비각안에 있는 비는 전체 높이 252cm, 비신 높이 193cm, 너비 71cm, 두께32cm이다. 비에는 총 3면에 글씨를 새겼다.

비문의 원문과 번역문은 다음과 같다.[42]

書院紀蹟碑文

湖南之谷城縣卽百濟時欲乃郡是我申氏鼻祖壯節公諱崇謙嶽降之地而距郡治東南五里天德山下錦溪之上梧枝坊一鄕士朌建醊享所于其地曰德陽祠萬曆己丑也粤壬辰兵燹齋舍被燒而神宇祠版獨全人咸驚英靈不昧也其後繼而葺修歷世不懈至肅廟乙亥因儒疏賜額致祭又士林曰書院爲其所藏修而申公井讀書堂遺蹟宛然相傳麗史稱公爲光海州人而光海州今之春川也意或自谷徙春歟然公之生於欲乃家乘所載則是宜傳信云惟公勇略軼倫草昧識眞佐命開國捐身衛主巍勳卓節日月爭光所以於垂蹟立懂之處生長之里衣履之藏靡不俎豆以奉凡五所若太白之太師祠公山之表忠平山之東陽春川之道浦與此德陽書院是已當宁辛未軺祠有弊罷其疊設者由是太白四太師一祠以外盡見撤焉然公山則壇有象村文貞欽所撰忠烈碑曁我先大夫豎碑以識之者平山則有弓位之田世守射鴈之墟春川則體魄攸安香火永綿是皆可寓夫追慕而惟

42 『德陽書院誌』, 「書院紀蹟碑文」, 2000.

是欲乃以公嶽降之地遺蹟昭著尙想其英靈將至湮沒豈非可傷哉歲辛巳欐仲
子㮚熙適節度湖南兵馬與湖南居宗人命熙喆秀甫議就祠之遺址竪表以示後
如先大夫之爲者旣伐石告欐請記之欐烏敢辭之哉往年尙書錫禧知順天府時
欐與之謀設宗契爲葺院之費今取其賫而補之役亦幸矣來後讀是碑肅敬瞻依富
不異於謁祠宇云後孫輔國崇祿大夫判中樞府事兼兵曹判書判三軍府義禁府
事欐謹撰資憲大夫刑曹判書兼知三軍府訓鍊院事經理統理機務衙門事正熙
謹書

高宗十八年辛巳十一月　日立

「번역문」 서원기적비문

　호남 곡성현(谷城縣)은 곧 백제 욕내군(欲乃郡)인데, 우리 신씨(申氏)
시조 장절공 휘 숭겸(壯節公諱崇謙)의 악강(嶽降:大人이 태어남)한 곳이
다. 읍에서 동남으로 5리쯤 격(隔)한 천덕산(天德山) 아래 금계(錦溪) 위
쪽 오지방(梧枝坊)에 일향(一鄕)의 선비가 제향(祭享)하는 곳을 창건하니
곧 덕양사(德陽祠)이며 만력 기축년(宣祖 22. 서기1589)의 일이다. 그런
데 저 임진왜란의 병화(兵火)에 재사(齋舍)가 불탔으나 신우(神宇)와 사
판(祠版)만은 온전하였으므로 사람들이 모두 영령의 불매(不昧)함에 경
탄하였으며, 그 후로 계속하여 수즙(修葺)하여 세대가 바뀌어도 게을리
하지 않았더니, 숙종(肅宗) 을해년(서기 1695)에 이르러 유림의 상소에
따라 사액 치제(賜額致祭)하고 또 사림(士林)들이 이르되 서원(書院)이라
하여 장수(藏修:쉬지 않고 공부함)하던 곳으로 신공정(申公井)과 독서당
(讀書堂)의 유적(遺蹟)도 완연(宛然)히 전(傳)해 오고 있다. 고려사(高麗
史)에 이르기를 공은 광해주인(光海州人)이라 하니 광해주는 지금 춘천
(春川)이라 생각건대 혹은 곡성(谷城)에서 춘천으로 이사한 것인가. 그러
나 공이 욕내군에서 태어났다 함이 가승(家乘)에 실려 있으니 이는 의당
옛날의 신실(信實)한 것을 그대로 전함일 것이다. 오직 공은 용략(勇略)
이 절등(絶等)하여 초야(草野)에서 진주를 알아보고서 천명(天命)을 도와
나라를 개창하고 몸은 바쳐 임금을 보위함으로써 높은 공훈과 뛰어난
절의(節義)가 일월(日月)과 함께 빛을 겨루는 것이다. 그러므로 자취를
남기고 충용을 떨치던 곳과, 태어나서 자라던 마을과, 의이(衣履)를 묻는
분묘에 조두(俎豆)를 받들어 향사하지 않은 데가 없으니, 무릇 5개소로

서 태백산성 태사사(太師祠)·공산의 표충사(表忠祠)·평산의 동양서원(東陽書院)·춘천의 도포서원(道浦書院) 및 이곳 덕양서원(德陽書院)이 곧 그것이다. 당저(當宁 : 그 당시 임금이니, 여기서는 高宗을 말함) 신미년 (고종 8. 서기 1871)에 진사(輊祠)가 폐단(弊端)이 된다고 하여 중복으로 설향(設享)한 데를 혁파(革罷)하게 하니, 이로 말미암아 태백산성의 4태 사사(四太師祠) 이외에는 모두 훼철되고 말았다. 그러나 공산에는 단(壇)이 있는데 상촌 문정공 흠(象村文貞公欽) 소찬(所撰)의 충렬비(忠烈碑)와 내 선친이 비를 세워 기록한 것이 있고, 평산에는 궁위전(弓位田)이 있어 기러기를 쏘던 구허(舊墟)를 세수(世守)하며, 춘천에는 체백(體魄)을 봉 안하고 향화(香火)를 길이 이어받으니 여기서는 모두 추모하는 마음을 깃 들게 할 만하거니와, 오직 이곳 곡성은 공이 태어난 곳으로서 유적 (遺蹟)이 뚜렷하여 오히려 그 영령을 상상할 만하되 이것들이 장차 흐려 지고 없어진다면, 이 어찌 가슴 아픈 일이 아니겠는가. 신사년(高宗 18. 서기 1881)에 헌(櫶)의 중자(仲子) 석희(奭熙)가 마침 호남에 병마절도사 로 가서 호남에 사는 종인 명희(命熙), 철수보(喆秀甫)와 더불어 의논하 여 사묘(祠廟)의 유지(遺址)에 나아가 석비(石碑)를 세워서 후세에 알리 게 하되 마치 내 선친이 공산에 표지(標識)했던 것과 같이 하여 이미 석 물(石物)을 다듬고 헌(櫶)에게 일러 이를 기록하게 하니 헌(櫶)이 어찌 감 히 이를 사양하겠는가 왕년에 판서 양희(錫禧)가 순천부사로 있을 때에 헌(櫶)이 함께 도모하여 종계(宗楔)를 마련하고 서원(書院)을 수즙(修茸) 할 비용을 삼으려고 했었는데, 이제 그 재력을 취하여 이 역사(役事)에 보조하니 또한 다행한 일이다. 뒷사람들이 이 비를 읽는다면 숙경(肅敬) 하고 첨의(瞻依)함이 응당 사우(祠宇)에 나아가 뵙는 것과 다름이 없으리 라. 후손 보국 숭록대부 판중추부사 겸 병조판서 판삼군부 의금부사(輔 國崇祿大夫判中樞府事兼兵曹判書判三軍府義禁府事) 헌(櫶)은 삼가 짓고, 아들 자헌대부 형조판서 겸 지삼군부 훈련원사 경리통리기무아문사(資 憲大夫刑曹判書兼知三軍府訓鍊院事經理統理機務衙門事) 정희(正熙)는 삼 가 씀.

이 비는 1881년에 후손 신헌이 글을 짓고, 아들 신정희가 비문을 썼 다. 비에 글을 지은 위당 신헌(1811~1884)은 문희공파 30세손으로 어려

서부터 다산 정약용과 추사 김정희에게 수학하였다. 1828년 무과에 급제하여 변경의 지휘관을 역임하였다. 1862년 통제사를 지내고, 1864년 흥선대원군이 집권하면서 형조판서에 기용되었다. 후에 양요가 진압되자 좌참찬으로 승진하였다. 또한 운양호사건을 일으킨 일본이 외교교섭을 요청해 오자, 판중추부사로서 1876년 조선측 대표가 되어 '조·일수호조규'를 체결하였다. 또한 1882년 경리통리기무아문사가 되어 '조·미수호통상조규'를 약정하였다. 그는 추사의 제자로서 예서를 잘 썼으며, 문장에도 뛰어나고 묵란을 잘했다. 비문을 쓴 중원 신정희(1833~1895)는 문희공파 31세손으로 1849년 무과에 급제하였고, 1881년 형조판서에 오르고, 훈련대장·포도대장을 겸하여 그 세도가 컸다. 후에 1894년 공조판서가 되어 친군 통위사를 겸임하다가 삼남지방에 소요가 자주 일어나면서 이를 처리하도록 양호순무사에 임명되었다.

7) 기타

내삼문은 정면 3칸, 측면 1칸의 겹처마 맞배지붕을 하였고, 정면 3칸 모두에 쌍여닫이 판장문을 달았다. '성인문(成仁門)'이란 현판이 걸려있다. 양란당시 소실되었던 것을 1956년에 복원하였다. 외삼문은 정면 3칸의 맞배지붕의 솟을삼문이다. 정면 3칸 모두에 쌍여닫이 판장문을 달아 통로로 사용하고 있으며 문 위로는 홍살을 꽂았다. '산앙문(山仰門)'이란 현판이 걸려있다. 양란당시 소실되었던 것을 1947년에 복원하였다.

서원의 입구에 1986년에 후손 신창균이 세운 입구석이 있고, 서원의 앞에 홍살문이 위치하고 있다. 또한 서원의 외삼문 오른편에 비 4기가 위치하고 있다. 이들 비는 덕양서원중수사적비(1967), 덕양서원중수기적비(1976), 덕양서원중건헌성비(1992), 신태사장절공덕양서원중건중수사력지비(1997)로 최근에 건립된 비이다.

「사진 37」 강당 근경

「사진 38」 연서재 근경

「사진 39」 신덕재 근경

「사진 40」 전사청 근경

「사진 41」 사원기적비각 근경

「사진 42」 덕양서원 홍살문(入口)

IV. 맺음말

신숭겸장군은 곡성군 목사동면 비래산 아래 구룡리에서 태어나 그곳
에서 성장하였다. 그 후 그는 춘천으로 옮겨 살다가 당시 춘천에 있던
궁예의 휘하로 들어갔다. 왕건의 역성혁명에 큰 공을 세워 개국공신으로

임명되었고, '평산'이라는 성을 받았다. 신라가 후백제에 의해 공격을 받아 경애왕이 죽자, 신라를 구원하기 위해 왕건이 친히 출격하였다. 그러나 공산에서 후백제의 기습을 받아 위기에 처하자 신숭겸이 대신 목숨을 바쳤고, 왕건은 그 위기에서 벗어났다. 신숭겸의 사후 왕건은 그에게 장절공이라는 호를 하사하였고, 춘천에 그의 묘소를 만들었다. 후대 후손들에 의해 그를 배향한 서원들이 건립되었다.

신숭겸의 출생지였던 곡성군에는 신숭겸에 대한 전설을 포함하여 그의 유적이 남아있다. 이 글에서는 그와 관련된 유적을 총 3개의 권역으로 나누어 살펴보았다.

제1구역은 신숭겸 장군의 탄생지와 성장 지역이기 때문에 용산단을 중심으로 비래산과 화장산 일대에 관련 유적이 분포하고 있다. 탄생지로 알려진 목사동면 구룡리에 용산단과 용산재가 자리잡고 있으며, 비래산을 중심으로 독서당지, 신공정, 신유봉, 사대 등이 있다. 화장산에는 치마대, 장군천, 철갑암이 있으며, 비래산과 화장산 사이에 있는 보성강에 용소, 용탄, 목욕처 등이 있고 보성간변인 죽곡면 삼태리에 계마석이 서 있다. 1구역의 탄생과 성장에 관한 유적은 신숭겸 장군 관련 설화형식으로 구전되어 오고 있었다. 현지 지방관의 조사 보고를 바탕으로 편찬된 1530년에 『신증동국여지승람』에서 그의 출신을 곡성으로만 표기한 반면, 1765년에 편찬된 『여지도서』에서 구체적으로 곡성의 비래산 지역을 그의 출신이라 특정하고 있다. 이러한 사실은 오래동안 신장군의 출생지가 바로 곡성 비래산 아래 지역으로 구전되어 왔다는 것을 보여주고 있다. 비래산 아래 지역에서도 현재처럼 목사동면 구룡리의 용산단 지역을 특정하여 파악한 최초의 기록은 용산단에 있는 '고려태사장절신공유허비'이며, 19세기 중엽인 1868년부터 비래산 아래 구룡리를 신장군의 출생지로 확정하여 현재에 이르고 있다.

제2구역은 신장군 사후와 관련있는 유적으로 태안사가 있는 봉두산

(옛 동리산) 중턱의 장군단과 태안사 입구의 영적비가 있다. 장군단은 신장군의 두상이 모셔져 있다고 전해져 오고 있는 유적이며, 1937년에 세워진 영적비는 이러한 설화와 태안사 스님들이 신장군에게 제사를 계속해서 지내오고 있다는 사실과 1934년 가을 장군단 지하에서 석함이 발견되었다는 것을 밝히고 있다. 고려후기부터 조선후기까지 오랫동안 곡성지역의 토성은 평산신씨였으며, 이들이 나말여초의 곡성을 대표하였던 호족으로 추정할 수 있다. 신숭겸 장군과 태안사 혹은 그의 가문과 태안사는 통일신라시대 후반부터 밀접한 관련을 맺고 있었기 때문에 태안사에서 천 년이 넘게 신숭겸 장군을 위하여 제를 지냈음이 분명하며, 호족과 선종사찰과의 밀접한 관련이 있다는 기존 학설을 한층 뒷받침하고 있다. 장군단 지표 아래의 석함은 10세기 승려들의 세골장 장례 때에 사용되었던 석관과 동일한 형식으로 추정해 볼 수 있어 10세기 당시의 장례법을 이해하는데 좋은 자료가 될 수 있을 것이다.

제3구역은 배향지역으로 덕양서원이 자리잡고 있다. 덕양서원은 신숭겸장군을 배향하는 서원으로 1589년 곡성현감으로 부임해 온 후손 신옥이 후손들과 합의하여 창건하였다. 임진왜란과 병자호란 등의 양란으로 인하여 여러 번 중수를 거친 뒤 1695년 조정에 상소하여 '덕양사(德陽祠)'라는 사액을 받아 전남 최초의 사액서원이 되었다. 그러나 1871년 대원군의 서원철폐령으로 인하여 서원이 철폐되어 그 터만 남아 있다가 1934년 후손들의 발의로 덕양서원을 다시 중건하였다. 최근에 이르러서 모든 건물들을 새롭게 중수하여 현재는 잘 보전되어 있다.

현재 신숭겸 관련 유적 가운데 용산단과 덕양서원은 1981년에 전라남도 지방기념물 56호로 지정되어 관리가 되고 있다.

참고문헌

『高麗史』.
『世宗實錄』.
『新增東國輿地勝覽』.
『輿地圖書』.
『東史綱目』.
『德陽書院誌』.

신현아, 『壯節公申崇謙將軍』, 인물연구소, 1976.
한국학중앙연구원, 『한국민족문화대백과사전』, 1991.
전라남도, 『全南의 傳說』, 光州日報出版局, 1991.
전남대학교박물관, 『곡성군 문화유적 학술조사』, 1996.
강원향토문화연구회, 『도포서원학술조사보고서』, 2001.
전남대박물관, 『문화유적분포지도 - 곡성군』, 2004.
평산신씨대종중, 『平山申氏千年史』, 2011.
강원대학교 중앙박물관·인문과학연구소, 『장절공 신숭겸장군 활동과 춘천유적지
　　재조명』, 2012.

최병헌, 「신라하대 선종구산파의 성립」. 『한국사연구』 제7집, 1980.
박세채, 「별전」, 『장절공신선생실기목록』, 민족문화사, 1987.
하현강, 「고려건국의 경위와 성격」. 『한국중세사연구』, 일조각, 1988.
민현하, 「신숭겸과 공산동수 전투」. 『군사』 제29집, 국방부 국사편찬연구소, 1994.
최인선, 「광양 옥룡사 선각국사 도선의 부도전지와 석관」. 『문화사학』 제6·7합
　　집, 1997.
김태욱, 「고려 개국공신 신숭겸에 관한 검토」, 『春州文化』 제15호, 춘천문화원, 2000.
이인재, 「羅末麗初 申崇謙의 生涯와 死後評價」, 『강원문화사연구』 제6집, 강원향
　　토문화연구회, 2001.
변동명, 「申崇謙의 谷城 城隍神 推仰과 德陽祠 配享」, 『한국사연구』 제126집, 한
　　국사연구회, 2004.
안선옥, 「전남 곡성 덕양사 연구」, 전남대학교교육대학원 석사학위논문, 2005.
신호철, 「고려초 후백제계 인물들의 활동」, 『한국중세사연구』 22집, 한국중세사
　　학회, 2007.

유재춘, 「춘천 소재 장절공 신숭겸유적지의 조성 경위와 특징」, 『인문과학연구』
　　제37집, 강원대학교 인문과학연구소, 2012
이재범, 「신숭겸의 생애와 사후 추숭」, 『사림』 제44집, 수선사학회, 2013.
이해준, 「申崇謙의 願刹과 朝鮮時代 墳庵」, 『인문과학연구』 제42집, 강원대학교
　　인문과학연구소, 2014.
이주연, 「공산전투의 전개과정과 지명 및 유적지 연구」, 한국전통문화대학교대학
　　원 석사학위논문, 2015.

전라도 곡성 德陽祠와 평산 신씨

윤 희 면(전남대 역사교육과 교수)

Ⅰ. 머리말

전라남도 곡성에 고려 초의 장수로 대구 공산전투에서 위기한 처한 왕건을 구하고 전사한 신숭겸(?~927)을 모신 덕양서원이 있다(곡성군 오곡면 덕양서원길 42). 1589년(선조 22)에 건립된 비교적 초기에 설립된 사우로 1695년(숙종 21)에 「德陽」이라는 이름의 사액을 받아 사액사우가 되었고, 1871년(고종 8)에 서원 정리 때 철훼되었다. 그 뒤 1934년에 평산 신씨 후손들에 의하여 복설되어 지금에 이르고 있다.

본고에서는 덕양사의 건립과 사액, 운영 실태를 알아보고, 1796년에 別庫가, 1854년에 宗契가 만들어져 평산 신씨 종중에서 운영에 깊숙이 간여하는 모습을 통해 서원, 사우가 사림들의 향촌기구에서 문중기구로 변모해 가는 모습을 살펴보고자 한다. 그리고 대원군의 사액서원 철폐

조치 뒤에 후손들에 의하여 유허비, 設壇을 거쳐 덕양사가 다시 건립되는 과정을 통해 서원(사우)가 지니는 사회적 의미를 헤아려보고자 한다.

조선시대 서원은 양반들의 교육기관으로, 당쟁의 여론 기구로, 서원 후손들의 문중 기구로 시대에 따라 성격이 변모되어 갔다고 판단하고 있는데,[1] 덕양사가 평산 신씨 종중의 기구로 변모해 가는 모습을 통해 이를 다시금 확인해 보려는 것이 본고의 목적이다.[2]

Ⅱ. 설립, 사액, 운영

덕양사는 1589년(선조 22)에 후손인 곡성현감 申沃이 창건하였다. 신옥은 1589년 정월에 곡성현감으로 부임하였다가 1591년 정월에 해관하였는데[3], 창건의 의견을 내고, 당시 전라감사인 李洸(외예)이 적극 후원하여 신숭겸을 봉안하는 사우를 건립하고 제향하였다.

신숭겸의 생장지로 알려져 있는 곡성에는 그를 모시는 성황묘가 오랫동안 존재하였다. 조선이 건국되고 유교화 과정에서 음사로 평가되고 있는 성황묘를 유교적 사우로 바꾸어 오랫동안 선조를 기리려는 후손들의 노력으로 볼 수도 있다.[4]

---

1 윤희면, 「경상도 함양의 瀟溪書院 연구」, 『남명학연구』 26, 2008.
2 덕양사에 대한 연구로는 다음과 같은 것이 참고된다. 『전남의 서원.사우—사액서원편—』, 전남도청, 1988은 덕양사에 대한 개략적인 서술이고, 변동명, 「신숭겸의 곡성 성황신 추앙과 덕양사 배향」, 『한국사연구』 126, 2004는 성황사가 유교적 사우로 변하는 것에 초점을 맞춘 것이다. 그리고 안선옥, 「전라도 곡성 덕양사 연구」, 전남대 교육대학원 석사학위논문, 2005가 덕양사에 대한 본격적인 연구라 할 수 있다. 본고는 서원, 사우의 성격 변화를 염두에 두면서 일반적인 언급보다는 덕양사 자체에 더 치중하였고, 평산 신씨 후손들이 별고와 종계를 설치하여 운영에 적극 참여하는 모습에 주안점을 두고 작성하였다. 함께 참고해주기 바란다.
3 『곡성군지』(1956년) 官案.

또는 당시 서원과 함께 사우도 다른 고을에서 활발하게 건립되고 있었는데, 명망있는 학자를 배출하지 못한 곡성 고을에서 충의의 상징이기도 한 신숭겸을 모시는 사우를 건립한 것으로 생각할 수 있다. 곡성에서는 1537년(중종 32)에 수령의 주선으로 사마재를 건립하고 6명의 이름을 사마안에 올리면서 사마재 활동을 개시하기도 하였다. 그 이후에도 꾸준히 생원 진사를 배출하여 선조 21년, 22년에는 3명이 합격하기도 하였다.[5] 이러한 곡성의 분위기가 서원이나 사우의 건립을 추진하는 계기가 되었다고도 볼 수 있다.

서원 사우는 후손, 문인, 향인들의 힘이 모아져야 건립된다. 후손들은 선조를 현양하기 위해, 문인들은 스승을 높이고 학통을 계승하기 위해, 향인들은 활동의 근거지로 삼기 위해 설립에 적극적으로 참여하기 마련이었다. 따라서 서원 사우의 설립을 위해서는 향촌사회에서 양반사족들의 기반이 확고하여야 하고 여론의 일치가 선행되어야 했다. 덕양사는

　　전라도와 고을의 내손와 외손이 구름처럼 모여 서로 의견을 모아 창건하였다.[6]

라고 한 것처럼 무엇보다 전라도와 곡성에 사는 내외 후손들이 적극 힘을 모아 건립하였다.

서원과 사우의 차이는 교육기능을 갖추고 있으면 서원, 제사기능만 있으면 사우라 이해하고 있다.[7] 따라서 사우는 제례기능만이 도드라진

---

4 변동명, 앞의 논문, 111~112쪽.

5 『곡성사마안』.

6 『덕양원지』(1937년), 事實, 20~21쪽. 덕양사 서원지는 『덕양원지』(1937년 편찬), 『덕양서원지』(1973년, 2000년 편찬)로 모두 3차례 편찬되는데 약간의 출입이 있다. 본고에서는 『덕양원지』를 주로 이용하였고, 이것에 없는 자료는 『덕양서원지』(2000년)로 보충하였다.

7 『서원등록』 권5 임인(경종 2년) 9월 초5일 동부승지 이명언 啓辭.

것으로 생각하기 쉬우나 적어도 16세기에 건립되는 사우들은 교육기능
도 갖추고 있었다. 덕양사의 건물도 사우와 함께 강당과 동재, 서재가
있음을 기록하고 있어 학생들의 공부장소와 기숙장소가 있었음을 확인
할 수 있다(도 1).[8] 그렇다면 16세기에 등장하는 초기 서원과 사우는 입
향자의 차이 즉, 학문, 도학의 인물인가 충절의 인물인가 하는 차이에
불과하며, 모두 교육기능과 제례기능을 함께 수행하였다고 할 수 있겠
다. 그러기에 덕양사에서

> 고을에 土姓이 많아 이들로 하여금 춘추의 제사를 관장하게 하고, 전
> 토와 노비를 도와주었다. 경내의 선비들을 모아 藏修하게 하였다.[9]

고 하여 고을 선비들이 공부를 할 수 있었던 것이다.

덕양사는 정유재란 때 강당과 재사는 불타 없어지고 사우와 위판만
남았다. 1603년(선조 35) 외예인 전라도 관찰사 한준겸[10]의 주선으로 廟
宇를 중수하였지만, 學舍는 복구를 하지 못하였다. 1617년(광해 9)에는
곡성현감 최호(1616년 12월~1618년, 창령부사로 이임)가 사우를 중건
하려고 했으나 끝내지는 못하고, 후손인 전라도 병마사 申景裕[11]가 재력

---

8 『덕양원지』(1937년), 院宇圖, 15쪽, 『덕양원지』, 詩歌 題德陽書院講堂 縣監 李潤
　明. 고경명을 기리는 광주 포충사의 경우도 사우 앞에 좌우로 동재와 서재가, 그
　앞에는 강당에 해당하는 충효당이 자리 잡고 있다(『포충사지』하, 院宇).
9 『열읍원우사적』 전라도 곡성 덕양사 및 『덕양서원지』, 사우중수기(1603년 申欽
　記), 201쪽.
10 신흠이 찬술한 「사우중수기」(『덕양서원지』, 2000, 201쪽). 한준겸은 『동국지리지』
　를 지은 한백겸의 동생으로 인조의 國舅이기도 한데, 어머니가 평산 신씨였다(정
　경세, 『우복집』 20권, 韓公浚謙行狀).
11 최경유(1581(선조 14)~1633(인조 11)), 본관은 평산, 1603년(선조 36) 정시무과에
　장원급제, 인조반정 당일에 동생 경인(景禋)과 함께 수하의 군졸을 이끌고 능양군
　의 호위부대에 합류하고 선봉장으로 제일 먼저 彰義門에 돌입하였다고 한다. 반정
　뒤에 경기수사로 발탁되었다.

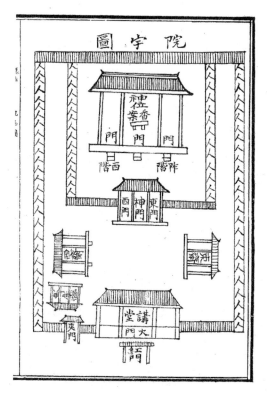

「도 1」 院宇圖(『덕양원지』, 15쪽)

을 지급하여 공사를 겨우 완성할 수 있었다. 그 뒤 건물이 낡고 기울자 1673년(현종 14)에 申最[12]이 전라도 관찰사로 부임하여 중수를 하여 규모를 예전과 같이 하였다.[13]

덕양사는 설립 초기에는 경황이 없어서, 그리고 곧 밀어닥친 전란으로 사액을 생각할 겨를을 갖지 못하다가 최경유의 도움으로 중건을 겨

---

12 신정(1628(인조 6)~1687(숙종 13). 본관은 평산, 영의정 신흠의 손자. 1648년(인조 26)에 사마시에 합격, 1664년(현종 5)에 春塘臺文科에 병과로 급제하였다. 1675년 (숙종 1) 남인들이 집권하자, 서인이 추방될 때 파직 당하였다가 3년 후 도승지로 다시 등용되었다.

13 『덕양서원지』, 강당중건상량문(申琬 撰), 214쪽.

우 마무리하자 사액을 요청하기 시작하였다. 1623년(인조 원년)에[14] 金鑑[15]이 곡성 고을의 선비들과 의론하여 청액 상소를 조정에 올렸다.[16] 이때는 뜻을 이루지 못하였으나, 숙종대에 들어서 청액 활동을 활발히 전개하였다.

> 畫講 入侍때 知事 朴泰尙이 계하였다. 수일 전에 전라도 곡성 유생들이 본조에 올린 묻狀에서 말하기를 前年에 신숭겸 사우의 사액을 상소하였지만 回啓를 받지 못했다고 합니다. 그리하여 그 上疏本을 찾아보았더니 그 때 일기를 수정하고자 가지고 갔다가 그만 잃어버렸기 때문에 (상소문을) 첨부해서 上啓하지 못했다고 들었습니다.[17]

곧 숙종 20년에 덕양사의 청액 상소를 하였지만 승정원에서 상소를 일기에 베껴 쓰는 과정에서 분실하는 일이 발생하였다는 것이다. 그리하여 답변을 듣지 못한 전라도 곡성 유생들이 다음 해에 재차 상소를 하였다. 이 때 곡성유학 趙有遂[18]가 소두가 되어 상소하였는데, 신숭겸은 곡성에서 태어난 순절인으로 고려 초이래 계속 推獎되어 왔으며 사우를 세워 제향을 드린지 100여년이 넘었는데 아직 사액을 받지 못함 아쉬움을 토로하였다. 이에 예조에서는 신숭겸이 여러 서원에 合享되어 있지만 獨享을 하는 사우는 오직 곡성뿐이고 새로 첩설한 것도 아니니 사액을

---

14 "金鑑. 교리, 금산인. 호는 입택, 청액상소를 올렸다"(『덕양원지』, 1623년 계해원적, 81쪽).

15 김감(1566(명종 21)~1641(인조 19)), 곡성 출신으로 1588년(선조 21)에 진사에 합격하고 1612년(광해군 5)에 알성문과에 병과로 급제하였다. 경상도도사를 역임하였다. 1638년에 홍문관 교리에 임명되었으나 나가지 않았으며, 1644년에 김해부사를 지냈다. 김감은 사마안이 임진왜란으로 불타버리자 사마소 재장으로 곡성 사림들과 함께 사마안을 중수하는데 앞장을 선 인물이기도 하였다(「곡성사마안서」).

16 『덕양서원지』, 청액소, 192쪽.

17 『서원등록』乙亥(숙종 21년) 3월 22일.

18 조유수는 을축년 유생안에 유생으로 이름이 등재되어 있다(『덕양원지』, 86쪽).

내리는 은전을 베풀었으면 좋겠다는 의견을 내놓았고, 숙종은 특별히 허락한다고 하여 드디어 사액이 결정되었다.[19] 덕양사가 사액을 받을 수 있었던 것은 서인의 후원에 힘입은바가 컸다.[20] 그리고 숙종 21년 10월 7일에 예조정랑 崔休를 보내 사액제문을 읽고 사액례를 거행하였다.[21]

사액서원은 서원전 3결을 면세 받는다. 초기 서원은 지방관의 배려로 면세의 혜택을 관행으로 누리고 있었다. 그러나 서원이 남설되고 사회적 폐해를 일으켜가자 나라에서는 면세를 제한해 나갔다. 영조대에 사액서원만 自備田 3결을 면세토록 하였고 이러한 조치가 『속대전』에 등재되었다. 면세란 전세뿐만 아니라 대동미, 결작, 잡역세 등의 면제도 포함되었다. 그리고 환곡 분급에서도 제외되었다.[22]

사액서원은 제례에 쓸 제수도 관아로부터 지급 받았다. 사액서원에 제수를 지급하는 것을 會減이라 하여 미사액서원의 官封과 구별하였다. 제향 하루 전에 원임이 노비들을 거느리고 관아에 가서 제물을 받아 오면 헌관과 집사들이 서원 문밖에서 도열하여 맞이하였다. 삭망분향례에는 향촉을 받아쓰는 정도였다.

사액서원은 원생 수에서도 특혜를 받았다. 인조대의 교생 고강과 관련하여 향교에서는 동재 양반유생과 서재 액내교생을 구분하였다. 서원도 이를 답습하여 양반들을 동재유생, 비양반들을 서재원생으로 각각 구분하였다. 서원에서는 전에 없었던 서재원생을 받아들여 고강을 피하게 해주는 대가로 米布 등을 받아 재정 충당의 방법으로 이용하였다. 서재원생들이 군역 도피처가 된다는 점에서 정부에서는 그대로 방치할 수

---

19 『서원등록』 을해(숙종 21년) 5월 27일.
20 덕양사가 서인의 경향을 보이고, 이에 힘입어 신숭겸을 모시는 서원, 사우들의 사액이 서인 집권기에 이루어졌을 것이라는 설명은 안선옥, 앞의 논문, 11~12쪽 참조.
21 『덕양서원지』, 사액제문, 197쪽.
22 서원에 대한 일반적인 서술은 윤희면, 『조선시대 서원과 양반』, 집문당, 2004를 참고하였다.

없는 일이었다. 숙종 33년에 大賢書院은 30명, 사액서원은 20명, 미사액
서원은 15명으로 액수를 정해 원생이 무제한으로 늘어나는 것을 규제하
였다. 이렇게 정액이 규정된 서원의 서재생, 또는 下齋生이 액내원생이
었다. 『덕양원지』에 「유생은 原額 20명, 유생안은 官衙에 있다」고 한 것
이 정확히 이들 서재원생(서재사우생)을 말하는 것이다. 이들은 서재생
이 될 때 禮錢을 내어 서원 재정에 보탤 의무가 있었으며, 사우에서 番
을 나누어 수직을 하고 제례 때 하급집사를 담당하였다.

院保의 수에도 차이가 있다. 보인은 봉족과 같은 말로 군역부담과 관
련있는 것인데, 서원도 언제부터인지는 모르지만 원보가 소속되었다. 원
보가 군역의 피역수단으로 활용되어 나라에서는 원보의 수를 현실화하
여 향교는 40명, 사액서원은 20명을 정원으로 삼고 미사액서원은 인정
하지 않았다. 『덕양원지』에 「保奴는 원액 20명, 원보안(보노안)은 관아
에 있다」고 한 것이 이를 말한다.

이처럼 사액서원이 되면 하나의 국학으로 간주되어 여러 가지 경제적
이득을 얻고 있었다. 이는 서원 재정에 비추어보면 상당한 비중을 차지
하였다. 그러나 사액서원이 가지는 정치사회적 위세라는 무형의 권위가
더 큰 혜택으로 다가온 것이 아닐까 생각한다. 중앙의 당파는 유림들의
여론을 이용하고 정치적 배경을 튼튼히 하려고 한 점에서 사액서원에
대한 배려를 이전보다 한층 더 각별히 하였을 것이다. 그리고 사액서원
에 대한 지방관의 협조적 태도와 물질적 지원이 계속되고, 사액서원으로
서의 위상이 유림사회와 지역사회에 더욱 크게 작용하였을 것이다. 서원
에 관여하는 유림들과 후손들도 그만큼 사회적 위세를 더 할 수 있는 일
이었다. 곡성에는 덕양사 이후에 여러 사우가 건립되었지만 사액을 받은
곳은 덕양사가 유일하였고, 이에 덕양사의 사회적 권위는 곡성 고을 안
에서는 절대적이었다고 할 수 있겠다.

덕양사는 사우 운영을 위하여 院任을 두었다. 원래 원임은 원장(도유

사)과 장의 색장 등 3-4명 정도로 구성되고 고을 사람들이 맡았는데 어
느 때부터인지 京院長 제도를 채택하였다.

> 원장 1원 재상을 望定한다. 院貳 1원 도내 수령을 망정한다. 장의
> 1원, 색장 2원 士林이 담당한다. 서재 장의 1인, 전곡 2인 유생이 담당
> 한다.[23]

고 하여 원장, 원이를 두어 중앙관료나 지방관에게 맡기고, 또 儒林掌議,
儒林色掌을 두어 고을 양반들이 맡는 이원적인 원임 구성을 하였다. 이
는 서인계, 노론계 서원의 전형적인 원임 구성으로 서울의 고위관료들이
원장, 원이 등을 맡는 것을 경원장제, 또는 京齋任制라 부른다.

경원장제를 마련한 이유는 붕당정치의 전개와 관련을 지어 생각할 수
있다. 중앙관료들로서는 자기 당파의 세력 부식을 위하여 지방 유림들과
의 관계를 돈독히 할 목적이었고, 당쟁의 와중에서 서원의 여론조성을
통하여 자기 당파에게 유리하게 작용시킬 의도가 개재되었던 것이다. 한
편, 지방의 유림들도 중앙의 세력과 연계를 가지는 경원장제를 이용하여
서원의 위신과 자신들의 지위를 높일 수 있었다. 또한 더 많은 경제적
혜택을 누릴 수 있었던 것이다. 곧 서원의 중건과 이건에 따른 求請, 면
세와 면역의 특혜 등에 경원장제를 적극 활용하였다.[24]

> ① 제향 뒤 원장, 원이, 강장 및 고을 耆老靑衿에게 致燔한다.[25]
> ② 致燔單子式. 皮封 燔肉單子. 裏面 豕頭 一部 혹은 脯. 淸酒 1壺.
> 際 年月日獻官姓 着啣[26]

---

23 『덕양원지』, 元庫事例, 24쪽.
24 경원장제를 통한 서원의 이익은 윤희면, 앞의 책, 194~195쪽 참조.
25 『덕양원지』, 원고사례, 27쪽.
26 『덕양원지』, 54쪽.

이렇게 덕양사 재임과 헌관들은 제례가 끝나면 祭需를 서울의 경원장에게 보내 서로의 관계를 돈독히 하려고 노력하였다.

덕양사의 중건에 앞장 선 평산 신씨 후손 관료들은 대부분 서인의 당색을 지니고 있었다. 따라서 이들의 주선이었든, 아니면 곡성 유림의 결정이었든 경원장제도를 채택하여 서원원임 구성은 이원적으로 하였다. 물론 서원의 실질적 운영은 고을 유림들이었다.

덕양사가 곡성 고을의 학교시설로 활용되었기에 양반유생들이 원생(사우생)으로 출입하는 것은 당연하였다. 설립 초기부터 원생의 명단을 담은 원생안이 작성되었을 것이지만 임진왜란 때 불타고, 또 강당과 재실이 불타버렸기에 한동안 원생안이 작성되지 못하였던 것 같다. 원생 기록이 남아있는 것은 중건이 마무리된 1623년(인조 원년)부터인데, 1732년(영조 8년)까지 23차에 걸친 원생안을 성씨별로 정리하면 다음과 같다.[27]

「표 1」 덕양사 유생의 수와 姓氏

	姜	高	금산金	朴	순흥安	梁	해주吳	문화柳	李	흥덕張	全	丁	옥천趙	전주崔	
1623	1		6(6)	1	1(1)		4(4)		1				4(4)	6(6)	24(21)
1627	1		3(1)		2		4(4)						3	1(1)	14 (6)
1631	1		1		2		1(1)						1	1(1)	7 (2)
1642			1		4(1)		5(3)	2(1)					4(4)	1	17 (9)
1655			5(2)		2(1)		2(1)	3(3)	1(1)				4(2)	2(1)	19(11)
1658			2(1)	1	1(1)		3(1)	6					1(1)		14 (4)
1660			2				2(1)	3(2)							7 (3)
1668							3(1)	4(1)					2		9 (2)
1671			1(1)		1		3	1					1		7 (1)
1678			1		6(3)		5(2)						1(1)		13 (6)
1681							3(3)	4(1)					2(1)		9 (5)
1683			1				3(1)					1(1)	2(2)		7 (4)

27 『덕양원지』 院籍을 덕양사의 주선자와 협조자로 보고 307명으로 파악하는데(안선옥, 앞의 논문, 8~9쪽), 원적은 이름 그대로 덕양사에 드나들었던 유생들의 명단이고 295명이다.

연도															계
1685			2(2)		1(1)		5(3)	4(2)	1(1)				1		14 (9)
1690			1				1(1)	10 (10)							12(11)
1696		1(1)					4(4)	1(1)					4(2)	1	11 (8)
1699			1		1(1)		4(1)	4(3)	1(1)				3(1)		14 (7)
1709		1	1(1)		4(3)		4(4)	9(7)	1(1)		1		2	1(1)	24(17)
1715		1(1)			3(2)		9(6)	5(4)	1						19(13)
1717			1				4(4)	5(3)							10 (7)
1724	1	1	1			1	2	9(1)				1	2(1)		18 (2)
1725						1	3	1	4				3(1)		12 (1)
1728							1	1							2
1732			1		1		5(1)	5(1)							12 (2)
	4	4(2)	31(14)	2	29(14)	2	80(46)	77(40)	10(4)	1(1)	1	1	40(20)	13(10)	295(151)

* ( ) 숫자는 향안 등재 숫자임

　　곡성의 향반은 俗諺에 「安吳趙柳」를 꼽는데, 이를 반영하듯 이들 성씨들이 많음을 알 수 있다. 또 따른 견해에 따르면 곡성의 향반 성씨는 곡성 申, 순흥 安, 해주 吳, 옥천 趙, 문화 柳에다 남양 홍, 풍천 노, 제주 고 등을 거론하는데 역시 이들 성씨들이 유생안에서 많은 수를 차지하고 있음을 알 수 있다. 원생안(곧 유생안)에 오른 유생 이름을 곡성의 양반들을 등재한 향안과 비교해보면 절반 이상을 향안에서 확인할 수 있다.[28] 이는 곧 덕양사 유생들은 곡성의 양반이었으며, 또한 덕양사가 곡성 양반들의 모임처이자 향촌기구로 활용되고 있음을 잘 보여주는 것이라 할 수 있겠다.[29]

28　곡성향안(『곡성군지』, 1956년에 수록)에는 선조 37년(1604)부터 고종 17년(1888)까지 모두 272명의 이름이 등재되어 있는데, 이 가운데 151명을 덕양사 유생안에서 확인할 수 있다. 그러나 영조대 이후의 명단은 연대가 거의 어그러져 있어 이용에 신중이 필요하다.

29　덕양사 유생명단에 평산 신씨가 안보이는 점이 홍미를 끈다. 덕양사 뿐만 아니라 곡성향안에서도 신씨는 1614년에 3명이 입록된 이후 완전히 종적을 감추고 있다. 최근에 곡성향안을 검토한 연구에서도 신씨가 곡성에 계속 거주하였을 터인데 향안에서 안보이는 점을 궁금해 하고 있다(김덕진, 「전라도 곡성현 향안 연구」, 『역사학연구』 60, 2015, 111쪽). 현존하는 곡성읍지의 인물항목을 보면 申益權이 정

덕양사는 설립 초기에 토지와 노비를 확보하여 사우 운영에 충당하도록 하였다. 그 이후 여러 경제기반이 마련되었으며, 이를 「元庫事例」로 정리해 두었다. 元庫는 「서원의 일을 모두 살피고 제례를 주관하고 유림의 공궤를 담당한다」고 규정하였듯이 서원 운영을 위하여 차례로 마련해 둔 경제기반을 가리킨다.

덕양사의 재정 실태를 알기 위해 「원고사례」를 기재순서대로 정리하면 보면 다음과 같다.

「표 2」「원고사례」에 보이는 경제기반

수입 명목	액수	임무, 지출 내역
유생(=서재원생)	20명(신입유생 例錢 5량)	제향 때 헌관 支供
保奴	20명(보전 12량)	향청에서 춘추 봉납
院奴	매년 收稅	재임 및 집사 지공 審院유림 및 재임 유생 지공
院婢	식비 1명, 채비 1명.	
先封	반백미, 서미, 주미, 곡자	
祭物(관아 封進)	황률, 녹포, 황촉, 등유, 향촉, 축문지 등 18 종류	춘추 제향
관청색	재반미 7두5승(춘추)	
院底民	재차꾼 4명	
雇馬廳	봉진마 2필(춘추)	
梧枝主人	大炬 4병	
雇馬色	초석 8립, 차일 1건, 동서재 강당 진포	
大里	초배군	

조 7년(1783) 증광시에 진사 합격하고 있다. 이는 평산 신씨의 위상이 17세기와 비교하여 18세기 후반에 들어오면 점차 곡성 고을에서 높아지고 있음을 보여주는 사례로 볼 수 있겠고, 정조 20년(1796)에 덕양사에 별고가 설치되는 배경으로도 작용하였을 것으로 추측할 수 있다. 다시 말하자면 18세기까지는 전라도의 지방관으로 온 후손들이 앞장서서 덕양사 건물을 수리하고 있으며, 1796년에 별고가 마련될 때, 1854년에 종계가 마련될 때 전라도에 거주하는 후손들이 대거 참여하는 것은 평산 신씨들의 위상 변화와 관련이 있을 성 싶다. 곡성고을에서 평산 신씨의 존재와 위상에 대해서는 별도의 논의가 요구된다고 하겠다.

雇馬色	창호지, 도배지, 장지 등 6종	춘추 납부
道林寺	백지 2종, 更點僧 1명	춘추 납부
蔽陽店	祝箱, 用首 등 3종	춘추 납부
사기점	향로, 합합 등 10종	춘추 납부
옹기점	대증, 화로 등 5종	춘추 납부
泰安寺	糊末 1말, 細繩 등 2종	춘추 납부
屠漢	柳篋 등 2종	춘추 납부
영주인	扇子 등 2종	
경주인	曆書 3件	
답 75두5승락	매년 收稅	면세미 4두1승6합 결전 1량5전3분
復戶 3결	都書員 納	

우선 서원전으로 復戶 3결이 있다. 복호란 나라의 수입이 되지 않는
다는 의미로, 3결을 면세받았다는 것이다. 서원은 처음에는 면세의 특혜
를 받았으나 서원이 증가하자 사액서원만 自備田 3결을 면세해준다는
것으로 바뀌어 『속대전』에 등재되었다. 덕양사에는 을미년(1835년?) 양
안에 의하면 전답이 116두 5승락이라고 하였다. 방매와 추심 등을 거쳐
현재 전답은 104두5승락이고 이 가운데에 서원터로 4두락, 집터로 6두
락이 들어가 있고, 노비 7명에게 私乃畓(＝새경)으로 17두락을 주었다고
한다. 그리하여 실제는 답75두락 5승락이었으며, 이 논은 수세의 대상이
되어 8결작부 때 포함되어 전세와 결작을 납부하여야 했다.[30]

奴는 庫子. 원임과 유생들의 驅從, 불과 장작 담당, 청지기, 산지기 등

──────

30 복호 3결을 도서원으로부터 받았다는 「원고사례」의 기록을 다음과 같이 추정할 수
   있다. 우선은 소유 전답이 3결 이상이 넘어 면세를 받았다고 해석할 수 있고, 또는
   3결이 못되어 면세의 혜택을 온전히 다 받지 못하였기에 특별히 관아에서 3결에
   해당하는 전세를 지급받았다고도 해석할 수 있다. 이는 「자비전 3결 면세」라는 『속
   대전』 규정에 어긋나는 것이기는 하지만 곡성에서 유일한 사액서원인 덕양사의 위
   상으로 보아 가능한 일이라 판단된다. 수령이 일반 민전에서 田租를 거두어 서원
   에 지급하는 특례는 덕양사만은 아니었다(윤희면, 앞의 책, 521~522쪽). 그리고 덕
   양사 전답은 1849년(헌종 15)에 후손인 곡성현감 신석주가 논 2두락을 사서 주었
   던 것처럼 중간에 매득과 기증 등으로 늘어나기도 하였다(『덕양서원지』 77쪽).

의 임무를, 婢는 식비와 채비 등의 임무를 맡았다고 하는데, 서원 노비
가 부족하면 사우 근처에 사는 백성이 담당하기도 하였다. 임무의 대가
로 이들에게는 새경으로 서원전을 경작해 먹고살게 해주었다.

덕양사 수입에 큰 비중을 차지하는 것은 官補이다. 수령들은 서원의
배후에는 중앙의 정치세력, 지방의 유림세력, 봉사한 선현의 후손들이
있었기에 경제적 지원을 계속하였다. 관아에서의 경제적 배려는 간헐적
인 것과 정기적인 것을 나눌 수 있다. 간헐적인 것은 수령 임기 중에 자
의에 따라, 또는 서원의 요청에 응해 물질적 도움을 주는 것이고, 정기
적인 것은 제수의 지급이었다. 관아에서 제수를 지급하는 곳은 원칙적으
로 향교와 사액서원에 국한되어 있었다.

제수 지급은 제례 전에 祭酒用으로 반백미, 서미, 주미, 곡자 등을(先
封), 제례에 맞춰서는 황률, 녹포, 황촉, 등유, 향촉, 축문지 등 18종류를
제수용으로 지급하였다고 되어 있다(封進). 그리고 관아의 음식을 마련
하는 관청색에서는 재반미 7두5승을, 고마청에서는 제수 운반을 위해
말을 내고, 고마색은 제례에 필요한 여러 집물과 창호지, 도배지, 장지
등 종이를 춘추로 납부하였다.

경제기반으로는 屬寺 둘이 있어 도림사는 백지 2종와 更點僧 1명을,
태안사는 糊末 1말, 細繩 등 2종을 춘추로 납부하였다. 屬店도 있어 蔽
陽店은 祝箱, 用首 등 3종을, 사기점에서는 향로, 합합 등 10종의 사기
를, 옹기점에서는 대중, 화로 등 5종의 옹기를, 백정은 柳筐 등 2종을 춘
추로 납부하였고, 屬村도 있어 사우가 있는 마을(원저촌)과 大里는 덕양
사에서 필요로 하는 인력을 수시로 제공하였다. 이 모든 것은 물론 관의
배려로 가능하였다.[31]

그리고 중요한 수입원으로는 서재원생 20명이 배정되어 군역을 면제

---

31 "(영남서원은)院屬의 절과 점이 있어 모두 관역을 면제받는다고 합니다"(『포충사
지』 권下, 원유상성주, 광해 무오(1618)).

받는 대신 사우의 수직과 제례의 집사를 담당하였고, 신입원생은 例錢 5량을 덕양사에 받쳐야했다. 또한 원보 20명도 배정을 받아 이들이 내는 보전 12량은 향청에서 거두어 보낸 것으로 되어 있다.[32] 그 밖에 서울의 경주인은 曆書를, 영주인은 扇子를 매년 보내오는 것이 관례였다.

덕양사에서 지출 내용은 향사 비용이 대종을 이루는 가운데, 재임과 헌관, 방문 유생의 歲饌과 支供(음식접대), 등유, 醬鹽 등 서원에서의 기본적인 소용물품 마련, 結錢과 結卜 납부, 유생에게의 贐儀 등이 있다.

Ⅲ. 別庫와 宗契의 설치

조선후기에 서원에서는 재정의 효율적 운영을 위하여, 또는 재정의 부족을 보충할 목적으로 서원 내에 별도의 재정기구를 설치하였다. 이들 이름은 소용을 대비하는 이름을 붙이기도 하지만 대개는 別庫, 別所라 하여 원래의 재정기구인 元庫, 本庫, 本所와 구별하는 것이 보통이었다.

別庫는 크게 두 가지로 나눌 수 있다. 하나는 서원 자체에서 별도의 비용을 준비하고자 만든 것이고, 다른 하나는 서원에 모셔진 선현의 후손이 만든 것이다. 양자는 표면상 잘 구분되지 않기도 하지만, 서원에 따라서는 그 관계를 엄격히 구분해 놓기도 하였다.

서원에 모셔진 선현의 후손이 만든 別庫는 운영과 회계를 本庫와 따로 하였다. 서원에 모셔진 선현들의 후손들은 어떠한 형태로든가 서원운영에 간여하고 있다. 일반적으로는 후손들이 원임에 취임하는 것을 금해놓고 있었다. 그러나 서원이 후손들이 사는 고을에 설립되어 있는 경우에 문중서원은 말할 것도 없고 대현서원에서도 후손들이 원임에 취임하

---

32 덕양사 元庫에서는 다른 서원에서와 같은 식리전 운용은 보이지 않는다. 나중에 宗契에서는 식리전을 활용하고 있다.

는 것은 흔한 일이었다. 그리고 그런 연고가 없더라도 자기 조상을 기리기 위해 세워 놓은 서원에 대하여 후손들이 관심을 표명하는 것은 당연한 일이기도 하였다. 더욱이 후손들은 서원으로부터 경제적인 협조 요청을 끊임없이 받고 있었다. 그리고 후손들의 서원운영 간여는 서원이 점차 양반사족들의 공동이해를 위한 기구에서 점차 후손들의 기구로 변모하는 추세에 따라 더욱 심화될 수밖에 없었다.

후손들은 원임 취임에 노력하는 한편 서원 안에 別庫 등을 마련해 놓고 서원과 긴밀한 관계를 맺고 있었다. 그리하여 서원운영을 실질적으로 장악하려고 기도하였다. 예를 들면 경상도 상주의 흥암서원에서는 別所를 두고 本孫 가운데 搢紳을 유사로 薦望하였고, 전라도 여산의 죽림서원에서는 掌財有司를 신설하여 本孫儒林을 임명하였고, 경상도 영천의 임고서원에서도 별고유사, 位別庫有司를 각각 두고 정몽주의 후손으로 하여금 담당케 하고 있었다. 전라도 장성 필암서원의 경우도 1672년에, 그리고 1908년부터 1911년까지에 별유사라는 직임이 보이고 본손들이 담당하고 있는데, 이는 바로 別庫의 설치와 관련이 있다고 하겠다. 물론 서원의 재정운영은 장의, 유사 등 원임들이 책임을 지는 것이고 후손 별유사는 서원재정의 보충, 재정운영의 점검, 서원건물 보수협조 등 보조적인 역할을 하는 정도였지만, 어쨌든 조선 후기에 서원후손들이 서원운영에 적극 참여하고, 서원의 원활한 유지를 위해 재정적 뒷받침을 하려는 모습을 엿볼 수 있겠다.

덕양사는 1791년(정조 15)에 講舍가 화재가 났으나 곧 복구를 하였다. 이 일로 재정적 어려움을 겪고 있었는데 마침 1796년(정조 20)에 외예인 곡성현감 李潤明(1795년 부임, 1798년 체임)이 고을의 자손 및 외예와 의견을 모아 재물을 모았다. 고을의 선비인 洪樂夏와 조카 홍신영도 외예로서 돈을 낸 것이 있고, 본손 4명이 계속 도움을 주고 전라도에 거주하는 후손 21명이 보조하여 모두 100량을 모을 수 있었다고 한다.[33] 이

돈을 바탕으로 別庫를 만들어 덕양사 운영에 보태 쓰도록 하였다.[34]

「별고사례」를 보면 院宇의 수선과 본손의 供饋를 위함이라고 설립 목적을 밝히고 있다. 덕양사에 대한 후손들의 간여를 잘 보여주는 것이라 하겠다. 그래서인지 운영을 담당하는 有司도 서울에 두는 경유사(본손이 담당) 1원과, 유사 2원 가운데 한사람은 본손으로, 한사람은 원임(색장)이 겸임하도록 하여 예전과 달리 본손들이 덕양사 운영에 깊숙이 간여하도록 하였다.

별고는 원고와는 별도로 경제기반을 갖추고 있었다. 답 58두락을 소유하고 나오는 소출로 덕양사 운영에 쓰도록 하고 남음이 있으면 원고에 보태는 것이 아니라 宗契(후술)에 납부하여 사우 수리에 대비하도록 하였다. 곧 원고가 덕양사에서 곡성의 양반 사족이 활동하는 것에 대비한 것이라면 별고는 신숭겸 후손들의 활동에 더 치우쳐 있음을 보여주는 것이라 하겠다.

재정운용을 보면 덕양사를 찾아오는 본손들에 대한 支供, 곡성에 살고 있는 80세 이상의 본손 세찬, 서울에 왕래하는 본손의 路資 등에 지출하도록 하였고, 일반 경비 소용은 별로 없고 유사의 세찬, 전임 유사에 대한 贐儀 등에 지출하였다.[35] 곧 별고는 원고를 보충한다는 명목을 취하였지만 큰 비용이 들어가는 사우의 수리에 대비하기 위함이었고, 동시에 본손들의 활동에 더 치중하고 있음을 알 수 있다.

19세기에 들어서 덕양사 위상에 커다란 변화와 위협이 나타나고 있었다. 그 가운데 하나가 山訟이었다. 사우 주변의 일정 범위까지, 또는 사우에서 바라보이는 案山에는 묘를 쓰지 못하도록 하는 것이 관례였는데

---

33 본손 4명은 신홍주(전라병사, 文僖公派), 申絢(순천부사, 문희공파), 申龜朝(좌수사, 西湖公派), 신륜(낙안군수, 齊靖公派) 등이었다(『덕양원지』, 78쪽). 전라도 후손 21명 가운데 곡성 거주자가 18명이다.

34 「별고안서」(정조 20년 6월 외예 전의후인 이윤명근식).

35 『덕양원지』, 별고사례, 27쪽.

누군가 이를 침범하여 묘를 쓰는 일이(偸塚) 발생하였다. 산송은 일시에 해결되지 못해 오래 끌게 마련인데[36], 1834년(헌종 즉위년)에 장흥부사 申在翼과 곡성의 유림, 본손들이 立訟하여 園林을 침범한 무덤을 파서 없애고 말았다. 이 때 전주영장 申錫祐가 산송 해결에 힘을 보태고, 당시 전라감사인 안동 金門의 金興根에게도 청탁하는 등 관의 힘을 빌어 산송을 해결하였음을 알 수 있겠다. 그 뒤에도 偸塚이 거듭 일어난 것으로 보이는데, 임실현감으로 온 申錫年이 1858년(철종 9년)에 몰래 만든 무덤을 파낸 도형을 만들고 園林을 정한 일도 있었다.[37]

이전과 달리 덕양사의 권위를 침범하는 일이 발생하자 후손들이 사우 운영에 더욱 적극적으로 간여하였다. 1834년에 장흥부사 신재익이 산송을 처리하면서 재물을 모아 기울고 있는 재실을 수리하는 한편 없어진 것으로 되어 있는 전답을 전토의 문권을 근거로 일일이 찾아내 換推하였고, 1839년(헌종 5)에는 전라병사 申性浩[38]가 사우를 수리하고, 1844년(헌종 10)에는 우수사로 온 申觀浩[39]가 神門 수리에 힘을 보태기도 하였다.

신숭겸 후손들의 덕양사 운영 간여는 덕양사가 양반사족들의 공동이 해를 위한 기구에서 점차 후손들의 기구로 변모하는 추세를 보여주는 것이라 하겠다. 이를 상징적으로 보여주는 것이 宗契의 설치였다. 1854년(철종 5년)에 순천부사 申錫禧가 신관호와 함께 종계를 설치하였다. 종계의 설치 명목은 別庫의 부족을 보충하고 원우의 수리를 예비하고자 함이라 하였다.[40] 이러한 목적이라면 별고를 확충해도 충분한데 후손들

---

36 "원림도형 무오년에 임실현감 신석년이 경계를 정하고 立旨를 붙임. 산송문권은 기묘년부터 병진년까지 監營과 고을에의 呈狀 29장, 예조 呈狀 1장, 道關通狀 8장"(『덕양원지』, 별고문적, 55쪽).

37 『덕양원지』, 원림도, 14쪽.

38 신성호(1784~), 을축년(1805년) 庭試 무과에 급제하였다.

39 신관호(1811~1884, 申櫶으로 개명), 훈련대장 申鴻周의 손자로 무자년(1828년) 식년시 무과에 급제하였다. 금위대장, 훈련대장, 강화도조약 때 전권대관으로 조약을 체결하였다.

은 따로 종계를 만들면서, 서울의 경유사 1원, 고을의 향유사 1원의 자격을 모두 종계원으로 하여 더욱 덕양사 운영에 간여하려고 하였다.[41]

종계는 본손들만으로 구성되며 종계안에 이름을 올리면서 禮錢으로 5량 이상을 내도록 하였다. 계전은 월 30%로 식리를 하면서 돈을 불려 종계답이라는 명목으로 1856년부터 1864년까지 전답 48두락을 매득하고, 이에 나오는 수익으로 20량은 별고에 넣고, 나머지는 원우의 修繕과 契員의 喪事에 대비하도록 하였다.[42]

종계를 만들면서 원임 구성을 다시 하였는데 예전처럼 원장, 원이를 두는 경원장 제도를 계속 유지하면서 향유사 이외에 반드시 종계원이 맡는 별유사 1員을 두어 덕양사 운영에 더욱 적극적으로 참여하게 하였다. 종계의 규정에서 큰 비중을 차지하는 것은 종계원의 相助였다. 유사를 지냈거나, 또는 종계에 20량 이상을 도운 계원은 4상(부, 모, 본인, 처)을 상조하도록 하였고, 유사를 지냈거나 시임 유사 및 20량 이상 도운 계원에게는 매해 부채 5자루를 지급하는 등 덕양사 운영보다는 종계원의 상부상조에 더욱 치중하는 모습을 보이고 있다. 이는 곧 덕양사가 평산 신씨의 문중기구로 변모해가고 있음을 잘 보여주는 사례라 할 수 있겠다. 그러하기에 1862년에 작성된 종계의 節目에 춘추제향과 삭망분향에 참여를 독려하고, 서책과 典穀, 집물의 관리, 노비의 사환 등을 규정하여 元庫의 존재를 유명무실하게 하는 규정을 넣었던 것이다.[43]

종계를 만든 목적은 덕양사의 보호와 운영 간여, 평산 신씨들의 위세 과시와 상호부조 이외에도 군역 면제가 있었던 것으로 보인다. 신숭겸의 후손들은 支孫과 庶孫을 막론하고 잡역을 부과하지 말 것(문종 2년 열성 교서), 신숭겸의 자손은 군역을 부과하지 말 것(성종 13년 교서)이라 규

─────────

40 『덕양원지』, 종계안서(갑인년(1854년) 순천부사 신석희 書), 64~66쪽.
41 종계에는 앞서의 3파 이외에 思簡公派도 힘을 보태고 있다(『덕양원지』, 79쪽).
42 『덕양원지』, 「종계사례」, 30쪽.
43 『덕양원지』, 절목, 31쪽.

정된 이후 계속 이러한 특혜가 반복되었다.[44] 그런데 1711년(숙종 37)
12월에 「良役變通節目」이 반포되어 군역에 里(代)定法이 적용되면서

　　箕子, 경순왕, 薛弘儒侯(설총), 申壯節公(신숭겸), 안문성공(안향), 禹祭
酒(우탁), 문익점, 陳理, 楊起, 상당부원군 한명회 등의 후예된 자는 칠반
천역 이외의 상당한 역에 충정하기로 일찍이 壬戌事目이 있었고 庚寅年
에 다시 申明하여 반포한 바가 있으므로 이런 무리는 여기에 의하여 사
실을 조사하여 定役한다.[45]

고 하여 군역이 부과되는 추세에 놓이게 되었다. 물론 이후에도 이들에
게는 군역을 부과하지 말라는 명령이 내려지기도 하였지만(영조 16년
傳敎) 총액제로 징수되는 군역을 후손들이 피해가기는 점점 어려워지고
있었다. 이에 군역을 벗어나는 확실한 방법은 양반자손임을 입증하는 일
이었고, 평산 신씨들이 지방관으로 내려온 후손들이 앞장서고 派에 관계
없이 모두 힘을 모아 종계를 만든 것은 이러한 목적도 담겨져 있는 것이
라 할 수 있겠다.

　1854년 종계 시작과 함께 강당을 수리하였고, 1861년에는 신문 3칸을
개건하였고, 1863년에는 향음례를 거행하고 講修廳을 설치하여 향촌의
교화와 교육에도 적극 나서고 있었다. 향음례는 매년 4월과 10월에 京

---

44 『덕양원지』, 列聖敎書, 61~62쪽, 위백규, 『존재집』 3권, 疏 封事((大司諫 黃幹을
　대신하여 지음(1778년 장흥부사 황간 대신)) "여덟째, 사대부 중에 이익만 좋아하
　고 염치없는 자들은 족보를 보수한다며 핑계대고 자기 할아버지와 아버지의 이름
　을 깎아내서 시골의 부유한 사람에게 내다 팝니다. 교활하고 부유한 자들은 오늘
　한양에 올라가 좋은 족보를 한권 구입하면, 다음 날 고을 성안에 들어가 온 집안
　의 군역을 면제받습니다. 이 때문에 忠勳府忠衛가 시골 마을에 즐비합니다. 그리
　하여 포구나 항구에 사는 申씨 성을 가진 사람들은 모두 壯節公 신숭겸을 조상으
　로 받들고, 店村의 安씨들은 모두 文成公 안향의 후손들이니, 차례로 이러한 못된
　짓을 흉내 내어 모두 음덕을 입는 후손이 되었습니다."
45 『비변사등록』 63책 숙종 37년 12월 26일.

齋任을 포함한 원임, 耆老, 유생들이 덕양사에 모여 宴飮과 강론을 하도록 한 것으로, 연음의 의례는 이이가 만든 해주 문헌서원의 鄕約儀를 축약, 절충하여 거행하였다.[46]

강수청은 강회를 목적을 만든 것이다. 서원 교육에 큰 변화가 나타난 것은 1732년(영조 8년)의 조현명의 「勸學節目」 때문이었다. 「권학절목」은 경상감사 조현명이 도내의 홍학을 위하여 작성한 것으로, 감사 체임 때 조정에 알렸고 왕의 재가를 얻어 전국에 하달되었다. 이러한 교육 진흥책을 반영하듯 각 서원에서는 교육활동을 따른 재원 마련을 위하여 講修廳, 講需廳, 講學廳이라는 이름의 별도 기구를 설치하고 있었다. 그리고 講長을 초빙하여 간헐적으로 교육을 실시하였다. 덕양사도 이러한 추세를 뒤늦게 따른 것이었다. 강회에 들어갈 講修錢은 1862년에 宗契錢 100량을 떼어서 마련하고, 덕양사 주변의 주민들에게 매달 30%로 取殖하여 연음과 강회의 비용으로 지출하였다. 그리고 새로 養山을 정하고 松楸를 간간히 베어 팔아 강회에 보태기도 하였다. 그밖에 매달 삭망에 분향례를 할 때에 유생들을 모아 강회(會講)를 하기도 하였다.[47] 향음례와 강회는 모두 양반사족 및 후손의 교육과 결속을, 그리고 향촌 교화의 목적을 빌어 양반 우위의 향촌 질서를 재확립해보려는 목적을 담고 있었다.[48]

Ⅳ. 철훼와 복설

서원의 철폐는 민생 회복을 도모하겠다는 대원군의 대내정책의 일환이었다. 이러한 구상은 그의 집권 초부터 시작되었다고 할 수 있다. 서

---

46 『덕양원지』, 講會儀, 40쪽.
47 『덕양원지』, 강수청사례, 29쪽. 강회의 의례는 李緯가 작성한 정읍의 고암서원 강규를 축약하여 변통한 것이라고 한다.
48 윤희면, 앞의 책, 9장 서원교육의 전개와 교육효과, 380~381쪽.

원의 사회적 폐단과 경제적 폐단을 겨냥하면서 첫번째 금지 조치를 적용한 것이 1865년(고종 2) 3월에 시행된 만동묘의 철폐였다. 1868년(고종 5) 8월에 이르러서는 미사액서원의 철폐를 단행하였다. "大院位分付"의 형식으로 된 미사액서원의 철폐 명령이 예조 관문을 통하여 각 고을에 하달되었다. 1871년(고종 8) 3월에는 전국에 47개만 남겨놓고 사액서원 모두를 모두 철폐하라는 명령이 내려졌다. 서원 철폐에 항의하는 유림들의 집단상소와 개별 상소가 계속 이어지긴 하였지만 서원을 철폐하여 모든 폐단을 없애야겠다는 대원군의 태도 앞에서는 소용이 없었다.

「辛未存置」47개 사액서원은 「廟 1, 院 26, 祠 20」으로, 문묘에 종향되어 있는 설총 등 16인이 주향인 서원 16개와 忠節大義로 파악된 31개의 廟, 서원 및 사우였다.[49]

신숭겸을 모시는 서원, 사우는 다음과 같다.

서원, 사우 이름	건립연대	사액연대	주향, 배향	소재지
덕양사	1589년	1695년	신숭겸	전라도 곡성(生長)
道浦書院	1637년		신숭겸, 신흠, 김경직	강원도 춘천(묘소)
東陽書院	1642년	1697년	신숭겸, 이색	황해도 평산(貫鄕)
三太師祠(太白山城祠)	고려	1796년	신숭겸, 복지겸, 유금필	황해도 평산(관향)
表忠祠	1670년	1672년	신숭겸, 김락, 신길원	경상도 대구(순절)

대원군과 예조의 책임자는 신숭겸의 절의와 功烈를 높이 평가하여, 또는 당시 높은 벼슬에 있던 후손(판중추부사 신헌)에 대한 배려로 여러 서원, 사우 가운데 황해도 평산의 태백산성 안에 있는 三太師祠를 남겨 놓기로 결정하였다. 신숭겸을 獨享한 덕양사도 존치될 가능성이 있었겠지만, 삼태사사(태백산성사)는 오래 전부터 있어온 것으로 중국 사행길의 사신들이 지나가면서 참배하던 곳이고 또 여러 문인들의 기록에 남

---

49 윤희면, 앞의 책, 4장 고종대의 서원 철폐와 양반유림의 대응.

아 있기 때문일 것이다. 또한 사도세자의 후손인 대원군이 영조, 정조대의 致祭와 사액 조치를 더 크게 고려했을 가능성도 있다고 판단된다.

대원군이 하야한 뒤 고종은 만동묘의 복설만을 허락하였다. 그러나 서원의 필요성에 대하여 부정적인 태도를 지닌 고종은 어떠한 서원의 복설도 허락하지 않았다. 중앙 관료들도 서원 복설에 대하여 호의적이지 않았다. 유림들은 서원의 복설이 더 이상 기대되지 않은 상황에서 서원 대신 壇을 쌓고 선현에 대한 제례를 이어가고자 하였다. 후손들의 경제 형편이 여유가 있다면 齋室을 세워 예전의 문중서원같은 기능을 이어가려고 한 곳이 많았다. 곧 「院廢而 齋興焉」50이라는 말 그대로였다. 그리고 단이나 재실을 세울 형편이 못되거나 여러 가지 사정이 있는 경우는 서원의 옛 터에 서당이나 정자를 세우고 서원에 모셨던 선현들의 위패를 놓고 이들을 기리고자 하였고, 또는 서원 터에 遺墟碑를 세우는 것으로 대신하기도 하였다.

서원이 철폐된 뒤 신숭겸의 후손들과 유림들은 대구에는 壇을, 평산에는 弓位田을 두었고, 춘천에서는 묘소에 대한 제향을 계속 이어나갔다.51 곡성에서는 덕양사가 철훼되기 전인 1869년에 사우 옆에 신숭겸 裔孫들이 매년 춘추에 모여 친목을 다지고자 몇 칸의 건물 지어 이름을 宗會齋라 하였다. 뒤에 燕序齋로 이름을 바꾸고 모임장소로 활용하였다.52

1881년(고종 18)에는 신헌의 아들인 申錫禧가 호남절도병마사로 부임한 것을 계기로 후손들과 의논하여 사우 터에 단을 세우려 하였으나 여건이 좋지 않자 비석을 세우기로 결정하였다. 그리하여 예전에 운영하던

50 權龍鉉(1899~1988),『秋淵先生文集』권18, 龜巖書院重復記.
51『덕양원지』, 廟庭碑文, 106~107쪽. 이와 관련된 자료는『평산신씨종계안(장절공 묘소종계안), 계해년 3월)』이 있다(강원도 춘천 신숭겸기념관 소장, 국사편찬위원회 전자사료 검색).
52『덕양원지』, 연서재기(장절공의 28세손 신응조(1804~99) 기), 110~112쪽.

종계전을 수습하여 비용으로 충당하면서 1897년에 태생지인 곡성군 목사동면 구룡리에 遺墟碑를 세웠다.[53]

1927년에는 유허비 옆에 壇(용산단)을 만들어 제향을 계속하였으나 후손 일부가 위토와 산판을 팔아버려 이마저도 운영이 어려워졌다. 그 뒤 1934년에 전라도에 거주하는 후손들이 덕양사의 중건을 발의하고 헌금을 모아 공사를 시작하였다. 사우와 강당을 세우고, 두개의 재실 중에 하나만 건립하여 예전의 모습과는 다소 다르지만 체제를 갖추었으며[54], 약간의 전토를 매입하여 춘추의 제향 비용으로 준비하였다.[55] 1947년에 외삼문 복원, 1956년에 愼德齋와 내삼문 복원[56], 1968년(서원사업기적비)과 1976년(중수기적비)에도 중수하였다. 그리고 1988년부터 1997년까지 대대적인 중건을 하여 현재와 같이 사우와, 강당, 동재(연서재), 서재(신덕재)를 갖추고 덕양서원이라 이름하고 있다(현재 구조는 「도 1」 참조).[57]

---

53 『덕양원지』, 유허비명(후손 판서 신기선찬), 108~110쪽. 유허비와 용산단은 『덕양서원지』, 山圖, 17쪽을 참고할 것.

54 『덕양원지』, 중건원우도, 99쪽.

55 『덕양원지』, 덕양서원중건기(갑술 후손 신태용 서) 112~114쪽. 복설을 계기로 宗案을 만들어 덕양서원의 존속과 동종의 결속을 다지고 있다. 이때 참여한 파는 밀직공파, 문희공파, 서호공파, 한성판윤공파, 사간공파, 대제학공파, 제정공파, 전서공파, 이상공파 등이다.

56 『덕양서원지』, 신덕재기(신옥 기), 254쪽.

57 일제강점기에, 특히 1920년대 이후에 서원의 복설이 새삼 성행하였다. 서원을 통해 자기 조상과 집안을 과시하려는 목적이었음은 조선시대와 조금도 다름이 없었다. 곧 후손들이 서원, 사우를 다시 세운 것은 조상을 존경하는 의식으로, 뿌리 깊은 유교적 관념의 발로라 할 수 있다. 아울러 조상 현창을 통해 유서 깊은 가문임을 나타내고자 함이고, 또한 이러한 사업을 벌일 정도로 사회적 지위와 위세를 지니고 있음을 내보일 의도였다고 하겠다. 일제강점기에 서원 복설 움직임은 사회사적인 시각에서 연구가 필요하다고 보며, 해방 이후에 경쟁하듯이 서원 사우를 세우는 것도 사정은 마찬가지이다.

1960년에는 용산재(태생지 목사동면 구룡리)와 九龍門을 건립하였고, 용산재와 덕양사는 전라남도 지방기념물 제56호로 지정되어 현재에 이르고 있다(1981.10.20 지정).

V. 맺음말

이상과 같이 전라도 곡성에 있는 신숭겸을 모시는 덕양사의 연혁과 평산 신씨 후손들이 사우 운영에 참여하는 모습을 살펴보았다. 요약하면 다음과 같다.

덕양사는 1589년(선조 22)에 곡성현감 申沃(후손)이 주선하고 전라감사 이광(외예)가 협조하고 곡성의 후손들이 힘을 보태 창건되었다. 신숭겸의 생장지로 알려져 있는 곡성에 오래 전부터 있어온 성황묘를 유교적 사우로 바꾸어 오랫동안 선조를 기리려는 후손들의 노력으로도 추측할 수도 있고, 또는 서원과 함께 사우도 활발하게 건립되고 있었던 시기에 충의의 상징이기도 한 신숭겸을 모시는 사우를 후손들이 건립한 것으로 생각할 수도 있다.

덕양사는 강당과 재사를 갖춘 교육기관으로 출발하였다. 16세기에 등장하는 초기 서원과 사우는 입향자가 도학인가 충절인가 하는 차이만 있을 뿐 모두 교육기능과 제례기능을 함께 수행하였다고 할 수 있다.

덕양사는 정유재란 때 강당과 재사는 불타 없어졌다. 지방관으로 내려온 후손과 외예들의 주선과 노력으로 복구되었고, 1673년(현종 14년)에는 규모를 예전과 같이 회복하였다.

1623년에 중건이 마무리되자 사액을 요청하기 시작하였다. 서인들의 후원에 힘입어 1695년(숙종 21) 3월에 「덕양」이라 사액을 받았다. 그리고 10월에 사액례를 거행하였다. 덕양사는 사액사우로 서원전 3결을 면

세받았다. 제례에 쓸 제수도 관아로부터 지급 받았다. 원생 수에서도, 원
보 수에서도 20명으로 특혜를 받았다. 덕양사는 곡성고을에서 유일한 사
액사우로 출입하는 유림들과 후손들도 사회적 위세를 더 할 수 있었다.

덕양사는 언제부터부터 서인, 노론계 서원이 취하는 경원장 제도를
채택하였다. 물론 서원의 실질적 운영은 고을 유림들이었다.

곡성 고을의 학교시설로 활용되었기에 덕양사에 양반유생들이 원생
으로 출입하는 것은 당연하였다. 원생안(곧 유생안)에 이름을 올린 인물
들은 곡성의 양반이었으며, 덕양사가 곡성 양반들의 모임처이자 향촌기
구로 활용되고 있음을 보여주고 있다.

경제기반을 살펴보면 설립 초기에 토지와 노비를 확보하여 사우 운영
에 충당하도록 하였다. 재정의 큰 비중을 차지하는 것은 官補이다. 정기
적으로 祭需를 지급받았고, 관의 협조로 종이를 제공하는 屬寺, 그릇을
제공하는 屬店, 잡역을 담당하는 屬村도 소유하고 있었다. 지출 내용은
향사 비용이 대종을 이루는 가운데, 재임과 헌관, 방문 유생의 음식대접,
등유, 醬鹽 등 서원에서의 기본적인 비용, 結錢과 結卜 납부, 유생에게의
賻儀 등이었다.

1796년(정조 20)에는 외예인 곡성현감 李潤明이 고을의 자손들과 함
께 재물을 모아 別庫를 만들어 덕양사 운영에 보태 쓰도록 하였다. 元庫
가 곡성의 양반이 활동하는 것에 대비한 것이라면 별고는 신숭겸 후손
들의 활동에 더 치우쳐 있음을 보여주고 있다. 그리고 1854년(철종 5년)
에 호남의 지방관으로 내려온 후손들이 宗契를 만들어 더욱 덕양사 운
영에 간여하였다. 1863년에는 향음례를 거행하고 講修廳을 설치하여 향
촌의 교화와 교육에도 적극 나서고 있었다. 19세기에는 서원 사우가 후
손들의 문중 기구로 대부분 변모되었다고 할 수 있는데, 덕양사도 예외
는 아니었다.

1871년(고종 8)에 전국에 47개만 남겨놓고 사액서원 모두를 모두 철

폐하라는 명령이 내려졌다. 신숭겸을 제향하는 서원 사우 가운데 황해도 평산의 태백산성 안에 있는 三太師祠만 철폐를 모면하였다. 덕양사가 철폐된 뒤 후손들은 예전에 운영하던 종계전을 수습하여 1897년에 태생지인 곡성군 목사동면 구룡리에 遺墟碑를 세웠다.[58] 1927년에는 유허비 옆에 龍山壇을 만들어 제향을 계속하였다. 1934년에는 전라도에 거주하는 후손들이 발의하여 덕양서원이라는 이름으로 중건하였고, 이후에도 중수, 중건을 거듭하여 현재는 예전의 모습을 거의 회복하기에 이르렀다.

참고문헌

『덕양원지』(1937년).
『덕양서원지』(1973년).
『덕양서원지』(2000년).
『곡성군지』(1956년).
『곡성사마안』.
『포충사지』.
『서원등록』.
『열읍원우사적』.
윤희면, 『조선시대 서원과 양반』, 집문당, 2004.
변동명, 「신숭겸의 곡성 성황신 추앙과 덕양사 배향」, 『한국사연구』 126, 2004.
안선옥, 「전라도 곡성 덕양사 연구」, 전남대 교육대학원 석사학위논문, 2005.
윤희면, 「경상도 함양의 灆溪書院 연구」, 『남명학연구』 26, 2008.
김덕진, 「전라도 곡성현 향안 연구」, 『역사학연구』 60, 2015.

---

58 『덕양원지』, 유허비명(후손 판서 신기선찬).

장절공 신숭겸 곡성 유적 관련
몇 가지 문헌자료 고찰

김 대 현(전남대 국문과 교수)

Ⅰ. 서론

장절공 신숭겸 장군은 전국적인 유적지를 지니고 있다. 현재 곡성, 대구, 춘천, 평산 등 대표적인 유적지가 알려져 있기 때문이다. 그렇게 유적지가 전국에 남아있는 경우가 많지 않기에, 그는 매우 특별한 인물임을 알 수 있다. 따라서 장절공에 대한 여러 연구들이 많이 이루어지고 있다.

다 알다시피 장절공 본인의 작품은 워낙 오래된 시대의 일이라서 한 편도 남아있지 않으며, 나중에 장절공 관련 대표작품인 「도이장가」가 널리 알려져 있다. 이 「도이장가」에 대하여는 이미 많은 연구 논문이 있어 왔고, 앞으로도 더 연구가 되어질 것이다. 이와 함께 장절공이나 관련 유적지에 대한 작품들이 옛 문헌 속에 산발적으로 남아서 전하고 있다.

그 가운데에는 먼저 후손들이 지은 작품들이 자주 눈에 띤다. 예를 들면 평산 신씨 후손인 신익전이 경인년(1650, 효종1) 4월 24일에 연경으로 떠났는데, 3일 뒤 기유일에 송도를 지나 평산에 이르렀다. 이에 「우리 시조 장절공의 철상이 평산부의 산성에 있기에 구술하여 감회를 읊다/鼻祖壯節公鐵像在府山城口占寓感」라는 시를 지어 장절공의 유풍을 그리고 있다. 당시까지 그의 철상이 남아있었다는 것을 알려주고 있다. 이는 황해도 평산(平山)에 있는 태백산성(太白山城)을 말한다. 신라 경덕왕(敬德王) 21년에 쌓았는데, 뒤에 성황산성(城隍山城)이라 개칭하였다. 여기에 장절공의 철상이 모셔져 있었던 것이다. 또한 상촌 신흠의 「고려 태사 장절 신공 충렬비(高麗太師壯節申公忠烈碑)」나 「장절공 사우 중수기(壯節公祠宇重修記)」나 자하 신위의 제문(祭文) 「시조 장절공의 묘소에 제사한 글/祭始祖壯節公墓文」 등은 잘 알려져 있다.

물론 후손들이 아니지만 여러 문인들에 의하여 장절공에 대한 언급들도 비교적 많이 남아있다. 예를 들어 도곡 이의현은 '화려한 족보는 동양(東陽)이 성대하고/華牒東陽盛'라는 시구에서 평산 신씨의 성대함을 그리고 있다. 또 다산 정약용의 「태백산성 동루에서 풍천 도호 이민수와 장연 도호 구강 두도호와 마시다/太白山城東樓 同豊川 李民秀 長淵 具綘 二都護飮」와 같은 작품에서 '태사사에는 꽃이 피었다네/花發太師祠'라는 시구는 장절공 신숭겸의 사당인 태사사를 묘사하고 있다. 물론 정조(正祖)의 제문 등 관련된 산문들도 남아 있다. 이처럼 여러 군데서 장절공에 대한 충절의 이야기가 산발적으로 언급되고 있다. 이러한 장절공에 대한 관련 작품이나 유적지에 대한 작품들을 모두 찾아 정리하면서 장절공의 역사적인 기술을 정리하여 나가야 할 것이라고 생각한다.

필자는 곡성에서의 장절공 신숭겸과 관련된 몇 가지 문헌들을 조사하게 되었는데, 여기에서는 이 문헌들을 간략하게나마 소개하고자 한다. 이 문헌 가운데 다수는 이미 알려져 있는 문헌들이지만, 곡성의 장절공

연구에도 기초적인 자료가 될 것이므로, 조금 더 그 문헌적인 내용이나 가치를 다루어보려고 한다.

Ⅱ. 본론

장절공에 대한 기초적인 자료는 이미 널리 알려져 있는 도서들이 많다. 최근에 '신숭겸 장군 발췌 사료'라는 이름으로 상당수의 사료들이 정리되었다.[1] 이를 보면 삼국사기, 삼국유사, 고려사, 고려사절요, 조선왕조실록 등 관찬 사서를 비롯하여 여러 개인 문집들에 이르기까지 거의 40여 종에 이르는 사료들에서 장절공 관련 기록들이 나온다.

또한 위의 자료집에는 대구 표충사 소장 고서 고문서도 8종 실려 있고, 춘천 신숭겸 장군 유적지 기념관 소장 자료도 3종 실려 있다. 곡성 관련 유적지 자료를 파악하는 데도 기초적인 자료는 이미 간행된 장절공에 대한 책들이나 곡성 유적지에 대한 자료들이 널리 조사 수집되고, 정리되어져야 할 것이다. 이에 필자가 조사하고 있던 장절공 신숭겸 장군의 곡성 관련 유적지 자료들을 간행본과 필사본으로 나누어서 몇 가지 그 내용을 소개하면서 자료적인 가치를 탐색하여 보고자 한다.

1. 간행본 자료 고찰

1) 열성수교(列聖受敎)

현재 장절공 관련 『열성수교』는 간행시기가 다른 세 가지 본이 남아

---

1 『춘천소재 장절공 신숭겸장군 유적지 자료집』, 신숭겸장군발췌사료, 163면~282면, 강원대학교 인문과학연구소, 2013년 ; 『대구소재 장절공 신숭겸장군 유적지 자료집』, 95면~208면, 평산신씨대종중, 2013년 등의 책자에 정리되어 있다.

있다. 이 책은 그 중 한 가지로 편저자 미상이자 목활자본 1책, 판면 15
판이며, 간행년도도 미상이다.[2] 간행시기는 조선 후기의 판본이라고 추
정되어 진다. 이 책은 고려의 개국공신 신숭겸의 충의(忠義)를 추모하는
조선 역대 왕의 교령문(教令文)을 모와 놓은 책이다. 병조수교문(兵曹受
教文)·예조수교문(禮曹受教文)과 아울러 문종·성종·선조·숙종·영조 등
이 신숭겸의 후손들에게 군보납미(軍保納米) 등의 잡역을 면제해 준 전
교(傳教) 등이 수록되어 있다.

판본이 다른 서책과 동일한 내용이 수록되어 있으나, 가경(嘉慶) 2년
(1797)에 기록된 「치제태사사문(致祭太師祠文)」부터는 수록되어 있지
않은 것으로 보아 이 책은 1797년 이전에 간행된 것으로 짐작된다. 판본
은 같은 목활자본이나 활자가 다소 작아 한 면에 20자 정도가 더 추가
되어 있는 점이 다르다. 또한 다른 책에는 오기(誤記)에 대한 부연설명을
해당 본문 바로 위에 기록해 두고 있는데 이 책에서는 보이지 않는다.
마지막 부분에 부행장말단(附行狀末段)에는 그의 행장의 일부분만을 편
집하여 수록하였고, 칠휴거사(七休居士) 손순효(孫舜孝, 1427~1497)의 「제
장절공유사후(題壯節公遺後事後)」, 이어서 중봉(重峯) 조헌(趙憲, 1544~
1592)의 시 「제장절공행장후(題壯節公行狀後)」 등이 수록되어 있다.

2) 열성수교(列聖受教) 2

이 책의 편저자는 미상으로 목활자본 1책이며, 판면 27판으로, 구체적
인 편찬자, 간행시기 등 미상이다.[3] 이 책은 고려의 개국공신 신숭겸의

---

2 목차는 다음과 같다. '兵曹受教, 禮曹受教, 受教後錄(高麗策命 本朝 致祭文, 致
祭東陽書院文 肅廟朝, 致祭三太師祠文, 附行狀末段, 題壯節公遺事後, 題壯節公
行狀後'.
3 목차는 다음과 같다. '兵曹受教, 禮曹受教 受教後錄(高麗策命 本朝 致祭文, 致祭
東陽書院文 肅廟朝, 致祭三太師祠文, 致祭太師祠文), 高麗太師通合三韓戰爲王
代死功臣壯節公諱崇謙後裔名臣行錄'.

충의(忠義)를 추모하는 조선 역대 왕의 교령문(教令文)을 모아 놓은 책이다. 그러나 앞에서 들었던 열성수교(列聖受教) 책 뒷부분에 몇 가지 내용을 보충하고 있어서 후대의 판본임을 알려주고 있다. 즉 가경(嘉慶) 2년(1797)에 기록된 「치제태사사문(致祭太師祠文)」이나 「장절공후예명신행록(壯節公後裔名臣行錄)」 등이 실려 있기 때문이다.

「병조수교문(兵曹受教文)」, 「예조수교문(禮曹受教文)」과 아울러 문종·성종·선조·숙종·영조 등이 신숭겸의 후손들에게 군보납미(軍保納米) 등의 잡역을 면제해 준 「전교(傳教)」 등이 수록되어 있다. 수교후록(受教後錄)에는 「고려책명(高麗策命)」과 「치제동양서원문(致祭東陽書院文)」 등 조선 왕조의 「치제문(致祭文)」이 수록되어 있다.

특히 병조(兵曹) 및 예조(禮曹)에 보낸 「교령(教令)」에는 신숭겸의 인물에 대해서 "신숭겸은 처음 이름이 능산(能山)이며, 광해주(光海州) 사람이다. 체격이 크고, 무예에 뛰어나며 용맹스러웠다. 927년에 태조가 공산(지금의 팔공산)의 동수(桐藪)에서 견훤과 전투를 벌였는데, 전세가 불리하였다. 견훤의 군사가 태조를 포위하여 매우 위급한 상황이 되자 당시 대장이던 신숭겸은 원보(元甫) 김락(金樂)과 함께 힘껏 싸우다가 그곳에서 전사하였다."고 기록되어 있음을 볼 수 있다. 또한 당시의 같은 개국공신인 무열(武烈) 배현경(裵玄慶)·홍유(洪儒)·복지겸(卜智謙) 김락(金樂) 등이 세운 업적에 대한 기록도 곳곳에 기록되어 있다.

「고려책명본조치제문(高麗策命本朝致祭文)」에는 1120년(예종12) 팔관회가 있을 당시 개국공신 김락과 신숭겸의 모습을 짚으로 엮은 가상(假像)이 나타났다. 이에 임금이 누구인지 묻는데, 신하가 그들의 업적을 말하자 임금이 감개(感慨)하고 추도하며 지은 율시 한편과 단가인 「도이장가(悼二將歌)」가 수록되어 있다.

또한 본문에는 성리학의 시조로 불리는 문성공(文成公) 안향(安珦, 1243~1306)의 7언 절구시인 「향등(香燈)」 한 수도 수록되어 있다. 전남 곡성 오곡면에 도동묘(道東廟)가 있는데 안향의 후손인 안호(安瑚)가 조선 숙종 2년(1976)에 우리나라 주자학의 시조인 안향과 송나라 주자를 모시기 위해 세운 사당이 있으며, 봄과 가을에 제사를 모시고 있다. 그는 신숭겸과 함께 임금의 훈공(勳功)을 봉하는 수교를 함께 받은 인물이다.

또한 「장절공후예명신행록」에는 장절공 11대손인 어사대부 신군평(申君平)에서부터 한천처사 신숙빈(申叔彬)에 이르기까지 여러 후예들의 간단한 기록이 실려 있다.

3) 덕양원지(德陽院誌)

이 책의 편저자는 신태정(申泰鼎) 등으로 목활자본 2권 2책이며, 간행년도는 1864년경으로 추정된다.[4] 신숭겸을 기리기 위한 덕양서원의 서원지이다. 여기에는 후손 석우(錫愚)와 의순(義巡)의 서문 2편이 권두에, 29세손 관호(觀浩)의 발문이 권말에 실려 있다.[5] 모두 갑자년(甲子年)에 기록한 것이니, 간행시기는 1864년으로 추정할 수 있다. 하권의 「덕양원지개간유사록(德陽院誌開刊有司錄)」을 보면, 신태정은 당시 옥과현감으로 있어서 그의 역할이 컸을 것으로 보인다.

덕양사의 「중수기(重修記)」에는 1589년(선조 22) 지방유림의 공의로 신숭겸의 학문과 덕행을 추모하기 위해 창건하여 위패를 모셨으며 임진왜란과 정유재란으로 모든 건물이 불타고 사우와 위패만 보존되어 오던 중에 1603년에 사우를 중수하고 1665년에 서원의 규모를 갖추어 건물

---

4 목차는 다음과 같다. '德陽院誌目錄 上：序, 圖式, 事蹟, 事例, 儀規, 笏記, 定武, 書籍, 什物, 田畓, 奴婢, 生保, 德陽院誌目錄 下：文獻一：列聖 敎書, 御製三太師祠致祭文, 御製紀功祠賜額祭文 文獻二：門蔭武官, 儒林 德陽院誌開刊有司錄, 跋'.

5 신관호는 신헌(申櫶, 1810년~1888년)으로 조선말의 무신이자 외교관이다. 자는 국빈(國賓), 호는 위당(威堂), 시호는 장숙(壯肅)이다. 본관은 평산(平山). 원래 이름이 신관호(申觀浩)였는데 신헌으로 개명하였다.

을 중수하였다는 내용이 있다.

하권의 「시가(詩歌)」에는 고려 예종(睿宗) 때 임금이 서도(西都) 곧 평양(平壤)에 순행하여 팔관회(八關會)를 베풀었을 적에는 나타난 가상(假像)들이 삼한(三韓)을 통일할 때의 대사공신(代死功臣)인 대장군(大將軍) 신숭겸과 김락임을 알고, 임금이 초연히 감개하여 두 신하의 후손을 물어 벼슬과 상을 내리고, 송도(松都)에 돌아와서 다시 벼슬과 상을 내린 다음 율시(律詩) 일절(一節)과 단가(短歌) 이장(二章)을 지어서 내린 전말과 작품이 수록되어 있다.

문헌(文獻) 2의 「문음무관(門蔭武官)」에는 인물의 본관, 파(派), 호(號), 직책, 업적 등이 간략하게 기록되어 있으며, 여기에는 조선중기의 문신 겸 학자로 임진왜란이 발발시기에 전라도 관찰사를 역임하고 왜적에 대항한 이광(李洸, 1541~1607)을 시작으로, 상촌(象村) 신흠 (申欽, 1566~1628), 서하당 김성원의 아들로, 사액을 청하는 글을 올린 김감(金鑑, 1566~미상), 발문을 남긴 신관호(申觀浩, 1810~1888)가 포함되어 있다. 또한 신관호 관련 부분에 계(禊)를 창설하였다고 되어 있는데, 사우 보수와 종족의 결속을 다지기 위한 '종계(宗禊)'를 말한 것으로 짐작된다. 상권에 「종계사례(宗禊事例)」에는 계원을 선출하는 기준 등의 계칙에 대한 항목이 간략하게 기록되어 있다.

「유림(儒林)」은 시기와 업적별로 구분되어 있어 쉽게 파악할 수 있으나, 성명 외에는 별도로 기입된 것이 없어 인물에 대한 자세한 내용 파악은 어렵다. 이 책은 신숭겸과 덕양서원에 관련된 기록들을 체계적으로 모은 최초의 책이라고 할 수 있다.

4) 열성수교(列聖受敎) 3

이 책은 편저자 신방현(申邦鉉)으로 연활자본 1책, 판면은 20판이며, 1922년(대정 11년)에 간행되었다.[6] 이 책은 출판 사항이 뒷면에 기록되

어 있어서 비교적 자세하게 그 내용을 알 수 있는데, 현재 여러 도서관
에 소장되어 있다. 이 책은 전해오던 열성수교에 대하여 다시 보충하여
개판한 것으로 보인다. 고려의 개국공신 신숭겸의 충의(忠義)를 추모하
는 조선 역대 왕의 교령문(敎令文)을 모아 놓은 책이다. 그는 신숭겸의
후손으로 1948년 5월 10일 충청남도 공주에서 국회의원으로 활동한 인
물이기도 하다.

이 책은 '평산신씨고려태사장절공유사(平山申氏高麗太師壯節公遺事)'
라는 기록으로 시작하고 있다. 이 책과 앞선 시기의 열성수교(列聖受敎)
와 비교해 보면, 「병조수교문(兵曹受敎文)」·「예조수교문(禮曹受敎文)」과
아울러 문종·성종·선조·숙종·영조 등이 신숭겸의 후손들에게 군보납미
(軍保納米) 등의 잡역을 면제해 준 「전교(傳敎)」 등이 수록된 점은 동일
하나, 판본 마지막에 추가된 내용이 약간의 차이를 보인다.

좀 더 구체적으로 보면 후대에 편찬된 것인 만큼 편저자와 간행시기
가 마지막에 명시되어 있고, 「장절공선세명위보(壯節公先世明衛譜)」와
그의 31세손 신홍균(申洪均)의 글이 새롭게 추가된 것이다.

5) 장절공신선생실기(壯節公申先生實紀)

이 책은 비교적 널리 알려져 있는데, 편저자는 신현구(申鉉求)로 목활
자본 4권 1책이며 1926년에 상주(尙州)에서 간행되었다.[7] 고려의 개국공
신인 장절공 신숭겸의 관계 기록을 묶어 편찬한 책으로, 표지에는 '장절

---

6 목차는 다음과 같다. '兵曹受敎, 禮曹受敎, 受敎後錄(高麗策命 本朝 致祭文, 致
祭東陽書院文 肅廟朝, 致祭三太師祠文, 附行狀末段, 題壯節共遺事後, 題壯節公
行狀後), 壯節公先世明衛譜'.

7 목차는 다음과 같다. '壯節公申先生實紀序, 壯節公申先生實紀 凡例, 壯節公申先
生實紀 目錄, 壯節公申先生實紀 卷之一 : 詩, 書, 紀蹟; 壯節公申先生實紀 卷之
二 : 俎豆事實; 壯節公申先生實紀 卷之三 : 碑銘敍述; 壯節公申先生實紀 卷之
四 : 列聖受敎; 實紀刊行顚末, 跋'.

선생실기(壯節先生實紀)'라고 되어 있다. 병인년(1926)에 후손인 신현구의 서문과, 같은 해에 후손 신우균(申佑均)의 발문이 있다.

서문에는 『논어(論語)』 「자한편(子罕篇)」의 "知者不惑, 仁者不憂, 勇者不懼"의 구절을 들어 그의 덕행을 칭송하고 있다. 「본전(本傳)」에서 처음 이름은 능산(能山)이며, 10년(927)에 태조가 공산(公山 : 지금의 대구광역시 팔공산)의 동수(桐藪)에서 견훤과 전투를 벌였는데, 전세가 불리하였다. 견훤의 군사가 태조를 포위하여 매우 위급한 상황이 되자 당시 대장이던 신숭겸은 원보(元甫)와 김락(金樂)과 함께 힘껏 싸우다가 그 곳에서 전사한 내용이 있다. 또한 태조가 그의 죽음을 매우 슬퍼하여 시호를 장절(壯節)로 하였다는 내용도 기록되어 있다.

문순공(文純公) 박세채(朴世采, 1631~1695)가 지은 「별전(別傳)」도 있는데, 그는 몸집이 장대하고 무용(武勇)이 뛰어나 궁예(弓裔) 말년(918년)에 홍유(洪儒), 배현경(裵玄慶), 복지겸(卜智謙) 등과 함께 궁예(弓裔)를 몰아내고 왕건(王建)을 추대, 고려를 창건하여 개국원훈(開國元勳) 대장군이 된 내용이 있다.

권1에 시(詩) 「동수유의대(桐藪遺衣帶)」 한 수와 서(書) 「여혹인(與或人)」 한 편이 있으며, 「기적(紀蹟)」에 「본전(本傳)」, 「별전(別傳)」, 「유적(遺跡)」, 「초상(草像)」, 「유사(遺事)」가 있으며, 권 2의 조두사실(俎豆事實)에 「태사사사실(太師祠事實)」, 「사우상량문(祠宇上樑文)」, 「춘추향축문(春秋享祝文)」, 「서원중수기(書院重修記)」, 「봉안문(奉安文)」, 「서원중건상량문(書院重建上樑文)」 등이 있다.

권3의 비명서술(碑銘敍述) 조에 「대구공산충렬비명(大邱公山忠烈碑銘)」, 「충렬비각중수기(忠烈碑閣重修記)」, 「대구대비동영각유허비문(大邱大悲洞影閣遺墟碑文)」 등에 대한 내용이 수록되어 있다. 권4에는 「열성수교(列聖受敎)」 부분으로 「병조수교(兵曹受敎)」, 「예조수교(禮曹受敎)」 등이 수록되어 있으며, 마지막에는 「실기간행전말(實紀刊行顚末)」과 「발

(跋)」이 수록되어 있다. 이 책은 이미 잘 알려져 있듯이 장절공에 대한 가장 기본적인 자료가 된다.

6) 덕양원지(德陽院誌)

이 책의 편저자는 신석균(申奭均)으로 연활자본 1책이며, 1937년에 간행되었다.[8] 전라남도 곡성군 오곡면 덕산리에 있는 덕양서원의 서원지이다. 부종안(附宗案)이라고 종안이 부록으로 붙어 있다. 덕양서원은 1589년 지방 유림들이 장절공 신숭겸의 학문과 덕행을 추모하기 위해 창건하였으나, 임진왜란과 정유재란으로 인해 사우와 위패만이 남게 되었다. 그 이후 1665년에 서원의 규모를 갖추어 건물을 중수하였다. 그 뒤 을해년(1695)에 사액되었으나 대원군의 서원철폐령으로 훼철되었다가 1934년 지방 유림들에 의해 복원되었다.

상편에는 갑자년(1924) 후손인 석우(錫愚)와 의순(義巡)이 지은 서문을 시작으로,「유허도(遺墟圖)」,「원림도(園林圖)」 등의 여러 도식(圖式)과「사적(事蹟)」, 원고(元庫)와 별고(別庫) 등에 대한「사례(事例)」,「의규(儀規)」,「홀기(笏記)」,「정식(定式)」,「서적(書籍)」,「집물(什物)」,「전답(田畓)」,「노비(奴婢)」,「생보(生保)」 등의 순으로 수록되어 있다.

하편의「문헌(文獻)」은 1·2로 나누어져 있는데, 문헌(文獻) 일(一)에는 덕양서원의 교서와 각종 제문, 장절공의「행장(行狀)」과「별전(別傳)」,「대구충렬비명(大邱忠烈碑銘)」,「중수기(重修記)」,「강당중건상량문(講堂重建上樑文)」,「시가(詩歌)」 등이 있으며, 문헌(文獻) 이(二)에는「문음

---

8 목차는 다음과 같다. '德陽院誌序, 德陽院舊誌 目錄, 德陽院舊誌 凡例, 圖, 事蹟, 事例, 儀規, 笏記, 定武, 書籍, 什物, 田畓, 奴婢, 生保, 文獻一, 文獻二, 德陽院 新增 目錄, 重建院宇圖, 文獻, 高麗太師壯節申公靈蹟實記碑, 德陽院誌續刊任員錄, 德陽院誌後設詩, 平山申氏德陽書院宗案, 平山申氏分派圖, 平山申氏德陽書院宗案座目, 宗案編輯任員錄, 宗案跋'.

무관(文蔭武官)」에 속한 인물들의 자 또는 호, 태어난 시기 등이 함께 명시되어 있다.[9]

7) 방명록(芳名錄)

이 책의 편저자는 신석균(申奭均)으로 연활자본 1책이며, 1938년에 곡성(谷城)에서 간행되었다.[10] 이 책의 속제는 '평산신씨의연방명록(平山申氏義捐芳名錄)'으로, 후손들을 중심으로 사우 유지 및 보수를 위해 협조한 인물을 기록한 책이다. 서문은 장절공 선생의 33세손 현제(鉉濟)와 낙철(洛澈)이 썼으며, 발문은 현택(鉉澤)이 썼다. 그 서문을 시작으로, 33세 후손 낙철의「덕양서원복설시德陽書院復設詩(7언절구)」1수, 32세손인 석균의 서문이 수록되어 있다.

그 외「덕양우중건시통문(德陽宇重建時通文)」,「사우유지통문(祠宇維持通文)」,「유허지의연통문(遺墟地義捐通文)」,「종안통문(宗案通文)」등의 여러「통문(通文)」이 있으며, 8조목으로 제시된 방명록의「범례(凡例)」가 있다.

『방명록(芳名錄)』은 8개의 항목으로 분류하여 각각의 의연금을 기부한 명단을 금액별로 나누어 기록해두고 있다. 8항목은 덕양우의연금 명단, 사우복설 의연금 명단, 사우유지 의연금 명단, 사우복설 의연금 명

---

9 국립중앙도서관에도 같은 시기의 판본이라 여겨지는 책이 소장되어 있다. 그런데 문희공파(文僖公派)에 속하는 신석구(申錫九)라는 인물 위에 '사간공파(思簡公派)'라고 수기된 부분을 비롯한 전체적인 내용은 모두 동일하지만, 본문에서 설명하는 책에는 마지막에 문희공파(文僖公派)와 제정공파(齊靖公派)에 속하는 4명의 인물과 종안(宗案)의 발문이 추가된 점, 그리고 조선총독부도서관 인장이 찍혀있지 않은 점이 다르다.

10 목차는 다음과 같다. '序, 德陽書院復設詩, 德陽宇重建時通文, 祠宇維持通文, 遺墟地義捐通文, 宗案通文, 僉宗座下, 告由文, 德陽宇義捐芳名錄凡例, 德陽宇義捐芳名錄, 祠宇復設義捐秩, 祠宇維持義捐一回秩, 祠宇維持義捐二回秩, 燕序齋建築義捐秩, 九龍里遺墟地遷退義捐芳名錄, 義捐芳名錄任貝秩, 跋'.

단, 사우 유지 의연금 명단(1회), 사우 유지 의연금 명단(2회), 경내의 연서재 건축시 의연금 명단, 구룡리 유허지 환퇴시 의연금 명단 등이다.

특히 구룡리 유허지 환퇴시 의연금을 낸 4명 후손의 명단이 수기로 작성되어 인장이 찍혀있으며, 그외 오기(誤記)된 부분에도 수정된 사항을 적고 인장이 찍혀 있다. 마지막에는 42명으로 구성된 임원록이 있는데 편저자인 신석균이 당시에 금전 출납을 담당하는 장재(掌財)에 속했음을 알 수 있다. 이 책은 덕양사가 후손들에 의하여 어떻게 잘 관리되고 있었던가를 보여주는 자료이다.

8) 용산단지(龍山壇誌)

이 책의 편저자는 신봉식(申鳳湜), 신현기(申鉉琦)로 연활자본 1책이며, 1962년에 곡성에서 간행되었다.[11] 이는 장절공 신숭겸의 유적인 용산재(龍山齋)에 대한 전말과 사적을 파악할 수 있도록 기록해 놓은 책으로, 크게 「용산단지(龍山壇誌)」와 「용산단지부편(龍山壇誌附編)」으로 나누어져 있다. 용산단의 소재지는 전라남도 곡성군 목사동면 구룡리로, 장절공 신숭겸이 탄생한 곳이며 그를 향사하고 있는 곳이다. 참고로 이 건물은 현재 전라남도 기념물 제56호로 지정되어 있다.

용산단지는 유허지의 역사와 유허지의 사적을 총망라하여 편집한 것과 단(壇)과 원(院)을 구분해 놓았으며, 각 그림들은 평산신씨 세계보(世系譜)에 수록된 것의 사본이다. 또한 「사적(事蹟)」은 국사읍지(國史邑誌)와 기문초고(記文草藁)등의 신빙성 있는 자료에 의거하여 수록하였음을 알 수 있다.

또 용산단에서 향사의식은 고을의 유림과 예손(裔孫)이 함께 행하였

---

11 목차는 다음과 같다. '龍山壇誌 畵(壯節公肖像), 序, 跋, 凡例, 目錄, 有司, 圖(遺墟圖, 山水圖, 殉節壇基址圖, 事蹟, 遺墨, 文獻, 題詠 : 龍山壇誌附編 文獻, 圖, 世系譜, 壯節公遺墟事業重建期成會任員, 壯節公遺墟事業重建期成會義捐芳名錄'.

으며, 처음에는 단(壇)을 세운 1929년부터 1959년까지 약 30년간을 9월 말정(末丁)에 봉사(奉祀)하였으나, 그 다음 해인 1960년부터는 그 제향시기를 9월 중순으로 옮겼음을 알 수 있다.

그 이후 1960년에 용산재(龍山齋)가 창건되었는데, 그 액자(額字)는 후손 신하균(申河均)이 썼다. 그리고 용산재의 정문(正門)을 구룡문이라 하였는데, 그 액자(額字)는 후손 신봉식(申鳳湜)이 썼다. 이 외에도 같은 해에 창건된 고사(庫舍)와 그 주위에 세운 원장(垣墻)과 유허비, 유허비 비각에 대한 창립시기와 내용이 기록되어 있다. 참고로 유허비는 1897년에 후손과 당시 태안사 주지스님 김만오(金萬五)의 후원으로 세워졌으며 비문은 후손 신기선(申箕善)이 짓고, 신석희(申奭熙)가 썼다.

마지막에 기록된 「장절공 유허사업중건기성회 의연방명록(壯節公 遺墟事業 重建期成會 義捐芳名錄)」은 성명, 파(派), 종목, 성금액, 주소 순으로 되어 있으며, 각 지역별로 구분하여 기록하였다. 또한 지출내역서도 간략하게나마 명시되어 있어 그 내용을 확인할 수 있다.

9) 덕양서원지(德陽書院誌)

이 책의 편저자는 신봉식(申鳳湜), 신현기(申鉉琦) 등으로 신활자본 1책이며, 1973년도 간행되었다.[12] 이 책은 전라남도 곡성군 오곡면 덕산리에 자리한 덕양서원의 서원지이다. 속제는 '신수덕양원지(新修德陽院誌)'로 되어 있고, 후손 봉식(鳳湜), 봉균(奉均), 현기(鉉琦)의 서문과 후손 현직(鉉稷)의 발문이 수록되어 있다.

---

12 목차는 다음과 같다. '德陽院誌序, 跋, 舊序, 跋, 德陽院舊誌目錄, 新凡例, 舊凡例, 遺墟圖, 德陽書院基址圖, 殉節壇基址圖, 壯節公兆次山水圖, 將軍壇基址圖, 舊院宇圖, 釋菜陳設圖, 充脯省牲禮圖, 事蹟一, 事蹟二, 事蹟三, 事例, 笏記, 書式, 院宇, 壇垗, 園林, 位士, 書籍, 懸板, 柱聯, 什物, 奴婢, 生保, 田畓, 文獻一, 文獻二, 文獻三, 詩歌'.

이곳은 1589년(선조22) 지방유림의 공의로 장절공 신숭겸의 학문과 덕행을 추모하기 위해 창건되었으며, 1695년(숙종21) '德陽(덕양)'이라고 사액되었으나 대원군의 서원철폐령으로 1868년(고종 5)에 훼철되었다가 갑술년(1934)에 복원되었다. 이러한 상황을 「사적(事蹟) 2」에 훼철 후부터 복설 전까지 약 63년간을 서원의 단에 향사를 계속해 오던바 불초한 후손이 구용리(九龍里)의 유허지까지 원림과 위토(位土) 일체를 매각처분하여 향사를 하지 못할 상황에 처했으나, 갑술년(1934) 절치부심 끝에 후손들의 힘으로 복구(復舊) 되었다는 내용이 있다.

범례에 따르면, 본 서원지는 신본과 구본을 합본한 것으로, 내용에 있어서 「사적(事蹟)」과 「문헌(文獻)」은 연도별로 나누어 기록하고, 특히 「사적」은 훼철사적과 복설 후 사적을 나누어 각각 수록하였으며, 「용산장군양단(龍山將軍兩壇)」의 사적은 제 3에 별도로 기록하였음을 알 수 있다. 또한 사적의 기록은 현대 상용 문자로 기록하여 독자들이 용이하도록 하였음을 언급하고 있다.

그리고 「종규개정안복설후 총칙(宗規改正案復設後 總則)」은 총 3장 12조, 부칙 1장 6조로 비교적 상세하게 제시하고 있다. 특히 임원들이 맡은 업무와 임기, 업무에 대한 불이행시에 따른 처벌 등에 관한 규칙도 상세히 기록하고 있다.

「문헌(文獻)」 2의 「시계서(詩契序)」는 남원의 양홍(梁洪)이 지었는데, 이 글을 통해서 이 계는 단순히 시를 읊는 모임이 아닌 신숭겸을 기리는 것은 물론, 서원의 원활한 운영을 위한 목적을 지닌 모임임을 알 수 있다. 그리고 시(詩)는 모두 7언 절구시로 이루어졌으며, 유림들의 작품과 후손들의 작품을 나누어 수록하고 있으며, 마지막에는 서원지 간행에 도움을 준 인물과 주소, 성금이 기록된 방명록이 있다.

2. 필사본 자료 고찰

1) 곡성산송록(谷城山訟錄)

이 책은 편저자 미상의 초서체 필사본 1책으로 필사년은 미상이다.[13]
표제는 '곡성산송록 부 대구산송록(谷城山訟錄 附 大邱山訟錄)'으로 되
어 있으며, 서·발문과 목차는 별도로 수록되어 있지 않다. 다만, 권두
에 기록된 내용과 본문의 내용을 통해서 기묘년부터 갑오년까지 신숭겸
을 배향한 덕양사(德陽祠)와 관련된 산송에 관한 문서를 모은 것임을 알
수 있다.

내용으로는 후손들이 올린 통문(通文)과 관부를 대상으로 오늘날의
탄원서와 같은 의송(議送)과 이와 관련하여 관부(官府)에서 사실 확인을
적은 완문(完文)이 함께 수록되어 있다. 단, 여기서의 의송은 「소지(所志)」
라는 것과는 차이가 있다. 이는 모두 소장(訴狀)이나 청원서(請願書)의
기능을 가지지만, 「소지(所志)」는 수령에게 올린 문서를 말하고, 「의송
(議送)」은 순찰사나 관찰사에게 올린 것을 말하는 것이다. 의송은 대개
「소지(所志)」로 민원이 해결되지 못할 때 올린 것을 말하는데, 본서에서
의송문서들이 대부분을 차지하는 것으로 보아 관청에 「소지(所志)」로
민원이 해결되지 않아서 후손에 의해 의송으로써 여러 차례 다시 올린
것으로 보인다.

산송에 관한 내용 외에도 덕양사에 있는 제기(祭器)와 서책에 항목과
숫자를 기록해 놓은 「제기서책전여기(祭器書册傳與記)」, 「축문식(祝文
式)」, 「전답질(田畓秩)」, 별고에 관한 「별고완문(別庫完文)」, 「별고안(別
庫案)」, 「별고전답기(別庫田畓記)」와 당시 유사(有司)인 노양국(盧良國)

---

13 목차는 다음과 같다. '通文, 議送, 呈谷城官狀, 議送, 祭器書册傳與記, 祝文式,
　　田畓秩, 別庫完文, 別庫案, 別庫田畓記, 完文, 谷城書院請額疏, 咸昌通文, 太學
　　通文, 議送, 京通文, 高麗開國功臣壯節申公神道碑銘, 通文'.

과 유사철(柳士喆)이 쓴 「완문(完文)」이 있다. 또한 「곡성서원청액소(谷城書院請額疏)」와 대구의 산송과 관련한 문서인 「의송(議送)」과 「통문(通文)」이 있으며, 「치제문(致祭文)」, 장절공 신숭겸의 「신도비명(神道碑銘)」과 그리고 마지막에는 교하(지금의 파주)와 원주에서 보낸 「통문(通文)」, 「평산 동양서원 치제문(平山 東陽書院 致祭文)」 등이 있다. 본지는 덕양사와 관련한 세부적인 내용을 담고 있어 당시의 산송문제에 대한 내용을 파악하기 위한 자료로써 의미가 있다.[14]

2) 곡성별고안(谷城別庫案)

이 책의 편저자는 미상이며 필사본 1책으로 필사년도 미상이다.[15] 주로 덕양사의 보수 및 제례를 위한 재정 확보의 일환으로 경내에 설치된 별고(別庫)에 대한 전말을 기록한 책이다. 여기에는 별고 설치에 도움을 준 인물과 별고의 「절목(節目)」 이외에도 「덕양사진신안서(德陽祠搢紳案序)」, 「덕양서원기로안서(德陽書院耆老案序)」, 「덕양서원청금안서(德陽書院靑襟案序)」, 「축문(祝文)」, 「통문(通文)」 등도 수록되어 있다.

「곡성덕양사구별고안서(谷城德陽祠舊別庫案序)」에 1796년(정조20) 곡성현감인 이윤명이 본손(本孫)과 내외 후손들의 후원으로 백금액(百金額)을 모아 원(院)을 유지하기 위해 별고(別庫)를 설치하였다는 기록이 있다. 이를 통해 별고를 설치한 시기와 협조한 구성원들을 정확하게 파악할 수 있다.

---

14 이 책은 '춘강문고'에 복사본으로 소장되어 있다.
15 목차는 다음과 같다. '谷城德陽祠舊別庫案序, 別庫儀曹綠, 別庫沓記, 德陽祠新別庫案, 別庫節目, 德陽書院別庫沓收稅完文, 德陽書院院長案, 德陽祠搢紳案序, 德陽書院耆老案序, 凡例, 德陽書院靑襟案序, 壇祭祝文, 芻記, 平山太師祠東門先得樓重修記, 續太師記後, 平山申氏文僖公派永慕序, 節目, 平山申氏大同譜序, 元耘谷華海師全節錄中抄出平山申氏世系, 先祖府尹公派宗稧序, 通文, 孝子嘉善大夫申公通文, 案稧序, 跋'.

또한 별고의 설치 목적도 밝히고 있는데, 재정의 많은 부분을 차지하는 원우(院宇)의 수선(修繕)을 위해 후손들의 중심이 되어 별도의 별고를 설치하고 기타 운영의 재정을 확보하고자 했음을 알 수 있다. 그리고 「종계서(宗禊序)」도 수록이 되어 있는데, 이 또한 원우 수선을 위한 방안이며, 무엇보다 종족간의 결속을 강화하는 목적이 있음을 밝히고 있다.

이 「덕양사구별고안」에 대한 내용은 1973년판 『덕양서원지(德陽書院誌)』에도 간략하게 수록되어 있으나, 여기에는 구체적으로 기록되어 있어 당시의 별고 설치와 운영에 대한 내용을 파악하는데 중요한 사료적 가치를 지닌다. 또한 「덕양사신별고안」은 규장각 직각을 하였던 신석희(申錫禧, 1808~1873)에 의하여 작성되었다.

3) 가세집유(家世集遺)

이 책은 편저자 미상의 필사본 1책으로, 구체적인 필사년도 미상이다.16 장절공 신숭겸을 비롯한 공신들의 행적을 기록한 책으로, 표지가 유실되어 정확하게 파악할 수는 없으나, 속지에 「가세집유(家世集遺) 권지일(卷之一)」로 시작하는 것으로 보아 단권은 아님을 알 수 있다.

이 책은 여러 평산 신씨 관련 기록을 모으면서, 먼저 1권으로는 박세채가 1686년에 편찬한 『태사장절공유적』을 옮겨 적었다. 여기에서는 태조부터 예종까지의 신숭겸을 비롯한 공신들의 행적과 고려 개국의 과정들을 기록하고 있어서 당시의 상황을 살필 수 있다. 또한 「혜왕후류씨전(惠王后柳氏傳)」과 「장절공본전(壯節公本傳)」, 「홍유전(洪儒傳)」, 「배현

---

16 목차는 다음과 같다. '太祖世家, 成宗世家, 睿宗世家, 禮志, 神惠王后柳氏傳, 壯節公本傳, 洪儒傳, 裵玄慶傳, 庾黔弼傳, 草像, 壯節公行狀, 壯節公行狀後(詩), 大邱公山壯節公忠烈碑, 谷城祠宇重修記, 擬上祠宇請 額疏, 書院講堂重建上樑文, 春秋墓祭文, 平山山城祠宇上樑文, 祠宇重修祭文, 與平山鄉所士林諸位單子, 平山雲峰祠宇春秋享祝文, 書院重修上樑文, 祠宇移安祝文, 還安祝文, 書院請 額疏, 書院重修記'.

경전(裵玄慶傳)」,「유검필전(庾黔弼傳)과 같은 각각의 전(傳)도 수록되어 있다. 그 외에도 『장절공선생실기』에서도 수록된 「초상(草像)」,「장절공행장(壯節公行狀)」,「대구공산장절공충렬비(大邱公山壯節公忠烈碑)」,「곡성사우중수기(谷城祠宇重修記)」 등이 있다.

「태조세가(太祖世家)」를 보면, 914년(건화 4) 홍유, 배현경, 신숭겸, 복지겸이 비밀리에 모의하고 밤에 태조를 뵙고 모의한 뜻을 함께 말하였으나, 태조는 거절하며 허락하지 않았다. 부인 류씨는 그들의 의논을 듣고 손으로 갑옷을 들어 태조에게 올렸다는 내용이 있다. 또한 태조는 포악한 임금을 폐위시키던 당시에 충신의 절의를 다한 자에게는 마땅히 포상을 하려 그 공로를 장려해야 할 것임을 명하고, 홍유, 배현경, 신숭겸, 복지겸을 1등 공신으로 삼아 금은(金銀)의 기물과 비단 이불 및 옷감 등을 차등 있게 주도록 한 내용이 있다.

「성종세가(成宗世家)」에는 13년 여름 4월 갑진년에 태묘(太廟)에 제를 지낼 때에 대종(戴宗)을 제5실에 모시고 공신 배현경, 홍유, 복지겸, 신숭겸, 유검필(庾黔弼)을 태조에게 배향한 것에 대한 기록이 있다. 또한 「현종세가(顯宗世家)」에는 18년 여름 4월 임오년에 태묘(太廟)에 배알하고 선왕과 선후(先后)에게 존호(尊號)를 올렸으며 배현경, 홍유, 복지겸, 신숭겸, 유검필, 최응(崔凝)을 태조에게 배향하였다는 기록이 있다. 그리고 마지막 「예종세가(睿宗世家)」에는 15년 겨울 10월 신사(辛巳)에 팔관회(八關會)를 설(設)하고 임금이 잡희(雜戲)를 보는데 국초(國初)의 공신(功臣)인 김락과 신숭겸의 우상이 있어 임금이 감탄하여 시를 지었다는 내용도 기록되어 있다.

전반적으로 『고려사』에 수록된 내용과 거의 동일하나 특히 「태조세가(太祖世家)」의 경우에는 그 내용을 다소 축약하여 구체적인 내용파악에는 어려움이 있다. 그러나 고려개국 당시의 역사적인 사실과 신숭겸을 비롯한 공신들의 행적을 파악할 수 있는 사료적 가치를 지닌다.

Ⅲ. 결론

이상으로 곡성을 중심으로 한 장절공 신숭겸 장군 관련 자료들을, 필자가 조사한 몇 가지 자료를 중심으로 살펴보았다. 현재 모두 12종을 볼 수 있었는데, 이 가운데 간행본은 9종, 필사본은 3종이다. 이들 자료들은 곡성의 장절공 관련 유적지들이 어떻게 형성되고 발전되어 나가고 있는가를 잘 보여주는 자료들이 될 것이다.

먼저 장절공 관련 열성수교(列聖受敎)가 세 번이나 간인되어서, 이를 매우 중시하였음을 알 수 있다. 열성수교는 다른 몇몇 문중에서도 간행한 책들이 있지만, 평산신씨 문중에서는 현재 세 차례나 간행이 확인되어서, 가장 중시하였음을 보여주고 있다.

또한 곡성 유적지에서는 덕양서원이 매우 중시되어서, 덕양서원지 또한 세 차례나 간행되었다. 관련 자료들이 계속 증보되면서 정리되고 있었음을 보여주고 있는데, 덕양서원의 역사와 발전에 대하여 구체적인 기술이 되어 있다. 아울러 곡성의 장절공 관련 문헌들은 더 있으리라 추정된다. 이 글에서는 다만 필자가 조사한 일부 책들에 대하여 간략하게나마 기술하였다.

이 밖에도 1686년에 목활자본으로 박세채가 편찬한 『태사장절공유적』은 『고려사』, 『동국통감』, 『여지승람』 등에 실린 장절공 관련 기록들을 정리한 중요한 책이다. 또한 1929년에 신두식(申斗湜)이 문경(聞慶)에서 목활자본으로 편찬한 『동양세적(東陽世蹟)』 2권 1책도 평산 신씨의 여러 관련 인물들을 기록한 책으로 중요한 간행본이다. 향후 이 모든 자료들을 폭넓게 조사하여 곡성 관련 자료뿐만 아니라, 전체적으로 장절공과 평산 신씨 관련 문헌들을 정리하여 나갈 필요가 있다고 생각한다.

신숭겸의 절의관과 유적의 성격

황 병 성(광주보건대 교수) · 신 인 현(조선대 교수)

Ⅰ. 머리말

申崇謙(?~927)은 시호 '장절'에 나타나는 것처럼 충렬과 순절을 상징하는 한국의 대표적인 인물이다. 그는 태조 왕건과 함께 후삼국통합전쟁을 주도하고, 918년에 洪儒 등과 고려를 개국한 공신이자 927년(태조 10) 공산전투에서 태조를 구하고자 '代死' 순절한 무장이었다. 한국역사에서 신하의 용모가 국왕과 흡사한 사례도 유일할 뿐만 아니라 죽을 고비에 부닥친 태조로 가장하여 순절했다는, 이 매우 극적이고도 역사적인 생애를 보낸 인물도 거의 없다.

이렇게 신숭겸은 한국사상의 인물이었기 때문에 1천년이 넘도록 문중을 벗어나 국가적 차원에서 追崇되어 왔다. 그 배경에서 조성된 유적지는 그의 생애와 활동 지역에 따라 전국에 소재한다. 곡성은 출생·성장지

로 龍山齋와 德陽書院·將軍壇이 있고, 춘천에는 葬地 묘소와 道浦書院
터가 있다. 대구 순절지에는 表忠齋와 殉節壇의 '신숭겸유적'이 있고, 貫
鄕 평산에는 太師祠와 東陽書院이 있다. 이들 주요 유적지 외에도 그를
추숭하는 서천의 栗里祠와 사천의 景白祠가 있으며, 연천에는 태조 왕건
에 배향된 崇義殿이 소재한다.

따라서 신숭겸은 주로 후삼국통합전쟁이나 고려 건국과정과 관련하
여 언급되어 왔으며, 최근에는 단일 주제로써 그의 생애와 추숭, 유적지
가 집중 재조명되기에 이르렀다.[1] 이러한 연구 진전에 따라 그의 '절의'
가 시대와 지역성에 관계없이 널리 칭송되어 왔고, 그에 대한 추숭도 太
廟 제향을 비롯하여 사우·서원 건립 등 매우 다양한 형태로 이루어진
사실이 밝혀지게 되었다. 특히 춘천 묘는 1人 3墳의 특이한 형태를 띠었
으며 그 묘역에 세워진 願堂과 대구의 智妙寺는 비록 현존하지 않으나
조선시기의 陵·墳庵과 비교 검토되고, 願刹의 시원으로 분석 평가될 수
있었다. 그러나 이들 논고들은 주로 춘천과 대구의 유적지를 중심으로
이루어져 출생과 관향지인 곡성과 평산을 부분적으로 언급할 수밖에 없
었다. 또한 그가 궁예를 축출하고, '대사'할 수 있었던 정신적 기저로서
의 절의관을 보다 구체적으로 살펴볼 필요도 있을 것이다. 물론 여기에
는 그의 『고려사』 열전이 홍유 등과 덧붙여져 기록되고 그 내용조차 매
우 소략한 자료상의 한계가 있다. 그러나 그는 단순한 무장이 아니라 문
무를 겸전하여 유학적 '大義'를 구현한 인물로 이해할 필요가 있으며,
그에 대한 추숭과 유적이 지니는 의미도 '절의' 실천에서 찾아진다. 특
히 본고는 기존의 논고를 토대로 전국의 '신숭겸 유적'을 서로 포괄 연
계하여 이를 일체·통일적으로 이해해야 한다는 관점에서 이루어진 것임

---

1 강원대 박물관, 2013, 『춘천 소재 장절공 신숭겸장군 유적지 자료집』·평산신씨 대
  종중, 2013, 『대구 소재 장절공 신숭겸장군 유적지 자료집』(이하 '춘천·대구 자료
  집'으로 약칭).

을 밝혀두고자 한다.

Ⅱ. 고려 개국과 '代死' 순절의 절의관

곡성은 신숭겸이 태어난 지역이다. 물론 언제 태어났는지는 자세하지
않다. 태조 왕건과 동일한 877년에 태어났다는 곡성의 口傳이나 공산전
투에서 순절한 당시의 나이가 24세였다는 내용을² 그대로 따를 수만은
없기 때문이다. 그러나 현재 곡성에는 그가 용마를 타고 5리 정도의 산
을 뛰어넘어 그 산 이름을 申遊峰으로 일컫게 되었다는 등 射藝와 騎馬
를 익혔다는 다수의 설화들이 전한다. 여기에 그가 '장대하고 武勇이 있
었다'는 그의 『고려사』(권92) 열전의 내용처럼 騎將으로 크게 활약한 배
경이 있었다. 특히 고려 개국의 정변 주도와 '대사 순절'은 그의 유학적
대의·절의관에서 가능한 것이었다. 이와 관련하여 1642년(인조 20)에 신
익성(1588~1644)이 쓴 '與平山士林諸位單子'의 내용은 매우 주목된다.

> (1) 삼가 곡성 (덕양)서원에 소장된 古蹟文字를 상고하여 말하자면, 공
> 은 13세에 문장을 이루고 15세에 儒科에 장원했으며, 18세에 大
> 將이 되고, 5태사와 더불어 삼한을 통합하였다. 縣地에는 書堂 基
> 址가 있는데, 또한 傳에 공이 어릴 때에 독서 藏修한 곳이라 이르
> 므로 天賦의 뛰어남만이 아니라 그 본래 쌓은 바를 상상할 수 있
> 다……壬午五月二十五日 東陽尉 申翊聖……
> 『고려사』를 살피건대 삼국 이전에는 科擧의 법이 없었고…그러하
> 므로 소위 유과란 무엇을 가리켜 말하는지 알 수가 없으나 혹은

---

2 조선후기 趙在三의 『松南雜識』(권27, 인물류)에는 '時年二十四, 以貌類麗祖, 易
　位死之'로 되어 있는데, 이를 따른다면 그의 생몰 년대는 903~927년이지만 『고려
　사』 등에는 궁예(901~918) 말기에 기장이 되었다고 했으므로 당시 10살 전후로
　추정되어 잘 부합되지 않는다.

> 말하기를 東史에 신라 원성왕 4년에 처음으로 讀書出身科를 정하
> 여 칭했다고 하니 어쩌면 역시 그 法이 뒷날 取士의 제도와는 다
> 르게 諸國이 할거했던 시기에 오히려 모방하여 행해졌던 것인지
> 자세히 알 수가 없다. 임오로부터 지금까지는 겨우 45년인데, 곡
> 성 서원의 所藏 역시 亡缺되어 살필 수 없으니 가히 안타까울 뿐
> 이다. 外後孫 朴世采識.[3]

이 단자는 외손 박세채(1631~1695)가 생존한 1687년 이전의 어느 시
기에 망결된 것 같으나 당시 덕양서원의 옛 문헌에 의거하여 기술되었
음을 알 수 있다. 물론 박세채의 지적처럼 유과의 실재가 자세하지 않
고, 18세에 대장에 올랐다는 내용 역시 그대로 따를 수 없는 자료상의
한계가 있다. 그러나 이를 통해 비록 단편적이나마 그의 대체적인 성장
과정과 유학을 공부한 내력을 짐작할 수 있다. 현재 곡성의 신숭겸 유적
지에는 그가 射馬를 수련한 곳이 많으며, 태생지 용산재에는 (1)의 '書堂
基址'가 전해 내려온다. 이렇게 곡성에 어릴 때부터 문무를 겸해 수련한
유적이 현존한 사실을 통해 그가 유력한 재지 호족층의 자제였음을 알
수 있지만[4] 그 성장 과정에서 유학적 절의관이 확립되었을 것으로 생각
된다.

---

3 평산신씨대종중, 2011, 「유적 太師祠」, 『평산신씨천년사』 권1, 130쪽.
4 이에 대해 이수건은 신숭겸을 비롯한 홍유 등이 토착적 기반보다는 전란을 당하여
  무예를 業으로 궁예마하에 들어가 騎將의 지위에 있다가 왕건 추대의 주모자로서
  개국 후에 일등공신이 되었다고 언급하였다(1984, 『한국중세사회사연구』 일조각,
  125쪽). 이후 그가 전문군인·농민, 유랑민이었다가 군공으로 출세한 인물이었고,
  일정한 토착적 기반이 없었다는 등 다양한 견해가 제시되어 왔다(하현강, 1988, 『한
  국중세사연구』, 일조각, 32쪽 등). 그러나 현재 그의 가문이 유력한 상층계 호족이
  었으며,(이인재, 2001, 「나말여초 신숭겸의 생애와 사후평가」『강원문화사연구』 6,
  27~42쪽) 그 세력범위는 해상진출의 출구로 추정되는 섬진강 압록의 목사동과 그
  인근 지역으로 추정하고 있다(이재범, 2010, 『고려건국기사회동향연구』, 경인문화
  사, 43쪽·「장절공 신숭겸장군의 생애와 사후 추숭」, 『앞의 춘천 자료집』, 22~23쪽).

(2) 기장 홍유·裵玄慶·신숭겸·卜智謙 등이 밀모하여...."지금 왕은 정치가 어긋나고 형벌이 넘쳐 처자를 죽이고, 신료들을 모두 죽이며, 民은 도탄에 떨어져 원수로 여겨 괴로워하니 傑·紂의 악도 이보다 더하지는 않습니다. 어둠을 폐하고 밝음을 세우는 것은 천하의 대의입니다. 청컨대 公은 殷·周의 일을 행하소서"라고 하였다. 태조가 얼굴색을 바꾸며 거절하여 이르기를, "나는 충의를 自許하여 왕이 비록 暴亂하더라도 어찌 감히 두 마음이 있으랴? 신하로서 君을 치는 것은 이를 혁명이라고 이르는데, 나는 실로 덕이 없어 감히 湯·武의 일을 본받을 것이랴? 후세에 장차 이를 구실로 삼을까 두렵다...."....여러 장수들이 아뢰기를, "때는 만나기 어렵고 잃기는 쉬우며, 하늘이 주는 것을 취하지 않으면 도리어 그 책망을 받는 것이니, 나라 안 民庶들도 독으로 고통을 받은 자들이 밤낮으로 보복하고자 생각하고, 또한 충직한 位重者들은 모두 죽임을 당하여 이제 공과 같은 덕망을 지닌 사람이 없으므로 많은 사람들이 공에게 바라는 뜻입니다. 공이 만약 따르지 않는다면 우리들은 죽음이 얼마 남지 않았습니다. 하물며 王昌瑾의 거울에 쓰인 글이 저와 같은데, 어찌 하늘을 거슬러 獨夫의 손에 죽을 수 있으랴"라고 하였다....동틀 무렵에 곡식더미 위에 (왕건을) 앉혀 군신의 예를 행하고, 사람을 시켜 달려 불러 "王公이 이미 의기를 들었다" 하니 國人들이 분주히 와서 이른 자들이 이루 헤아릴 수 없었으며, 먼저 궁문에 이르러 북을 치고 기다리는 자 역시 만여 인이나 되었다.[5]

궁예정권 초기의 정치는 신숭겸을 비롯한 왕건 추대세력에 의해서도 극찬되었다.[6] 그러나 궁예는 911년 국호를 태봉으로 변경한 후 미륵불을 자칭하면서 神政的 專制主義를 추구하고, 본래의 근거지인 철원으로 천도하면서 일으킨 토목공사 등으로 민생의 파탄에 직면하게 되었다.[7]

---

5 『고려사절요』 권1, 태조 원년 6월 을묘.
6 "洪儒....言曰, 自三韓分裂, 群盜競起, 今王奮臂大呼, 遂夷滅草寇, 三分僚佐, 據有大半, 入國定都, 將二紀餘, 今不克終"(『고려사』 권92, 신숭겸전).

그 결과 궁문에서 1만여 명이 궐기했다는 것처럼 하급 병졸과 일반 민중들에 의해 궁예정권이 붕괴되고, 왕건 추대의 정변이 성공할 수 있었다.8 특히 이를 주도한 신숭겸 등은 고위 관직보다 재지기반의 확보에 더 주력하였고, 궁예의 중앙집권적 전제주의가 강화되는 상황에서 호족적 기반을 갖는 중간층으로서 왕건과 연합하여 정변을 일으킨 것으로 이해된다.9 이렇게 그가 중앙의 고위관직에 오르지 못한 배경에는 후삼국통합전쟁의 상황에서 비롯된 일면도 있었다고 판단된다. 그는 내직과는 무관하게 줄곧 무장으로 활약하여 '대장'에 올랐으며, 2등 공신에 오른 김락 등도 대부분 4공신의 직속 부장으로 왕건의 핵심세력이었음에 틀림없다. 이들은 거의 중앙의 기병세력으로 개국공신의 반열에 올랐음에도 불구하고 통합전쟁의 상황에서 무장으로 활약한 인물들이었다. 물론 홍유와 배현경은 각각 大相과 大匡에 올랐으나10 이들은 통합전쟁기에 주로 馬軍과 기장으로 활약하고, 군공에 의해 승진한 무장들이었다. 이렇게 이들은 중앙의 고위직이나 관서에 발탁되지 않았으며, 일반 정치에 간여하지 않은 특징이 있었다. 그러나 이들이 왕건이 왕위에 오른다는 '왕창근의 거울에 쓰인 글'을 알았다는 사실은 측근세력으로서 이미 그를 추대할 정변 분위기가 성숙되었음을 뜻하는 것이었다. 특히 이들은 고려 개국 이후에도 태조를 위협하는 세력들을 견제 복속시키는 주요한 역할을 수행하였다.11 이는 복지겸이 마군장군 환선길과 임춘길의 역모를 탐지하여 처형케 하고, 신숭겸과 배현경이 청주인 현율을 수군낭중으로 임명하는 것에 반대한 것에서 잘 드러난다.12 무엇보다 왕건의 지지

---

7 조인성, 2007, 『태봉의 궁예정권』, 푸른역사·이재범, 2007, 『후삼국시대 궁예정권 연구』, 혜안· 김용선, 2008, 『궁예의 나라 태봉』, 일조각 참조.

8 이인재, 「앞의 논문」, 71쪽·이재범, 2013, 「앞의 논문」, 26쪽.

9 이재범, 「위의 논문」, 25~26쪽.

10 『고려사』 권92, 홍유·배현경전.

11 이인재, 「앞의 논문」, 71쪽.

12 『고려사절요』 권1, 태조 원년 8월·9월.

기반을 강화하고, 후삼국통합전쟁을 주도하기 위해서는 병권 장악과 무장들의 역할이 중요할 수밖에 없었다. 여기에서 이들은 내직 등의 관직 여부에 관계없이 주로 무장을 맡아 통합전쟁을 전개하면서 막강한 권력을 소유 행사한 왕건의 측근세력을 형성했다고 할 수 있다. 이는 그가 순절하자 태조가 국가를 위해 깊이 '근심'할 정도였으며, 이들 4공신 중에서 배현경의 공이 '居多'했으나 모두 군공이 매우 컸다는 평가를 통해서도 짐작된다.[13]

그런데 이들은 무장이었으나 유학적 '대의'를 체득하고 있었다. 신숭겸은 앞에서 언급한 것처럼 나이 어려 문장을 이루고 유과에 장원했다고 기재될 정도였으며, 아마 '崇謙'이란 이름도 '謙讓·謙遜'의 뜻을 지닌 것으로 억측되기도 한다. 이들 4공신 중에서도 정변을 가장 먼저 주창하여 열전 첫 머리에 올랐을 것으로 추정되는 홍유의 初名과 이름도 역시 유학에 통하는 '術·儒'로 생각되기 때문이다. 이들은 궁예말기의 惡政을 중국의 걸·주와 비교하고, 昏君을 폐하고 明君을 세워야 한다는 명분을 내세워 혁명을 주창하였다. 또한 '하늘이 주는 것을 취하지 않으면 도리어 그 책망을 받는다'와 같이 '救民'을 위한 '天命'을 내세워 정변을 일으켰다.[14] 이는 왕건세력이 궁예를 축출하는 반역 행위를 原始儒家의 천명사상과 易姓革命을 정당화시켜 고려를 창업한 성격을 지닌 것이었다.[15] 바로 하늘(天)이란 인간에 대해 명령하고 당위적인 기준을 제시하는 주재자로서 그 작용은 '천명'을 통해 드러나고 그 천명은 수행의 근원으로 유교이념의 궁극점이었다.[16] 이처럼 그의 절의관에는 유학적 천명사상이 깔려 있었으며, 이들에 의해 고려가 개국되면서 '天授'라는 연호를 사용한 것도 그 같은 명분에서 비롯된 것이었다. 또한 왕건 추대는

---

13 『고려사』 권92, 유금필·배현경전.
14 『익재집』 권9, 세가.
15 김충렬, 1984, 『고려유학사』, 고려대 출판부, 61쪽.
16 금장태, 1995, 『유학사상과 유교문화』, 전통문화연구회, 103~106쪽.

악정에서 구할 덕망자였기 때문이며, 明君 옹립도 '천하의 의리'라는[17] 유학적 대의관에 그 토대를 이루고 있었다. 이러한 명분은 태조가 "내가 그대들과 함께 백성을 구제하기 위하여 끝까지 신하의 절개를 지키지 못하고", 이를 공로로 여기게 되니 부끄럽다는 조서에서도 잘 나타난다고 할 수 있다.[18]

이러한 신숭겸의 춘추대의적 절의관은 공산전투에서의 '대사 순절'로 거듭 구현되었다. 유학은 본래 '仁'을 최고의 가치로 삼아 忠恕에 바탕을 둔 '인간다움'과 '떳떳함'을 추구하고, 국가와 민족의 위기 때에 '의리'를 바탕으로 실제 현실에서 실천하는데 그 本領이 있었다. 또한 '의리'란 행위를 통해 실현되고 그 행위의 정당성을 부여하는 규범으로 그 자신의 생명까지도 내맡길 수 있을 때 용기와 결합되어 '義勇'으로 나타나는 것이었다.[19] 따라서 그는 '武勇'을 지닌 인물로 '捨生取義'의 절의·死生觀을 가지고 '구민'을 위해 정변을 주도하고, 국왕의 위기에 맞서 '대사 순절'로 실천한 것이었다. 특히 그의 순절은 당시 고려가 낙동강 유역에서 우위를 차지하는 과정에서 공산전투가 전개되었으나 견훤에게 대패하고,[20] 태조조차 위기에 빠졌으나 이를 구하여 극적인 전환점을 마련한데 그 의미가 있었다.[21] 또한 그의 절의란 단순히 태조를 대신하여 순절했다는 군신 사이의 의리를 넘어 고려의 후백제 전략이 강화되었을 것이라는 점에서도 그 의의가 찾아진다. 고려가 공산전투에서 패했으나 신라와의 동맹을 지속하면서 후백제에 대한 전략을 강화한 끝에 결국 견훤정권의 내부 분열을 거쳐 936년에 후삼국통합을 완수했다고 판단되

---

17 『삼국사기』 권50, 궁예전.
18 『고려사』 권1, 세가 태조.
19 금장태, 『앞의 책』, 157쪽.
20 류영철, 2005, 『고려의 후삼국통일과정연구』, 경인문화사, 111~124쪽.
21 그의 순절은 중국 한나라의 紀信이 高祖와 용모가 같아 팽성전투에서 燒死했다는 등에 비교 칭송되었다(『송남잡지』 권21, 技術流 同貌).

기 때문이다.[22]

Ⅲ. 국가·지역적 추숭의 성격

신숭겸 추숭의 성격은 전국 소재의 현존 유적지에 잘 반영되어 나타
난다. 물론 그에 대한 추숭도 지묘사·도포서원 터가 시사하는 것처럼 왕
조교체 등을 비롯한 시대적 추이와 사회변화에 따라 그 관심과 보존도
일정한 차이를 드러내게 마련이었다. 그러나 그는 한국의 대표적인 순절
인물로 시대와 지역을 초월하여 지금까지 가장 오랫동안 추숭되어 왔고,
그것도 문중 차원을 넘어 국가와 지방 儒林들에 의해 숭앙되어 왔다. 이
러한 추숭은 태조 때부터 태묘 제향과 묘소·원당 건립을 시작으로 배향
공신과 예종의 悼二將歌, 자손 初入仕 우대, 지역 성황신으로서의 숭배,
사우·서원과 숭의전 건립 등 매우 다양한 모습으로 전개된 것으로 평가
되고 있다.[23]

그런데 고려시기의 신숭겸 추숭은 국가 儀禮에서 이해할 필요가 있
다. 태조가 공신당을 설치하고, 대회를 1주야 동안 베풀어 이를 매년 常
例로 삼은 것은 이를 뜻한다.[24] 이후 개국벽상공신으로서 影幀과 鐵像
봉안 등을 거쳐 994년(성종 13)에는 태묘에 배향하였다.[25] 또한 태조가
八關會를 개최하면서 이미 순절하여 자리에 없는 그와 김락의 假像을
만들어 班列에 앉히자 이내 '가상'이 춤추었고, 이로부터 樂庭 배치를
상례로 했다고 한다.[26] 더구나 1120년(예종 15)의 팔관회 때에는 '가상'

---

22 김수태, 1999, 「전주천도기 견훤정권의 변화」『한국고대사연구』15, 288~293쪽.
23 이재범, 「앞의 논문」, 29~35쪽·이해준, 「장절공 신숭겸의 원찰과 조선시대 墳庵」,
   『춘천 자료집』, 132~133쪽.
24 『증보문헌비고』권217, 직관고 4, 제부 충훈부 고려.
25 『고려사』권3, 성종13년 하4월 갑진.

이 말을 타고 돌아다녔다는 것이며, 이에 국왕이 感慨하여 후손에게 벼슬을 내리고 御製詩를 하사하였다.[27] 이처럼 그는 전래의 민간신앙 등의 고유한 요소와 결합한 국가 불교의례인 팔관회에서도 다른 공신들보다 추숭의 중심이 되는 사례가 많았다.[28] 이러한 의례는 공신에 대한 추숭과 우대를 기반으로 당대 왕권과 국가 안정을 도모하기 위해 역대 국왕들이 국가의례로서 가장 먼저 확립해야할 제도적 장치였다. 특히 고려 국왕 중에서도 충선왕이 국가를 보위한 태조공신과 거란을 퇴각시킨 서희 등의 자손들을 敍用한 것도[29] 그와 같은 맥락에서 시행한 것이었다. 물론 그에 대한 추숭은 역대 국왕들을 정점으로 각 배향공신들과 동일한 지위에서 거행되는 국가의례에서 이루어진 것이었다. 그러나 그는 역대 공신 중에서도 개국의 元勳이자 '대사'의 인물로 고려 의례의 고려 국가의례의 기본 중심인 왕건의 태조공신이었다. 이는 그에 대한 국가적 추숭 성격에서 반드시 고려해야할 요소로서 국가 의례에서 그가 주된 관심과 우대의 인물일 수밖에 없었던 배경이었다고 할 수 있다.

이러한 국가적 성격과는 달리 신숭겸을 주체로 한 유적지는 그의 생애 활동에 따라 각 지역적 특성을 지닌 것이었다. 고려시기에 춘천의 묘역과 원당, 대구의 표충재와 순절단, 지묘사는 그를 추숭하는 대표적인 유적지에 속한다.

> (3) 달성도호부 판관 권후 대재가 부임하여....父老들을 불러 이 고장의 옛 풍속을 물어보다가 고려 장절공 신숭겸의 고사를 알게 되었

---

26 『증보문헌비고』 권84, 예고 31, 부록 포절의, 고려.
27 위와 같음.
28 태조는 팔관회에 후삼국통합전쟁에서 순국한 건국공신들을 추모하는 위령제로서의 기능을 부가하여 국가 결속력과 공동체 의식을 함양했던 것이므로(윤성진, 2013, 「축제로서의 팔관회 실천방안」, 『나주팔관회―학술심포지움―』, 호남사학회, 155쪽) 개국과 '代死' 공신인 신숭겸이 그 중심에 있었다.
29 『고려사』 권75. 選擧 3, 銓注.

다. 耆耈들이 전하는 말에 고려 풍속에 장절공의 죽음을 추모하여 매년 봄가을 좋은 날에 지묘사에서 燃燈하여 제사했고, 이어 옛 싸움터를 가리키며 사실을 얘기하는데, 어린이들도 다 그 내용을 알고 있었다……권후가…'德善과 功烈을 열거해 보아 영원히 제사 지내야할 자라면 異代를 구분하지 않았던 만큼 제사란 예의의 큰 부분이면서 교육의 표준이다'라고 하였다. 이리하여 부로들이 매우 기뻐하며 島山에 사당을 세웠는데, 이곳은 바로 옛날 桐藪라고 불리던 곳이며 그 옆에 있는 폐허도 고려 사람들이 燃燈했던 옛날 절터라고 한다.[30]

이처럼 신숭겸의 순절지인 지묘사에서도 고려 풍속으로 규정되는 燃燈 의례가 매년 춘추에 걸쳐 실시되었다. 이는 지묘사가 폐찰되었던 고려후기까지 지속되었을 것이지만 당시 어린이들까지 그의 故事를 알고 있을 정도로 조선시기에도 전승되고 추숭되었음을 알 수가 있다. 이 행사도 태조가 그의 명복을 빌기 위해 지묘사를 창건하고, 해안현의 '貢油'로 연등의 비용을 충당했던 것이므로[31] 국가가 지원한 연례적인 의례에 속한다고 할 수 있다. 특히 다음에서 언급하겠으나 춘천 묘와 대구 순절단과 관련하여 그의 머리를 안장했다는 곡성의 '장군단'은 매우 주목된다. 물론 고려시기에 곡성에서 어느 형태로든지 그에 대한 제향이 이루어졌을 것으로 보이지만 용산재와 덕양사가 들어서기 이전까지 태안사에서 '장군단'을 마련하여 추숭해 왔다는 사실은 그 의미가 매우 깊다고 생각되기 때문이다.

그런데 고려시기의 국가적 추숭은 매년 춘추에 제향하는 규식이었으나 공양왕대에 中絶되었다.[32] 따라서 조선초기에는 신숭겸에 대한 독자적인 현양사업이 거의 없었다고 지적될 정도로 그 예우는 前朝 봉사와

---

30 허목,『記言』권16, 원집, 道山祠記.
31 덕양서원, 2000,『德陽書院誌』, 壯節公事蹟, 行狀.
32『고려사절요』권34, 공양왕 원년 12월 계해.

관련되어 있었다.[33] 바로 숭의전은 태조(이성계)가 즉위하여 '王氏들이 제사를 지내지 못할까' 염려하여 건립한 것으로 그를 비롯한 공신들도 배향 추숭되었다.[34] 특히 숙종대는 그의 사당 서원에 사액을 내린 시기로 그 특징이 찾아지지만 당시 古例에 없으나 前朝에 대한 '의리'에 입각하여 고려 시조묘에 追配한 것이었다.[35] 이처럼 그에 대한 추숭은 왕조교체와 사회변화에 따라 변화되어 고려후기부터 조선초기에 이르기까지 묘역 원당과 지묘사의 폐찰 등 유적지에 대한 보존 관리가 부실하게 된 요인이 되었다. 이러한 사정은 1479년(성종 10) 강원도 관찰사 손순효가 "이 고장 사람들이 공의 묘소가 방동에 있음을 알지도 못하고, 함부로 불을 놓아서 충성스럽고 장렬했던 공의 혼백을 잡초 속에 매몰시킬까 염려" 하여 '壯節公遺事'를 썼다고 토로한 것에서 잘 드러난다. 이는 고려 태조 때부터 춘천 묘역에 배치된 守家에 의한 '守墓'가 원당의 폐찰 등과 함께 오랜 시기에 걸쳐 부실 문란해졌음을 의미한다. 그러나 조선중반부터 점차 성리학적 예법과 종법체계가 확립 심화되고, 국가 차원에서 충효가 강조되기에 이르렀다. 그 결과 1607년(선조 20) 외손 유영순은 대구 '遺址'를 둘러보고 안타까워 사적비와 함께 지묘사터에 사우를 창건하게 되었다고 하였다.[36] 또한 그 연장선상에서 신도비를 비롯하여 祠院 등 관련 시설들이 중건 사액되면서 현존하는 유적지로 정비될 수 있었다. 물론 당시까지만 하더라도 그의 절의와 功烈이 專祀하기에 충분한 사람이지만 서원 제향은 그를 위해 尊奉하는 적절한 방법이 아니라는 조정의 논의도 있었다.[37] 그러나 그의 '節行'으로 사액함이 마땅하고, 그의 충절을 널리 선양시키는 일은[38] 性理學을 국가 운영의 지

33 손승철, 「춘천 도포서원의 건립과 배향 인물」, 『앞의 춘천 자료집』. 105쪽.
34 『여지도서』. 경기도 마전 단묘.
35 『숙종실록』. 권65, 숙종행장.
36 『덕양서원지』, 장절공사적, 신도비명.
37 『현종실록』 권20, 13년 11월 2일(계유).

표로 내세운 정치이념이었으며, 이는 지방 유림들의 요청에서도 달성되고 있었다.[39]

따라서 신숭겸 추숭이 갖는 충렬과 순절의 정신사적 가치는 매우 크다고 할 것이다. 그는 조선시기에 가장 중요한 군신간의 의리를 구현하고, '百世의 師表'로 칭송 교화되었다.[40] 이는 그를 추숭 현창하고 귀감을 삼아 성리학적 禮敎社會를 구축하기 위한 것이었다. 현재 예종의 '도이장가'는 詩歌 형태상 국문학적 의의가 큰 것이지만 신숭겸과 김락을 추숭한 내용도 학술상의 가치가 크다고 생각된다. 특히 그가 숭의전에 가장 공훈이 큰 인물로 동쪽에 배향된 사실도 1767년(영조 43) 당시 900년간 이어져 내려온 배향 순서이자 일상 祭禮 풍습이었다.[41] 더구나 그는 조선시기에 이르러 '가상'이 '神像'으로 표기되고,[42] 양나라의 왕족 소유가 제구아에게 공격 당하자 이전에 술잔을 올린 초왕 사당의 神이 군사를 거느려 격파했다는 것과 비교되는 등[43] 국가 수호신으로 신격화되어 추숭되었다. 또한 그는 곡성의 성황신이자[44] 묘소 수호자가 근신하지 않으면 문득 빌미가 된다고 인식 경계된 것처럼[45] 신앙 대상으로 轉化되어 갔다. 그가 무예를 수련했던 용탄은 기우제를 지낸 곳으로 전해오고 있으며, 덕양서원도 곡성 鄕氓들의 '依歸'處로서 건립되는 등[46] 현재 그의 절의는 곡성 3대정신의 하나로 숭앙되고 있다. 더구나 다음 (5)

---

38 『숙종실록』 권4, 1년 12월 7일(경신)·『승정원일기』 권250, 숙종 2년 1월 9일(임진).
39 "谷城, 幼學趙有遂等, 上疏, 大槪乞賜麗朝, 壯節公申崇謙, 祠宇㫌額事. 入啓答曰, 省疏具悉, 疏辭, 令該曹稟處. 以上朝報."(『승정원일기』 권355, 숙종 20년 3월 7일 을사).
40 『상촌선생집』 권23, 장절공사우중수기·허목, 『기언』 권16, 원집 중편, 도산사기.
41 『승정원일기』, 권1267, 영조 43년 5월 7일 경오.
42 『덕양서원지』, 장절공사적, 신도비명.
43 『송남잡지』, 권24, 상이류.
44 『신증동국여지승람(이하 '승람'으로 약칭)』, 권39, 전라도 곡성현 인물.
45 『덕양서원지』, 장절공사적, 신도비명.
46 『위의 책』, 장절공사적, 사우중수기(신흠).

의 내용처럼 그의 철상은 지역민의 陰祀 대상이었으며, 태사사도 성황사로도 호칭되었다. 이는 그에 대한 절의 추숭이 후대에 갈수록 신격화되는 과정을 알려주는 것으로 곡성과 평산의 개인과 지역공동체의 안녕을 기원하는 수호신으로서 전통사회의 사유·신앙 관념 형태 속에서 이해되는 것이었다.

Ⅳ. 유적지의 역사성과 의의

신숭겸의 유적은 출생과 활동, 순절과 葬地 등에 따라 각 지역에 소재하고, 그에 대한 추숭의 역사성과 의의를 반영하고 있다. 이들 각 지역의 유적지는 지역사에 속하면서도 그가 국가적 인물이었고, 전국에 소재한다는 점에서 이를 포괄하는 통일·일체성을 가지고 이해할 필요가 있다. 현재 신숭겸의 유적 연구는 주로 춘천의 묘와 도포서원, 대구의 표충사를 중심으로 이루어져 왔다.[47] 따라서 여기에서는 곡성과 평산을 중심으로 그 특징과 성격을 중심으로 살펴보되 대구와 춘천의 유적지는 간단히 언급해도 좋으리라 생각된다.

1. 곡성

신숭겸의 곡성 출생은 『승람』를 비롯하여 각 도의 읍지를 종합 정리한 조선후기의 『여지도서』에도 곡성 飛來山이 그가 生長한 곳이며, 그와 관련된 石井과 走馬臺·射臺 등의 유적이 남아있다고 기록되어 있다.[48] 이는 지금까지 정설로 받아들여져 왔으며,[49] 곡성에는 이를 뒷받침

---

47 『앞의 춘천·대구 자료집』 참조.
48 권39, 전라도 곡성현 인물·전라도 곡성 산천.

하는 구전 설화들이 전해 내려온다.[50] 현재 곡성에는 그가 무예를 연마
한 신유봉을 비롯하여 백마가 화살보다 빨랐다는 龍巖, 말을 매어두던
繫馬石 등의 유적이 현존한다.[51] 여기에 그가 기·마장으로 有功한 배경
이 있으며, 아마 '能山'이란 초명도 말을 타고 산을 넘나드는데 매우 능
해 붙여졌을 것으로도 억측되기도 한다. 더구나 그가 사예에 능했던 사
실은 왕건의 명령대로 세 번째 기러기의 왼쪽 날개를 정확하게 맞춰 평
산을 본관으로 하사받았다는 설화에 잘 나타난다.[52] 이는 그가 '장대하
고 무용이 있어' 궁예 말기에 기장으로 활약했다는 史書의 내용에 부합
된다.

따라서 이들 구전과 유적에서 드러나는 것처럼 그는 목사동면의 용산
재에서 태어나 독서당에서 학문에 힘쓰고, 무예를 연마하면서 성장하였
다. 앞에서 언급한 것처럼 그는 곡성의 유력한 호족층이었고, 이를 배경
으로 문무를 겸비하여 기병대장에 오를 수 있었다. 이 출생지는 1868년
부터 후손 신명희가 복원을 시작한 후 1897년에 유허비를 세웠으며,
1929년에는 壇을 만들어 용산재로 명명하였다. 현재 용산재는 용산단과
구룡문, 동·서재, 교직사 등 일정한 사당 규모를 갖추어 덕양서원과 함

---

49 이수건, 『앞의 책』, 125쪽·정청주, 1996, 『신라말고려초호족연구』 일조각, 124~
    125쪽·강원향토문화연구회, 2001, 『도포서원학술조사보고서』·이인재, 2001, 「앞
    의 논문」, 27~42쪽.
50 최근 이를 재검토한 이재범은 곡성 출생을 재확인하고, 그가 탄생한 용산재 등의
    설화를 채록하여 소개하였다(「앞의 논문」, 20~21쪽).
51 곡성의 구전에 따르면, 그가 주로 활동했던 목사동면과 일명 대황강으로 일컫는
    보성강 지류에는 용마를 잡아 기마를 익혔다는 용암을 비롯하여 龍沼와 龍灘 등
    이 있다. 1914년 龍司里에 합쳐진 용암마을은 용암에서 무예를 연마하여 유래된
    지명이다. 이렇게 그의 유적은 '龍'자 이름이 붙어있는 점이 특징인데, 九龍·龍
    司·龍井里 등의 마을 유래도 이와 관련된다. 이들 마을은 태안사 동리산과 함께
    그가 기마·사예를 단련했다고 전하는 신유봉과 화장산 등이 감싸고 있다.
52 『승람』 권41, 평산 인물, 고려 신숭겸.

께 지방기념물 제56호로 지정되어 있다. 특히 오곡면의 덕양서원은 1589년(선조 22) 현감 신옥이 관찰사 이광과 협의하여 창건한 후 1695년(숙종 21) 윤세기 등이 조정에 상소하여 사액되었다.[53] 이후 거듭 중수되었다가[54] 1871년(고종 8) 철폐되었으나 1934~37년 이후 유림들에 의해 복구되기 시작하여 현재 강당과 燕序齋·愼德齋, 전사청, 덕양사의 규모를 갖추고 있다.

이처럼 곡성의 유적지는 신숭겸이 출생하고 성장한 내력과 역사성을 반영한다. 이들 유적지 중에서 덕양서원이 사우에서 유래한 추숭의 성격을 가진데 비교하여 용산재는 '生長處' 生家로서의 의미가 매우 깊다. 특히 덕양서원은 그의 절의를 현양 구현하는데 그치지 않고, 곡성 자제들의 학문을 닦고 풍속을 교화하는데 크게 기여하였다. 현재 이 서원은 문화유산으로서의 가치를 지녔기 때문에 용산재와 함께 지방기념물로 지정되어 있으나 전남의 祠院 중에서 그 설립 연대가 빠르고, 1603년의 광주 포충사에 이어 5번째로 사액되었다는 점에서[55] 그 의의가 크다고 할 수 있다. 따라서 곡성의 유적지는 그가 출생 성장하고 순절한데 따른 추숭의 성격을 지닌다고 할 수 있다. 이와 관련하여 그의 용마가 머리를 물고 태안사 뒷산에서 울자 이를 발견한 태안사의 승려들이 무덤인 '장군단'을 만들어 1천년이 넘도록 지금까지 매년 3월 16일에 산신제와 함께 추모해온 사실은[56] 새롭게 조명될 필요가 있다. 물론 용마 등등의 내용은 후대에 부풀려진 성격을 지닌 것이지만 그의 머리가 수습된 유일한 내용일 뿐만 아니라 그가 태안사 뒷산에서 무예를 연마했다는 사실

53 『여지도서』, 곡성, 인물 신숭겸.
54 당시 덕양서원은 임진왜란 때 소실되었으나 사우와 위판은 손상되지 않았는데, 외손 한준겸이 관찰사로 부임하여 사우를 중수하고 공의 행장까지 새기는 등 그 면모를 갖추게 되었다(『덕양서원지』, 장절공사적, 신도비명).
55 반윤홍, 1993, 「호남사림의 성장과 그 동향」『전라남도지』권5, 154~156쪽 참조.
56 박혜범, 2009, 『동리산 사문비보』, 도서출판 박이정, 354쪽 참조.

등을 알려준다. 특히 장군단은 춘천 묘와 대구 순절단과 거의 동시에 마련된 祭壇이었고, 곡성에서 다른 제향시설이 설립되기 이전에 추숭해 왔다는 그 역사성과 의의는 아무리 강조해도 지나치지 않을 것으로 생각된다.

2. 평산

평산은 신숭겸의 관향으로 태사사와 동양서원이 소재한다. 그가 곡성을 떠난 시기나 언제부터 춘천에 우거했는지는 자세하지 않다. 현재 그는 곡성의 호족기반을 배경으로 왕건이 서남해안으로 진출할 무렵인 900~903년경에 제휴 결합하여 궁예정권(903~918) 말기에 기장에 올랐던 것으로 추정되고 있다.[57] 이와 관련하여 평산은 매우 주목되는데, 이미 널리 알려진 내용이지만 다음의 내용이 참고 된다.

> (4) 고려 신숭겸. 본래 전라도 곡성현인으로 태조가 賜姓하였다. 諺傳에 숭겸이 태조를 따라 사냥하다가 三灘에 이르러....태조가 웃으며 이르기를, '3번째 기러기의 왼쪽 날개를 쏘아라'고 하였다. 숭겸이 명령에 응하여 쏘아 과연 그대로 맞히니 태조가 嘉歎하였다. 이에 명하여 평주를 본관(鄕)으로 삼도록 賜하고, 아울러 기러기를 쏜 근처의 田 300결을 하사하여 그 租稅를 世食하게 하였다. 이에 따라 그 땅 이름을 弓位라고 하였는데, 나머지는 춘천에 자세하다.[58]
>
> (5).....(유영순이 아뢰기를...) "성 안에 前朝의 臣 장절공 신숭겸의 鐵像이 아직도 있습니다"라고 하였다. 上이 이르기를, "철상이 지금도 남아 있는가?" 하니, 아뢰기를 "있습니다. 지금도 邑人들이 사사로이 기도하는 바가 있고, 가끔 陰祀를 설하므로 신이 그의 자

---

57 이재범, 「앞의 논문」, 23쪽.
58 『승람』 권41, 황해도, 평산도호부 인물.

손을 불러 경계하여 이르기를, 너희 祖先의 遺像이 아직 존재하고
있으니 너희들은 마땅히 사당을 짓고 致祭하라고 했으며, 이에 따
라 回文을 보내 재물을 내서 사당을 세웠습니다. 대개 숭겸은 곧
臣의 어머니 조상으로 그 자손들이 평산에 많이 있었기 때문입니
다"라고 하였다....59

(4)는 그에게 '사관'하여 평산신씨의 시조가 되고, 궁위전을 내렸다는
내용이다. 현재 평산의 관향 배경에는 당시 궁예정권 때 은둔했던 박유
가 태조에게 귀부하자 다시 그에게 춘천의 기반을 되돌려 주고, 신숭겸
에게는 평산을 본관으로 삼아 그 일대지역을 주었다는 견해가 제시되어
있다.60 이는 태조가 평산으로 賜貫한 배경이자 『고려사』에 광해주인으
로 표기되고, 춘천을 장지로 지정한 근거가 된다는 점에서 그 의미가 있
다. 다만 이러한 견해에 전적으로 동감하면서도 (1)의 18세에 대장이 되
었다는 내용이 시사하는 것처럼 그가 왕건과 제휴하면서 곡성을 떠나
평산에서 주요 패강진세력을 형성했을 가능성도 있다고 본다. 아마 태조
가 그와 연고가 있는 평산에 본관과 궁위전을 하사했을 것이며, 그를 포
함하여 왕건이 주도하는 송악 중심의 거대한 세력이 형성되어61 궁예를
축출할 수 있었다고 생각되기 때문이다. 아무튼 관향지로서의 평산은
(5)의 내용과 같이 그가 죽은 후 철상과 사우를 만들어 추숭하고, 선조
당시에 그의 자손이 많이 거주한 것으로 나타난다. 이렇게 그의 많은 자
손들이 평산에 거주하여 致祭하였고, 대대로 궁위전을 '世守'해 왔다는
사실은62 그의 당대부터 씨족적 기반이 구축되었음을 나타내는 것으로

---

59 『선조실록』권83, 29년 12월 19일(신사).
60 이재범, 「앞의 논문」, 24~25쪽.
61 왕건의 父 王隆이 궁예에게 귀부하고, 왕건이 선대로부터 서해의 해상세력과 穴口
鎭·浿江鎭 등의 군진세력과 밀접하게 연결되었다는 것은 이미 널리 알려진 사실
이다(이기백, 1956, 「高麗 京軍考」, 『이병도화갑기념논총』, 일조각; 1968, 『고려병
제사연구』, 일조각, 47~48쪽).

적극 해석된다.

따라서 태사사는 신숭겸이 평산에서 관향으로 하사받고 활동한 역사
적 유적지라는 성격을 지닌다. 본래 이 사우는 고려시기에 세워졌으나
정유재란 무렵에 소실된 후[63] 몇 차례의 중건이 이루어진 듯하다. 1596
년(선조 29) 황해관찰사인 외손 유영순이 신숭겸의 철상이 전승 보존된
사실을 알아 신씨들에 의해 사당을 복원시켰고, 1656년(효종 7) 이전에
후손 신경진과 신익성(1588~1644) 등이 중수한 사실이 확인되기 때문
이다.[64] 그 후 1718년(숙종 44)에 태백산성 수축을 계기로 조정의 논의
를 거쳐 1796년(정조 20)에 신숭겸·복지겸·유금필을 제향하는 三太師祠
로 사액되었다가 이듬해에 배현경이 누락된 사실이 파악되어 태사사로
개칭되었다.[65] 이처럼 태사사는 본래 4공의 철상이 전해져 추숭한 역사
성에서 유래된 것 같으나 1656년(효종 7)에 이들의 '地望이 相齊하므로
鄕人들이 立廟'하여 3인을 추숭하고 있었다는 것으로 보아[66] 오랜 시일
을 두고 결국 合祀되었던 것 같다. 따라서 배향의 중심은 신숭겸으로서
사당의 중앙에 배향 안치되고, 조정에서 사액되기 이전까지 주로 그의
자손과 외손들에 의해 거듭 중건될 수 있었다고 판단된다. 이와 함께 동
양서원은 1650년(효종 1)에 건립하여 1687년(숙종 13)에 사액되었다가
고종 때에 훼철되었으나 그의 절의를 기리기 위하여 유학자 이색과 함
께 배향한 유적에 해당한다.[67]

---

62 "仍以平山爲公鄕, 子孫至今世守, 名其田曰弓位"(『덕양서원지』, 장절공사적, 신도
  비명).
63 『연려실기술』 별집 권4, 祀典典故, 書院.
64 『선조실록』 권83, 29년 12월 19일(신사)·『송계집』 권7, 燕途紀行 하, 日錄.
65 『숙종실록』 권61, 44년 1월 20일(기사)·『정조실록』 권45, 20년 8월 4일(병자)·권47,
  21년 8월 1일(정유).
66 『송계집』 권7, 연도기행 하, 일록.
67 『증보문헌비고』 권213, 각도사원 3, 황해도 평산·『연려실기술』 별집 권4, 사전전
  고 서원.

따라서 평산은 곡성·대구·춘천과 함께 신숭겸의 주요 유적지에 속한
다. 이것 역시 태사사와 동양서원이 짝을 이루는데, 이는 고려시기의 철
상과 사당을 조선시기에 이르러 태사사로 복원하여 4인을 추숭하면서도
신숭겸이 중심이었고, 동양서원과 같이 이색과 함께 '절의'의 인물로 숭
앙되었기 때문이다. 또한 이 철상과 사우는 음사의 대상이나 성황사로
호칭된 것처럼 태백산성과 평산을 지키는 국가·지역 수호신의 성격을
띠고 있었다고 할 수 있다.

3. 대구·춘천

대구 지묘동은 신숭겸이 공산 동수전투에서 '대사' 순절한 곳이었다.
처음 태조가 '단'을 標識해 둔 후 순절단을 만들고, 명복을 빌기 위해 지
묘사를 창건한 것에서 유래한다.[68] 이들 유적은 순절지로서의 역사성이
극명하게 드러나고 그 설립과 중건 내력이 이미 자세하게 조사되어 있
으므로[69] 간략하게 언급하고자 한다. 지금까지 이곳에는 태조가 피신하
여 몸을 보전한 것과 관련된 王山·파군재·왕건굴 등의 지명이 유래하고
있는데, 지묘 1동 앞의 '탑들'도 지묘사의 탑이 남아 유래되었으며, '지
묘'도 지혜와 묘책을 써서 왕건의 탈출을 성공시켰기 때문에 붙여진 이
름이라고 한다.[70]

표충사의 대체적인 내력을 보면, 고려후기에 지묘사와 미리사 등이
폐찰된 후[71] 1607년(선조 40)에 경상관찰사인 외손 유영순이 지묘사 터

---

68 『고려사절요』 권1, 태조 10년 9월.
69 『앞의 대구 자료집』, 35~51쪽 참조.
70 『위의 자료집』, 48~51쪽.
71 당시 태조는 순절지 인근의 미리사를 포함한 3寺와 함께 지묘사를 창건하여 그의
　명복을 기렸던 것 같은데(이해준, 「앞의 논문」, 123쪽) 현재 미리사는 부인사로 추
　측된다(『위의 자료집』, 51쪽).

에 표충재를 창건하고, 신흠이 찬술한 충렬비를 세웠다.[72] 1670년(현종 11) 2월에 유생 최익남 등의 士論에 따라 사우를 일신한 후 충렬사로 사액을 요청했으며,[73] 1672년에 표충사로 사액되었다.[74] 이후 김락과 신길원의 추가 배향 속에서 1704년(숙종 30)에 강당 상절당과 동·서재를 제액하고, 1782년(정조 6)에 충렬비를 재건하였다. 1819년에는 신의직이 제단을 중수하고 순절비를 건립하면서 '표충서원'으로 편액하고, 1871년(고종 8) 훼철될 때 현판과 각종 기물을 묻은 埋板壇이 조성되었다고 한다. 이후 1888년(고종 25)에 복원을 완결하여 표충재와 동·서재로 편액하였는데, 그동안 보존 관리가 잘 이루어지고 역사적 가치도 커서 현재 '신숭겸 유적'으로 기념물 1호로 지정되어 있다. 특히 현존하지 않는 지묘사는 951년(광종 2) 왕실의 봉은사보다 앞서는 원찰의 선행 시원 양식이자 조선초기 왕실 원찰도 이에 연원하는데, 이미 그 터가 발굴되어 확인되는 등[75] 그 학술 가치가 매우 큰 것으로 평가된다.[76] 또한 그의 행장을 비롯하여 1686년(숙종 12)경에 印刊된 것으로 추정되는 『장절공유적(全)』, 1782년(정조 6)의 '忠烈碑改建記'가 실려 있는 『大邱表忠事蹟』, 1828년(순조 28)의 上書文 등 표충사 소장 고서와 고문서도[77] 중요한 학술 가치를 지닌다. 특히 지묘사의 폐찰 이후 이를 이은 大悲寺와 영정각을 세워 추숭했으나 1819년(순조 19)에 대구영리 김철득 사건으로 전부 헐리고 영정도 없어지게 되었다. 이 사건은 1828년에서야 그 진상이 밝혀지게 되어 1832년(순조 32)에 그 터에 신위가 지은 영각유허비를 세웠는데, 이 영각유허와 비는 표충사와의 연장선적인 성격에서 이해된다.[78]

---

72 『덕양서원지』, 장절공사적, 신도비명.
73 『표충사지』 2집, 忠烈祠宇上樑文.
74 『여지도서』, 경상도 대구 단묘, 표충사.
75 영남문화재연구원, 2005, 「대구 신숭겸장군유적 정비부지내 유적문화재 시굴조사·고려시대 묘지사」, 『2004년도 문화재 시굴조사 보고서』.
76 이해준, 「앞의 논문」. 123~124쪽.
77 『앞의 대구 자료집』, 209~216쪽 참조.

이렇게 대구가 순절지로서의 유적지였다면 춘천은 신숭겸의 묘와 함께 묘역 원찰과 도포서원 터가 소재한다. 춘천 서면 방동리의 묘역(장절공묘역, 기념물 21호)은 태조가 자신을 대신하여 죽은 신숭겸을 위해 순금으로 두상을 만들어 안장한 후 도굴을 방지하기 위해 1인 3분으로 조성하고, 祭土 9천보를 하사하고 守冢 30호를 배치했다고 전한다.[79] 이렇게 춘천에 그의 장지가 결정된 배경에는 『고려사』 열전에 '光海州人'으로 표기되고, 춘천에 우거했다는 『승람』의 내용과 부합된다.[80] 또한 도선국사가 태조를 위해 터 잡은 명당이었다는 구전과 같이 개국공신이자 '대사'의 인물인 그를 위해 태조의 장지를 배려했을 것임이 분명하다. 물론 그의 춘천 우거는 호족 박유에 대신하여 새로운 재지기반을 확보하여 이루어진 것으로 이해되지만[81] 905년 궁예가 철원으로 천도하는 상황에 따라 그의 세력기반인 평산에서 이주했을 가능성도 있다고 판단된다. 이는 평산신씨의 춘천 이주가 문중의 시조묘를 위한 것이며 그 결과 신흠과 김경직 등의 춘천 世居氏族과의 교류로 보아 조선시기에 이르러 자손들이 번성했다고 생각되기 때문이다.[82] 사실 그는 왕건과 함께 공산전투를 전개한 것처럼 주로 기마와 사예에 능해 거의 육전을 담당한 무장이었다. 이는 그가 905년 전후에 걸쳐 춘천을 전진기지로 구축하여 중부 내륙과 낙동강유역인 동남부를 방어 공략했으며, 기병 대장으로서 왕건의 서남해 공략 등으로 부재한 때에 이를 수행할 수 있는 최상의 무장이었음을 뜻한다고 본다. 여기에 그가 춘천에 장기간 거주하여 후삼국통합전쟁을 수행했기 때문에 『승람』에 우거 인물로 기재되고, 장

---

78 『위의 책』, 44~48쪽 참조.
79 『덕양서원지』, 장절공사적, 신도비명.
80 권46, 춘천도호부, 총묘·우거 고려.
81 朴儒는 經史에 통한 儒士로서 東宮記室에 있었으나 궁예의 政事가 어지러워 출가 은둔했다가 태조가 즉위하자 內見한 후 機要를 관장한 공으로 왕씨로 賜姓된 인물이었다(『고려사』 권92, 왕유전).
82 손승철, 「앞의 논문」, 103~104쪽.

지가 지정된 배경이 있었다고 본다. 그가 중앙의 기병 대장직에 있으면서도 사실상 후삼국통합전쟁기 전략거점지라고 할 수 있는 춘천에서 장기간 서남부 내륙의 방어와 공략을 수행했다고 판단된다. 이는 그의 장지가 춘천에 소재한 배경으로 실제 그는 낙동강유역의 쟁패전이었던 공산전투에서 태조를 대신하여 전사했으며 그 결과 통합전쟁기 그의 지위와 역할을 나타내는 거점이었던 춘천에 묘를 지정했다고 본다.[83]

이러한 배경에서 조성된 춘천 묘는 그가 '代死之節'의 인물로서 한국의 대표적인 충신 유적이며, 3대 음택명당터의 하나에 속하는 묘는 1인 3분의 특이한 형태이고, 유학자가 아니면서도 춘천의 도포서원과 곡성의 덕양서원, 평산의 동양서원에 봉안되어 단순한 개인 분묘와 추모 시설을 넘어 역사문화적 가치를 지닌 것으로 평가된다.[84] 여기에 1805년 神道碑는 조선 3대 묵죽화가이자 4대 명필가에 속하는 신위가 행서체로 써서 서예학적으로도 높게 평가되는데,[85] 현재 유형문화재 155호로 지정되어 있다. 특히 현재 재실 터 일대에 건립된 것으로 추정되는 원당은 1654년(효종 5) '禁止樵火'를 위한 '置刹而慕僧'의 형태가 신숭겸으로부터 안홍준의 견해와 관련하여[86] 조선시대 분암의 최초 사례로서 제시되어 왔다.[87] 따라서 춘천 묘역의 사찰은 원당의 성격을 지니면서도 조선시기 분암의 기능을 담당한 사례로서 인정된다.[88] 다만 분암은 고려 유

---

83 그가 죽은 후 이듬해에 유금필은 어떤 大人이 꿈에 나타나 청주의 변고를 알려주어 적군을 격파하였다. 당시 대인은 태조가 신숭겸과 김락 두 명장이 죽어 나라를 위해 걱정했다는 내용으로 미루어 신숭겸과 관련지어 이해된다(『고려사』 권92, 유금필전). 이는 앞에서 언급한 것처럼 그가 곡성과 평산의 성황신이자 국가 수호신이라는 당시의 신앙·사유체계에서 이해된다.

84 유재춘, 「앞의 논문」, 57~58쪽.

85 유재춘, 「위의 논문」, 57~58쪽·신일권, 「자하 신위의 서예와 신숭겸장군 신도비」. 『앞의 춘천 자료집』, 95~96쪽.

86 『江漢集』 권9, 坡州靈神禪院記, 안홍중, 追遠寺記.

87 권효숙, 2010, 「조선시대 분암연구」『석사학위논문』, 한성대.

제인 원당·원찰과 조선의 유교적 묘제사와 재실 제도가 정착되기 이전의 과도기적 형태이지만[89] 안홍준의 견해는 묘 수호체계가 문란해지는 사회변화에 따라 명복과 수호 두 기능을 담당하는 분암이 만연되어 가는 상황을 반영한 것이었다고 본다.[90] 그러나 처음부터 태조가 묘에 守家 30호를 배치했고, 장절공 행장에도 '백정 30호를 거주시켜 樵火를 금하게 하고, 묘소 옆에 원당을 지었다'고 하였다. 이는 춘천의 묘역 원당이 신숭겸의 묘 수호와는 별개로 명복을 빌기 위해 창건되었고, 최초의 원당 사찰의 시원으로 평가되는 대구 지묘사보다 시기상 빨랐을 것으로 보여 그 중요성을 더해 준다고 할 수 있다. 특히 그의 묘역과 관련하여 도포서원의 내용은 매우 주목된다. 1650년(효종 1)에 설립되어 1694년(숙종 24)에 현재의 서면 신매리 터로 移置된 도포서원은 신숭겸을 배향 추숭하다가 1868년에 훼철되었다.[91] 그러나 이 서원은 현재 터만 남아 있으나 강원도의 17개 서원 중에서 춘천에 유일하게 소재하였고, 춘천 묘의 향사에 원생 3~4명이 참여하는 등 묘역의 운영과 관리면에서도 매우 중요한 역사자료로 평가할 수 있을 것이다.[92]

그런데 신숭겸 묘는 부인묘의 倂置나 3墳 조성, 금두상 등 여러 측면에서 그동안 관심의 대상이 되어왔다. 물론 금두상도 본래의 木造頭像에

---

88 이해준, 「앞의 논문」, 127~133쪽·유재춘, 「앞의 논문」, 51쪽.
89 이범직, 1987, 「조선전기 유교, 불교사상의 연구동향과 과제」『역사교육』42·이영희, 1993, 「조선초기 불교의례의 성격」, 『청계사학』10, 127쪽.
90 이는 태조가 처음 묘에 守家 30호를 배치한 후 조선시기에도 古錄에 의한 1786년의 「묘알록」이 존재하였고, 1898년의 「장절공묘소수호절목」에 감관·묘직과 수호군 30명이 기재되어 있으나 그 서문에 戶布法이 시행되면서 수호군들이 身役을 면제받지 못하여 '모두 한 몸에 두 役을 진다고 하니 어찌 묘소에서 즐거이 거행할 수 있겠는가?'라는 내용에서 그 문란 양상을 파악할 수 있다.
91 본래 도포서원은 신숭겸을 추숭하다가 신흠과 신익성이 당대의 서원 폐해를 인식하고 그 증축과 건립을 막았으나(『승정원일기』 권663, 영조 4년 5일 경오) 이후 신흠과 김경직의 추배를 거쳐(손승철, 「앞의 논문」 114쪽) 훼철되었다.
92 손승철, 「위의 논문」, 100~102쪽 참조.

그 보존성을 높이기 위해 금칠한 사실이 확대 부연되었을 가능성도 있다.[93] 그러나 그는 생명을 내걸고 태조를 옹립하여 고려를 개국한 공신이었을 뿐만 아니라 '대사 순절'한 충렬의 대표적인 인물이었다. 이는 그의 묘를 조성할 때 태조의 지극한 배려와 정성이 있었음을 의미하는 것으로 금두상과 1인 3분의 묘 형태가 단순히 후대에 확대 재생산된 구전의 내용으로만 단정지을 문제가 아니라고 생각된다. 그의 묘는 도선국사가 터 잡은 명당이라는 구전이 내려오는 터이지만 실제 정몽주·유차달과 함께 전국의 陰宅 3대 명당지의 하나에 속한다는 사실은[94] 결코 우연의 일치로만 해석할 수 없기 때문이다. 더구나 그가 말을 달려 곡성의 세 산을 넘나들었고, 용마가 가져온 그의 머리가 장군단에 모셔져 있다고 전하고 있어 마치 그의 초명 '能山'이나 비래산 등을 뛰어 넘었다는 설화처럼 그의 몸이 춘천의 3墳 형태를 취하는 것일지도 모른다는 느낌이 들기도 한다. 어쩌면 그의 묘는 死後에도 춘천 이남의 내륙지역을 수호 장악하는 태조의 기원이 담겨 있을지도 모를 일이며, 여기에 그가 국가와 지역의 수호신으로 확대 신격화된 배경이 있다고 할 수 있다.

V. 맺음말

신숭겸의 생애는 그가 '救民'을 위해 정변을 주도하여 개국공신에 올랐고, 공산전투에서 왕건에 '대사 순절'하여 '장절'의 시호를 받았다는 사실에 잘 나타난다. 그는 '왕을 대신하여 죽으니, 용모 역시 취할 만한 것이 아니다'라는(『송남잡지』 권21) 안타까운 순절로 칭송되기도 한다. 그러나 그가 태조와 서로 용모가 달랐든지 그 어떠한 경우에라도 국가

---

93 유재춘, 「앞의 논문」, 49쪽.
94 『松南雜識』 권9, 喪祭類, 圃隱墓.

위기에 직면하여 '代死'했을 인물이었을 것임은 너무 분명해 보인다. 그의 절의는 어릴 때부터 문장을 이루었다고 전해질 만큼 유학의 本領을 체득하고, '참용기'와 결합된 '義勇'으로 확립된 인품에 바탕을 두고 있었다. 이러한 절의관에는 원시유가의 春秋大義와 天命觀이 자리 잡고 있었으며, 그것은 곧 대의를 실천할 수 있는 철저한 死生觀에 입각하여 고려 개국의 정변 주도와 '대사 순절'로 나타난 것이었다. 그는 흔히 '장군'으로 호칭되고 있으나 단순한 무장이 아니라 문무 겸전의 인물로 조선시기 성리학 이전의 선비적 행동양식의 단초를 이룬 것으로 적극 해석된다.

따라서 신숭겸은 가장 오랜 기간에 걸쳐 추숭되어온 한국의 대표적인 순절 인물로 그 형태도 매우 다양하였다. 본고에서는 이를 태묘와 팔관·연등회와 같은 국가의례에서 이해하고, 그가 개국·순절 공신의 생애 특징 때문에 국가적 추숭의 중심에 있었다고 보았다. 또한 '假(神)像'과 鐵像의 기이하고도 오랜 전승에 대해 왕권과 국가 안정을 위한 시대적 요구에 따른 국가 수호신이나 지역 성황신, 陰祀의 대상으로 신격화된 한국인의 신앙·사유관념 속에서 이해하고자 하였다.

이러한 신숭겸 추숭은 유적과 구전·설화로 전승되어 왔다. 태조는 순절지인 대구 공산에 순절단과 지묘사를, 장지 춘천에는 묘와 원당을, 평산에는 사당을 건립하여 추숭하였다. 물론 지묘사 등의 원당은 고려후기에 폐찰되기에 이르지만 조선시기 중반부터 성리학적 충효사상과 종법적 문중의식이 고양되면서 遺事·行狀, 神道碑 제작과 함께 祠院 건립으로 진전되어 오늘에 전승된 것이다. 그 결과 이들 유적은 그 역사문화적 가치가 인정되어 현재 곡성의 용산재와 덕양서원(기념물 56호), 춘천의 장절공묘역(기념물 21호)·장절공신숭겸신도비(유형문화재 155호), 대구의 신숭겸유적(표충사 전역, 기념물 1호)·신숭겸영각유허비(문화재자료 46호)는 지방문화재로 지정되어 있다. 또한 충남 서천의 율리사(문화재

자료 303호)는 1850년(철종 1)에 그를 단독으로 추숭하기 위해 세운 世德祠에서 유래하는 사우라는 점에 그 역사성이 찾아지며, 경남 사천의 경백사(문화재자료 234호)도 비록 1926년에 건립되었으나 지방유림들이 그와 함께 이색과 원천석을 제향하고 있다는 점에서 그 의의가 있다.

그런데 최근에는 대구 표충사와 춘천 묘에 대한 집중적인 연구가 이루어지면서 한국의 대표적인 충신 유적지로서 춘천 묘의 1인 3분 특이한 형태와 함께 원당도 분암의 첫 사례이고, 대구 지묘사는 원당·원찰의 시원으로 재인식되었다. 다만 본고에서는 그의 출생과 순절 등의 생애에 따라 이들 유적의 역사성과 의의를 살펴보았다. 출생·성장지인 곡성의 용산재는 생가로서의 의미가 있고, 덕양서원은 건립과 사액 시기가 빨라 그 역사문화적 가치가 크며, '장군단'은 그의 머리를 장례하고 그의 순절과 동시에 태안사에서 추숭해 온 매우 유서 깊은 유적임을 지적하였다. 평산은 '사관'된 이후부터 근거 활동했을 것으로 보면서도 처음 곡성을 떠나 이곳에서 패강진세력을 형성한 왕건의 측근 무장이었을 가능성도 제시하였다. 이와 관련된 태사사는 고려시기부터 건립된 사우를 중건 사액한 것으로 지역과 북방을 지키는 성황·수호신으로도 숭앙되었으며, 동양서원은 그의 절의를 추숭한 유적이었다. 또한 대구와 춘천은 순절지와 장지로서의 성격이 분명하게 드러나는 유적지임을 거듭 규정하고, 특히 춘천의 경우에는 그가 우거하고 통합전쟁을 수행한 전략적 거점지이자 '대사 순절'에 따른 태조의 우대로 장지가 되었다고 보았다.

따라서 신숭겸 유적은 각 지역마다 문화재로 지정되어 있으나 그 이상의 역사문화적 의의를 지닌 것으로 판단된다. 물론 춘천 도포서원과 묘역 원당, 대구 지묘사 등은 현존하지 않으며, 3기 봉분의 축조양식과 신숭겸묘의 실재 등도 유적의 역사성을 입증하는 하나의 문제로 제기될 수 있다. 특히 묘역 원당의 폐찰에 따라 조선시기에 건립된 사우도 1805년의 신도비 이외에는 오래 시차를 두고 중건 신축되어 그 배치나 구성,

건물의 位階가 전통양식에서 벗어난 한계도 있다. 또한 대구 표충사도 순절지라는 장소적 차별성을 지니고 있으나 사우 자체의 역사적 사실과 매판단의 확인 등의 문제와 함께 전체 구조가 위계를 갖추지 못한 측면이 게재한다. 그러나 한국의 사우와 서원은 조선후기에 그 폐해가 매우 극심하여 훼철되었다가 일제강점기 이후 지금까지 대부분 문중 차원에서 복원 중건되었으며 그 기능도 선조 享祀로 축소된 역사성을 지니고 있다. 더구나 그에 대한 추숭이 국가적으로 이루어졌던 고려시기보다 조선에 이르러 저조하기 마련이었던 것이지만 신흠과 유영순·박세채 등 내외손들의 '뿌리의식'과 국가적 '충절의식'이 없었다면 아마 현존의 유적마저 전승되었을 지는 의문이다. 특히 이들 유적이 가지는 의미는 단순히 건조물 등의 문화재로서의 가치와 희소성에 그치지 않고 신숭겸이라는 인물과 역사성에 있으며, 그의 유적은 '대의' 앞에 생명을 내걸고 고려를 개국하고, '대사 순절'한 절의에서 전승 현존한다고 할 수 있다.

이처럼 신숭겸 유적지는 한국의 대표적인 충렬의 유적이므로 그 이상으로 재조명 평가될 필요가 있다. 한국역사에서 신숭겸만큼 드라마와 같은 극적인 일생과 '代死'의 스토리를 가진 인물은 거의 없다. 더구나 곡성과 평산, 대구 등지에서 구전되는 이야기들은 후대에 부풀려진 부분도 있으나 거기에는 단군신화처럼 역사적 실체가 있다. 이들 구전에는 그가 살았던 삶의 양식과 전통사회의 사유·신앙 관념이 담겨있다. 더구나 곡성과 평산의 구전은 물론 대구 공산전투에서 태조가 피신하면서 남긴 지명 유래 등도 신숭겸과 관련된 매우 풍요로운 '스토리텔링'의 주제라고 생각된다. 특히 1인 3분의 조성은 더욱더 풍부한 스토리의 하나일 것으로 신숭겸 묘의 실재를 밝히는 발굴 자체에 관심을 두기 보다는 '무릇 祭享은 한 가운데 무덤에 참배하여 행사'한다는 신도비명의 내용처럼 1천년이 넘도록 한국인에게 내려오는 충렬 순절의 묘로서의 내용을 그대로 보존 추숭하는 일이 그 역사문화적 가치를 훼손시키지 않는 진정한 학문·과학적인 자세라고 확신한다. 따라서 이들 유적지와 설화는 각 지역에 소재하는 유무형의 문화유산으로서의 가치를 지니고 있으며, 신숭겸이 주체가 되어 전국 유적지와 구전 설화가 하나의 일체성을 갖는다고 할 수 있다. 또한 현대사회에 비추어 그에 대한 인물연구와 함께 이들 전국의 유적지를 '신숭겸 유적'으로 일체·통일적으로 연계 일괄하여 재조명 인식하는 시대적 요구도 그 의미가 크다고 생각된다. 더구나 평산은 관향으로서 그와 태조의 주요 활동지역의 하나였고, 태사사와 동양서원이 소재하고 있으며, 태조봉과 삼탄·弓位 등 그와 관련된 설화가 전한다. 그러므로 그에 대한 연구는 평산을 중심으로 개성을 비롯한 황해도 지역에 산재한 그 이상의 유적지도 포괄하여 이해되는 것으로 앞으로 남북관계의 진전에 따라 더 추구될 수 있는 연구과제라고 할 수 있다.

나말여초 신숭겸 연구

초판 인쇄 | 2016년 10월 5일
초판 발행 | 2016년 10월 13일

저   자 | 김대현 외 11명
발 행 인 | 한정희
발 행 처 | 경인문화사
출판신고 | 제406-1973-000003호
주 소 | 경기도 파주시 회동길 445-1 경인빌딩 B동 4층
전 화 | 031-955-9300
팩 스 | 031-955-9310
홈페이지 | http://kyungin.mkstudy.com
이 메 일 | kyungin@kyunginp.co.kr

ISBN 978-89-499-4218-6 93910
값 28,000원